新编21世纪法学系列教材

总主编 曾宪义 王利明

非诉讼程序（ADR）教程

第四版

Textbook on Alternative Dispute Resolution

范 愉 著

U1015693

中国人民大学出版社
·北京·

编审委员会

总 主 编 曾宪义 王利明

副总主编 韩大元（常务） 叶秋华 龙翼飞 郑 定
林 嘉 刘明祥 刘 志

委 员 马小红 王云霞 王作富 王欣新 王 轶 王新清 尹 立
冯 军 史彤彪 史际春 叶 林 田宏杰 刘文华 刘春田
吕世伦 孙国华 朱力宇 朱大旗 朱文奇 朱景文 江 伟
汤维建 许崇德 何家弘 余劲松 吴宏伟 张小虎 张志铭
李艳芳 杨大文 杨立新 杨建顺 邵沙平 陈卫东 陈桂明
周 珂 范 愉 姚 辉 胡锦光 赵中孚 赵秀文 赵晓耕
徐孟洲 莫于川 郭 禾 郭寿康 高铭暄 黄京平 程天权
程荣斌 董安生 谢望原 韩玉胜 黎建飞 戴玉忠

编委会办公室 郝晓明 黄晓蓉 侯 静

作者简介

范愉 中国人民大学法学院教授，日本国立名古屋大学法学博士，曾经出版《非诉讼纠纷解决机制研究》《纠纷解决的理论与实践》等多部专著和教材，并发表纠纷解决相关的中外文论文百余篇。

内容简介

本书是国内第一部专门以非诉讼程序为研究对象的教科书，经过三次再版，力图适应我国的法治建设、社会治理和纠纷解决的现实需求，及时反映当代世界非诉讼纠纷解决机制（ADR）的发展趋势，系统阐述纠纷解决与非诉讼程序的基本原理、纠纷解决实务技能和我国非诉讼解纷机制的体系；注重理论联系实际，既保证了理论的系统性，又注重实务需要，在完整阐释我国相关法律制度的同时，提供了大量案例分析、实证研究和实务练习。本书可作为法学本科生和研究生的选修课教材，也可以作为理论研究和实务培训的参考用书。

总　序

曾宪義

在人类文明与文化的发展中，中华民族曾作出过伟大的贡献，不仅最早开启了世界东方文明的大门，而且对人类法治、法学及法学教育的生成与发展进行了积极的探索与光辉的实践。

在我们祖先生存繁衍的土地上，自从摆脱动物生活、开始用双手去进行创造性的劳动、用人类特有的灵性去思考以后，我们人类在不断改造客观世界、创造辉煌的物质文明的同时，也在不断地探索人类的主观世界，逐渐形成了哲学思想、伦理道德、宗教信仰、风俗习惯等一系列维系道德人心、维持一定社会秩序的精神规范，更创造了博大精深、义理精微的法律制度。应该说，在人类所创造的诸种精神文化成果中，法律制度是一种极为奇特的社会现象。因为作为一项人类的精神成果，法律制度往往集中而突出地反映了人类在认识自身、调节社会、谋求发展的各个重要进程中的思想和行动。法律是现实社会的调节器，是人民权利的保障书，是通过国家的强制力来确认人的不同社会地位的有力杠杆，它来源于现实生活，而且真实地反映现实的要求。因而透过一个国家、一个民族、一个时代的法律制度，我们可以清楚地观察到当时人们关于人、社会、人与人的关系、社会组织以及哲学、宗教等诸多方面的思想与观点。同时，法律是一种具有国家强制力、约束力的社会规范，它以一种最明确的方式，对当时社会成员的言论或行动作出规范与要求，因而也清楚地反映了人类在各个历史发展阶段中对于不同的人所作出的种种具体要求和限制。因此，从法律制度的发展变迁中，同样可以看到人类自身不断发展、不断完善的历史轨迹。人类社会几千年的国家文明发展历史已经无可争辩地证明，法律制度乃是维系社会、调整各种社会关系、保持社会稳定的重要工具。同时，法律制度的不断完善，也是人类社会文明进步的显著体现。

由于发展路径的不同、文化背景的差异，东方社会与西方世界对于法律的意义、底蕴的理解、阐释存有很大的差异，但是，在各自的发展过程中，都曾比较注重法律的制定与完善。中国古代虽然被看成是“礼治”的社会、“人治”的世界，被认为是“只有刑，没有法”的时代，但从《法经》到《唐律疏议》《大清律例》等数十部优秀成文法典的存在，充分说明了成文制定法在中国古代社会中的突出地位，唯这些成文法制所体现出的精神旨趣与现代法律文明有较大不同而已。时至20世纪初叶，随着西风东渐、东西文化交流加快，中国社会开始由古代的、传统的社会体制向近现代文明过渡，建立健全的、符合现代理性精神的法律文明体系方成为现代社会的共识。正因为如此，近代以来的数百年间，在西方、东方各主要国家里，伴随着社会变革的潮起潮落，法律改革运动也一直呈方兴未艾之势。

从历史上看，法律的文明、进步，取决于诸多的社会因素。东西方法律发展的历史均充分证明，推动法律文明进步的动力，是现实的社会生活，是政治、经济和社会文化的变迁；同时，法律内容、法律技术的发展，往往依赖于一大批法律专家以及更多的受过法律教育的社会成员的研究和推动。从这个角度看，法学教育、法学研究的发展，对于法律文明的发展进步，也有着异常重要的意义。正因为如此，法学教育和法学研究在现代国家的国民教育体系和科学研究体系中，开始占有越来越重要的位置。

中国近代意义上的法学教育和法学研究，肇始于19世纪末的晚清时代。清光绪二十一年（公元1895年）开办的天津中西学堂，首次开设法科并招收学生，虽然规模较小，但仍可以视为中国最早的近代法学教育机构（天津中西学堂后改名为北洋大学，又发展为天津大学）。三年后，中国近代著名的思想家、有“维新骄子”之称的梁启超先生即在湖南《湘报》上发表题为《论中国宜讲求法律之学》的文章，用他惯有的富有感染力的激情文字，呼唤国人重视法学，发明法学，讲求法学。梁先生是清代末年一位开风气之先的思想巨子，在他辉煌的学术生涯中，法学并非其专攻，但他仍以敏锐的眼光，预见到了新世纪中国法学研究和法学教育的发展。数年以后，清廷在内外压力之下，被迫宣布实施“新政”，推动变法修律。以修订法律大臣沈家本为代表的一批有识之士，在近十年的变法修律过程中，在大量翻译西方法学著作，引进西方法律观念，有限度地改造中国传统的法律体制的同时，也开始推动中国早期的法学教育和法学研究。20世纪初，中国最早设立的三所大学——北洋大学、京师大学堂、山西大学堂均设有法科或法律学科目，以期“端正方向，培养通才”。1906年，应修订法律大臣沈家本、伍廷芳等人的奏请，清政府在京师正式设立中国第一所专门的法政教育机构——京师法律学堂。次年，另一所法政学堂——直属清政府学部的京师法政学堂也正式招生。这些大学法科及法律、法政学堂的设立，应该是中国历史上近代意义上的正规专门法学教育的滥觞。

自清末以来，中国的法学教育作为法律事业的一个重要组成部分，随着中国社会的曲折发展，经历了极不平坦的发展历程。在20世纪的大部分时间里，中国社会一直充斥着各种矛盾和斗争。在外敌入侵、民族危亡的沉重压力之下，中国人民为寻找适合中国国情的发展道路而花费了无穷的心力，付出过沉重的代价。从客观上看，长期的社会骚动和频繁的政治变迁曾给中国的法治与法学带来过极大的消极影响。直至20世纪70年代末期，以“文化大革命”宣告结束为标志，中国社会从政治阵痛中清醒过来，开始用理性的目光重新审视中国的过去，规划国家和社会的未来，中国由此进入长期稳定、和平发展的大好时期，以这种大的社会环境为背景，中国的法学教育也获得了前所未有的发展机遇。

从宏观上看，实行改革开放以来，经过二十多年的努力，中国的法学教育事业所取得的成就是辉煌的。首先，经过“解放思想，实事求是”思想解放运动的洗礼，在中国法学界迅速清除了极左思潮及苏联法学模式的一些消极影响，根据本国国情建设社会主义法治国家已经成为国家民族的共识，这为中国法学教育和法学研究的发展奠定了稳固的思想基础。其次，随着法学禁区的不断被打破、法学研究的逐步深入，一个较为完善的法学学科体系已经建立起来。理论法学、部门法学各学科基本形成了比较系统和成熟的理论体系和学术框架，一些随着法学研究逐渐深入而出现的法学子学科、法学边缘学科也渐次成型。1997年，国家教育主管部门和教育部高校法学学科教学指导委员会对原有专业目录进行了又一次大幅度调整，决定自1999年起法学类本科只设一个单一的法学专业，按照一个专业招生，从而使法学学科的布局更加科学和合理。同时，在充分论证的基础上，确定了法学专业本科教学的14门核心课程，加上其他必修、选修课程的配合，由此形成了一个传统与更新并重、能够适应国家和社会发展需要的教学体系。法学硕士和博士研究生及法律硕士专业学位研究生的专业设置、课程教学和培养体系也日臻完善。再次，法学教育的规模迅速扩大，层次日趋齐全，结构日臻合理。目前中国有六百余所普通高等院校设置了法律院系或法律本科专业，在校本科学生和研究生已达二十余万人。除本科生外，在一些全国知名的法律院校，法学硕士研究生、法律硕士专业学位研究生、法学博士研究生已经逐步成为培养的重点。

众所周知，法律的进步、法治的完善，是一项综合性的社会工程。一方面，现实社会关系的发展，国家政治、经济和社会生活的变化，为法律的进步、变迁提供动力，提供社会的土壤。另一方面，法学教育、法学研究的发展，直接推动法律进步的进程。同时，全民法律意识、法律素质的提高，则是实现法治国理想的关键的、决定性的因素。在社会发展、法学教育、法学研究等几个攸关法律进步的重要环节中，法学教育无疑处于核心的、基础的地位。中国法学教育过去二十多年所走过的历程令人激动，所取得的成就也足资我们自豪。随着国家的发展、社会的进步，在21世纪，我们面临着更严峻的挑战和更灿烂的前景。“建设世界一流法学教育”，任重道远。

首先，法律是建立在经济基础之上的上层建筑，以法治为研究对象的法学也就成为一门实践性很强的学科。社会生活的发展变化，势必要对法学教育、法学研究不断提出新的要求。经过二十多年的奋斗，中国改革开放的前期目标已顺利实现。但随着改革开放的逐步深入，国家和社会的一些深层次问题，比如说社会主义市场经济秩序的真正建立、国有企业制度的改革、政治体制的完善、全民道德价值的重建、环境保护和自然资源的合理利用等，也已经开始浮现出来。这些复杂问题的解决，无疑最终都会归结到法律制度的完善上来。建立一套完善、合理的法律制度，构建理想的和谐社会，乃一项持久而庞大的社会工程，需要全民族的智慧和努力。其中的基础性工作，如理论的论证、框架的设计、具体规范的拟订、法律实施中的纠偏等等，则有赖于法学研究的不断深入，以及高素质人才特别是法律人才的养成，而培养法律人才的任务，则是法学教育的直接责任。

其次，21世纪是一个多元化的世纪。20世纪中叶发生的信息技术革命，正在极大地改变着我们的世界。现代科学技术，特别是计算机网络信息技术的发展，使传统的生活方式、思想观念发生了根本的改变，并由此引发许多人类从未面对过的问题。就法学教育而言，在21世纪所要面临的，不仅是教学内容、研究对象的多元化问题，而且还有培养对象、培养目标的多元化、教学方式的多元化等一系列问题，这些问题都需要法学界去思考、去探索。

中国人民大学法学院建立于1950年，是新中国诞生后创办的第一所正规高等法学教育机构。在半个多世纪的岁月中，中国人民大学法学院以其雄厚的学术力量、严谨求实的学风、高水平的教学质量以及丰硕的学术研究成果，在全国法学教育领域处于领先地位，并开始跻身于世界著名法学院之林。据初步统计，中国人民大学法学院已经为国家培养法学专业本科生、硕士生、博士生一万余人，培养各类成人法科学生三十余万人。经过多年的努力，中国人民大学法学院形成了较为明显的学术优势，在现职教师中，既有一批资深望重、在国内外享有盛誉的法学前辈，更有一大批在改革开放后成长起来的优秀中青年法学家。这些老中青法学专家多年来在勤奋研究法学理论的同时，也积极投身于国家的立法、司法实践，对国家法制建设贡献良多。

有鉴于此，中国人民大学法学院与中国人民大学出版社经过研究协商，决定结合中国人民大学法学院的学术优势和中国人民大学出版社的出版力量，出版一套“21世纪法学系列教材”。自1998年开始编写出版本科教材，包括按照国家教育部所确定的法学专业核心课程和其所颁布印发的《全国高等学校法学专业核心课程基本要求》而编写的14门核心课程教材，也包括法学各领域、各新兴学科教材及教学参考书和案例分析在内，到2000年12月3日在人民大会堂大礼堂召开举世瞩目的“21世纪世界百所著名大学法学院院长论坛暨中国人民大学法学院成立五十周年庆祝大会”之时，业已出版了50本作为50周年院庆献礼，到现在总共出版了80本。为了进一步适应高等法学教育发展的形势和教学改革的需要，最近中国人民大学法学院与中国人民大学出版社决定将这套教材扩大为四个系列，即：“本科生用书”、“法学研究生用书”、“法律硕士研究生用书”以及“司法考试用书”，总数将达二百多本。我们设想，本套教材的编写，将更加注意“高水准”与“适用性”的合理结合。首先，本套教材将由中国人民大学法学院具有全国影响的各学科的学术带头人领衔，约请全国高校优秀学者参加，形成学术实力强大的编写阵容。同时，在编写教材时，将注意吸收中国法学研究的最新的学术成果，注意国际学术发展的最新动向，力求使教材内容能够站在21世纪的学术前沿，反映各学科成熟的理论，体现中国法学的水平。其次，本套教材在编写时，将针对新时期学生特点，将思想性、学术性、新颖性、可读性有机结合起来，注意运用典型生动的案例、简明流畅的语言去阐释法律理论与法律制度。

我们期望并且相信，经过组织者、编写者、出版者的共同努力，这套法学教材将以其质量效应、规模效应，力求成为奉献给新世纪的精品教材，我们诚挚地祈望得到方家和广大读者的教正。

2006年7月1日

序　言

王利明

法学教育是高等教育的重要组成部分，是建设社会主义法治国家、构建社会主义和谐社会的重要基础，并居于先导性的战略地位。在我国社会转型的新世纪、新阶段，法学教育不仅要为建设高素质的法律职业共同体服务，而且要面向全社会培养大批治理国家、管理社会、发展经济的高层次法律人才。近年来，法学教育取得了长足的进步，法科数量增长很快，教育质量稳步提高，培养层次日渐完善，目前已经形成了涵盖本科生、第二学士学位生、法学硕士研究生、法律硕士研究生、法学博士研究生的完整的法学人才培养体系，接受法科教育已经成为莘莘学子的优先选择之一。随着中国法治事业的迅速发展，我们有理由相信，中国法学教育的事业大有可为，中国法学教育的前途充满光明。

教育的基本功能在于育人，在于塑造德才兼备的高素质人才。法学教育的宗旨并非培养只会机械适用法律的“工匠”，而承载着培养追求正义、知法懂法、忠于法律、廉洁自律的法律人的任务。要完成法学教育的使命，首先必须认真抓好教材建设。我始终认为，教材是实现教育功能的重要工具和媒介，法学教材不仅仅是法学知识传承的载体，而且是规范教学内容、提高教学质量的关键，对法学教育的发展有着不可估量的作用。

第一，法学教材是传授法学基本知识的工具。初学法律，既要有好的老师，又要有好的教材。正如冯友兰先生所言：“学哲学的目的，是使人作为人能够成为人，而不是成为某种人。其他的学习（不是学哲学）是使人能够成为某种人，即有一定职业的人。”一套好的教材，能够高屋建瓴地展示法律的体系，能够准确简明地阐释法律的逻辑，能够深入浅出地叙述法律的精要，能够生动贴切地表达深奥的法理。所以，法学教材是学生学习法律的向导，是学生步入法律殿堂的阶梯。如果在入门之初教材就有偏颇之处，就可能误人子弟，学生日后还要花费大量时间与精力来修正已经形成的错误观念。

第二，法学教材是传播法律价值理念的载体。好的法学教材不仅要传授法学知识，更要传播法律的精神和法治的理念，例如对公平、正义的追求，尊重权利的观念。本科、研究生阶段的青年学子，正处在人生观、价值观形成的阶段，一套优秀的法学教材，对于他们价值观的塑造和健全人格的培养具有重要意义。

第三，法学教材是形成职业共同体的主要条件。建设社会主义法治国家，有赖于法律职业共同体的生成。一套好的法学教材，向法律研习者传授共同的知识，这对于培养一个接受共同的价值理念、共同的法律思维、共同的话语体系的法律共同体，具有重要的作用。

第四，法学教材是所有法律研习者的良师益友。没有好的教材，一个好的教师或可弥补教材的欠缺和不足，但对那些没有老师指导的自学者而言，教材就是老师，其重要作用是显而易见的。

长期以来，在我们的评价体系中，教材并没有获得应有的注重，对学术成果的形式优先考虑的往往是专著而非教材。在不少人的观念中，教材与创新、与学术精品甚至与学术无缘。其实，要真正写出一部好的教材，其难度之大、工作之艰辛、影响之深远，绝不低于一部优秀的专著，它甚至可以成为在几百年甚至更长的时间内发挥作用的传世之作。以查士丁尼的《法学阶梯》为例，所谓法学阶梯，即法学入门之义，就是一部教材。但它概括了罗马法的精髓，千百年来，一直是人们研习罗马法最基本的著述。日本著名学者我妻荣说过，大学教授有两大任务：一是写出自己熟悉的专业及学术领域的讲义乃至教科书；二是选择自己最有兴趣、最看重的题目，集中精力进行终生的研究。实际上，这两者是相辅相成的。写出一部好教材，必须要对相关领域形成一个完整的知识体系，还要能以深入浅出的语言将问题讲清楚、讲明白。没有编写教材的基本功，实际上也很难写出优秀的专著。当然，也只有对每一个专题都有一定研究，才能形成对这个学术领域的完整把握。

虽然近几年我国法学教育发展迅速，成绩显著，但是法学教育也面临许多挑战。各个学校的师资队伍和教学质量参差不齐，这就更需要推出更多的结构严谨、内容全面、角度各有侧重、能够适应不同需求的法学教材，为提高法学教学和人才培养质量、保障法学教育健康发展提供前提条件。

长期以来，中国人民大学法学院始终高度重视教材建设。作为新中国成立后建立的第一所正规的法学教育机构，中国人民大学法律系最早开设了社会主义法学教学课堂，编写了第一套社会主义法学讲义，培养了新中国第一批法学本科生和各学科的硕士生、博士生，产生了新中国最早的一批法学家和法律工作者。中国人民大学法律系因此被誉为“新中国法学教育的工作母机”。半个多世纪以来，中国人民大学法学院为社会主义法制建设培养了大批优秀的法律人才，并为法学事业的振兴和繁荣作出了卓越贡献，也因此成为引领中国法学教育的重镇、凝聚国内法律人才的平台和沟通中外法学交流的窗口，并在世界知名法学院行列中崭露头角。为了对中国法学教育事业作出更大的贡献，我们有义务也有责任出版一套体现我们最新研究成果的法学教材。

承蒙中国人民大学出版社的大力支持，我们组织编写了本套教材，其中包括本科生用书、法律硕士研究生用书、法学研究生用书和司法考试用书四大系列，分别面向不同层次法科教育需求。编写人员以中国人民大学法学院教师为主，反映了中国人民大学法学院整体的研究实力和学术视野。相信本套教材的出版，一定能够为新时期法学教育的繁荣发展发挥应有的作用。

是为序。

2006年7月10日

第四版说明

本书自2002年出版，迄今已十数年。弹指一挥间，非诉讼纠纷解决程序（ADR）和多元化纠纷解决机制的理念已从最初的小众话题成为时代潮流和社会共识。本书多次再版见证了这一历史进程，每一版的更新都记载着这一领域的发展和进步。自2016年本书第三版出版至今，世界范围及我国非诉讼纠纷解决机制的发展更是日新月异，新的“全球调解趋势”已经到来。国际上，联合国大会会议于2018年12月审议通过了《联合国关于调解所产生的国际和解协议公约》（《新加坡公约》），我国亦首批签署该公约；这标志着ADR已成为一种国际化的事业，世界各国正在形成新的解纷理念和文化，并通过不断创新拓展，让调解覆盖到社会各个领域，成为首选的解纷方式。与此同时，我国国内迎来了新时期社会治理的一系列深刻变革，习近平总书记提出要“坚持把非诉讼纠纷解决机制挺在前面”，这将推动多元化纠纷解决机制和非诉讼程序进入一个新的历史阶段，理论研究与顶层设计、实践与制度创新、社会观念与解纷文化将会得到全面提升。当前，从基层社区到“一带一路”国际商事领域、从民间社会到各级法院、从线下到线上，各种丰富多彩的纠纷解决的实践和创新正在生气勃勃地展开。在这个大背景下，纠纷解决理论研究、制度建构以及实务教育培训也需要进一步深化和拓展。本书此次再版，正逢其时，希望能为这一事业继续作出贡献。本次再版在维持本书原有体系的基础上，对相关内容进行了较大幅度的修改增删，根据最新的法律和实践更新了部分内容，增加了大量新的信息和部分案例。本书将继续坚持理论与实务并重的原则，保持理论体系的系统性和知识信息的全面性，同时注重与时俱进，保持本书的前瞻性与实用性的特色。

范　愉

2019年12月

目　录

第一章
纠纷解决与非诉讼程序（ADR）基本原理

本章重点知识

- 多元化纠纷解决机制的概念和意义
- 非诉讼程序（ADR）的概念和特征
- 非诉讼程序的基本类型
- 非诉讼程序的功能和价值
- 非诉讼程序与法治的关系

第一节　纠纷解决与多元化纠纷解决机制

一、纠纷及其构成

（一）纠纷的概念

1. 纠纷的概念。纠纷（dispute）或争议，是特定主体基于利益冲突而产生的一种双边（或多边）的对抗行为。①

纠纷的发生，意味着一定范围内的协调均衡状态或秩序被打破，是对既有秩序的一种否定和破坏。对于社会发展而言，纠纷具有一定的积极意义，纠纷是新的利益、观念和行为方式与既定秩序相冲突的体现，在一定条件下，纠纷可以是权利与法律生成和发展的契机，甚至可能

---

① 我国经常使用矛盾纠纷的概念，但矛盾一词本身具有多种含义：（1）作为抽象哲学概念，指各种差异和分歧，与现实、具体的纠纷相区别；（2）指潜在的纠纷及其根源，与已发生的纠纷（冲突、争议）相区别，往往用于预防、排查阶段；（3）与纠纷同义，如矛盾调解与纠纷调解同义。鉴于“矛盾”概念内涵和外延的不确定性，原则上，其主要是作为政策用语而不是法律概念使用，但在实践中，基于我国社会治安综合治理思路和习惯，矛盾与纠纷经常并列使用，如矛盾纠纷多元化解。本书为了保证逻辑表述的严谨和与法律的一致，一般仅使用纠纷这一概念，但在特定领域尊重习惯表述，如劳动争议、国际商事争端等。

成为社会变革的先导或动力。然而，在社会正常发展的情况下，纠纷作为利益或权利实现中的障碍，一般是对正常秩序的破坏或局部权利义务关系的重组。纠纷的多发和积聚会对社会秩序产生诸多消极影响，而大规模的社会冲突（conflict）则会破坏社会的稳定和发展。因此，现代法治社会必然需要通过有效的纠纷解决机制及时、有效地解决或处理各类纠纷。纠纷解决，就是通过一系列规则和程序，消解纠纷，恢复或建立秩序的活动。

2. 纠纷与法律纠纷。纠纷的概念比法律纠纷的概念外延更广，可以涵盖后者。法律纠纷，通常指属于法律调整范围的纠纷：既包括由于法律所确认的权利受到侵害或无法实现而提出的救济诉求，也包括需要并可能通过司法裁决作出判断的各种利益纷争。“可诉性”或“可司法性”，通常是区分法律纠纷与其他纠纷的标准。在当代社会，一方面，越来越多的纠纷被纳入法律调整和司法裁判的范围；但另一方面，社会中不仅依然大量存在着无法或不适于通过法律调整或解决的纠纷，如情感纠纷、道德冲突，以及宗教和其他自治团体内部的纷争等，而且，绝大多数民事或民间纠纷（以及部分轻微刑事案件和行政争议）均可以由当事人自行选择纠纷解决方式和处分结果，包括选择非法律方式。

3. 纠纷的社会性。纠纷不仅是个人之间的行为，而且是一种社会现象，其产生与解决是一个动态的社会过程。作为一种社会现象，纠纷一般应具备三个条件：（1）纠纷的主体是具体而特定的行为主体（纠纷当事人）；（2）纠纷形成的动机，是实际生活中利害关系的对立（纠纷对象或内容）；（3）双方当事人必须相互意识到对方的行为，而实施一定相对的行为（纠纷行为）。

纠纷的双方当事人是社会成员，通常同属于某个特定的社会集团，其行为处于该集团全体成员的相互行为的网络之中，因此，纠纷不是孤立产生的，其解决过程也不是孤立的。在这个过程中，该社会成员的价值准则、社会规范的状况（规范化调整的程度，如法律、道德在社会生活中的地位和作用，规则的确定性、合理性等），以及作为社会介入之标志的第三方（介入方式、权威性，例如司法机关、调解组织等）等因素，都直接或间接地影响着纠纷解决的过程及结果。因此，纠纷及其解决是与秩序和规范连接的一种状态，反映着社会的协调程度以及“规范化”[①] 或“法制化”[②] 程度。

（二）纠纷的构成要素

纠纷的构成要素一般可分为纠纷的基本要素和纠纷的关联要素两个部分。[③]

1. 纠纷的基本要素，包括：纠纷当事人、纠纷对象、纠纷行动

（1）纠纷当事人，即纠纷主体，是指利益相互冲突的对立双方。当事人的身份和社会地位、实力、能力、价值观、社会背景等诸多的因素（例如性格、心理等），都决定着纠纷的性质、对抗程度和解决方式的选择。除当事人外，纠纷解决过程的参加者、辅助者等的作用也至关重要。

（2）纠纷对象，是指纠纷当事人争执的对象，即利害关系或相互冲突的利益。纠纷对象受

---

① 这种规范化包括通过各种社会规范及调整机制形成的有效控制，如宗教、道德、共同体自治等。

② 法制化是指一个社会从传统的社会秩序，向以法律为主要调整方式的现代法治社会演进的过程及程度，即传统社会结构内在的秩序设置失去了力量，既有的社会规范功能下降，在纠纷解决时更多地依赖国家法律体系的规范、程序和制裁力。在这个意义上，当代的非诉讼程序作为处于法治主导之下的机制，与前近代的传统非正式民间纠纷解决机制存在根本性的区别。

③ 参见刘荣军：《程序保障的理论视角》，7页，北京，法律出版社，1999。

社会规范和法律规范的双重制约，本质上指向的是一种权利（包括社会权利和法律权利）及其所包含的利益。其具体形式或载体是多样的：可能是物；可能是非物质财富，例如人身权（名誉、肖像、身份、人格等）；也可能是行为结果。纠纷对象归根结底是受社会的物质生活条件所决定的，社会生活是不断发展的，纠纷对象的范围也会随之不断扩大，往往先于和广于实定法的调整范围，并远大于法律规定的诉讼范围。

（3）纠纷行动，即纠纷当事人在纠纷发生过程中所采取的对抗行动，是纠纷的外在表现方式，直接决定着纠纷的性质、激烈程度、解决方式的选择和解决的难易程度。可分为四个方面：1）纠纷行为，即纠纷主体意图损害对方的行为，可能是积极的行为（例如向对方进攻），也可能是消极的行为（例如妨碍对方）。一旦对方意识到了这些行为，并实施了相应的对抗行为，纠纷就形成了。2）纠纷手段，即当事人为了实施纠纷行为所采取的策略、战术、攻击防御武器，等等。手段往往体现为一种实力对比。3）纠纷主张，即一方当事人向对方提出的有具体内容的要求。这种主张既是为了证明自身行为的正当性，也是一种解决纠纷的具体方案。4）纠纷的影响，包括当事人之间的相互影响和纠纷的社会影响。

2. 纠纷的关联要素

（1）社会结构，包括社会的基本生产方式、政治制度、组织结构等，这些因素决定着社会秩序的状况和社会成员的行为方式，也决定着社会在纠纷解决中采用的组织、方式和规范等。其中，农业社会和工业社会、传统社会与现代法治社会、乡村与城市等社会结构的不同（即所谓“熟人社会”与“陌生人社会”的差异），往往会导致纠纷的发生原因、内容和形态以及解纷方式都存在本质的区别。

（2）纠纷的原因，包括：1）主观原因，主要是指纠纷主体通过纠纷所期望达到的意图和目的等。当事人对其理由（正当性）和力量的确信，对所受到的损害的认识和评价，其所在的社会或共同体成员的生活方式、价值观、文化传统以及各种心理因素等都属于主观原因的范畴。[①] 2）客观原因，即现实的利益冲突，是纠纷产生的基本原因。利益冲突首先与社会的物质生产资料和资源的分配方式及其结果直接相关；同时，纠纷发生时的具体社会环境、时代、地域、传统习惯、风土人情等都与纠纷的产生、形式及解决方式息息相关。

（3）纠纷的社会价值，是指纠纷对于社会的积极作用和消极作用。在不同的历史条件和时代背景下，纠纷的作用各有不同。例如，在社会矛盾激化时，纠纷是导致社会变革的重要动力；在社会的发展进程中，纠纷的出现可能预示着新的利益调整的必要；在社会转型期，纠纷频发往往表明社会失范及诚信的丧失。纠纷解决过程可以使既存的权利、义务和社会规范得到实现，也可以成为确认新的权利和利益以及进行社会资源和财富再分配的契机。然而，纠纷的发生及解决必然会耗费大量的社会成本，包括公共成本与私人成本、经济成本与道德成本乃至错误成本，必然抵消部分社会财富和公共福利的增长。国家和社会对纠纷作用的认识和观念对于纠纷解决机制的设立及选择具有重要的影响：一方面，必须通过有效的纠纷解决机制及时、

---

① 一些纠纷解决研究者强调，在纠纷及其解决中，当事人之间的意识形态、价值观和对话交流具有极其重要的作用和意义，“冲突是一种沟通的形式，一种扩展的对话。参与者交换着多种信息。这些信息表达了他们的利益、感情以及他们对彼此社会关系的评价，对有关的信息进行诠释。信息既包括语言也包括行动，其意义取决于言语和行动的结合方式”。[美] 萨利·安格尔·梅丽著，郭星华等译：《诉讼的话语——生活在美国社会底层人的法律意识》，127页，北京，北京大学出版社，2007。

妥善解决纠纷，避免纠纷的激化和扩大；另一方面，社会用于纠纷解决的成本应该控制在合理的限度之内，并尽可能通过良好的社会治理机制对纠纷的发生加以预防。

（4）纠纷解决机制。在人类社会发展的任何阶段，都有与之相适应的纠纷解决机制存在。社会越复杂，纠纷解决的方式、手段也越丰富，从而构成多元化的纠纷解决机制。一般而言，在现代社会中，司法（诉讼）居于纠纷解决机制的核心地位，而民间社会性及行政性解纷机制则与其相互协同，形成一种多元互补关系。这种多元化纠纷解决机制构成的生态平衡，是社会治理不可或缺的要素。

二、纠纷解决及其过程

（一）纠纷解决的概念

1. 纠纷解决的概念。纠纷解决（dispute resolution），是指在纠纷发生后，特定的解纷主体依据一定的规则、手段和程序，消除冲突状态，对损害进行救济，恢复秩序的活动和过程。纠纷解决既可以是双方当事人之间的行为（例如协商谈判），也可以是当事人在中立第三方（纠纷解决主体）的参与主持下进行的活动（调解、裁决）；既可以通过民间社会力量实现，也可能需要依靠国家权力机关及其职权行为实现。

纠纷解决概念的外延，可以涵盖一切正式的法律解决机制（如司法诉讼或行政裁决）和非正式解决机制（如协商、调解）。由于诉讼和司法在现代社会已经形成了高度完善的制度、程序和理论体系，而非诉讼机制进入公共政策视野并成为主流体制为时尚短，所以，当代纠纷解决研究更关注非诉讼解纷方式及其对诉讼的替代和补充。在这个意义上，纠纷解决有时与非诉讼程序（ADR）同义。①

2. 纠纷的解决与处理。纠纷解决并不意味着能够使每一个具体的纠纷都得到彻底“解决”或消除，在这个意义上，区别纠纷的解决与“处理”确有必要。“处理”意味着一种程序或活动，在很多情况下，处理的终结虽然会产生相应的“处理结果”，但并不等于纠纷状态的消除。例如，法院的生效判决表明司法处理过程终结，却未必能使双方当事人的纠纷终结，某些当事人可能继续寻求新的救济途径，如申诉；双方也可能因此产生更深的芥蒂，酝酿着新的纠纷；而处理结果得不到执行或履行，胜诉当事人并未获致任何救济的情况也并不鲜见。因此，纠纷解决程序本质上是一种旨在终结纠纷的处理程序，不可能保证所有纠纷都得到彻底解决，或从根源上消除利益冲突，故有学者坚持应使用纠纷处理概念。② 然而，一方面，在现实的纠纷解

---

① 例如，在美国法学院开设的纠纷解决相关课程中，纠纷解决通常特指 ADR，间接或直接使用谈判协商、调解等用语，而各种新型的混合型纠纷解决机制也被涵盖其中。

② 参见［日］和田仁孝：《民事紛争处理论》，第 2 章第 3 节：纷争“解决”的神话，东京，信山社，1994。根据和田教授的解释，在共同体内的纠纷解决中，由于重视将引起纠纷的各种问题总括性的综合考虑，并动用各种资源和力量分别化解，所以有可能彻底解决纠纷。然而，在现代社会的纠纷解决机制中，“解决”的意义已经发生了转换——并不是指原有意义上的消除纠纷发生的原因、使纠纷双方的关系得到恢复的“解决”，而是以司法程序为样板，以争点处理为中心的“解决”。而 ADR 的目标也是多元化的，包括追求专门性实体解决、追求高效率等多方面的需求，而不再是仅仅关心共同体的维系。因此，尽管可以使用“解决”这一概念，但本质上是一种处理。还可参见［日］和田仁孝：《現代における紛争处理ニーズの特质とADRの机能理念》，载［日］山田文等：《ADRの基本的视座》，171 页，东京，不磨书房，2004。

决过程中，对“处理”与“解决”难以作出明确区分；另一方面，如果把“解决”理解为一个动态的过程，而不是仅限于其结果，则解决与处理并无本质区别，具有相同或相似的功能与特点。因此，一般无须作这种严格的区别。在一般意义上，“解决”通常并不意味着“彻底消除”，实际上相当于“处理”。然而，协商、调解等方式注重当事人关系和心理的治疗、改善或恢复，更加有利于从根源上消除纠纷的起因和潜在的纠纷，达到彻底解决纠纷、“案结事了”的目的。

（二）纠纷解决过程

一些法人类学家根据实证研究①，将纠纷的产生及解决视为一种动态过程，一般分为三个阶段。

1. “不满”或前冲突阶段（the grievance or preconflict stage）。这是一种单向的（monadic）过程，即一个人把某种情况视为不正义。“不满”是冲突发生的前奏——当事人认为自己的权益受到了侵害，产生不满情绪，希望提出要求、寻求救济，并可能采取某些单方面的行动。在这一阶段，当事人可能根据自己的理性判断选择忍受（lump）、回避（avoid）的方式，对可能发生的纠纷进行自我“处理”，使其保持在潜在状态或归于消灭；也可能采取向对方提出问题或谴责的方式而使冲突公开化，这会促使对方采取针锋相对的态度和行动，从而使纠纷过程进入“冲突”阶段。

一般而言，导致选择自我处理的社会和个人因素可能有积极和消极两个方面：社会的宽容、他人的帮助和劝解以及个人的修养和理性都可能从积极方面消解“不满”，避免纠纷的发生；相反，悬殊的实力对比、对于解纷机构的不信任、解纷成本过高等因素，则会从消极的方面打消对“不正义”的抗争。无论哪一种情况，在社会现实中都占有相当的比例。

“不满”作为前冲突阶段，已经开始进入纠纷解决的范围。对“不满”的自我处理本身也是社会控制的过程和结果。现代社会对理性的自我处理给予高度肯定，并通过提供专家咨询、心理疏导、投诉及回复（法律解释）等机制，使纠纷尽可能在这一阶段得到化解。

2. “冲突”阶段（the conflict stage）。这是一个双向的（dyadic）过程，是一个纠纷双方当事人之间相互作用的过程，往往由双方一系列的对抗或争斗行为组成。在当事人双方自行处理的情况下，主要有“协商（谈判）”（negotiation）和“压服”（conquest）两个类型。其中协商（谈判）是在双方平等的基础上进行的；而压服则主要依靠强者对弱者的压力而实现，在现代社会不具正当性。在冲突阶段，纠纷已经形成，但仍可能依靠双方的力量、即依靠自力救济将其“解决”，这种方式不需借助第三方，解纷成本最低。从积极的意义上讲，社会主体之间的协商及自律能力越高，和解氛围越强，通过双方交涉化解纠纷的可能性越大。而如果依靠实力压服解决成为惯例，则会对社会公正带来极大危害。因此，现代社会通常不承认违背法律的自力救济的正当性，对其加以限制和禁止；但在法律的框架内，当事人之间通过自愿平等的协商自助解决民事纠纷则值得提倡。在冲突阶段，如果当事人双方无法自行解决纠纷，就往往不得不依靠或求助于中立第三方的介入，由此，纠纷就进入了第三阶段。②

---

① See Nader. L. & Todd. H. F. ed., *The Disputing Process: Law in Ten Societies*, N. Y. Columbia Univ. Press, 1978.

② 在这一阶段即双方当事人自行处理的阶段，并非由第二方（对方）控制纠纷解决的过程和结果，因为双方在这一阶段是相互作用的。在双方不能通过对话或协商解决纠纷时，任何一方都可能因其实力更强而压服对方。

3. “纠纷”处理阶段（the dispute stage）。这是一个三方（triadic）参与的过程，由于第三方的介入，纠纷已经成为一个公共事件，其解决过程被置于更广阔的公共空间，必然会对周围的人们和社会产生一定的影响。第三方的介入可能有多种形式，从高度制度化的诉讼程序到亲属邻里随机介入的劝解都属于此列。在纠纷解决中，中立第三方的地位及作用形式，是确定纠纷解决方式的性质（如“公了”或“私了”）的关键要素。①

现实的纠纷解决过程并不限于以上三个阶段的简单递进，实际上，纠纷在每一个阶段都可能出现反复：某些纠纷暂时化解了，但仍有可能再度复发；某些纠纷如不及时处理，就可能升级或激化。因此，纠纷的预防和及时解决，比在事后通过司法程序进行救济更为重要，其所需的成本、社会风险和公共资源也都会大大减少。

（三）影响纠纷解决的社会因素

纠纷解决是一个社会系统，影响纠纷解决的因素是多方面的，纠纷解决过程中所依据的规范、双方的力量对比以及第三方的作用等，都会直接影响纠纷解决的结果。在考察具体的纠纷解决过程时，最重要的因素是：(1) 纠纷解决机制，包括各种制度、程序、机构、人员及运作状况；(2) 纠纷解决的依据，包括法律规则和社会规范的明确性、合理性、可操作性及实效；(3) 社会环境，包括文化和传统及社会主体的法律意识；(4) 其他社会条件，如社会的分层、形态、关系距离、组织、稳定等因素。（参见表1－1）

表1－1　纠纷解决的社会系统

纠纷形态	纠纷控制者	当事人行为	解决途径或机制	救济或处理方式及结果	规则或依据	影响因素	社会治理模式或性质
单方或单向(monadic)阶段或形态：不满	当事人本人	不满	(1) 忍受（lump）回避（avoid）	自我处理	个人伦理及习惯等社会规范；实力对比	双方关系；纠纷性质、冲突激烈程度、时空因素；文化传统、道德宗教；社会结构、发展程度、纠纷的社会价值	自我控制＋自力（私力）救济＋社会控制
		提出主张和救济请求	(2) 对抗行动	进入冲突状态			
双向(dyadic)阶段或形态：冲突	双方当事人	冲突	(1) 交涉（谈判）(negotiation)	和解	社会规范及合意	同上	私力救济
			(2) 压服（conquest）	压服和强制	实力对比	同上	私力救济

① 参见 Nader. L. & Todd. H. F. ed., *The Disputing Process: Law in Ten Societies*, N. Y. Columbia Univ. Press, 1978；王亚新：《纠纷，秩序，法治——探寻研究纠纷处理与规范形成的理论框架》，载《清华法律评论》，第2辑，北京，清华大学出版社，1999；朱景文：《现代西方法社会学》，197页，北京，法律出版社，1994。

续表

纠纷形态	纠纷控制者	当事人行为	解决途径或机制	救济或处理方式及结果	规则或依据	影响因素	社会治理模式或性质
三方（triadic）阶段或形态：纠纷解决	中立第三方＋双方当事人	诉诸中立第三方参与纠纷解决活动	（1）民间机构或个人 （2）制度化程序（ADR）	调解 调解＋裁决	法律、社会规范、自治规范、实力对比	同上＋社会法制化程度	私力救济＋社会救济
			（3）国家： 行政机关 司法机关	调解＋裁决	法律、法规	同上＋行政权威或司法权威	公力救济

三、社会控制与纠纷解决机制

（一）社会控制

社会控制，也可称为社会调整①，是指人类社会通过一系列规则、制度、组织和程序，将社会主体的行为纳入一定的规范体系，从而形成社会秩序的过程。②

社会控制系统是由一系列规则和制度、机构和程序构成的，其核心是对社会主体有约束力的行为规范。不同的社会控制系统之间具有许多共同的原理、规律和过程要素，同时这些机制之间又存在区别和各自的特点。

美国法社会学家布莱克把社会控制的样式分为四类：刑罚性控制、赔偿性控制、治疗性控制以及和解性控制。其中前两种属于指控性控制，典型形式是诉讼；后两种则属于补救性控制，纠纷解决的方式主要是协商与调解。③

美国法学家埃里克森将社会控制体系界定为："由一些在规范意义上恰当的人类行为规则构成。这些规则通过制裁执行，实行这些规则本身也受一些规则的支配。"④ 他将每一个控制系统均分解为三个组成部分。

1. 制裁或报应机制，有两种制裁形式：奖赏和惩罚，这个意义的制裁实际上就是行为后果或报偿。由此将人类行为分为三类：（1）应予奖赏的善行；（2）应予惩罚的恶行；（3）无须回应的普通行为。

---

① 社会调整或称社会控制是确定个人及集体的行为，将其纳入一定社会规则和秩序范围内的活动过程，是实现社会秩序、维持社会正常运行的必需手段，是使人们接受社会价值、原则或规范的整个过程。而社会规范（规则）则是这一过程的静态表现。参见朱景文主编：《法理学》，43～44页，北京，中国人民大学出版社，2007。

② 庞德指出：文明是人类力量不断地、更加完善地发展，是人类对外在的物质自然界和对人类目前能加以控制的内在的人类本性的最大限度的控制。文明的这两个方面是相互依赖的。参见［美］罗·庞德著，沈宗灵、董世忠译：《通过法律的社会控制·法律的任务》，9页，北京，商务印书馆，1984。也就是说，社会控制是人类对自然界和人类自身控制的结合，但更重要的是对其内在本性，也就是对人类自身的控制。

③ 参见［美］布莱克著，唐越、苏力译：《法律的运作行为》，北京，中国政法大学出版社，1994。

④ ［美］埃里克森著，苏力译：《无需法律的秩序——邻人如何解决纠纷》，150页，北京，中国政法大学出版社，2003。

2. 五种制定规则并实行制裁的控制者（主体），包括：（1）行动者本人依据个人伦理进行的自我控制；（2）双方当事人根据约定或合意进行的自力救济；（3）社会力量根据社会规范进行的非正式控制；（4）特定组织机构根据组织规则进行的执法或控制；（5）政府机构根据法律规则和制度进行的执法。其中第（1）种属于单方的社会控制，第（2）种属于双方或双向的社会控制，而第（3）至（5）种属于由中立第三方进行的社会控制（包括社会救济和公力救济）。可见这种社会控制模型与纠纷解决的模型是完全一致的。

3. 五种规则。一般的社会控制模式，只有具备五种适用于行为的规则，才能有效地完成社会控制的功能。这些规则是：（1）实体规则，即基本行为模式，体现了规则制定者预期的控制目标；（2）救济规则，即行为后果或报应、制裁；（3）程序规则，在决定制裁之前对行为者作出评价的规则；（4）构成规则，相当于组织规则，涉及不同政府部门或组织之间的权力配置或资源分配，权限的正当性来源以及组织构成等；（5）选择控制者的规则，即允许当事人自行选择控制者或由法律强制规定，这种规则可以确定不同的控制者的管辖范围，其重要功能之一“就是限制法律体系在人类生活中的作用”，即保留非法律控制机制的存在空间。① 在各种不同的社会控制系统中，通常都同样存在这五种规则。其中实体规则是社会控制体系的核心，指出了行为的后果和处理方式——是否应分配某种奖赏或惩罚，但是为了使其得以实现，必须依赖一定的救济规则来解决责任和补救的问题，而纠纷解决机制则是具体实行救济的活动和程序。

（二）非正式社会控制与纠纷解决

各种社会控制机制都必须拥有相应的救济和制裁机制才能实现社会控制的功能，而救济和制裁最重要的功能之一就是纠纷解决。在所有社会控制机制中，法律是一种逻辑最严谨、技术最复杂、效力最高的机制，但非正式社会控制同样具有有效的制裁机制。“法律制定者如果对那些非正式合作的社会条件缺乏眼力，他们就可能造就一个法律更多但秩序更少的世界。”②

一般而言，法律控制是通过法律规则（立法）、执法和司法（诉讼）等基本机制实现的，这些制度被称为正式的法律制度或程序；而非诉讼程序除了部分属于行政执法、准司法或其附属机制外，绝大多数属于非正式机制的范畴。其中又依其与法律及正式制度的关系远近以及制度化程度，分别居于纯粹的非正式（私力救济）、正式与非正式之间（社会救济）和相对非正式（准司法救济）等不同地位，它们与正式法律机制之间都有一定联系。因此，非诉讼程序与正式法律机制在法律地位、功能上必然存在较大的差异。

（三）善治、构建和谐社会与纠纷解决

善治（Good Governance）是西方在公共行政改革中提出的全新理念，其针对法治的局限性和不足，强调法治与其他社会控制、法律与其他社会规范、国家执法系统与民间社会自治的协调互动。其认为硬性法治、过度法治以及对法律和诉讼的过度依赖不仅需要付出极高的成本，而且会给社会带来一定的负面效果，如社会关系的对抗性，对国家的依赖，共同体凝聚力

---

① 参见［美］埃里克森著，苏力译：《无需法律的秩序——邻人如何解决纠纷》，150～161页，北京，中国政法大学出版社，2003。

② 同上书，354页。

的下降和社会自治、道德的失落，当事人自主与参与的缺失等。善治状态下的社会应是一个秩序良好的社会，有效解决纠纷、平息冲突、恢复被破坏的社会秩序，是善治社会的应然状态。因此，构建多元化纠纷解决机制已成为世界各国实现善治的社会政策目标。

构建和谐社会的理念，也是善治理念的体现。法律、法治与社会和谐的关系，本质上是法与秩序的关系。（1）和谐意味着公平与正义。法治秩序应该以内部和谐为基础，而不是建立在强权与压制之上的。应通过民主机制，使各种利益和意见能够被平等表达，通过对话协商与博弈达到协调和平衡，形成规则，建立秩序，达到和谐。（2）和谐意味着有序和高效。需要建立一套良好的执法与守法机制。社会成员对法律规则、制度、程序和政策持基本认同的立场，愿意促进其不断完善和改革，而不是以消极或反抗的态度持续不断地对其进行腐蚀、规避、抗争与挑战。（3）和谐意味着共存与协调发展。允许差异和多样性的存在，尊重少数人及弱势群体的利益和特殊需求，提倡宽容和共荣。法律与其他社会规范、机制以及社会自治应相互协调。（4）和谐意味着社会协调的能力。法治社会应能有效解决其内部发生的纠纷、矛盾和冲突，使其不致演化成大规模的动乱，不致频繁激化，不会危及秩序本身。法治不能保证社会不出现纠纷，也不能忽略通过矛盾和冲突促进社会发展的机会，但是必须通过合理的机制使纠纷及时、妥善地得到处理，最终回归和谐与秩序。中国共产党十九届四中全会《关于坚持和完善中国特色社会主义制度、推进国家治理体系和治理能力现代化若干重大问题的决定》，提出要完善正确处理新形势下人民内部矛盾有效机制，建设人人有责、人人尽责、人人享有的社会治理共同体和健全充满活力的基层群众自治制度等社会治理理念，同样从善治的角度强调了多元化纠纷解决机制的意义。

四、多元化纠纷解决机制

（一）纠纷解决机制

1. 纠纷解决机制，指一个社会为解决纠纷而建立的由规则、制度、程序和机构（组织）及活动构成的系统。在当代社会，狭义的纠纷解决机制，主要指国家通过相关法律建构或界定的，由各种正式与非正式制度或程序构成的综合性解纷系统。广义的纠纷解决机制，则除此之外，还包括非制度化的临时性、个别性纠纷解决活动，以及民间社会自发形成的各种私力或自力救济。纠纷解决机制的状态直接影响人类社会生活的质量和社会秩序的和谐、稳定及发展，现代法治社会的社会控制（调整）和治理都依赖于一个公正、合理和有效的纠纷解决机制。

2. 纠纷解决机制的构成要素，包括：（1）解纷主体，主要是指作为第三方的机构、组织或个人，包括公力救济、社会救济和私力救济的各种国家机关、社会组织、共同体或民间力量（在协商和解中往往也有第三方的辅助）；（2）程序与手段，即纠纷解决的方式，包括协商（谈判）、调解和裁决（判决、仲裁），以及各种辅助手段（如鉴定、评估、调查等）；（3）纠纷解决的依据或规则，包括法律及习惯等各种民间社会规范。

3. 纠纷解决机制诸要素之间的不同组合，会使纠纷解决在程序、效率与成本、结果、效力等方面出现差异，并可能产生不同的法律效果和社会效果。

（1）机构与规则（规范）之间的关系。不同的解纷机构和程序在规则的选择适用上存在很大的区别。例如，在公力救济中，纠纷解决主要依据国家法，但也需要尊重民间社会规范、情势和社会因素（如效益、舆论等）；而在私力救济中，在不违背法律的前提下，一般会更多地以习惯、行业规范、乡规民约、公共道德等社会规范作为解决纠纷的依据。不同的民间性机制，也会根据需要适用不同的规则，如商事调解、仲裁主要依据商事惯例，而社区调解则注重地方习惯等。

（2）纠纷解决方式与规则之间的关系。裁决性方式倾向于严格适用明确的法律规则或惯例，而调解等协商性方式选择规则的灵活性则更大。

（3）机构、方式与规则的不同组合。不同的解纷机构根据需要，有可能在不同要素之间进行选择和平衡，从而形成多元化的组合。例如，法院引进社会力量主持或参与调解，既可以避免司法资源的短缺，亦可克服诉讼的某些局限；仲裁与调解的结合，可以增加裁决的灵活性和协商性，并减少一裁终局的风险。不同的程序或方式会具有不同的程序利益，产生不同的成本和代价，其纠纷解决的效果、效力和成本等都会成为当事人选择纠纷解决方式的决定性因素。实际上，在具体的纠纷解决过程中，解纷主体和当事人在同一个程序（如调解）中，往往会交替使用不同的规范，分别表现为：法律的话语（法律规范及权利、义务），道德话语（价值观、是非善恶判断、习惯等），以及治疗话语（人际关系、心理、个性等）。[①]（参见图1-1）

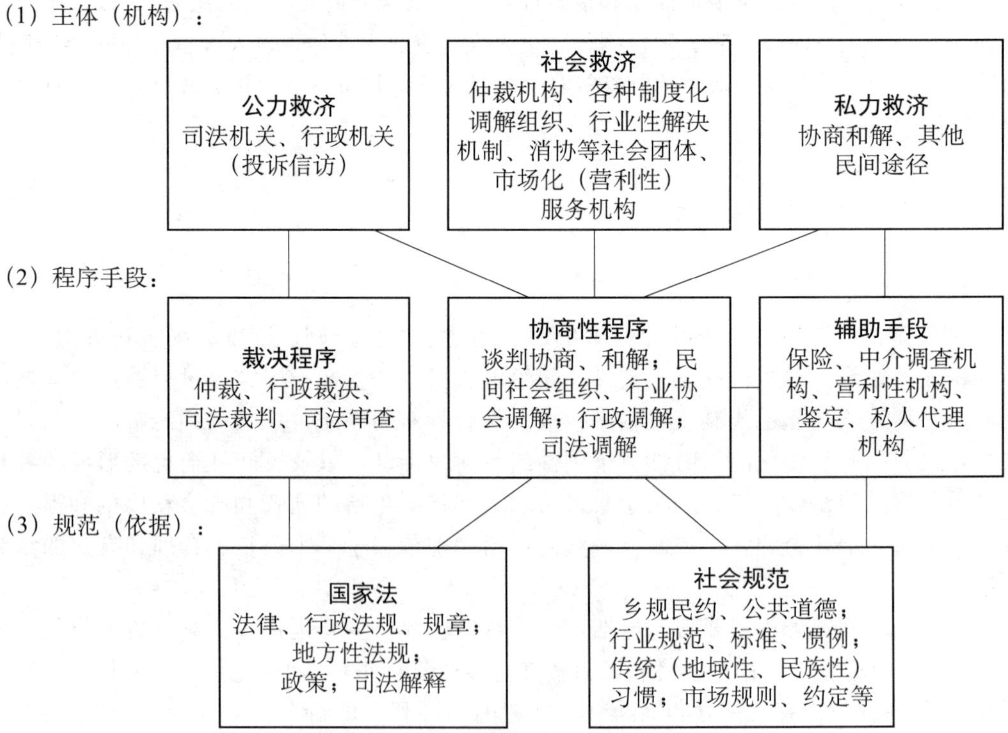

图1-1　纠纷解决机制诸要素

① 参见［美］萨利·安格尔·梅丽著，郭星华等译：《诉讼的话语——生活在美国社会底层人的法律意识》，北京，北京大学出版社，2007。

（二）多元化纠纷解决机制

多元化纠纷解决机制，是指一个社会中由多种纠纷解决方式、程序或制度（包括诉讼与非诉讼两大类型）以其特定的功能共同存在、相互协调所构成的纠纷解决系统。在多元化纠纷解决机制中，各种制度或程序既有其独立的运行空间，又能形成一种功能互补和相互衔接的体系，可以满足社会和当事人的多元化需求和选择自由。

多元化纠纷解决是针对我国实际提出的概念，是指由诉讼和各种非诉讼方式共同构成的纠纷解决体系，其目标是合理配置社会资源，实现纠纷解决程序的合理衔接和相互协调，为纠纷当事人提供便捷和适宜的解决途径。因此，多元化纠纷解决机制与 ADR 并非同一概念，但毋庸置疑，其重点是推动非诉讼解纷机制的发展和利用。

多元化纠纷解决机制首先是一个描述性的概念：人类社会在其发展的任何阶段，都需要与之相适应的纠纷解决机制。社会越复杂，纠纷解决的方式、手段也越丰富，不同的纠纷解决机构、方式或程序共同构成一种多元化的纠纷解决机制。在不同的社会发展阶段，针对不同的社会需求，根据社会主体的选择，建立适应本国或本地需要的多元化纠纷解决机制，是人类社会发展的共同规律。现实存在的多元化纠纷解决机制有时是自发形成的，各种解纷方式之间往往难以协调互动，可能存在某种无序竞争甚至冲突。然而，当代多元化纠纷解决机制的理念则是一种建构性的理论，注重从社会的客观需求和现实条件出发，积极建构合理的多元化纠纷解决机制。

（三）多元化纠纷解决机制的合理性

多元化纠纷解决机制的合理性源于社会控制的实际需要和客观规律，是人类社会治理的必然要求。这种必然性源于以下几个方面。

1. 利益和冲突的多元性

人类社会总是充满了复杂的利益冲突，由于冲突的性质、形式和激烈程度不同，解决冲突和纠纷的手段、方式也必然是多样的，如邻里社区、家庭、商事纠纷等。随着社会的发展，新的利益冲突和新的纠纷类型会不断出现，人们也会随之发现和创造出新的或更为有效的解决方式。例如，在自由资本主义初期，劳资关系和劳动争议主要依私法关系和民事诉讼程序来解决，但往往效果不佳。为了避免劳资纠纷给社会造成过大的损失，国家开始对这类纠纷的解决采取干预政策，对劳动关系的调整逐步社会化，介于公、私法领域之间的劳动法领域因此得以确立；与此同时，专门性的劳动争议解决机制应运而生。20 世纪后半期以来，大量新型纠纷的出现带来了社会治理与纠纷解决机制的新动向，推动了世界范围的司法改革运动和 ADR 的迅猛发展。我国处于社会转型期，利益多元、纠纷多发，复杂性和对抗性突出，对多元化纠纷解决机制的要求也更为迫切。

2. 社会主体关系的多元性

纠纷解决方式与社会主体之间的关系密切相关。在社会中，人与人之间的关系因其身份不同而有远近亲疏之分。美国法社会学家布莱克将社会的横向关系根据分工、亲密度、团结性等人员分布状态的普遍变量称为关系距离（relation distance）。他认为关系距离与法的变化之间存在曲线关系：在关系较亲密的社会群体中，诉诸法律和诉讼显然是被尽量避免的；而随着关系的疏远，法的作用也相应增大；但是当关系距离增大到人们完全相互隔绝的状态时，法律的作用又开始减小。根据关系距离可以预测并解释法的样式：例如，控告式法律（如诉讼）与关系距离成正比变化，而补救式法律（如和解）则与关系距离成反比变化。[①] 社会主体之间的关系距离决定了他们在利用法律和诉讼的频率上存在明显的差异，同时决定了社会必然根据主体之间的关系距离设计出不同的纠纷解决机制。古代社会的组织形式往往具有血缘性、亲缘性和地域性等特点。社会主体对于其所属的部落、家族、宗族、村落、宗教团体、行会等类型的组织有很大的依附性，因此，这些组织内部的纠纷解决机制往往与国家的法律和诉讼机制平分秋色，甚至起着较诉讼更为重要的作用。随着现代化的发展，传统的社会组织和人际关系发生了根本性的变化，表现为一种“从身份到契约”（梅因），或者“从熟人社会向陌生人社会”（费孝通）的历史演进。以契约形式构成的人际关系是由权利、义务联结起来的，公平但是疏远的关系，在这种关系下的社会主体日益成为陌路人，在他们之间，法的利用达到最高限度，以致某些法学家不仅认为诉讼是解决纠纷的最佳方式，甚至将通过诉讼实现自己的权利视为一种社会义务（耶林）。

然而，即使在现代发达国家，人际关系也仍然存在远近亲疏之分：从家庭矛盾到邻里纠纷，从组织机构内部的劳动关系到连续性契约所确定的长久商事合作关系，这些都不仅仅表现为一种简单的权利义务关系。因此，现代社会同样需要依靠社区、公共团体等自治共同体在社会治理中发挥重要作用。当代法治社会对社会和谐以及协商自主解决纠纷的重要价值更加认同；各种非政府组织、社区共同体或社团，以及非正式的法（及非诉讼程序）在纠纷解决中的作用日益受到重视，与司法诉讼制度并行不悖。随着当代世界对多元价值和多元文化的尊重，纠纷解决机制的多元化已成为一种共同趋势。

改革开放以来，我国经历了快速的社会转型，传统的社会组织有些已经解体，有些则逐步适应了社会的变化继续发挥着作用；在一些旧的社会群体消失的同时，新的自治社区和社会组织在日新月异地发展；人际关系既因为市场化而趋于疏远，又因为信息社会的开放性和公民积极参与社会治理而不断拉近；社会主体地位、收入的差距拉大，导致社会关系更趋于多样化和复杂化，利益冲突复杂、多发并难以解决。因此，社会应以多元化作为制度设计的价值和目标，不仅应建立现代的司法诉讼制度，也应注意改造和利用各种传统的解纷方式和民间力量，并随社会的发展不断创新，以适应社会主体的多元需求。与此同时，通过社区共同体的建设改善人际关系、加强道德教化、增进公共意识也会提高社会主体协商解决纠纷的概率和能力。

3. 文化传统与当事人选择的多样性

在现代初期，西方国家曾一度认为司法是唯一公正的纠纷解决方式，一些法学家甚至将诉讼率的高低视为衡量一个社会现代化程度的重要标尺。然而，法社会学的经验性研究证实，现代社会公众在价值观和文化传统上的多元性决定了他们对法律和诉讼必然抱有不同的态度或偏好；虽然司法权威不断提高，但其他解纷方式并未丧失其价值。诉讼率首先是一个综合性的指

---

① 参见［美］布莱克著，唐越、苏力译：《法律的运作行为》，47～56页，北京，中国政法大学出版社，1994。布莱克的公式化的分析框架显然无法适用于千差万别的社会形态，也无法解释大量的例外事实，本书只是在最普遍的意义上参考借用这一原理。

标，它既可以反映一个社会的诉讼制度的开放性和普及性，也可以反映该社会对诉讼所持有的价值观；既可以反映诉讼在一个社会的纠纷解决机制中的地位，也可以反映该社会中纠纷发生的频率和强度。其次，诉讼率是一个客观、中立性的指标，它既可以表明社会成员的权利意识和法律意识，也可以表明社会道德、传统和共同体等自我调节机制的功能，因此其本身并不足以作为衡量社会现代化的标尺。最后，社会有可能通过制度设计对诉讼率进行控制和调节。通过合理的制度设计和干预，有可能最大限度地采用非诉讼方式解决纠纷；通过法院管辖范围、程序的繁简、诉讼成本、法律职业、诉讼和法律服务收费制度，以及对轻率诉讼的节制等制度设计，都可以达到抑制或激励诉讼的不同效果；而律师或法官人数、法律职业观念和行为也都直接影响着当事人对非诉讼机制的利用。事实证明，所谓“诉讼爆炸”并不是现代化的必然结果，通过合理设计纠纷解决机制、发挥非诉讼程序的作用，可以控制诉讼的过快增长，有效地缓解司法的压力。曾经诉讼率较高的一些国家，如美国，由于 ADR 及其他社会机制的作用，已出现诉讼率持续下降的趋势。①

社会价值取向和文化传统，同样会影响当事人和公众对纠纷解决方式的选择。在不同的时代和不同的社会，人们对诉讼的评价和对诉讼的利用有明显差异，然而，无论在东方还是西方，人们在承认诉讼的必要性和积极作用的同时，都对诉讼的局限性有清醒的认识。不仅在传统的东方法律文化中，厉行“德治”“息讼”，以“无讼”为理想；在西方法律传统中，诉讼也同样被视为一种“负价值”②，并流传着各种谚语，例如，“诉讼是一种必不可少的恶”（a necessary evil），“诉讼会吞噬时间、金钱、安逸和朋友”（Lawsuits consume time，and money，and rest，and friend）等。理性选择纠纷解决方式是人类社会的共同需要。当代，协商性解纷方式越来越受到世界各国和不同民族的共同推崇，已形成一种新型解纷文化和潮流。

4. *价值观与救济方式的多元性*

在现代法治社会，社会主体的价值观是千差万别的，纠纷当事人所追求的“公平”在内容和标准上往往存在很大的差异。因此，协商理念无论在民事纠纷解决，还是在刑事和行政争议的解决处理中都日益受到重视。这种理念在承认法治权威的基础上，提倡一种各个利益群体和纠纷当事人之间应相互宽容、多样共存、协商修复的多元正义观和救济机制。其原则和特点如下。

（1）承认公共秩序的最低条件，即以法治为基础和底线，但法律的目的不是消除差异，而是维持多元价值的和谐。因此，这种正义不是绝对的，而是相对的。

（2）承认共同体内部自治的合法性，前提是，共同体的成员本身能够享有法律保护的平等权利。在这一原则下，当共同体成员自愿接受自治性规则并以其独特的方式处理内部事务（包

---

① 参见范愉：《从诉讼调解到“消失中的审判”》，载《法制与社会发展》，2008（5）。

② 例如，有学者认为，“诉讼具有负价值，这一点隐含在下述前提中，即错误成本与直接成本大于程序利益。尽管个别的原告能够获得损害赔偿和其他救济，从而从诉讼中受益，但全面地看，诉讼纯粹是一种损失。因此，从社会的立场或从潜在的原告或被告的立场来看，应避免打官司”。［美］迈克尔·D. 贝勒斯著，张文显译：《法律的原则——一个规范的分析》，37 页，北京，中国大百科全书出版社，1996。美国前总统林肯对律师所说的一段名言——“劝阻诉讼吧。尽可能地说服你的邻居达成和解。向他们指出，那些名义上的胜诉者实际上往往是真正的输家——损失了诉讼费、浪费了时间。律师作为和平的缔造者，将拥有更多的机会做个好人”，至今仍然时时为人引用，尤其是在各种有关 ADR 的教科书中。

括解决纠纷）时，除非侵犯了内部成员的人权或其他基本权利，国家一般不应干预。在法治社会，共同体的高度自治是实现多元价值和多元正义的重要保障。

（3）提倡正义的异质性和个人选择的自由。法律不是绝对的正义，也不可能有绝对和全能的作用。法律必须与其他社会控制和社会规范保持协调，并允许社会主体和当事人在一定的限度内进行自由选择。当异质性的价值以及权利和利益发生冲突和矛盾时，应尽可能通过协商、协调、妥协等方式加以解决，并尽可能减少以一元论的普遍标准作出简单的判断。在平等博弈和对话的前提下，通过协商达成的合意与谅解，其正当性远远高于依据绝对化的一元标准强行作出的裁决的正当性。

（4）在社会的主流意识形态、决策和制度明显不利于某些弱势群体时，应对后者给予特殊的关照和保护，在不损害公众和他人利益的前提下，使其持有的价值观、正义观、利益、行为模式、纠纷解决方式等可以得到最大限度的尊重和保护。

在纠纷解决问题上，多元正义观集中体现为 20 世纪后期司法社会化和司法改革中关于"接近正义"（Access to Justice）的目标，即一方面，坚持以司法诉讼作为实现正义的基本途径及核心，并为当事人提供利用司法的便利；另一方面，承认多元正义的正当性，鼓励当事人自行选择解纷方式，承认民间性解纷机构作为实现正义的合法途径的正当性。

总之，多元化纠纷解决机制的理念是相对于单一化而言的，其意义在于避免把纠纷的解决单纯寄予某一种程序如诉讼，并将其绝对化。它以人类社会价值、利益和解纷方式的多元化为基点，强调应客观评价诉讼与非诉讼、法律机制与其他社会控制、国家权力与社会自治、公力救济与社会救济及私力救济的作用及关系，不主张片面地厚此薄彼。在制度和实践方面，注重构建民间、行政和司法机制之间的协调互动，以及司法制度与非诉讼程序的衔接。在我国当前社会治理创新和司法改革中，一方面需要不断完善司法程序、保障公民的诉权，另一方面必须合理配置司法资源，通过非诉讼程序为当事人提供更加快速、经济、便利和灵活的解纷途径，减轻司法压力、提高社会自治能力，因此，多元化纠纷解决机制的理念正符合我国的现实需求。①

（四）多元化纠纷解决机制的基本形态

现代社会多元化纠纷解决机制的形态和形式，一般可以从以下几个方面把握。

1. 救济机制或纠纷解决机构的多元化。在当代社会，权利救济与纠纷解决可以被视为同一问题或过程，因此，多元化纠纷解决机制首先是指由公力救济、私力救济和社会救济构成的多元化体系。

（1）公力救济，即通过国家公权力对遭受侵害或无法正常实现的权利给予救济、解决纠纷的制度，包括一系列组织机构、程序和手段。最基本的是司法救济，即司法机关和司法程序。此外，还包括行政法院、社会法院、行政救济程序等。

（2）私力救济，即所谓"私了"，指通过私人之间、共同体内部和其他非公权力的民间力量实现个人权利、解决权益纷争的非正式机制。现代社会的私力救济包括合法与违法两种形态，并有大量形式介于二者之间。协商和解属于合法的私力救济，得到国家的认可和鼓励；一

---

① 参见范愉：《以多元化纠纷解决机制保证社会的可持续发展》，载《法律适用》，2005（2）。

些私力救济一旦获得国家认可，可转化为社会救济机制；法律禁止的私力救济则是非法的。如果社会的纠纷解决机制过于单一，仅有诉讼程序或公力救济，那么，不仅对于大量琐细的民间纠纷而言极不经济，而且过高的成本和代价往往会使当事人不得不放弃诉求而无以救济。这样，反而会刺激私力救济的发展。[①]

（3）社会救济，是国家容许并提倡的民间社会性纠纷解决方式，一般由公益组织、民间组织、社会团体、中介机构主持。可分为制度性和非制度性机制，以及公益性和营利性等基本类型。社会救济的地位介于公力救济与私力救济之间，在当代社会得到快速发展，属于现代ADR的范畴，其理念、制度和程序本身具有多元化特点，包括社会自治和司法辅助两大基本取向。

2. 纠纷解决方式的多元化。主要包括由协商、调解和裁决三种基本方式以及由其组合或创新产生的“混合性”纠纷解决方式。[②] 各种方式可以与不同的机构、价值取向和功能相互结合，以满足当事人的不同需求。

3. 纠纷解决规范的多元化。包括规范性质及选择适用两方面。

（1）当代作为解纷依据的规范，首先是法律规范，包括强制性规范和任意性规范、授权性或委任性规范。强制性规范可以是组织规范、程序规范或行为规范，一方面，对解纷主体的设立及权限、管辖范围、方式与程序、效力等作出规定；另一方面，划出禁止性领域和行为的边界，形成各种解纷机制必须严格遵守的原则和行为准则，如果僭越，就会影响到解纷机制及解纷结果的合法性。在强制性规范之外，法律会给任意性规范（包括授权性规范、自治性规范等）留出很大的空间，由此使法律规则本身具有一定的灵活性。任意性规范允许当事人在广阔的民事领域内自由发挥其创造力和处分权，进行协商、约定等。授权性规范或委任性规范则可能允许自治地方根据实际发挥自主权和创造性，制定地方性特殊规则，或允许特定社会组织制定自治性规范。共同体的自治性规范可以限制法律强制介入的范围，将内部事务的处理权留给其成员。这三类规范在选择纠纷解决方式、实体规则和程序权利等方面都赋予了当事人较大的自由权和灵活性。

（2）在纠纷解决中，解纷主体和当事人通常不能违反强制性法律规范，但可以对任意性规范选择适用，也可以通过协商性程序在法律与其他社会规范（包括道德规范、自治规范、村规民约、民族习惯、宗教和行业惯例等）之间进行选择。

4. 由不同类型的解纷机制构成的多元化格局。例如，地域性纠纷解决机制，自治共同体纠纷解决机制，针对特定纠纷建立的专门性解纷机制，如针对劳动争议、家事纠纷、医疗纠纷、交通事故、环境纠纷等的专门程序等。

5. 各种纠纷解决机制或制度内部程序的多元化。例如，民事诉讼程序的多元化（调解、小额程序、督促程序等非讼程序）以及仲裁与调解相结合的程序等。

---

① 参见范愉：《私力救济考》，载《江苏社会科学》，2007（6）。

② See Goldberg, Stephen B., Sander, Frank E. A., Rogers, Nancy H., *Dispute Resolution, Negotiation, Mediation, and Other Processes*, Second Edition, Little, Brown and Company, 1992. 美国的所谓“混合性”纠纷解决方式包括中立专家、简易陪审、小型审判等。

第二节　非诉讼程序（ADR）的概念与类型

一、非诉讼程序（ADR）的概念与特征

（一）非诉讼程序（ADR）的概念

1. 非诉讼程序（ADR）的概念

非诉讼程序是对诉讼以外的其他各种纠纷解决方式、程序或制度的总称①，目前世界各国一般采用英文“Alternative Dispute Resolution（ADR）”来表述这一概念。ADR 概念源于美国，原来是指 20 世纪逐步发展起来的各种诉讼外的纠纷解决方式，现在已引申为对世界各国普遍存在的非诉讼纠纷解决程序或机制的总称。② ADR 既可以根据其字面意义译为“替代性（或代替性、选择性）纠纷解决方式”，亦可根据其实质意义译为“审判外（诉讼外或判决外）纠纷解决方式”“非诉讼纠纷解决程序”“法院外纠纷解决方式”等。本书根据我国立法机关采用的分类方法，使用“非诉讼程序”的概念，与替代性纠纷解决方式（ADR）及以上用语基本相同。

由于非诉讼程序是一个总括性、综合性的概念，其内涵和外延均难以准确界定。目前，国际上对 ADR 应包括哪些程序制度仍存在较大分歧，其定义尚不十分严密和统一。例如，美国 1998 年《ADR 法》(Alternative Dispute Resolution Act of 1998）的定义是：替代性纠纷解决方法包括任何审判法官的判决以外的程序和方法，在这种程序中，通过诸如早期中立评估、调解、小型审判和仲裁等方式，中立第三方在争论中参与、协助解决纠纷。美国法学家弗来彻认为：“虽然从表面上看，替代性纠纷解决办法是一个有序体系，但事实上它只是一组供当事人任意选择用来避免对抗性诉讼的办法。”③ 因此，一般对 ADR 的概念更适宜使用定性或概括的方法，而不宜以列举的方法加以界定。

2. 非诉讼程序（ADR）概念的界定

尽管概念表述并不统一，但今天在全世界范围，非诉讼程序（ADR）已成为一个约定俗成的通用术语。一般而言，这一概念强调的是与法院的诉讼程序（或判决）的区别与联系，对其界定通常根据以下几个要素。

（1）替代性，是指对法院审判或判决的替代。美国法律信息网“Introduction to Alternate Dispute Resolution”对 ADR 所作的定义是：“ADR 是一系列多样化的纠纷解决程序的统称。

---

① 纠纷解决在多数情况下涉及的是民事诉讼，但现代 ADR 已经不限于解决民事纠纷，在行政争议、刑事和解以及公共事件处理中都已引进 ADR。此外，本书中使用的“非诉讼”概念不同于民事诉讼中的“非讼案件”，后者主要是指民事诉讼程序中的非讼特别程序，如宣告失踪、公示催告、督促程序等，而非诉讼纠纷解决方式的外延则更为广阔。

② ADR 原来特指美国现代的代替性纠纷解决方式，主要包括民事纠纷（包括家事、商事、劳动等）解决机制，当前，ADR 的范围已经向行政争议解决和刑事和解等公共领域扩大。

③ 宋冰编：《程序、正义与现代化——外国法学家在华演讲录》，420 页，北京，中国政法大学出版社，1998。

ADR程序的共同之处在于‘替代’这一概念。每一种ADR程序都是对法院判决的一种替代。”① 相对于通过诉讼得到的判决而言，处于这一最后阶段之前的任何纠纷解决方式和程序都可称为ADR。需要强调的是，这种替代性（alternative）并不意味着“取代”（replace），“ADR不准备也永远不可能取代（replace）法制。法治是我们社会的基础，而且其价值将会继续决定着社会的基本模式”②。

（2）选择性，是指这种纠纷解决方式以当事人的自主合意和选择为基础。选择权是当事人的一种自主权利，既可以是对程序和依据的选择，也可以是对其实体权利和诉讼权利的处分，但首先意味着在判决与各种非诉讼方式之间进行选择。现代非诉讼程序的存在和运作，是以法院和诉讼程序的存在以及当事人的诉讼权利和处分权为前提的，ADR只能为当事人提供选择的可能性，而不能剥夺当事人的诉讼权利和处分权。当事人可以对纠纷解决的方式、规范、程序和结果进行自主选择，其选择的动机和标准也可能是多方面的，包括成本效益、情感和长远关系、规避诉讼和追求常理性公正（情理）等。多种的选择机会和可能，不仅为当事人及时、便利地解决纠纷创造了条件，而且在很大程度上减轻了法院的压力。与此同时，国家可以基于资源、效益和社会效果等因素，通过制度设计对当事人的选择权进行必要的引导和限制，例如设立法定前置非诉讼程序或专门机制等减少对诉讼的依赖。

（3）解决纠纷，是ADR的基本功能。ADR不同于行政机关的管理、执法活动及确权、处罚等具体行政行为，也不同于单纯的调查、鉴定和评估，其基本功能是解决纠纷。基于这一功能，各种非诉讼程序能够与司法程序共同构成一种多元化的机制，相互衔接和补充，共同承担纠纷解决的社会功能。

3. 狭义和广义的ADR概念

基于上述界定，对于ADR概念实际上存在广义和狭义的理解。狭义的ADR概念，主要是指协商性或民间性纠纷解决方式，特别是调解，一般不包括行政处理（尤其是裁决）。广义的ADR概念则可以涵盖所有非诉讼解纷方式，既包括传统的民间调解和商事仲裁；也包括当代创造的新型ADR（如美国的混合型ADR和各国的申诉专员制度）；同时可以容纳更多今后可能出现的新的类型，包括行政性和准司法性解纷机制；甚至可以涵盖法院的诉讼中调解（和解）等。在当代法治社会，许多传统的解纷方式已实现现代转型，融入多元化纠纷解决机制；而随着纠纷解决实践的发展，新型ADR形式仍在不断出现。所以，世界各国的研究者和实践者更倾向于采纳广义的ADR概念。本书亦采用广义的ADR概念。

4. ADR概念的开放性

广义的ADR概念是一种开放性的概念体系，即将ADR视为发展的、包容性的系统，不仅可以包容一切现实存在的非诉讼程序，还能够将以后继续出现、发展变化的ADR形式涵盖其中，其基本原理亦可适用于大量边缘性的纠纷解决现象和方式。基于这种开放性，在界定ADR概念时特别需要注意以下几种情形。

---

① Alternate Dispute Resolutions（“ADR”）refers to a variety of procedures for the resolution of disputes. Common to all ADR procedures is the word “alternate”. Each ADR procedure is an alternative to court adjudication. —by Gary H. Barnes.

② Meyerson，Bruce E. & Cooper，Corinne ed.，*A Drafter's Guide to Alternative Dispute Resolution*，America Bar Association，1991，p. 4.

（1）当事人双方的谈判协商尽管不属于中立第三方主持的 ADR，但实际上往往有第三方的直接或间接、潜在的参与，已成为一种与调解相似的纠纷解决方式。因此，当代纠纷解决研究和 ADR 实务培训都把谈判协商作为一种基本的解纷技能和方法纳入 ADR 的范畴。

（2）某些机构承担着听取、转达或答复当事人提出的单向性投诉、申诉、咨询或请求的职能，并可能由此启动特定的救济程序，例如各国的投诉窗口、申诉处理部门、行政监察专员及我国的信访机构，尽管其设置初衷主要并非解决纠纷，事实上却具有重要的解纷功能。同时，一些中介性、营利性的鉴定、评估、代理机构，虽然是受一方当事人的委托而进行单向或代理活动，但同样具有解纷功能。因此，二者都可以被纳入广义的 ADR 体系。

（3）ADR 通常是以制度性、常规性的纠纷解决机制为基本形式和研究重点，但不可忽视，在日常生活中，一些附带性、非制度性和临时性的纠纷解决活动往往发挥着不可或缺的作用。例如，警察及行政执法人员在执法活动中的附带性调解，传统宗族和宗教人士对于社区冲突的斡旋，以及有关部门对突发或群体事件的协调处理等。

总之，从纠纷解决的实际情况和客观需要出发，不宜对 ADR 作狭义的理解；采用开放性和包容性的广义 ADR 概念，更有利于从动态和功能的视角把握人类社会纠纷解决的需求、特点和纠纷解决机制的发展规律。

（二）ADR 的基本特征

当代国际比较法学界将 ADR 的基本特征概括为以下几个方面。①

1. 程序上的非正式性。ADR 通常具有简易性和灵活性的特点，相对于诉讼程序的复杂性和高成本及延迟等问题而言，这种特点凸显了 ADR 特有的程序利益：ADR 能够降低当事人和社会的纠纷解决成本，节约和有效利用司法资源，并便于利用和普及。因此，当代 ADR 的发展以非正式性为主，应避免过度制度化的倾向。但相对于社区调解的非正式性，准司法或行政性纠纷解决机制的制度化、程序化程度较高。

2. 纠纷解决依据的灵活性（非法律化），即不强求刚性适法。ADR 的合法性主要是指不违反法律的强制性规定，在法律的基本框架内②，可以有较大的灵活变通和交易的空间。ADR 在纠纷解决中无须机械地适用实体法规定，而应根据当事人和特定纠纷的实际需要，尊重社会自治和当事人自主，广泛依据各种社会规范（习惯、情理、公共道德和自治性规范等）灵活解决纠纷。然而，不同的 ADR 在解纷依据上存在明显差异，一些制度化和裁决性程序对法律规则的依赖更强，而且不同类型的纠纷对法律的依赖程度也存在明显差异，如交通事故处理具有标准化和法律化的特点。因此，ADR 在纠纷解决依据方面应根据具体的纠纷类型和处理需要

---

① 参见［日］小岛武司：《裁判外紛争処理与法の支配》，183 页以下，东京，有斐阁，2000。其中前四个要素为美国学者所总结，而后两个要素则是其他国家的学者补充的。笔者对此进行了简要的说明和分析。

② 具体而言，“实体法可被分为三种：有关公共秩序的强制性规定、调整性规定和非强制性规定，它们全部与解决纠纷有关。与 ADR 相协调，必须不违反强制性和调整性的规定。然而，如果合意是在清楚法律规定的情况下由当事人达成的，则调停可以违反非强制性规定，因为非强制性规定应该在任何一方当事人的意愿不存在或不清楚时起补充作用”（日本律师协会：《民事调停研究》，转引自［日］小岛武司著，陈刚等译：《诉讼制度改革的法理与实证》，185～186 页，北京，法律出版社，2001）。纠纷解决的合法性或依法性原则并不意味着要严格适用所有法律规范，事实上，协商类纠纷解决方式都存在合意型和判断型的区别，前者更倾向于依法律以外的规范解决纠纷，而后者则是基于法律判断而进行的交易或利益平衡。

采用灵活的标准。

3. 纠纷解决主体的非（法律）职业化。传统的调解员和仲裁员，都是非职业化的，以避免职业法律家的垄断，促进当事人本人的参与，并通过非法律职业的各类专家（包括技术专家、行政主管、行业与特定群体的代表、心理学专家、青少年及家庭问题专家，等等）参与处理特定类型纠纷，发挥社会力量的优势，提高纠纷处理的合理性和公正性。近年来，随着纠纷解决培训的专门化，出现了调解人职业化的趋势，特别是某些专业性较强的纠纷解决程序，如劳动争议调解仲裁、建筑工程争议调解、医疗纠纷解决等，其调解人需要经过培训、获得专业资格才能从事调解工作，同时必须遵循特定的行为规范，但调解员多数仍以兼职为主。相比之下，传统型和社区调解尽管也强调技能和规范方面的培训，但更强调自治，并不追求职业化。

4. 性质和形式的多样化。ADR 以民间性（社会性）机制为主，其机构组织的数量、覆盖面和解纷数量均占有明显优势，同时，司法性（法院附设）ADR 和行政性 ADR 各有其特定的形式、作用范围和功能，由此构成了一种功能互补的多元化系统。

5. 程序构造的平等性。在 ADR 中，纠纷解决者与当事人之间的关系属于非权力化的水平（horizontal）或平等性构造。中立第三方（调解人或仲裁人）不具有国家权力的属性、地位和职权，程序的启动、运作和处理结果主要取决于当事人的处分权和合意。因此，ADR 体现了更彻底的当事人主义（参与）和自治性。

6. 纠纷解决过程的平和性（非对抗性）和结果的互利性。ADR 以促成和解以及圆满解决纠纷为价值取向，双赢（多赢）与平和是其中最受关注的价值，也是当代世界对 ADR 最为认同的优势。ADR 的其他程序利益（如经济、快速、保密等）和结果优势均来源于此。当代世界对共同体理念的追求以及建构人类命运共同体、社会治理共同体、经济共同体、文化共同体的实践也必然加强对调解等非诉讼机制的倚重，推动“全球调解趋势”的到来。

二、非诉讼程序（ADR）的基本类型

当代世界各国的非诉讼程序（ADR）及其形式多样，依据不同的分类标准可以对其基本类型作出以下分类。

1. 纠纷解决主体，即 ADR 机构

（1）法院附设的非诉讼程序（court-annexed ADR），即司法性 ADR。其一般设在法院，但采用不同于诉讼程序的专门程序；可以与诉讼程序进行衔接，如调解仲裁前置，调解协议的司法审核确认、转化为诉讼调解书或和解判决等。日本的民事和家事调停以及美国、澳大利亚等国的法院附设 ADR 等都属于这种类型。我国法院建立的特邀调解、协助调解、诉前调解及人民调解窗口等，也可归入此类。

（2）行政机关或准行政机关所设或附设的非诉讼程序（ADR），例如行政调解、行政申诉及行政裁决等，即行政性 ADR。一些具有行政背景的调解和仲裁等亦属此列。随着纠纷解决方式的多样化，专设的行政性解纷机构不断增加，例如由行政机构负责组织的针对各案处理的专门委员会、行政监察专员等。行政主体设立的申诉或信访机构，以及执法附带性纠纷解决活动，亦可被列入广义的 ADR 的范围。行政性 ADR 亦可以采用社会化形式，包括政府购买，委托、聘请专家或设立独立、中立性程序，如申诉专员等。

(3) 由民间团体或组织主持的非诉讼程序（ADR），即民间性 ADR。包括民间自治性纠纷解决组织，非政府机构（NGO），以及由政府或司法机关支持的社会性纠纷解决机构等。美国的近邻司法中心（Neighborhood Justice Center）和我国的人民调解，以及各国的商事调解和仲裁机构都属于这一范畴。根据有无政府或司法机关的支持、参与和指导，这类 ADR 机构的功能、作用及适用的基准或规范等，均存在较大差别。民间性 ADR 可以接受司法机关和行政主体委托承担准司法和准行政纠纷解决功能，或作为独立环节与行政、司法程序相互衔接。

(4) 由律师主持的专业咨询或法律援助性质的非诉讼程序（ADR），其性质与民间性 ADR 相同，但由于主持者的职业特点，亦可以单独分类。目前在世界各国，并无统一的“律师调解”制度，这是因为，律师的职业定位是以代理人身份为一方当事人服务，而不是作为中立第三方参与纠纷解决，调解并非律师基本职能。原有的法律 ADR 属于一种法律咨询活动，向当事人提供法律解释或预测裁判结果，随着 ADR 的发展，律师及法律职业群体开始积极参与 ADR，主要方式包括：1）公益性 ADR，主要包括法律援助、律师协会设立的调解中心、受司法、行政机关委托担任调解员进行个案调解等形式。律师作为中立第三方调解员的同时，不能以执业律师身份进行法律业务，并需要严格避免利益冲突。2）兼职型，律师取得相应资格、兼任仲裁员或调解员。可以受当事人选任或被指定在具体案件中担任仲裁员或调解员，此时其身份为中立第三方而不是代理律师，必须避免利益冲突，遵守职业伦理。3）专业化、市场化模式，指由法律职业人士构成的调解仲裁事务所或公司，成员必须获得调解员资格或执业许可并不再同时进行律师代理业务；机构不接受案件代理，只提供解纷服务（调解、仲裁），依靠当事人服务费运营。4）参与型，包括律师在当事人授权范围内代表当事人一方参与调解或协商，或者律师促成当事人参与调解、达成和解，即“律师和解”，本质上属于当事人和解。我国目前的“律师调解”属于一种综合性的政策或实践尝试，并不是一种确定性的制度，尚无明确的法律依据和制度设计。其形式既包括律师协会、律师事务所和律师个人，也包括政府购买、司法委托、公益性和准市场化等多种方式，涉及的利益冲突、行为规范、形式和程序、效力、救济途径以及理论原则等各有不同，均尚未形成规则制度。提倡律师调解的主要意义在于提高律师界对非诉讼程序的认识及其参与积极性，转变其职业理念和思维方式，并不意味着律师调解可以取代其他民间调解的作用。

(5) 国际组织及国际商事纠纷解决机制（ADR）。世界贸易组织（WTO）根据其协定附属文件《关于争端解决规则和程序的谅解》（Understanding on Rules and Procedures Governing the Settlement of Disputes）建立了争端解决机制 DSB（Dispute Settlement Body），世界知识产权组织（WIPO）等国际组织也都设立了相应的纠纷解决机构。我国在自由贸易区建设中也与相关国家、地区签订了一些争端解决协议，如《中国—东盟全面经济合作框架协议争端解决机制协议》。以往，国际商事争议解决主要由磋商和仲裁构成，调解未得到充分制度化。但很多国家都相继建立了国际商事调解机构。2014 年 7 月，联合国国际贸易法委员会（以下简称贸法会）第四十七届会议决定拟定一部旨在鼓励通过调解方式解决商事争议的公约。贸法会第二工作组（争议解决）经过四年努力于 2018 年 6 月完成。联合国大会会议于 2018 年 12 月审议通过了《联合国关于调解所产生的国际和解协议公约》（United Nations Convention on International Settlement Agreements Resulting from Mediation，简称《新加坡公约》），并于 2019 年 8 月 7 日在新加坡开放签署，包括中国、美国在内的 46 个国家和地区作为首批签约方签署了这一公约。该公约此后将在纽约联合国总部开放供各国签署，签署国完成法定批准程序后方可生效。《新加坡公约》在序言中肯定了调解在解决商事争议中的价值和优越性。公约将适用范围限定在国际商事争议范围，确立了通过调解达成的国际商事和解协议具有执行力的基本原则。签署国可根据本国条件建立相应的机构或程序行使审查权，调解当事人可以向主管机关申请执行和解协议或寻求救济。《新加坡公约》无疑将推动调解成为解决国际商事纠纷的主流方式。

（6）在线纠纷解决机制（ODR）。近年来，随着电子商务和互联网的广泛使用，在线纠纷解决机制（ODR）得以快速发展。ODR 目前主要应用于电子商务领域，但已逐步向更广阔的领域扩展。ODR 在纠纷主体、解纷主体和解纷方式、程序、规则和制度等各个方面均与传统的纠纷解决迥然不同，由此产生了一系列新的原理和规则，拓宽了 ADR 的功能和范围。

2. 启动程序

（1）合意性 ADR，即当事人双方合意决定启动非诉讼程序以解决纠纷。双方既可以事先约定纠纷解决方式，也可以在纠纷发生后，经过协商合意选择某种 ADR 方式，但一般不能由一方当事人单方申请启动。合意性 ADR 是非诉讼程序的最重要形式，建立在当事人双方的选择权之上，意味着当事人对纠纷解决的方式、主体、适用规范和解决结果的自主和自愿的选择，最符合非诉讼程序的宗旨和价值。在实践中，纠纷解决机构和第三者的主动介入十分普遍，但只要是双方当事人最终对这种介入认可或不明确表示反对，就应视为符合合意条件。为了使合意结果不致被轻易背弃，亦需要通过法律责任或特定程序对其效力加以保证。

（2）强制性 ADR，即根据法律规定或法院的决定，把 ADR 设定为解决某些类型纠纷的前置程序，如婚姻家事纠纷、邻里纠纷、劳动争议和小额债务纠纷等。此处的“强制”即义务，意味着前置或必经程序，仅限于参加的强制，并不是指当事人必须接受处理的结果，也不意味着剥夺当事人的诉权。当代很多国家或地区以法律形式规定某些纠纷必须以调解为必经程序，称为强制调解或强制 ADR；调解不成可以进入诉讼，或者可对调解协议提出司法审查诉讼。在一些专门性纠纷解决机制中，强制性调解和仲裁也广为采用。我国劳动仲裁即属于强制仲裁的一种。强制性 ADR 的意义在于降低自愿启动的难度，提高 ADR 的利用率。

（3）半强制 ADR，即 ADR 机构或组织根据一方当事人的申请即可进行纠纷处理，但一般并不是诉讼的必经阶段，当事人亦可直接提起诉讼。如日本法院附设的调解，一方申请后，被申请人有参加调解的义务（应诉）。当代很多行政性或行业性性解纷机制在处理消费者纠纷和产品责任纠纷时，出于保护消费者权益的考虑，在赋予其选择权的同时，规定了行业组织成员的参加义务。消费者一旦投诉，则被投诉方有义务参与和接受该机构的处理。半强制 ADR 根据一方当事人的申请即可启动，使 ADR 的利用更加便利和普遍。

3. 处理结果的效力

（1）处理结果有拘束力或终局性的 ADR。即处理结果具有强制性法律效力，如果一方不能自觉履行，对方当事人可向法院申请强制执行，并可能产生既判力，如商事仲裁。

（2）处理结果无拘束力或非终局性的 ADR。即处理结果不具有可强制执行的效力，当事人在纠纷解决的合意未达成时，可直接转入诉讼程序；或在达成协议后的一定期限内仍可以提起诉讼。大多数非诉讼程序属于此类，但经过特定程序，如法院的审核、确认或公证、转化为仲裁裁决等方式，处理结果可获得拘束力和强制执行效力。

4. 纠纷类型

（1）解决一般民商事纠纷的非诉讼程序，如民事调解制度或商事仲裁。

（2）解决特定纠纷的专门性程序，如处理劳动、消费、家事、医疗、交通事故、建筑、公共环境、知识产权、国际贸易等不同类型纠纷专门程序。

（3）处理行政争议、政治社会的公共利益纠纷、公共或群体事件的常规或临时性机制。

（4）刑事和解、辩诉交易、社区矫正、危机处理等特殊类型。

5. 历史渊源

（1）传统型 ADR，其主要是以调解和仲裁为代表的、从传统资源发展而来的非诉讼程序，如商事仲裁及各种民事调解等。

（2）现代型 ADR，其是指 20 世纪后半期以来迅猛发展的新型调解、仲裁、行政程序、法院附设 ADR 及专门性机制等。

二者在原理和程序设计上都存在很大差别，但也在不断出现融合趋向。

6. 运作方式

（1）公益性 ADR，其目的是服务于社会公众，以纠纷解决和维护社会和谐为目标，通常由国家和地方政府、司法机关或民间社会团体以公共财政或社会资助、基金等方式建立，其组织建立、人员选任或运行程序均需要一定的法律依据或授权，不从纠纷解决业务中获取收入或赢利，其运行需要接受社会监督，当事人原则上无须缴纳费用。

（2）非营利性 ADR，也带有公益性，但是其机构和运作方式不依赖于公共财政或公益性基金等的支持，而是依靠市场化机制运行，向当事人收取服务费用，自负盈亏，但并不以营利为目的，其收入原则上不作为资本收益进行分配，而可以用于扩大规模和日常运作，多数商事仲裁机构属此类。

（3）营利性 ADR，是通过提供纠纷解决服务获取一定收益，一般可以以企业或财团法人等形式成立，完全依照市场规律进行运作，自负盈亏，并可以获得营利，如日本的交通事故纷争处理中心（财团法人）。许多国家的鉴定、认证等中介机构及律师调解仲裁事务所，如美国的 JAMS 公司，也采用这种营利性、自律性的模式。

市场化运作的营利性与非营利性 ADR 都需要接受法律和国家的规制，有准入标准和法定登记备案程序，主要通过行业自律获得公信力和生存空间。

根据不同的标准，对 ADR 还可以作更多分类，例如：根据与法院诉讼程序的衔接，所适用的规范，具体的形式和纠纷解决方式等。每一种分类都是认识和评价 ADR 功能的一种手段，而 ADR 的外在形式和运作方式，都是由其功能所决定的。

第三节　非诉讼程序的功能与价值

一、诉讼的功能及固有局限性

非诉讼机制的目标并非取代诉讼，其最初也并不仅仅是为替代诉讼而产生的。然而在现代社会，ADR之所以被称为替代性纠纷解决机制，是因为其功能和价值确实是与诉讼相比较、相对应而存在的。也就是说，非诉讼程序通过发挥其自身特点和优势，及时、快速、有效、经济地解决纠纷，从而实现对诉讼制度的补偏救弊和功能替代，以节约司法资源，减少社会的纠纷解决成本，达到更好地解纷效果，并更好地调整人际关系和社会关系，实现社会的善治。

（一）诉讼的功能

诉讼是审判机关和案件当事人在其他诉讼参与人的配合下，为解决纠纷依法定诉讼程序所进行的活动。在现代社会，诉讼作为一种司法制度，其基本功能实质上是多层次的。

1. 纠纷解决。诉讼的直接功能是解决纠纷、调整利益冲突，保护社会主体的合法权益。近现代以来，司法权的统一与强化和救济手段的不断完善，表明权利保障机制的日益完善。诉讼审判是纠纷的“法律”解决的典型形式。

2. 法律适用。诉讼是一个法律适用的过程，在这个过程中，诉讼具有确认、实现或发展法律规范，保证法律调整机制正常运行的功能。司法裁判通过法律适用，提供了一种法律上的标准答案，并成为其他解决方式的参考依据，从而可以促进更多的纠纷据此得以解决，为非诉讼程序发挥作用创造了条件。

3. 维护合法性。诉讼制度的建立与运作，是国家司法权的行使和法的实现的重要环节，诉讼的最深刻的社会功能在于维护整个社会的政治秩序和国家权力的合法性。当代司法审查权的确立，使司法机关和诉讼在解决重大社会问题中的作用日益提高。

一般而言，诉讼的上述三种功能中，只有解决纠纷的功能最为直接可见，并存在于任何形态的诉讼活动中。然而，诉讼的功能依法院体系和审级的不同而有一定差异。例如，基层或一审法院主要承担着纠纷解决功能，重在解决个案纠纷，追求纠纷解决的效率和效果；进行法律审的上诉法院的主要功能是法律适用和法律解释；而最高法院则承担着保证法律的统一适用和产生判例、决策等社会功能。就诉讼案件总量而言，具有公共政策意义的纠纷案件只占极少数，因此，将大多数案件和纠纷解决功能分流到非诉讼程序是必要和可行的，不仅可以节约司法资源，保证法院发挥更重要的社会功能，而且解纷的效益和效果会更好。

（二）诉讼的压力及固有局限性

在现代化进程中，国家曾期待通过司法诉讼解决所有或大部分纠纷，随着司法管辖权不断扩大，非诉讼机制长期受到忽视。然而，实践证明，诉讼不仅难以满足社会纠纷解决的全部需求，而且其本身存在一些固有的局限性。20世纪中期以后，各国的司法机制都或多或少地显示出危机的迹象。[①] 主要体现在以下方面。

1. 积案及迟延。很多国家的诉讼量都在逐年递增，增长的速度常常快于人口和国民经济的增长速度。同时，世界各国的民事诉讼几乎都存在诉讼迟延的问题，这既是积案的原因所在，又因积案的累积而加重，尽管迟延的程度和原因各有不同。而且，通过司法改革限制诉讼

---

① 参见［英］阿德里安·A.S.朱克曼主编，傅郁林等译：《危机中的民事司法》，北京，中国政法大学出版社，2005。

周期以减少积案和迟延的努力收效甚微。这种情况无疑会削弱司法在纠纷解决中的功能，降低司法公信力。

2. 程序的复杂性与对抗性。程序的复杂性是诉讼的必然要求，这不仅导致诉讼成本的高昂，也使当事人不得不依赖律师代理，进而剥夺其本人参与诉讼的权利和机会。诉讼程序所要求的严格的举证责任，对于当事人来说既是一种沉重的负担，也是一种难以预测的风险。诉讼程序以当事人两造对抗的方式，由法官根据法律程序和规则查明事实，对当事人之间的权利、义务作出法律判定，这种对抗不仅会加剧双方的对立，而且非此即彼的判决往往难以终结双方的纠纷。裁判的形式合理性和程序正义以及国家中心的特性，不可避免地会忽略纠纷解决中的和谐、实质正义等多元价值。

3. 诉讼成本的高昂。诉讼成本，包括国家为了维持司法机器的运行而付出的公共成本和当事人在诉讼过程中必须支付的私人成本，包括诉讼费、鉴定费和律师费用，以及其他用于诉讼的实际支出。诉讼费用的昂贵，一方面，是相对的，涉及诉讼费用在国民经济中所占的比率和与国民生活水准之间的比例以及负担方式，并与律师代理及收费制度息息相关。另一方面，又是绝对的，因为诉讼是所有解纷方式中成本最高的，诉讼越多，社会付出的解纷成本就越高，而绝大多数普通诉讼案件并不会产生重要的社会收益。诉讼费用的高昂必然导致当事人在司法资源利用上的不平等，但必要的诉讼费用具有抑制滥讼的作用，所以，降低诉讼费用并不能从根本上解决司法资源短缺和不平等的问题，反而会诱发更多的诉讼。

4. 解决特定和新型纠纷的局限性。诉讼适合于处理简单法律关系，在处理涉及复杂关系的法律纠纷时，往往将其分解为简单的法律关系处理，尤其是在大陆法系的诉讼程序中，诉的合并受到限制，法院经常只就本案涉及的事实和法律关系作出判断。然而，在复杂的因果关系中，仅对部分事实得出结论、作出判决，实际上未必能解决纠纷，更不必说“合理地”解决纠纷了。因此，审判程序“本身很不适合于处理多层面的复杂纠纷……对抗性程序过于简单化地处理许多冲突，因此，许多纠纷提交到法庭只是作为纠纷最终解决过程中的一个阶段”[①]。美国法学家富勒也曾经指出：法院难以审理“多极”（polycentric）纠纷。他通过一个实例说明这一问题：一位妇女生前收藏了大量油画。她去世之前留下遗嘱让纽约大都会博物馆和国立画廊“平分”这些油画，但没有指明任何一幅油画的确切归属。问题是，一幅油画无法“平分”，而每一幅油画又与全部油画的平分交织为一个复杂的网络。在这种情况下，富勒认为，“任何一位审理本案的法官，只能求助于调解，或者古典的遗产争议处理办法：让长子平分财产，让次子首先挑选财产”[②]。

此外，现代社会生活中不断出现的新型纠纷也不断对司法机关提出严峻的挑战。这类纠纷往往具有法律规则不清、专业性强、当事人之间地位不平等等特征，例如大规模侵权纠纷、公共政策性纠纷、消费者纠纷、医疗纠纷、产品责任纠纷、环境污染纠纷、特定劳动争议等。一方面，法律规则和公共政策的不确定使法官难以下判，判决的形式合理性及程序公正取向难以达到实质公正，社会效果不佳；另一方面，程序的复杂性、对抗性和被动性，难以及时、妥善

---

① ［英］罗杰·科特威尔著，彭小龙译：《法律社会学导论》，2 版，209～210 页，北京，中国政法大学出版社，2015。

② Lon. I. Fuller, “The Forms and Limits of Adjudication”, *92 Harv. L. Rev.* 353. 转引自方流芳：《民事诉讼收费考》，载《中国社会科学》，1999（3）。

解决此类纠纷。在这种情况下，法官开始将协商因素引入诉讼，用和解替代判决，包括上诉法院和最高法院，以及从上诉到再审的各种程序、审级。

5. 判决结果不符合情理。审判中使用的法律规范和法律思维以及“要么全有要么全无”（all or nothing）的判决结果，往往与社会规范以及民众的常识性思维相去甚远。有时，在一些涉及身份关系的领域，司法判决甚至与地方习惯、传统和基本的道德规范完全相悖，以至于某些并无法律瑕疵的判决常常在社会中引起轩然大波。因此，很多国家都在家事案件审判中尽量通过调解以避免审判的简单化处理。此外，随着市场经济的成熟，市场主体也更加重视商品交换关系背后的整体的复杂社会关系，在纠纷发生时，企业为了维持长远的合作关系、实现长远利益，往往倾向于通过协商和调解，而尽量规避诉讼。

6. 诉讼与审判的公开性。诉讼与审判的公开性是指其过程和结果对全社会公开。这样，当事人的个人隐私和商业机密不得不暴露在光天化日之下。在美国，证据开示制度常常被某些律师滥用，要求对方当事人提供大量涉及企业秘密的文件，使企业穷于应付。在法庭上，民事诉讼的当事人（和证人）在对方律师的诘问下往往饱受磨难，感情和尊严有时会受到极大伤害。这也成为诉讼中不可避免的代价。

诉讼被视为现代社会最为文明的纠纷解决方式，是相对于前现代社会的暴力型私力救济和专制性、压制性处理而言的，但这并不意味着其优于一切非诉讼程序。尽管诉讼的功能不可取代，但其固有局限性是无法回避的，因此任何社会都不宜无限地鼓励和提倡当事人以诉讼方式解决纠纷。现代社会正是在对此有了清醒的认识之后，才开始通过积极地发展 ADR 对诉讼补偏救弊。尽管当代世界各国的司法制度和诉讼程序所面临的压力和“危机”程度不同，但对于诉讼的内在弊端和 ADR 的功能价值却已形成普遍共识。即使一个社会的诉讼程序运作正常，并未出现所谓的“诉讼爆炸”或司法危机，也同样需要通过 ADR 以改善司法，促进多元化纠纷解决机制的完善。①

二、非诉讼程序的功能

诉讼的局限性和弊端并不等于 ADR 的优势，ADR 也不是万能或完美的。但非诉讼程序确实具有许多特有的价值和优势，符合当事人和社会解决纠纷的需要，并可以有效地对司法和诉讼补偏救弊。其意义绝不仅仅在于解决法院“案多人少”的问题，而是具有多元的功能和价值，不仅有益于社会，也符合当事人的利益。2019 年年初，习近平总书记在中央政法工作会议上提出要“坚持把非诉讼纠纷解决机制挺在前面”，体现了对其功能和价值的充分肯定。

（一）非诉讼程序的基本功能：以平和、合理的方式解决纠纷

非诉讼程序的基本功能是以相对平和的方式解决纠纷，减少对抗性，增加和解的机会，促进当事人之间通过协商对话平和地解决纠纷。即使是仲裁，其中也包含了大量当事人合意的要素。由于 ADR 的解纷结果建立在当事人的合意之上，其履行率远比判决的高，因而减少了执行的风险和成本。非诉讼程序追求的“公平”“正义”理念不同于诉讼的，其更适合于解决特

① 参见［德］皮特·高特沃德：《民事司法改革：接近司法·成本·效率》，载［英］阿德里安·A.S. 朱克曼主编，傅郁林等译：《危机中的民事司法》，北京，中国政法大学出版社，2005。

定社会关系、特定主体之间特定纠纷的需要。其优势可以具体归纳为以下几点。

1. 以协商对话和相互妥协而不是对抗的方式解决纠纷，有利于维护需要长久维系的合作关系和人际关系，以及共同体的凝聚力和社会的稳定。

2. 经过当事人理性的协商，可能得到双赢（win-win）的结果。

3. 根据需要，充分发挥各种非法律专家在纠纷解决中的作用。

4. 在法律规范相对滞后的情况下，探索解决新型纠纷的规则、社会政策和方法。

5. 允许当事人在法律框架下自主选择适用的规范，如地方惯例、行业习惯和标准等解决纠纷，达到情、理、法的融合。

（二）非诉讼程序的程序利益

对于当事人而言，非诉讼机制的程序利益主要包括以下方面。

1. 低廉、迅速和便利，可以最大限度地节约纠纷解决成本（包括上诉、执行）。

2. 程序简便易行、灵活，可以减少对律师代理的需要，使当事人本人有更多的机会参与纠纷的解决，体现自主性。

3. 可以一次性地解决多方面和多层次的纠纷和利益诉求，例如，权益纠纷与感情、亲情、人际关系、历史上的恩怨，多种权利和法律关系相互纠缠的冲突、具有相同或类似诉求的群体纠纷，行政与民事、刑事与民事交叉的权益纠纷，涉及法律与宗教信仰或地方习惯的纠纷，群体或个体之间的纠纷，弱势群体权益纠纷，等等。

4. 有利于保守个人隐私和商业秘密，降低对双方关系的破坏和道德成本。

诉讼程序与以合意为基点的非诉讼程序（和解、调解等）的区别与特征可以概括为表 1－2。

表 1－2　　诉讼程序与非诉讼程序的区别与特征

	诉讼程序	非诉讼程序
主要参与者	法官和律师	当事人
中心问题	案件事实：时间、地点、后果等	纠纷的全貌、细节、历史、背景等
程序重点	查明事实真相	交流与倾诉，有时无须查明真相
责任	明确确定法律责任	有时无关紧要或同时关注道德、人情、关系
依据	证据、客观事实；法律规则	主观事实和观点；多元化规范
关注点	过去和现在；合法性、正当性	未来关系的继续；利益和需要
第三方作用	判断决定	劝解、沟通媒介、影响
结果	胜负分明，零和	双赢，并能解决许多附带问题
形式	判决、裁定	合意、和解

（三）非诉讼程序的社会功能

对于现代社会而言，非诉讼程序不仅是一种解纷方式，还是一种社会治理机制，具有重要的社会功能，主要包括以下方面。

1. 节约公共成本、合理利用司法资源、优化审判资源、减轻法院压力。

2. 在纠纷解决的同时，维护共同体自治、改善社会关系、弘扬和延续传统文化与公共道德，促进社会和谐，预防或减少纠纷的发生。ADR 在基层社会具有旺盛的生命力和作用空间，可以借助各种民间社会组织或自治机制直接接近和介入社会主体和当事人的生活，不仅可以在纠纷发生时及早介入，防止纠纷扩大或激化，而且可以通过各种方式预防纠纷的发生。随着公共领域与私人领域的相互融合，ADR 作为自主调整社会关系的基本手段日益受到重视，成为社会治理、社区自治的重要环节。ADR 既是公共权力社会化的结果，又是促进这一进程的动力；其发展不仅增加了当事人参与纠纷解决的可能性和机会，也促进了社区共同体的自治功能。各种民间性 ADR 不仅可以及时、有效地解决大量民间纠纷，而且有助于形成新的共同体规范和公共道德体系，增进共同体成员的认同感和凝聚力。我国基层治理的“枫桥经验”强调自治、法治、德治融合，就地化解纠纷，小事不出社区，就是这种理念的生动体现。

3. 促进司法改革，并成为司法改革的重要组成部分。在世界性的司法改革浪潮中，ADR 促进了新的司法模式、司法理念和新的法律文化的形成，包括提高司法的效率、便利和亲和力，司法社会化（引进社会力量参与调解）、积极促成诉讼中和解及调解，法院对 ADR 的指导和支持，程序的简易化，等等。此外，当代恢复性司法、刑事和解、诉辩交易、行政协调等许多新的司法理念和制度创新，也都是 ADR 理念和实践的延伸。

4. 积累经验，促进新的规范、制度和机制的形成。当社会中出现新的利益冲突，需要重新分配权利义务关系时，在既定的法律规范和社会规范中往往找不到相应或合理的依据。在这种情况下，法院通过判决确立规则固然更具权威性和正当性，但一方面，其所需成本（包括经济成本、道德成本）过高；另一方面，法官本身并无经验，亦非该领域的专家，其所作出的判决不但未必符合实际，甚至有可能出现重大的政策性失误，从而导致较高的错误成本。同时，过多地通过法官的裁量确立规则，会导致社会预期的不确定性，甚至会诱发更多的诉讼。而非诉讼程序不仅可以依靠专家优势，更重要的是能够通过当事人的协商，寻求可以接受的规则，积累经验、形成惯例，进而为此后的决策和立法提供信息和资料。“合意过程不仅消极地确认规范，而且可能积极地生产规范。在有些社会中，合意过程作为解决纠纷的唯一正当方式被承认和鼓励，而且在此过程中存在着一套精致的规范体系来制约人们的纠纷解决行为。在那里，一方面有了这套规范体系的支持，合意才得以有效地达成；另一方面，合意过程的作用又不断地使这套规范体系得到再生产。”① 由于 ADR 注重通过协商促进政策和规则的形成，富有弹性，试错成本较低，更符合效益原则和合理性原则，其已被进一步引入立法和制度建构等领域，以通过协商民主、对话与相互妥协，使规则与制度更符合实际需要和多元正义的要求。

三、非诉讼程序的正当性

在当代法治社会，非诉讼纠纷解决机制的合理性和正当性已得到广泛的公认。能够支持其正当性的主要依据包括以下各方面因素。

（一）权利自治与社会自治

1. *私法自治与当事人处分权*

现代法治社会以尊重当事人的自治和处分权为前提，法律调整的目的在于为社会主体提供

---

① ［日］棚濑孝雄著，王亚新译：《纠纷的解决与审判制度》，32～33 页，北京，中国政法大学出版社，1994。

一个自由的活动范围或空间，在不违背法律的强制性、禁止性限制的前提下，最大限度地发挥主体的自主性和积极性。在社会生活的多数领域，调整主体行为的法律规范大多属于任意性规范，在这里，允许的要素被置于首位：它们规定的是人们可以据以自行（自主地）解决一定问题的任意性程度；而关于某些人的具体行为规则，只是在各主体不自行调整这个问题时才在规范中作出规定。[①] 任意原则，即当事人自治是主导性的，只要不越过强制性的边界，主体的行为及其调整结果都是受到认可和保护的。

权利之所以不同于义务，原因就在于它们多数是一种行为自由的可能性，即属于可选择（和可放弃）的任意性规范调整的范围。权利的设定，是为了赋予公民以更大的自由（即确定自由的限度），而不是为了剥夺他们的选择权和自主权。在社会主体处分自己的合法权利时，只要不违反公共利益、不违背社会公德、不侵犯他人合法权利，其自主的选择权和处分权必须得到最充分的尊重和保护。权利的本义中历来就包含着“自由酌定权”的内容，也就是说，在一定自主权范围内，权利享有者可以做他愿意做的任何事情。这些权利事实上是法定的权限，它们证明，在特定领域内，在服从一定限制的条件下，是权利人自己，而不是别人去决定他要做什么。其含义是：第一，某人的自由酌定权是他可以在X领域内做任何事情的权利，在这种情况下，权利的普遍性是X领域大小范围的函数。第二，某人的自由酌定权是选择形式的，即可以按照他的选择去做Y或Z，即在一个以上可供选择的有限的数目中进行选择。在这种情况下，权利的普遍性将取决于其所允许的选择的数量。自由酌定权的一个重要特征在于，在它们常常允许的选择中有一种根本不采取任何行动的权利。[②]

法律秩序和权利、义务一旦确立，社会主体就可以根据自己的利益和偏好，选择合法的行为方式，包括对纠纷解决方式和结果的选择。在民事纠纷解决过程中，私权自治和当事人的处分权不仅具有合法性和正当性，而且在一定意义上优先于国家权力和法官职权，例如民事诉讼中当事人处分权对法官职权的制约，以及诉讼契约，等等。当代ADR是基于对当事人的权利及协商理性的信任而获得发展空间的。所谓“在法律的阴影下谈判”（Bargaining in the Shadow of the Law），就是指在法律的基准下，当事人可以通过协商，最大限度地在强制与合意之间寻求最符合自身需要的结果，这种方式和结果甚至比裁判具有更高的正当性。

2. 社会与共同体自治

自治相对于国家规制和公权力而言，意味着个人或社会共同体的自我管理或控制。所谓自治，实际上包含着两个方面：个人自治与群体自治。个人自治是基于私权自治和自由主义的原理而得到确认的。群体自治则是根据群体认同感或凝聚力而形成的，意味着共同体可以依据自身的规则、程序及权威解决其内部纠纷，无须国家的干预或介入。个人与群体之间可能存在一定的分歧或冲突，当共同体无力解决其内部纠纷，或者个人与群体发生冲突，难以通过自治力量解决时，就不得不求助于国家权力，如村民和村委会或村民大会之间，业主与业委会或业主大会间的纠纷。在社会治理中，个人或群体的自治力量越强，国家干预的范围就可以相应缩小；反之，如果国家对社会自治加以严格限制或社会自治能力本身很弱，则对国家权力和法律

---

① 任意性规范是一种复杂的规范，其中有机地结合着两个独立的规则：一个规则是赋予双方在具体的条件下按自己的意思行动的权限；另一个规则具有独立的意义，是在法律关系的双方自己没有规定权利和义务时的命令。参见［苏］C.C.阿列克谢耶夫著，黄良平、丁文琪译：《法的一般理论》下册，442页，北京，法律出版社，1991。

② 参见［美］J.范伯格著，王守昌、戴栩译：《自由、权利和社会正义》，贵阳，贵州人民出版社，1998。

控制手段的依赖程度必然很高。

自治理念的确立，是与当代社会主体的理性选择和自我管理意识的增强分不开的，其一端是通过民间性ADR，为纠纷当事人提供协商和和解的机会，从而远离或减少国家司法权的直接介入；而其另一端则是公众参与司法，与司法社会化和民主化的理想直接相通，这种过程被称为"公共领域与私人领域的融合趋势"。随着当代公民社会的日益成熟，民间性纠纷解决机构如雨后春笋般涌现出来，社会和共同体自治在纠纷解决中的地位和作用不断提高。社区自治运动使一度涣散疏远的人际关系再度开始凝聚起来，标志着一种新型的社会关系和组织结构正在形成。此外，当代人权观念对多元文化共同体（如少数民族、种族、亚文化群体、宗教群体等）的尊重和保护，也使各国对特殊群体的纠纷解决文化传统和方式给予越来越大的自治空间。

（二）效益与理性协商

1. 纠纷解决的成本及效益考量

20世纪后半期以来，经济分析法学根据成本—效益分析归纳出以下结论：(1) 权利并不是绝对的和无价的，其实现必须权衡资源与社会成本；(2) 个人的权利可以由其主体根据利益的综合权衡放弃、交换和交易，在纠纷解决过程中，成本的计算与权利的主张同样应合乎理性；(3) 社会和国家应该根据成本—效益原则设计或改革诉讼程序，并通过制度设计和激励机制抑制诉讼的无限增长；(4) 建立和发展非诉讼程序，并以效益作为其评价标准。

毋庸讳言，经济分析法学的功利主义的计算和成本—效益并非法治社会唯一的价值标准，司法无疑应坚持以公正作为最高的价值准则。然而，成本和效益的平衡确实是衡量社会和司法公正的重要尺度，为了使有限的司法资源的效益得以最大化，成本相对较低的ADR必然是最合理的选择。因此，国家有义务通过法律和资源配置，一方面，采用法律责任、制裁机制等限制滥诉和恶意诉讼；另一方面，提供更多便利和低成本的ADR引导当事人采用，并适当建立部分前置性（强制）ADR。

2. 理性协商

协商是当事人通过对话、交易，自愿、自主、平等、合意解决纠纷的方式，但不完全排除第三方的作用（如斡旋、协调或调解）。当代纠纷解决研究，往往将协商（谈判）、调解以及其他类似方式统称为"协商式纠纷解决"。在纠纷解决中，无论法律确定与否，协商均有其作用空间和可能性。在法律规则及其适用后果非常明确的情况下，协商的可能性往往取决于当事人各方对节约解纷成本、减少对抗、维系感情和关系等利益的理性认识，以及诚意和对话沟通的能力等因素。在此，相对准确的法律信息可以使当事人对交涉的条件计量到相当精确的程度，从而使谈判不致因双方期待值相差过大而失败。而在法律规则缺失、不清晰或存在冲突，以及具有需要依靠审判者自由裁量或陪审团、集团诉讼等特殊因素，裁判结果相对不确定的情况下，当事人为了避免风险，以较小的成本获得较合理的结果，同样存在相当大的协商可能性和交易空间。

ADR的选择利用（也包括权利的放弃），往往是主体对法律、风险、策略等进行综合的理性思考和权衡的结果，并不意味着必然是主体权利意识的淡漠或对法律的无知。所谓"法律的阴影"，不仅指法律对协商的规制，也包括谈判和交易对法律规范及其边界的影响和作用。在解决民事审判中，当事人之间的协商交易可能对判决结果产生影响，许多规范或原则都是对事实上的权利义务关系加以确认，是在纠纷解决过程中通过利益与实力的交换和交易逐步形成和确立的。当代世界各国在新技术领域、公共政策部门乃至行政、刑事领域都在尝试通过协商寻求规则、制度和机制的创新。

3. 利益协调与互利

在现实的纠纷过程中，双方争执的对象是一种利益，但利益并不等于法律上的权利与义务。一般而言，权利、义务是简单的、对等分配的，而利益却是复杂的、可以综合考虑的；权利、义务的冲突是竞争性和对抗性的，而利益的协调却可能是交易型或平和的；权利、义务的划分结果是胜负分明（win-lose）、一方获益或“零和”（zero-sum），而利益的协调却可能达到双赢（win-win）或多赢，实现双方利益的最大化。例如，一对姐妹对一个橙子的所有权发生争执，如果进行判决，橙子只能双方平分或者归属于其中一人；但实际上，两个人的利益并不相同，姐姐需要的是果肉，而妹妹需要的是果皮，通过协商（调解）则完全可以各取所需，即使橙子的所有权并不明确，也不妨碍她们同时获得自己最大的利益。在合同违约中也经常有类似的情况，为了长远关系的维系，放弃某些权利或进行变通（例如不追究对方的违约责任，要求其继续履行）更符合当事人的利益。当代 ADR 的一个重要理论基础就是利益协调论，它强调在纠纷解决中不仅仅关注自身的权利和利益，也关注对方的利益；不仅仅关注眼前利益，更应该着眼于长远利益，尽可能在协商中寻求双方的互利和双赢，以及兼顾社会公共利益的多赢结果。

（三）多元化理念

当代 ADR 具有文明和理性的特质。随着当代社会对社会和谐和价值多元的认同，ADR 在处理社会冲突、利益协调，弱势群体扶助，促进各种文化传统及价值观共存以及社会治理中的积极作用越来越受到推崇。ADR 的作用空间也开始从以往对纯粹私人间纠纷的处理不断向社会公共领域拓展。通过协商、协调程序，有利于超越法律制度和诉讼的程序公正标准，追求实质公正的目标，兼顾多元文化和利益，探索合理的解决途径和结果，在个案中酌情对弱者给予直接和实质性的帮助，对既定规则进行变通，弥补法律规范的疏漏、滞后和缺失。在公共突发事件、群体性事件和大规模侵权事件的处理中，非诉讼机制的应对灵活性、及时性、有效性等优势则更是得到凸显，如美国“9·11”事件的处理和中国三鹿奶粉赔偿采用的基金方式。[①] 又如，日本最高法院在对多起中国劳工诉讼案作出败诉判决后，一方面承认战争给劳工带来的伤害和事实，另一方面又认为因时效和法律规则所限，无法进行司法救济，因此建议双方以和解方式解决，通过日本企业谢罪、给予补偿等方式实现相对合理的救济。

（四）程序选择权

当代非诉讼程序绝大多数属于选择性程序，其宗旨是为当事人提供一种在公平程序中通过对话和协商解决纠纷的渠道，公平、自愿、合法是其基本要求。ADR 的原则是充分保障当事

---

① 参见范愉：《群体性侵害事件的多元化解决——三鹿奶粉事件与日本 C 型肝炎诉讼案的比较研究》，载《法学家》，2009（2）。

人的程序选择权。在一般民事纠纷中，当事人的选择权和处分权优先于公共利益和公共目标，公众、媒体或他人都不能要求当事人为了生产“公共产品”而放弃和解，在这个意义上，选择和解或判决的主动权根本上是由当事人把握的。

四、非诉讼程序的目标与评价标准

（一）非诉讼程序的目标

ADR 的功能和价值是多元的，不同的 ADR 各有侧重及其预期目标；同样，当事人的需求和偏好也是多元的，任何一种单一的 ADR 程序或形式都不可能同时满足所有的需求和价值。美国的 ADR 研究者指出：20 世纪 80 年代后期 ADR 运动的特征，就是从以下一些可能相互竞争的目标中确定更为正当和应予优先实现的目标：

减轻法院的案件负荷和开支；

减少当事人所耗费的开支和时间；

迅速解决那些扰乱邻里关系和当事人家庭生活的纠纷；

改善公众对司法系统的满意程度；

鼓励那些符合当事人需要的解决方案；

增加对解决方案的自觉遵守程度；

恢复邻里和社区价值的影响及社会的凝聚力；

为有纠纷的人们提供可以使用的用于公开讨论的场所；

教导公众采用比暴力和诉讼更有效的其他方法去解决纠纷。

对何种目标应优先被实现的不同看法，导致一些人偏爱建立在当地的邻里基础上的纠纷解决办法甚于法院组织的办法，或是在类似的纠纷上支持对调解项目的资助甚于对其他类似审判的方法的资助，又或是偏爱免费的纠纷解决服务甚于收费的服务。这些价值取向偏重不同的意见的持续引发了对有关纠纷解决的公共政策的种种争论。①

澳大利亚学者亚历山大将调解的目标概括为：效率、接近正义、当事人自治、转变（或治疗）、社会转变和社会控制。② 不同的调解机构也会有不同的目标侧重。

总之，ADR 的目标取决于纠纷解决的特定需求，在制度建构和程序设计中，需要准确认识实际需求、条件和成本，据此确立适当的价值取向和目标，配置合理的资源。一般而言，应该兼顾并平衡社会公共利益（资源配置、解纷成本、风险和社会效果等）、当事人利益和解纷机构（法院、行政主体、专门机制等的承受力等）等各种因素。

（二）评价非诉讼程序的基本标准

纠纷解决是一个过程，当事人是否选择非诉讼程序，除了出于成本效益、道德观、心理以及关系和利益等方面的考虑而采取回避诉讼的策略之外，还取决于其本身的功能和效果，对其

---

① 参见［美］斯蒂芬·B. 戈尔德堡等著，蔡彦敏等译：《纠纷解决——谈判、调解和其他机制》，8 页，北京，中国政法大学出版社，2004。

② 参见［澳］娜嘉·亚历山大主编，王福华等译：《全球调解趋势》，8～11 页，北京，中国法制出版社，2011。

进行综合考察的标准也是多元的。一般而言，至少有以下四个方面的因素需要考虑。

1. 解决纠纷的能力。主要指非诉讼程序能否有效地解纷息讼，其基本要求是：（1）纠纷解决机构的权威性，解纷人员的素质，如威望、社会地位、专业方面的权威性、经验、能力和品德等；（2）利用的便利性及一定的成功率（如调解成功率）；（3）履行，即纠纷处理结果对当事人双方的约束力，使其能够自觉履行或有相应的机制（无论是社会压力还是法律的强制措施）保证其履行。

2. 当事人的满意程度，即当事人对纠纷解决过程及结果的评价。包括：（1）当事人对纠纷解决结果的认同，如解纷依据、公平性和合理性等；（2）当事人对纠纷解决程序、过程的正当性的认可，如自愿、理解与参与等；（3）当事人对调解人技巧、方式的认可。当事人的肯定性评价有利于接受并履行和解和调解协议，并且提高解纷程序的公信力；负面评价则会降低其公信力和利用率。

3. 社会效果，指解决纠纷所达到的社会影响和作用。除成本和效率之外，还包括维护社会秩序的和谐、人际关系的恢复、共同体的维系、预防纠纷，以及道德文明的维系，等等。不同的非诉讼程序，社会功能和效果往往各有不同。例如，社区调解可以通过共同体和社区成员的参加，使纠纷解决成为巩固共同体凝聚力、社会规范再确认和道德教育的过程；而法院附设ADR所追求的社会效果主要是提高司法的亲和力与便利性、增加当事人的认同和参与，沟通法律与社会，做到“案结事了”。

4. 效益与成本。效益，即成本或投入与产出之比。（1）公共成本，即社会为了建立和维持一种非诉讼程序所需的资源和成本，包括人力、物力的费用支出，主要取决于其制度化程度。非诉讼程序需要经常进行效益评估，根据其投入、效益、风险和收效之比决定是否维持、扩大、缩减或改革。“调解过程无论在积极的、正面的功能方面如何有效，如果维持它需要的代价实在太高，也只能或者废止它，或者转而使用代价较低的解决过程，再不就是严格地限制对这种有效过程的使用。”① （2）私人成本，即当事人和参加者所需付出的代价，决定着他们是否选用 ADR。（3）履行成本。自愿履行会极大地降低成本或代价，反之，则使成本和代价增加。一般而言，只有在 ADR 的各种成本之和明显低于诉讼成本且便于利用时，才会被国家和当事人共同认可。在成本与产出衡量中，除将纠纷解决的实际结果与上述成本进行比较外，还需要将非诉讼程序的社会功能一并加以考虑，如预防功能、道德教化功能、组织功能等。例如，我国村委会、居委会一级的人民调解组织不仅公共投入很低（可依靠兼职者、志愿者及社区居民），而且当事人无须承担任何费用，同时其在预防纠纷发生、维护基层社区秩序和早期介入方面具有重要的社会功能，因此，不应仅以调解案件的数量来判断其作用和效益。但如果调解协议过多地进入强制执行，其效益必然会受到贬损。（4）风险或错误成本，即非诉讼程序处理结果错误而导致的不公正评价及纠错救济成本。在协商和调解中，过程和结果在双方当事人的控制下，合意的风险较小，同时，现代国家都为非诉讼程序设立了各种监督纠错机制，通过司法审查和救济程序，违法、欺诈、重大误解和显失公平等问题都可以成为合意无效或可撤销的法定理由。此外，针对双方当事人通过串通进行虚假调解，侵害第三方权益或社会公共利益的情形，也可以通过第三人提起诉讼、公益诉讼或刑事诉讼等方式救济。需要注意的是，如

① ［日］棚濑孝雄著，王亚新译：《纠纷的解决与审判制度》，33页，北京，中国政法大学出版社，1994。

果在提高调解协议强制执行力的同时对当事人的行为缺乏规制，往往容易导致所谓虚假调解现象的出现。而一旦这类情况大量出现，也必然导致对调解本身的质疑。①

五、当代 ADR 的两大基本价值取向

在当代各国的 ADR 运动中，不同国家及不同类型的 ADR 所涉及的理念、政策和目标存在相当大的差异。根据现有的实证资料和国际法学界的研究，其中最重要的是 ADR 运动及其制度建构的两大基本理念或价值取向：接近司法/正义（Access to Justice）指向以及自治或自律指向。

（一）接近司法/正义指向

在 20 世纪后半叶，世界各国民事司法改革提出的口号是"接近司法/正义"（Access to Justice），在这一理念和背景下发展起来的 ADR，基本属于司法/正义指向，即司法辅助型。其基本理念是期待发挥 ADR 对司法的辅助作用，缓解司法的压力和危机并促进民众利用司法的便利化。迫于大量的诉讼案件带来的司法资源匮乏、诉讼延迟和高成本等方面的实际压力，各国试图通过 ADR 对诉讼进行分流减量。一方面，通过程序的简化和便利，增加民众利用司法的机会；另一方面，通过司法的社会化，使公民有机会获得具体而符合实际的正义，即纠纷解决的权利。其策略是：通过对"司法"或"正义"的扩大解释，把纠纷解决的功能从法院向社会化的 ADR 转移；通过 ADR 强化社会解决纠纷的能力，使更多的社会主体和当事人能及时、便捷、经济、平和地解决纠纷，从而扩大了法律的作用范围和方式；而法院承担起对 ADR 的制约功能，实际上也导致了司法功能的扩大或转变。在美国，这种策略集中体现为对法院附设 ADR 的积极推进，被称为"司法的多元化通道体系"（multi-door system of justice，也称多门政策），旨在使当事人了解审判的风险和成本以及 ADR 的优势，尽快采用 ADR 解决纠纷。

（二）自治或自律指向

自治或自律指向的 ADR 的基本立场是，"一般而言，替代性的方法可被看做通过第三方的介入提供了一个恢复当事人自治的机会，因此，有助于发展这样一种思想，即个人必须尽力依靠自己而非国家权力解决问题"②。这种 ADR 的基本功能是提供适合当事人和共同体需要的自治性纠纷解决方式，或用于规避司法程序的固有弊端。这种 ADR 更接近于传统和民间性非诉讼机制的定位。这种指向在日本追求"符合实际的解决"的调停制度，以及各国解决劳动争

---

① 虚假调解是指双方当事人以损害案外第三人利益或公共利益为目的，采取隐瞒或欺诈的方法，相互串通，虚构民事法律关系或法律事实，利用调解及司法确认程序，以调解协议的形式实现违法目的的行为，如虚构债权转移财产、侵吞或损害他人利益等。虚假诉讼和虚假调解问题在我国相对严重，但并未成为世界各国普遍存在的问题。因为各国对隐瞒或欺诈、相互串通、虚构事实等违法犯罪行为规定了严格的法律责任，当事人及其代理律师一般不会轻易犯险；即使发生，也可以得到救济。

② ［日］小岛武司著，陈刚等译：《诉讼制度改革的法理与实证》，178 页，北京，法律出版社，2001。

议、家庭纠纷和邻里纠纷等的专门机制中均清晰可见。[①] 20 世纪 60 年代美国 ADR 运动的一个重要来源是民间社会自治运动——远离国家权力和正式的司法制度与程序，通过共同体的自治解决纠纷、促进社会合作、改善人际关系、推动社会的和谐发展。在法治社会，自治取向的 ADR 的产生并不是由于诉讼爆炸和司法压力，也并非作为司法的辅助机制而存在。其理论基础是共同体主义、市民社会、社区治理等理念，旨在通过 ADR 为当事人提供一种与诉讼异质的纠纷解决途径，从而从“质”的角度缓和或改善司法和诉讼的固有弊端，在某种意义上甚至可以说是在追求一种远离司法、弱化国家控制的理想目标。各种民间性、社会性、社区性、行业性乃至部分专门性（如婚姻家庭纠纷）的 ADR 往往具有这类取向。这类 ADR 在社区治理中也具有纠纷预防、改善社会关系、诉讼减量等方面的作用。

（三）两种指向之间的相互渗透

在 ADR 机制的实际运行和发展中，两种指向的 ADR 往往并非泾渭分明。棚濑孝雄指出：“诉讼外纠纷解决由于正义和自律两个原理被普遍正当化。而且这个理念也作为各种途径模式和多元化的模式在现实中被用来充当设计多种诉讼外纠纷解决机构的样本。但如果仔细看一下诉讼外纠纷解决的实施，就会看出这种高度的自明理念也处于不得不背叛自己理念的矛盾中。”[②]

在当代社会，公力救济与私力救济、司法程序与民间机制以及两种指向的 ADR 之间，往往都存在一定程度的交错和融合。例如，退休法官进入民间调解机构之后，既可能适应其角色转变为民间调解人，也可能以其固有的思维和行为方式改造民间调解；法院通过委托社会力量参与调解，既可能借助非法律职业人士完成部分司法职能，也可能通过他们在调解中吸收民间习惯、常识思维和道德情理，并由此改善司法程序。而且，由于基层法院的司法活动历来注重和解与调解，其纠纷解决本身也是一种法律与民间规范相融合的过程。此外，许多自治/自律指向的 ADR 为了提高其正当性、公信力，获得国家的资助或扩大影响，在发展中往往通过正规化、规范化向接近司法/正义指向靠拢，许多民间性、专门性 ADR 已经成为便利的准“司法服务”。这种情况同样导致两种指向 ADR 的合流。在这种背景下，合理的目标应是，根据特定的解纷需求和解纷组织的性质、特点设计适宜的制度和程序，构建更具多元化的纠纷解决机制。

六、非诉讼程序与法治

（一）法治理念的发展与多元价值观的确立

现代以来，法学家所阐释的法治社会的基本标志是：（1）强调规则的统治，即以法律规范

---

① 博登海默认为：越来越多地运用调解或仲裁裁决方式，会减少法律僵化而导致的一些弊端，如典型对抗制诉讼的“要么全胜，要么全败”以及“胜诉方全得”的哲学。这会产生许多自愿的妥协或法院设定的妥协，从而“由法院按照一种定量标准来分配双方诉讼当事人间的权利与义务，这种定量标准并不会仅限于支持一方当事人而置另一方当事人于不顾”。参见［德］E. 博登海默著，邓正来、姬敬武译：《法理学——法哲学及其方法》，192 页，北京，华夏出版社，1987。

② ［日］小岛武司、伊藤真编，丁婕译：《诉讼外纠纷解决法》，第一章（作者：棚濑孝雄），19～20 页，北京，中国政法大学出版社，2005。

（权利、义务）作为社会调整的唯一权威性和正统的标准和尺度，这个规范体系应是明确的、普遍的、公开的、稳定的和逻辑一致的；（2）以严格依法办事的法院作为独立行使司法权的中立机关，根据既定的规则解决纠纷；（3）法律体系和诉讼程序的设计都以严格的形式理性为最高标准，其运作过程严格遵循程序公正的准则；（4）确立正式的、公共性的法律体系在社会中的至上权威，以法律来全面调整或控制各种社会关系，实现社会的“法治化”。

这种理论在推崇法治的同时，存在一元化的偏颇，对社会治理的复杂性以及司法资源与能力的局限缺乏客观认识，在制度建构和实践中，迷信司法与诉讼的作用，将调解等非正式机制视为非现代甚至是人治的象征，而“现代法律意识＝审判利用”这一公式则成为支配着法学界的思维定式。当代社会则对传统的法制现代化理论进行了反思和修正，由此有关非诉讼程序的观念和政策发生了转变。

1. 法制现代化并不必然是一条线性的和单一的路线，现代化道路（包括纠纷解决方式）的选择，最终只能以其是否符合本国的社会实际作为判断基准。

2. 诉讼并非解决纠纷的唯一和最佳途径，诉讼率的高低也并不是衡量法制现代化或法律意识现代化的基本标准。当代社会基于对社会稳定、人际关系的和谐、共同体自治和多元价值的尊重，对非诉讼尤其是协商性纠纷解决方式给予越来越高的认同。

3. 多元化纠纷解决机制是实现善治的必要条件，应尽可能保证诉讼与非诉讼程序的协调互动，东方或西方社会都应如此。

4. 许多传统机制可以通过现代转型，融入法治社会的多元化纠纷解决机制之中。对于发展中国家来说，充分利用和改造传统纠纷解决资源，有利于在社会转型和现代化过程中更好地沟通法与社会的联系。

（二）围绕 ADR 的争议

在 ADR 发展过程中，有关 ADR 是否会影响或危害法治秩序的争论一直存在。一部分西方法学家认为，ADR 的发展将会危及法治及政治体制；而支持 ADR 的法学家则正面对此作出了回应。双方的争议主要在以下两个方面。

1. 反对者认为，ADR 的不断增长和制度化会导致法治和分权体制的两个最基本的方面趋于消亡[①]，即法律规范的公开性和法律适用的一致性（平等性）。根据法治原理，法律是由能够为公众所理解和遵循的、明确和公布的规范所构成的。法律只有作为公共性规范才能指导人们的行为。公布制定法和出版判例报告，都是为了使公众能够了解法律的内容。公共性规范必须经受各种公开的审查以保证其明确性，司法活动及权力行使也必须通过法官判决的公开而接受公众的监督。然而，ADR 的程序及处理结果则通常是不公开的，往往只是双方当事人为了双边的利益而进行的妥协，由此侵害了上述法治的基本原则，可能成为规避法律的手段，“把立法者的选择视为微不足道之物，无视法律规范中所反映的公共价值”[②]。

20 世纪 80 年代被称为美国 ADR 发展中的“警戒期”，当时有一些著名的法学家对 ADR

① See Brennan G.，“Safeguarding the Courts”，*Australian Law News*，(May) 7—9，1990；and Richard Ingleby，*In the Ball Park*：*Alternative Dispute Resolution and the Courts*，The Australian Institute of Judicial Administration Incorporated，1991.

② Edwards，“Alternative Dispute Resolution：Panacea or Anathema?”，*99 Harv. L. Rev.* 668，678，1986.

提出了质疑。例如，Paul D. Carrington 指出，ADR 从三个方面挑战正式的诉讼制度：ADR 使社会规范“非法律化”，ADR 使律师非专业化，ADR 使法律程序非正式化……这些在非正式的 ADR 和正式的诉讼之间的矛盾反映了一个永恒的问题，即在正式的程序正义和自由裁量却是个别的正义之间的适度平衡。①

Grillo 教授则指出，ADR 内在的问题是，其在当事人双方实力对比不对称的情况下容易导致对弱者的不利，以及双方在达成合意的情况下有可能规避乃至违反法律。②

耶鲁大学的 Fiss 教授于 1984 年发表论文《反对和解》，认为作为公共资源的审判，并非仅仅是为了让当事人求得和解，因为和解可能是不公平的，影响了司法解释和法律的执行，并会抑制法律在特定领域中的发展，也会被当事人滥用，是“对大众社会的投降，它既不应当被鼓励也不应当被称赞”③。

针对这些意见，主张积极发展 ADR 的学者指出，通过 ADR 过滤掉大量不甚重要的案件，使法院能够集中精力于通过审判重要案件确认规则、发展法律规范，这样，ADR 不仅不会威胁和阻碍法律制度的发展，而且有利于法制的正常运作。一般而言，诉讼与司法的低效率和高成本以及沉重的压力都会成为利用和发展 ADR 的动因，但是反过来，ADR 的积极作用则会对法院起保护作用，而不会导致对诉讼与司法的地位的侵害；与此相对，在法院承受着极大的压力而又缺少 ADR 的辅助时，这种积重难返的压力会对整个社会秩序和政治秩序的稳定构成威胁。此外，法律并不等于正义和公正，以往对法律和诉讼的某些期待，实际上仅仅停留在法学家的理想中，其局限则往往被忽略了。而大量经验和实证研究则表明，法律和诉讼从来不是社会解决纠纷的主要手段，也无法承担起这样的重任，而通过 ADR 可以提高公民的自治和自律能力，减少对国家权力的依赖，实际上更有利于促进社会关系和社会秩序的改善。

2. 反对者认为，根据法治原则，法律的内容与适用之间应该是协调一致、贯彻始终的。执法活动必须受到正当程序的制约，以保证每个当事人受到平等的对待，具体的案件都能得到普遍一致的司法救济。然而，ADR 程序往往并不是完全由当事人自愿选择，而是由法律或法院强制其参与的，这就产生了保护个人诉权的需要。此外，ADR 把纠纷完全交由当事人自主解决，可能会导致对公共利益的危害，例如，在婚姻家庭纠纷中，对儿童利益的保护应是国家义不容辞的责任；而在商业纠纷中也应防止双方当事人达成有损公共利益的妥协，如隐匿某些公众有权知晓的信息等。在这些领域内，当事人的自主处理，可能会损害法的平等性和公正性。

对此，主张积极发展 ADR 的主流意见是，由于绝大多数 ADR 处理的都是私人间的纠纷，一般不会危害社会和公众的利益，同时主张通过适当的程序和原则对 ADR 加以最低限度的规制。发展 ADR 的理由一方面来自法院的实际压力和诉讼程序的固有弊端，另一方面则出于效益最大化的考虑和“自治”性原理在理念上的支持。

多年的实践证明，反对意见并没有阻挡 ADR 的发展势头，所谓 ADR 可能对法治造成的危

---

① See Paul D. Carrington, *Civil Litigation and Alternative Dispute Resolution*. 转引自［美］史蒂文·苏本、玛格瑞特·伍著，蔡彦敏、徐卉译：《美国民事诉讼的真谛》，227 页，北京，法律出版社，2002。

② See Trina Grillo, “The Mediation Alternative”, *100 Yale L. J. 1545*, 1991; Richard Delgado et al., “Fairness and Formality”, *1985 Wis. L. REV. 1359*, 1985.

③ Fiss, “Against Settlement”, *93 Yale L. J. 1073*, 1984.

害并未出现，很多被认为是ADR之弊端的问题，例如调解的不平等、规避法律等，基本上都可以通过当事人自律、法律制约和司法监督得到改善和解决。ADR不仅并未导致法治的危机，反而促进了社会治理能力的提升，并带来了法治本身的健康发展。今天，世界各国对ADR的顾虑及观念障碍已经基本消除，积极推动ADR的发展已经成为当代司法改革的重点。

然而，有关非诉讼程序正当性的争议本身是值得重视的。世界各国的研究者和实践者在积极评价ADR的意义的同时，并不认为ADR是万能和完美的，并不否认ADR存在一些固有的局限性或弊端，其运行和操作中也经常会出现这样那样的问题。但是，ADR的问题不足以否定它的价值，而且法治社会完全可以通过制约机制尽可能降低或限制其负面作用。不过，由于ADR的价值、功能本身的多元化以及人们对其认识和评价的差异，对于如何限制ADR的弊端和社会风险，很难达成完全的共识。而且，对ADR的预期目标和社会功能的评估和检验也存在较大的难度。因此，ADR的运作及其与司法的关系，应该通过不断调整逐步协调完善。

我国多元化纠纷解决机制的发展，也始终伴随着社会和法学界的质疑和反对。① 鉴于我国社会转型和发展道路的特殊性，非诉讼机制的需求和功能与西方国家的不尽相同，为了稳定发展、顺利度过社会转型期，避免重复西方国家的失误，需要更好地控制纠纷解决的成本和风险，保证法制与社会的可持续发展，建构、发展适应我国社会实际的多元化纠纷解决机制和非诉讼程序。

（三）法治的发展与非诉讼程序

非诉讼纠纷解决机制的发展，归根结底是法治社会自身需要和发展的结果。当代法治理念不仅更加重视法与社会的协调，尊重社会自治，而且显示出一种纠纷解决和社会治理理念的变化——从对抗走向协商对话，从对立走向和谐，从单一化走向多元化，从胜负决斗走向争取双赢的结局，也就是社会的善治。这不仅是文明的进步，也是法治的进步。而这些理念和社会观念的转变都为非诉讼程序开创了更加广阔的发展空间和前景。

为了用量化的方法来判断一个国家的法治程度，美国律师协会联合国际律师协会、泛美律师协会、泛太平洋律师协会等律师组织，发起了一项“世界正义工程”（the World Justice Project），并分别于2008年7月和2009年11月在奥地利维也纳先后举办了两届“世界正义论坛”（the World Justice Forum），号召各国政府和非政府机构作出长期承诺，一同促进“法治”在世界范围内的不断发展，促进公平正义的早日实现，并提出了“法治指数”（the Rule of Law Index）评估体系，作为衡量一国法治状况的重要“量化”标准。该工程首先规范了为各国普遍接受的“法治”工作定义的四项基本原则，即政府及其官员均受法律约束；法律应当明确、公开、稳定、公正，保护包括人身和财产安全在内的各项基本权利；法律的颁布、管理和执行程序应公开、公平、高效；司法职业担当者应由德才兼备、独立自主的法官、律师和司法人员组成，这些人员应数量充足、资源充沛并具有一定代表性。其中第四项原则的指数15提出替

① 例如，方工：《鼓励非诉讼调解不应顾此失彼》，载《人民法院报》，2011-05-08。法学界曾发表了大量反对或批评调解以及“调解优先”的论文和观点。参见范愉：《诉讼调解：审判经验与法学原理》，载《中国法学》，2009（5）。近年来，法学界的反对意见开始针对一些具体问题展开，如虚假调解、调解协议的执行等，推崇职业化、法律化调解；律师界较多质疑法院分流和先行调解；而学界其他人则主张调解的彻底民间性，反对制度化和行政、司法调解。各种部门利益冲突则是影响非诉讼解纷机制的顶层设计和发展的重要因素。

代性纠纷解决机制的指标是：中立性、公平性和高效性；调解员和仲裁员应当德才兼备、训练有素并且数量充足，应当公正独立，遵守高标准的职业道德准则并为其不当行为接受惩处。有效的替代性纠纷解决机制应当提供高效的司法救济，并严格按照当事人自愿原则行使管辖权，法律有明文规定的除外。指数16则规定："传统的、社区的及宗教的纠纷解决机制均应当提供独立、公平、公正的司法救济。"同时指出："一方面，若不承认这些传统制度在许多国家中的重要地位，'法治指数'则无法展现法治的全貌。另一方面，这些制度的复杂性以及衡量其公平有效性的难度决定了对其进行法治评估将极富挑战。"① 这两项指标分别对应了ADR的两种指向或现代与传统两类非诉讼机制，说明随着法治标准的改进，ADR已被纳入法治的范畴。

第四节　纠纷解决研究与非诉讼程序（ADR）课程

一、纠纷解决研究

（一）纠纷解决研究概况

纠纷解决研究，即以纠纷及其解决机制作为研究对象的社会科学研究，是一种由多种学科和方法构成的、理论与实践并重的综合性研究。

纠纷解决作为人类社会的基本活动，很早就已经进入社会学和人类学的研究视野，并形成了系统的理论体系，以及不同的理论观点或流派。继而，法学、经济学、政治学、文化研究等也分别从不同角度以不同的方法展开了对纠纷解决问题的研究。② 自20世纪后半叶以来，纠纷解决研究逐步成为世界各国法学界特别是法社会学和司法实践领域共同关注的重要课题，时至今日，其已成为一个集多种学科及方法之大成的综合性研究领域。其根据研究者的侧重点和研究角度不同，包含多种不同的研究旨趣和目标。

在法学领域，纠纷解决研究围绕两个不同方向：一个是围绕非诉讼机制（ADR）展开，主要依附于民事诉讼法学；另一个是法社会学家所从事的经验实证研究，注重从案件或当事人行为、纠纷解决的过程、效益、效果等角度研究法律的实施或运作情况，关注"活法""行动中的法"以及法与社会的关系。当前，纠纷解决研究已成为法学、社会学、人类学、公共管理学、经济学等多学科参与的综合研究；在法学领域也已经进入各个实体法和程序法、理论法学和法史学等不同领域，并以其特有的实证色彩和社会视角，推动了传统法学思维和方法的转变。同时，这种研究具有非常鲜明的实践和实务指向，其研究成果能够直接服务于社会治理和纠纷解决的实际需求，并用于指导公共政策、司法改革和制度建构。今天，在世界各国，纠纷解决已成为法学理论界和法律实务界共同关注的热点问题，并成为法学院教育中不可或缺的内容。

---

① 赵昕编译：《可以量化的正义：衡量法治水平的16项"法治指数"》（上、下），载《人民法院报》，2010-06-18、2011-06-25。

② 参见朱景文：《现代西方法社会学》，194页以下，北京，法律出版社，1994。

(二) 纠纷解决研究的特点

1. 研究途径与方法的多样化

纠纷解决研究就方法而言，大致可分为三类[①]：(1) 一般理论指向的研究，如建立在概念逻辑上的纯理论模式的研究，以成本—效益分析为基本出发点的经济分析方法，理念、社会政策研究等；(2) 实验型研究（experimental study），如对当事人行为、心理的实验研究，以推动 ADR 的实际发展为目标的制度创新试点研究等；(3) 经验实证研究（empirical study），如建立在调查和数据分析上的实证研究，从现象和实际出发的田野调查，以史料文献为素材的历史或法文化研究，对纠纷解决过程进行的功能主义研究，纠纷解决的社会效果评估等。

相比较而言，对纠纷解决研究影响最大的方法及流派主要是：法人类学及法社会学的法律多元论、民间社会规范研究及田野调查方法；法与社会研究及经验实证研究方法；博弈论及经济分析方法；法律文化及比较（文化、社会及法）研究等。[②] 在此基础上，当代纠纷解决研究出现了方法整合的趋势，表现为：(1) 基于现实主义立场，注重从事实、基层社会生活和纠纷解决实务以及现实可行性和合理性出发，研究社会治理的现象及规律；(2) 以经验实证方法为基础，融合各种社会科学（乃至部分自然科学）研究方法，避免简单采用逻辑推理、价值判断和理念先行；(3) 采用国家与社会的双重视角，将国家法与民间社会规范共同作为社会治理和纠纷解决的依据；(4) 承认多元价值观，关注共同体、社会自治、多元正义和解纷机制的成本效益、可行性及社会效果，以及制度建构的科学性与量化分析。

2. 立场与结论的多样化

纠纷解决研究的各种理论体系和观点，在价值取向和基本理念上呈现出明显的多元化状态，而不同的立场与结论往往与不同研究者的方法和视角直接相关。不同的价值取向会导致研究重点和结论的根本差异，并进而导向不同的政策目标。

(1) 就基本立场而言，存在对 ADR 积极肯定和有条件承认、质疑否定等价值观及政策目标上的对立和差异。随着当代非诉讼机制的蓬勃发展，各国实务界和理论界的认识和公共政策已趋向一致，否定和怀疑 ADR 的观念已不再是主流。

(2) 在对 ADR 持肯定和积极推进态度的理论阵营中，既有强调其“质的价值”（qualitative justice），主张以 ADR 克服诉讼的固有弊端的观点；也有主张在维护司法诉讼的最高权威和正统性的前提下，发挥 ADR 的“量的价值”（quantitative efficiency），以分流诉讼压力、保证诉讼的正常运作的思考。

(3) 就 ADR 的意义而言，有人认为现代 ADR 的发展是法治自我发展和观念更新的表现；另一些人则认为多元化纠纷解决机制的出现反映了法治的危机，应把 ADR 作为解决法治危机的新思路；也有人对 ADR 对法治的消极意义表示担忧。

(4) 就 ADR 产生、发展的社会环境和意识形态而言，既有着眼于社会成员之“好讼”“厌讼”心态的文化传统和法律意识解释；也有关注以诉讼制度为核心的纠纷解决机制的制度性设

---

① 参见王亚新：《纠纷，秩序，法治——探寻研究纠纷处理与规范形成的理论框架》，载《清华法律评论》，第 2 辑，13 页，北京，清华大学出版社，1999；[美] 萨利·安格尔·梅丽著，郭星华等译：《诉讼的话语——生活在美国社会底层人的法律意识》，121～129 页，北京，北京大学出版社，2007。

② 参见范愉：《纠纷解决的理论与实践》，第一章，北京，清华大学出版社，2007。

计和建构的制度保障理论。此外，在ADR的具体运作方式上，既有主张严格遵循在法律调整和制约下发展和运作的观点持有者；也有强调从功能和效用出发，大胆尝试，在效益优先的标准下不惜突破现行法律结构体系的积极改革实践者。

（5）在制度设计方面，既有主张通过职业化、正规化路径提高ADR公信力和法律地位的思路；也有主张保持其非职业化和多元化、灵活性特点，避免形成职业垄断的主张。同时存在市场化和公共福利化，制度化与非制度化，司法主导与民间自治等不同取向，由此形成了非诉讼机制发展的多元化格局。

3. 分析视角的多元化

纠纷解决研究的分析视角同样具有多元化特点，主要包括：（1）文化研究，注重纠纷解决方式与传统文化、社区、社会结构的关联性，如熟人社会及陌生人社会对调解、诉讼的不同选择，东、西方解纷方式的差异等。（2）社会及功能研究，注重分析社会因素，包括法制、社会发展、转型、市场等对纠纷解决行为及机制的影响。（3）纠纷解决行为和过程研究，对纠纷解决过程中的各种主客观因素、变量、条件、意识形态及其关联进行实证研究，以探索规律性并为纠纷解决制度、技能的完善提供依据，注重纠纷解决中正义、价值、偏好的多元性和相对性。（4）对策研究，注重从政治体制、司法程序、法律制度、程序等方面寻求具有正当性与合理性的制度设计和对策。①

4. 理论研究与实际密切结合

当代纠纷解决理论研究通常与纠纷解决实践保持密切联系，其主要目的不仅在于描述和解释纠纷解决的现象和规律，更重要的在于纠纷解决机制的完善，致力于提高现有纠纷解决机制的正当性、合理性，发现和解决存在的问题，为制度建构、程序改革、实践和发展提供积极建言，保证科学决策，通过合理的制度建构和程序设计趋利避害。因此，纠纷解决研究不能停留在对既有问题的批判和制度解构上，而应始终关注现实、服务于实践目标，如公共政策的选择、机制改革、制度建构和解纷能力提高等。

二、纠纷解决理论及其与法学的关系

（一）纠纷解决理论及纠纷解决学

纠纷解决理论旨在解释纠纷现象和原因，探讨纠纷解决的原理和规律。法社会学和法人类学的实证研究，为探索纠纷解决的规律和模式提供了大量经验性依据，而法学在纠纷解决制度、程序方面积累了诸多经验。在此基础上，当代纠纷解决理论体系已初步形成，逐步发展为一种具有独立研究对象和方法的综合性学科，即纠纷解决学，其特点如下。

1. 理论的系统性。纠纷解决学旨在建构一种以纠纷解决为中心问题的理论体系，其研究内容包括与纠纷及纠纷解决有关的各种要素、过程、规律及问题；其任务是，解释纠纷的成因和规律，探讨社会纠纷解决的实际需求，为建构和改革纠纷解决机制提供解释框架、指导理

---

① 参见［美］萨利·安格尔·梅丽著，郭星华等译：《诉讼的话语——生活在美国社会底层人的法律意识》，121～129页，北京，北京大学出版社，2007；强世功编：《调解、法制与现代性：中国调解制度研究》，北京，中国法制出版社，2001，编者有关中国纠纷解决研究不同视角的分析。

念、基本原则以及法律、政策依据和发展战略，并为制度建构、程序设计和实务提供技术、规则、方法和经验素材。[①] 日本学者广田尚久在其《纠纷解决学》一书绪论中提出："纠纷解决学不同于迄今为止的法学，是一种拥有全新系统的独立学科。"[②] 他认为：纠纷解决学是在解释和说明纠纷解决规范的同时，对当事人根据纠纷解决规范解决纠纷过程中的各种现象进行解释说明的学问。[③]

2. 方法的综合性。纠纷解决学力图融会贯通各种社会科学研究方法与传统法学方法，形成以纠纷解决为中心，整合实体法学、程序法学、法社会学、法哲学、经济学、社会学、医学、心理学、生物学、人类学、人种学、宗教学等多种学科的知识体系。

3. 建构性。纠纷解决学致力于将研究结果用于现实社会治理和多元化纠纷解决机制的建构，为立法、制度建构、程序设计提供理论依据和技术支持。为此，可以将一些传统的学科和适应社会需求而产生的新的研究领域加以整合，例如将诉讼法学、仲裁学、公证学、调解学、谈判学、法律援助研究、社团和共同体研究、私力救济研究、保险学，以及有关中介组织和营利性解纷机构等的各种相关学科和研究整合为一个相互关联的整体，避免在制度设计和实践中出现冲突和矛盾，使社会的纠纷解决机制更具合理性。

4. 和谐、协商、多元化的价值观。纠纷解决学的目标是改善社会治理和纠纷解决机制，实现和维护其生态平衡与和谐。这也是其基本价值观。广田尚久认为，纠纷解决学的目标建立在这样的基本理念之上："首先，今天的时代不能容忍纠纷导致的重大成本和损失，人类已经没有太大的余地来承担纠纷带来的巨大浪费。其次，纠纷解决可以从不同视角理解甚至淡化政治制度或意识形态的问题。最后，为了创建一种新的制度或体系，必须同时配备纠纷解决机制的软件，否则新的制度会因遇到纠纷而遭受挫折。基于这些认识，纠纷解决学追求的目的就是，为了提高人类的生活的品质（包括人类所依赖的自然环境），必须建立非武力的、由法律或对话协商支配的纠纷解决机制。"[④]

由于纠纷解决研究涉及诸多学科和方法，研究者亦有不同的价值取向和侧重点，所以，对同一问题或对象的研究并不必然得出相同的结论。多元视角有利于取长补短、相互砥砺，避免观点和结论的偏激和错漏，以保证立法、制度和政策建构的合理性。

（二）纠纷解决研究与法学的差异

当代纠纷解决研究在法学领域中已经占有重要的位置，但纠纷解决研究并不局限于法律解决和司法诉讼程序，而通常将重点置于非诉讼纠纷解决及相关的社会问题之上，涵盖了包括法律机制在内的广博的领域，无论是其理论重点还是实践目标都远远超越了传统法学的范畴和视

---

① 例如，日本法学界的纠纷解决研究从法社会学和民事诉讼法学开始，逐步形成"纠纷解决学"的概念和体系。参见［日］棚瀬孝雄：《紛争と裁判の法社会学》，东京，法律文化社，1992；［日］和田仁孝：《民事紛争处理論》，东京，信山社，1994；［日］广田尚久：《紛争解決学》，东京，信山社，1995（该书已于 2001 年再版）；［日］守屋明：《紛争处理の法理論》，东京，悠悠社，1995；［日］小岛武司：《裁判外紛争处理与法の支配》，东京，有斐阁，2000；［日］山田文：《ADRの基本的视座》，东京，不磨书房，2004。

② ［日］广田尚久：《紛争解決学》，3 页，东京，信山社，1995。

③ 参见［日］广田尚久：《紛争解決学》，25 页，东京，信山社，1995。

④ ［日］广田尚久：《紛争解決学》，232 页，东京，信山社，1995。参见范愉：《以多元化纠纷解决机制保证社会的可持续发展》，载《法律适用》，2005（2）。

野，其方法则更多地显示出整合社会科学、人文科学与传统法学的优势。因此，纠纷解决研究与传统的法学存在诸多差异。（见表1-3）

表1-3　法学与纠纷解决研究的视角差异

关注点 立场	出发点	主体	手段及方式	主要依据	价值取向及 基本功能	实践目标
法学视点	国家/个人	司法机关等国家机关	公力救济	法律规范	程序公正； 形式理性	司法制度及程序的改革完善，法治
纠纷解决研究视点	国家/个人+共同体/社会	从司法机关到各种民间社会组织（非组织）	私力、社会救济及其与公力救济的协调	法律+社会规范	纠纷解决实效、实质公正；多元正义，效益，自治	包括司法在内的多元化纠纷解决机制，善治

（三）纠纷解决研究与法学的联系

纠纷解决研究是服务于现代社会纠纷解决实践的，因此，其只有同法学研究、法律制度、司法实践相互对应，才有可能真正将纠纷解决研究建立在现实的社会基础上，并直接形成社会政策，为社会提供具有应用价值的理念和制度。在这个意义上，二者是不可分离的。

纠纷解决研究是对传统法学特别是对规范分析法学的拓展。传统法学①的起点是（国家创制的）法律规则以及正式的司法制度和程序，以及司法机关的法律适用。纠纷解决研究则关注动态的法的实施和社会治理过程，注重研究正式机制与非正式机制的关系以及多元规范体系在纠纷解决过程中的作用，是一种将法与社会连接考察的研究方法。它不仅关注法的适用，而且关注法的遵守和法的实现及效果；不仅关注国家权力机关和正式制度的运作，而且关注民间自治及其作用。将纠纷解决研究的视点引入法学，能够使法学从法律规则、法律制度、法律程序和法律职业的传统视点上向社会延伸，大大拓展法学的视野和深度。正如棚濑孝雄教授所指出的那样："以审判解决纠纷的方式和诉讼外的纠纷解决方式相互之间是紧密联系的。不把诉讼外的纠纷解决方式纳入视野而仅仅研究审判，即使对以审判作为主要研究对象的法解释学来说，也未必是有成效的方法。如果把视野扩展到社会整体层次上，考察纠纷全体的正确解决，就更有必要将诉讼外的纠纷解决与通过审判的纠纷解决同等地作为研究对象。但是，随着研究视野从狭义的审判制度扩展到纠纷解决的一般过程，研究角度的转换也成为必要。"②

传统法学关注法律思维逻辑、法律解释、法律技术、法律方法和法律职业，容易陷入形式主义、法条主义和程序与技术的窠臼，难以适应社会的动态需求，在法治的危机和困境到来之际无法寻找合理的改革之路。纠纷解决研究则更加注重社会需求和治理效果，追求在法律的框架下通过当事人的自主协商合理有效地解决纠纷，通过适应性、多元性、和谐协商性等要素修正或弥补法制的不足，由此也带来了法学发展和创新的契机。

---

① 所谓传统法学并不是指传统西方法理学中的三大流派，而是指以法律原理和原则、法律规则（成文法和判例）、司法制度及法律技术为中心的现代法学，特别是实用法学（法律学）以及法学教育研究体系。

② ［日］棚濑孝雄著，王亚新译：《纠纷的解决与审判制度》，3页，北京，中国政法大学出版社，1994。

当代纠纷解决研究的领域不断与时俱进地扩展，从民事领域纠纷开始，逐步向行政和刑事领域拓展，各种新型争议处理机制、行政争议处理、诉辩交易和刑事和解等制度，以及“协商性司法”“恢复性司法”“和谐司法”等理念，都属于纠纷解决理念与实践在司法方面的创新，并已进入实践操作领域。

此外，纠纷解决研究不仅关注事后的救济，而且将视野拓展到纠纷的预防层面，通过规则制定、程序和制度设计，以及社会自治等各个环节，参与社会关系和利益集团之间的关系协调，在减少与缓和纠纷的同时，尽可能及早和主动介入纠纷解决，降低解纷成本和社会风险。纠纷解决研究所提倡的协商和解的精神已成为当代社会治理的基本理念和行为准则，同时，协商理念开始在公共政策的形成和博弈过程中发挥日益重要的作用。我国新时期社会治理的理念亦体现了这种发展趋势。

三、纠纷解决实务研究与非诉讼程序课程

（一）实务指向的纠纷解决研究

1. 研究目标与范围

纠纷解决研究是一个实践性和应用性很强的领域。实务指向的纠纷解决研究主要是指与对策、立法、制度建构、程序设计和经验及技能培训有关的研究。这类研究的目标是促进多元化纠纷解决机制的建构和发展，它不仅获得了政府的资助和社会的支持，而且形成了国际交流与相互借鉴的时代潮流。

实务指向的纠纷解决研究的范围包括：（1）研究本国纠纷解决机制的实际状况、问题，以确立发展战略、运行原则、指导性政策目标和具体对策；（2）研究相关立法、政策和操作性原则和规则；（3）研究不同性质、类型的纠纷解决程序的特点、功能、原则、规则及与司法程序的衔接，探索纠纷解决机制的创新和司法改革；（4）纠纷解决制度的比较研究。

2. 纠纷解决实践经验与操作技术研究

纠纷解决实务与实践课题的研究注重操作经验和规律总结，致力于从解纷主体及其解纷活动入手，提高纠纷解决的技能、成功率、效益和效果，改善纠纷解决机制的状况。重点探讨：（1）协商、调解和裁决等不同纠纷解决方式、程序的操作技术；（2）当事人心理和行为；（3）不同类型纠纷的特殊性及处理方法；（4）纠纷解决各要素之间的关系、组合及效果，成本—效益分析等。在研究中引进心理学、行为科学以及实验和观察等方法。此外，围绕着各种实务问题，还发展出一些专门性的研究或子学科，如谈判学、调解心理学、在线解纷技术等。

（二）纠纷解决技能的教育培训

随着非诉讼程序日益受到重视，相关教育培训逐步成为重点。很多国家已在法学院校中设立了纠纷解决课程和相关学位，目标是使法律专业的学生在学习掌握诉讼技能的同时，能够胜任谈判协商、调解、仲裁等非诉讼业务。此外，各种专门培养具有专业资格（如调解员、仲裁员等）的实务人才以及在职人员的继续教育、技能培训等也开始蓬勃发展起来，成为法学教育的新增长点。例如，美国法学院一般都开设了名称和重点不同的纠纷解决课程，其诊所教育更是将纠纷解决作为其基本技能和重点。

纠纷解决实务和技能培训并不意味着要求所有纠纷解决机构及其人员都应达到同等的职业化程度，并形成职业垄断，而是针对实际需求，通过多元化的培训项目形成多元化的解纷机制、组织系统和人员结构。其中包括：（1）对志愿从事调解工作的人员进行培训，使其掌握纠纷解决的相关知识和技能，一般分为普通资格培训和针对特定类型纠纷程序的专门业务培训，如交通事故、医疗纠纷、家事纠纷等；（2）对律师等职业进行有针对性的培训，使其能够适应非诉讼程序的需要；（3）仲裁员与调解员资格培训和继续教育。

调解实务和技能培训的重点是调解的原则、技能和调解员的行为规范。而担任婚姻家庭、劳动、医疗、建筑、环境、交通事故等纠纷解决的人员则还需要接受社会政策、心理学及相关专业培训。

（三）我国非诉讼程序课程

我国传统纠纷解决机制素以重视调解为特征。20 世纪 80 年代法学教育复兴以来，教学体系中即有部分非诉讼程序课程，例如仲裁学、公证学、人民调解学等，但多为选修课，且学理性强，一般未将方法和技能作为教学重点。2000 年以后，全国人大将“非诉讼程序”确认为我国社会主义法律体系的一个相对独立的部分；社会纠纷解决需求、司法改革以及国家治理理念的转变，促进纠纷解决的理论与实践进入了新的发展时期，纠纷解决研究成为热点，产生了许多重要成果。[①] 同时，各种以技能培养为重点的谈判实务、调解实务等课程也开始在法学教育中出现。

本书（第一版）于 2002 年出版，首次尝试将我国非诉讼程序法的制度体系与当代世界 ADR 理念和实践相衔接，设立一种综合性的以理论、纠纷解决实务和方法技巧相结合为特点的纠纷解决课程和教学体系。2012 年、2016 年两次再版，增添了大量新的内容。此次再版，根据新时期治理理念、国内外最新资料信息，新制定修改的相关法律法规和司法解释等，再次对部分内容进行了较大篇幅的修改。本书旨在系统阐述纠纷解决的理论基础，梳理当代世界非诉讼纠纷解决机制的发展历程和规律，全面介绍我国多元化纠纷解决机制和现行非诉讼程序，并通过具体纠纷解决方式和案例分析展示非诉讼解纷实务技能和行为规范；以理论与实务相结合为特色。

案例分析

“不孝子饿死老母”

事实：

2011 年 12 月，互联网上出现一则“不孝公务员饿死九旬老母”的信息及视频。视频中，一位奄奄一息的老太太躺在床上，两条腿骨瘦如柴，半裸的形象和窘迫的生存状态惨不忍睹。发帖人称，视频拍摄于同年国庆前夕，地点在某县城某住宅楼下的杂物间里。老人为钟叶氏，当时已有 90 岁高龄。老人育有 5 子 1 女，因丈夫早故，两个儿子送人收养，长子帮助老人撑起整个家庭，但已于 2010 年年底病逝。虐待老人致死的是与钟叶氏同住的四子钟××（下称钟四子），他大学毕业后在国营单位工作，现为国家公务员，任某经贸局副科级干部。长兄病

① 参见范愉：《纠纷解决的理论与实践》，第一章，北京，清华大学出版社，2007。

逝后，钟四子得知兄嫂的房屋面临拆迁，可能有巨额拆迁补偿，就私冒老母亲之名起诉长嫂，要求继承遗产。此事后来以老母亲撤诉告终。2011 年 9 月底，警方及县妇联接到“老人将被饿死”的举报，先后赶到了现场。妇联领导叫来 120 急救车，将老人送至县医院抢救治疗。经抢救和诊断，医生出具了病危通知书和诊断证明，诊断结果为“重度营养不良”。由于长期营养不良，老人多个脏器已严重衰竭，于国庆前去世。

帖子被众多网站转载后，引起了网友的广泛关注。被控诉虐待九旬老母的钟四子则回帖称，此事起因是侄女为了争夺房产故意抹黑他。此后，钟四子所在单位澄清说，钟四子并非公务员，也非副科级干部，只是县中小企业服务中心一般干部。经过初步调查，未发现钟四子有虐待老人的行为。随后该县纪检及妇联等部门介入调查，多家媒体也进行了深入采访。根据各方面的调查材料，事件的原委逐步清晰。

事实是：九旬老人钟叶氏，丈夫早故，初与其长子同住，后与钟四子同住多年。钟四子 56 岁，为县中小企业服务中心一般干部，并非公务员，也非党员或副科级干部。该中心是县经贸局下属单位。据邻居反映，钟四子平时对老母亲较孝顺，老人平时洗澡都由他负责。他的住宅为 6 层小楼，有两层租给别人做生意，自住 5、6 两层，一层出租给一家饭店。老人因行动不便，一直居住在一楼杂物间，条件较差。钟四子每月向一层饭店承租人支付 2 000 元，由其负责给钟叶氏送饭。钟叶氏患病多年，2002 年开始患老年痴呆症。2011 年 7 月起病情加重，去世前两个月已不能进食。钟四子并未将其送医院治疗，自称曾请了一名做医生的亲戚来看过，说是快不行了，就没想要送医院。但据医院诊断，老人瘦弱和营养不良本身并非虐待所致，主要是疾病的结果。

钟叶氏长子于 2010 年 10 月病逝。其所有的一幢 4 层高、面积五百多平方米的房产（一楼商铺一百多平方米，用于出租），已于 2006 年 9 月过户给其女，即钟四子的侄女（下称钟侄女，据称在深圳做生意，是富翁）。由于该房产面临拆迁，价值约数百万元。钟四子认为，该房产的转让存在问题，是其兄为了治病将房产抵押给了侄女。由于多年都是他独自赡养老人，其兄也有责任出一部分费用，理应从房产中分割出老人的赡养费用。因此，钟四子于 2011 年 6 月以其母钟叶氏名义申请法律援助，向钟侄女提起诉讼，要求继承长子的遗产，分割其房产的八分之一。后钟叶氏表示对诉讼不知情。在审理过程中，钟侄女表示愿意支付每月 800 元赡养费，钟四子遂撤诉。

8 月 18 日，钟四子再次以钟叶氏法定代理人身份起诉钟侄女。理由是钟侄女始终未支付承诺的赡养费，他发短信催促遭拒，而法官三次电话要求其付款也遭到回绝。钟侄女表示，自己不是不愿给钱，而是希望见到奶奶生活条件改善后再支付。

第二次起诉原定 2011 年 9 月 23 日开庭，后延至 9 月 30 日。9 月 28 日钟侄女回乡，到钟叶氏处拍摄了视频，据称其初衷是保留证据。当天的情况是：上午 9 时 15 分，钟侄女一行到达钟叶氏居所，发现老人奄奄一息，大小便失禁。他们开始拍摄视频作为证据，同时报警，并向妇联反映情况。10 时 17 分警察赶到现场。一位警员说：“最好的办法是去法院起诉。讲句实在话，这也是虐待，最起码他没有尽到赡养老人的义务。”10 时 45 分，妇联工作人员到达现场，妇联副主席立即要求把老人送医院，并电话联系钟四子必须到场：“你再不回来，我就找你的领导。”同时对钟侄女等人拍摄半裸老人的不敬行为进行了制止。10 时 55 分，120 急救车将老人送往医院实施抢救。值班医生说：“老人骨瘦如柴，身体非常虚弱。各方面的功能都出现了衰竭的现象。”但同时强调老人瘦弱是生病所致。随后，医院下达病危通知书，诊断结果为“重度营养不良”。

9月29日，妇联召集双方当事人进行调解，争议集中在房产的分割上，但由于双方分歧大，调解没有成功。

9月30日，法官通知开庭时间再次延期至10月11日，在钟侄女的要求下，又延至11月1日。当日，在医生表示对老人病情已无能为力后，家人决定让老人在家度过最后的时光，并由其二子（已送人）签名同意出院。钟叶氏于10月6日去世。

老人去世后，10月12日，钟四子以其继承人身份变更为原告，要求继承其兄十六分之一的房产。法院于11月30日正式开庭，当日未作出判决。当天，钟侄女向县公安局刑事侦查大队报警，并于次日（2011年12月1日）到法院提交了《刑事自诉状》（当时仍在等待立案回复）。同日，网上出现“不孝公务员饿死九旬老母”的消息。

钟四子认为，网上的视频和帖子是其侄女所发，“网上的资料与她呈给法庭的证供一模一样”，其侄女发帖是“企图霸占其父的全部房产，连老母亲的那一部分继承权也霸占的阴谋。想通过发帖企图形成对自己不利的舆论，干扰法官的判断”，使其遭受了巨大的舆论压力。遂立即实名发帖对钟侄女一方进行反击，表示如果钟侄女不停止对他的人身攻击，将起诉其诽谤。

妇联负责人认为，钟四子的行为不构成虐待，但在钟叶氏已经大小便失禁二十多天，只能进食流质食品的情况下，未及时送医院诊治，其做得不到位。另外，将老人半裸的视频和照片在网上传播，也损害了逝者的尊严和隐私。

双方的亲属表示：此前家族内关系尚好，双方都是当地有身份的人，本不应为财产纷争而成为公众关注的焦点。他们感谢网友的关心和评论，请求网友口下留情，客观、公正地看待这一事件。同时，他们诚挚地呼唤亲情，但愿亲情能融化这所有的一切。这故事本属胡闹，也就没有赢家。恳请广大网友理性地看待这一切，还叔侄之间亲情回归的土壤和空间，让他们都有个自省的机会。

随着舆论的关注和各方的介入，当事人双方态度有所变化。钟侄女夫妇否认帖子和视频是他们所发，说可能是在准备控诉时不慎将材料外泄，由好心网友发布。对帖子引发广泛关注，他们对网友“心存感激”。同时向媒体表示，他们迄今没有与钟四子正面争论，仍寄望两家能和好。只要钟四子肯认错，向奶奶说声对不起，她可以与其和解，重新成为一家人。但认为房产是自己的合法财产，坚决拒绝分割要求。钟四子则向媒体说，他现在“里外不是人”，也希望两家能够和好如初，“只要侄女道歉，愿意支付赡养费，一切都可以商量”。

分析：

1. 纠纷的社会性。这一纠纷属于家事纠纷，表面上是由赡养老人而引发，实质上是家族成员因房产导致的经济利益之争。整个事件显示出鲜明的时代背景和社会转型特征。在传统社会或“熟人社会”，家族成员一般奉行“家丑不外扬”的原则，尽可能通过家族权威、亲属协商等机制，依据道德、亲情、礼让等社会规范处理家庭或家族内部事务，包括利益和亲属关系，并通常会根据具体情况优先考虑老年人和未成年人的利益（尊老爱幼）。然而，在社会转型期，旧的秩序逐步被破坏，传统的调整机制弱化，而新型的秩序、规则和道德观念则未真正确立；随着经济、社会结构和观念的变化，纠纷的形态和解决方式也出现了变化。在这种背景下，市场经济带来的趋利性导致利益成为社会主体关注的最主要因素，个人权利意识高度强化，而社会缺少主流价值观，使责任、宽容、亲情等价值及社会利益越来越被忽视，传统文化、美德和社会舆论对社会主体的约束力降低，社会主体理性协商能力变差。本案当事人双方为近亲属，都是经济富足、有一定文化教养（大学毕业）且有一定社会地位的成年人，其中任何一方都完全有能力很好地赡养老人。但他们不仅没有尽到责任，为微不足道的“赡养费”锱铢必较，而且为了房产利益，不惜以老人的福利、尊严和亲属的名誉为代价，争讼不止，甚至借助互联网相互攻击伤害，试图影响司法。这些行为都显示出社会转型期的上述特征，折射出当下纠纷多发、冲突激烈、解决困难的社会背景。相比之下，邻居对赡养老人事件的态度和对钟四子行为的评价，表明其基本道德底线和客观性尚存，但标准不高且缺少介入道德评价和干预意识，以致难以形成对近亲属和社区的舆论压力。值得庆幸的是，公众所显示出的强烈的道德感和正义感，最终对当事人双方形成了作用力。这说明，利益与道德的作用往往成反比，利益越大，道德的作用和约束力越难以对其形成制衡。在社区的舆论和公共道德对当事人不构成压力和威慑的情况下，当事人只能依靠公权力和法律规则解决纠纷，在追究非此即彼的判决中，往往导致“零和”结果，或以牺牲亲情和道德的代价获得眼下的利益。

2. 当事人关系与纠纷解决。无论是在传统社会还是在当代法治国家，也包括在社会转型期，双方当事人的特定关系都是纠纷解决中必须特别关注的因素。在涉及亲属家事方面的纠纷解决中，需要特别注意关系修复和心理治疗，优先考虑家庭的稳定、和谐，老人、未成年人等弱者的权益以及个人隐私权和名誉的保护，在这一点上，当代社会在继承了传统价值观的同时，更多地增加了社会干预、弱势群体保护和理性协商等因素。世界各国一般通过制定专门的实体法、程序法，设立家事法院或专门程序，以更好地、有针对性地解决处理家事纠纷。在家事程序中，法院可以通过职权进行事实调查，审理范围不限于当事人的主张和诉求，注重保护弱者权益和实质公正。同时，引进社会力量，采用调解优先和心理治疗等处理方式，以减少纠纷给家庭关系和当事人带来的巨大伤害和代价，通过协商寻求更圆满的处理结果。我国虽然没有设立独立的家事法院和专门程序，但法院民事诉讼程序历来注重调解，刑事自诉案件也可以自行和解，在一定程度上可以起到特殊处理的结果。具体到本案，鉴于老人已经去世，双方经济状况都比较优越，争讼房产的分割并无实质意义；如果双方当事人能够根据事实和法律、道德，听取舆论和相关单位的意见，通过协商、调解妥善处理相关事宜，以撤诉、相互道歉、补偿等方式替代房产分割，会比获得一纸判决更为明智和有利；同时，可能适度修复亲属关系，并最大限度降低或挽回纠纷给各方带来的负面影响（包括道德评价和名誉损失）。

3. 纠纷解决的规范。无论是传统还是现代的家事纠纷，都离不开国家法的调整。古代中国法在注重保证家庭财产完整性的同时，确立了家庭成员财产分割的基本原则和规则；而地方习惯、家庭或家族的规范、乡规民约、道德情理等，都是处理具体家庭关系和财产纷争的基本规范。当代的婚姻法、继承法、物权法以及老年人权益保障法等基本法律，则系统、清晰地规定了处理相关纠纷的原则与规则，成为当事人的行为规范和解决纠纷的基本依据。其中，保护老年人权益、赡养义务属于法律的强制性规范，当事人不得放弃和拒绝履行，对于存在虐待、遗弃行为的，必须承担相应的法律责任，直至刑事责任。而各种民事法律规范多为任意性规范，给当事人的协商、处分保留了最大限度的空间。同时，公序良俗属于广义的“法”的范畴，是处理家事纠纷时的正当依据。本案双方当事人为了私利，竟然不顾老人的尊严和利益，反复争讼并利用互联网和公众舆论争取自己的利益最大化，表明所谓中国传统的“和为贵”“家丑不可外扬”等观念，对当事人几乎已不具有约束力和影响力，他们不仅没有基本的道德意识，对法律也缺乏尊重。毫无疑问，随着现代化、城市化进程的发展，社会规范的作用逐步降低；但随着互联网等新型交往方式的出现，公共舆论可以通过互联网参与纠纷解决，进行是非评判、道德谴责和建议，通过舆论推动纠纷当事人回归理性、认知社会规范，形成主流价值观，显现出一种“新熟人社会”的迹象。但与此同时，不可避免会出现偏激或干扰司法的负面效果。

4. 纠纷解决方式。如果家事纠纷当事人能够通过自行协商或家族内部的协调，依据法律的权利义务和社会规范以及亲情、礼让等因素解决纠纷，不需要公权力介入，无论在效果还是效益上都是最好的。就本案而言，不仅可以使老人得到良好的赡养和善终，也可以维护亲情和情理。在纠纷不可避免也无法通过自行协商解决的情况下，如果能通过社区调解、社会机制及行政干预解决，也是可取的，至少可以降低纠纷的成本和风险。在本案中，该社区显然并未建立起有效的基层治理机制和调解网络，致使纠纷在发展过程中没有社区力量和人民调解组织的介入。但这种情况也是由于当事人双方及其争议房产不属于同一社区，且房产权属通常不属于基层人民调解组织的管辖范围，当事人也并未向调解组织请求帮助等。相比之下，妇联和派出所的及时介入则发挥了重要的作用，特别是妇联对老人的赡养和治疗的直接干预和纠纷调解，以及对事实和性质的表态十分重要，尽管并未真正解决纠纷，但对于避免侵害继续和以后纠纷的解决打下了较好的基础。然而，由于双方当事人缺少理性协商的精神和对法律与社会规范的尊重，各种非诉讼机制都没能阻止当事人走向诉讼。双方当事人甚至将诉讼作为一种可随意使用的武器，娴熟地采用起诉、撤诉、再起诉，变更当事人和诉讼请求，刑事自诉等多种手段，以达到自己的目的。这种投机性的利用诉讼的行为，特别是以老人名义申请法律援助的行为，明显地带有滥用司法资源和诉讼权利的特点。这表明，虽我国民事诉讼成本较低，当事人利用诉讼较为便利，但程序上存在很多瑕疵：一方面，对当事人滥用诉权缺少有效的制约；另一方面，很难通过合理的激励机制引导当事人选择利用非诉讼程序和分流诉讼。

实际上，本案纠纷并未真正涉及重大权益和虐待等刑事犯罪，属于一般民事纠纷，但它深刻地反映出我国社会转型期纠纷及其解决的复杂性。当事人双方在纠纷过程中付出了沉重的代价，招致公众的严厉谴责，房产争议所获得的利益不足以抵消诉讼所付出的经济成本和道德成本，双方因此结下的怨恨也很难予以根本修复。多次诉讼不仅耗费了大量的公共资源，没有给老人带来任何实质性利益，也不可能获得具有重大公共价值和法律意义的裁判结果。因此，这一诉讼对于社会而言，属于“负价值”。但本案也使我们看到，社会的主流价值观、舆论导向、社会团体和公安机关以及当事人的亲属在纠纷解决中都发挥了积极作用。本案给我们的启示是：在社会转型过程中，应该加强社区治理和纠纷解决机制的作用，及时发现诸如老年人权益问题、弱势群体生存问题、家庭暴力等问题，并通过预警、提供社会救助等方式介入、干预，在解决现实问题、避免纠纷激化的同时，对当事人和社区居民进行道德和法治宣传教育，形成良好的社区秩序和道德环境，这才是减少此类事件的治本之策。

上海迪士尼携带食品纠纷

事实：

上海迪士尼乐园（以下简称“上海迪士尼”）在其官网上公布了入园的相关规则，规定游客不得自带食品入园，并在入口对游客进行开包检查，如有携带食品，游客须自行处理后方可入园。2019年年初，华东政法大学学生小王因携带零食被园方工作人员翻包检查后加以阻拦，不得不将携带的食品丢弃，方才入园。

小王随后查询发现，美国和法国的3处迪士尼乐园并没有禁止消费者携带食物进园，而中国的和日本的迪士尼乐园却禁止，说明其对中国或亚洲游客存在歧视。同时，她认为迪士尼虽然在其官网上公布了禁止携带食品的规定，但自己在购票时和入园前并未收到相关提示。因此，上海迪士尼的相关规定侵害了消费者的合法权益。于是，小王将上海迪士尼告上了法庭，要求确认上海迪士尼禁止游客携带食品入园的格式条款无效，并请求法院判令上海迪士尼赔偿原告损失，包括她在上海迪士尼外购买却因被告不合理规则而被迫丢弃的食品的费用，共计46.30元。据悉，此前曾有消费者就相同情形对上海迪士尼提起过侵权诉讼，但原告均败诉。法院判决认为企业有权在其经营范围内制定管理规则，在该规定已经向公众明示公布的前提下，消费者如接受相关条件即应视为同意，不构成侵权。此次，小王以合同纠纷作为案由，起诉理由是迪士尼乐园的规定未明确公示、合同存在瑕疵，应认定为无效。

此案在全国引起了极大反响，媒体进行了大量的采访报道和讨论。网上也有为数众多的公众参与了讨论，出现了各种不同意见，争议集中在几个方面：（1）上海迪士尼是否有权制定规则，限制游客（消费者）携带食品入园的权利？这种规定是否属于“霸王条款”？（2）上海迪士尼要求游客开包进行检查的行为是否构成对游客（消费者）个人尊严、隐私权和人身权利的侵害？（3）上海迪士尼的规定与其在美国等地的不同，是否具有歧视色彩？

支持或理解上海迪士尼禁带食品规定的意见认为，企业有权在法律允许的范围内制定自身章程和规则，禁止携带饮食主要是基于安全、卫生、环境、文化、游览体验和中国游客的具体情况等方面的考量，是合理和可接受的，并不会影响、甚至有利于游览活动。消费者可以选择接受或不接受，也可以“用脚投票”，但一旦接受合同，就不应拒绝遵守相关规则。

反对者则直指迪士尼乐园态度傲慢，认为禁带饮食的规定纯属“霸王条款”，是双重标准，歧视中国消费者，园内缺少足够的饮食设施和选择，饮食过于昂贵，园方追求销售饮食带来的巨额利润，忽视消费者权利；采用的翻包检查手段带有明显的侮辱色彩，是滥用权利，难以接受，强烈要求立即废止，甚至提出抵制的呼声。

2019年4月23日，该案在上海浦东法院一审开庭，未当庭宣判。此后数月公众未见相关信息，在此期间，迪士尼乐园的相关制度继续执行；同时事件持续发酵，始终处在舆论高度关注下。美国迪士尼乐园总部公共事务部相关工作人员在回复媒体采访时称，总部旗下每个迪士尼乐园都有自己的政策，总部无权干涉。园方则表示管理团队正积极与相关方面沟通，将在继续聆听各方意见和建议的基础上，于下阶段推出包括入园安检和外带食物政策等方面的多项举措，进一步完善园区运营，优化游客体验。

2019年8月，一些影响力较大的媒体先后发表：《上海迪士尼允许带食物背后：食品饮料三年狂揽近140亿》《可自带食品但依旧翻包 上海迪士尼整改像“挤牙膏”》《四问上海迪士尼：翻包、“双标”，凭什么?!》等文章，向上海迪士尼提出质疑。与此同时，上海市浦东新区消费者权益保护委员会则向记者称，上海迪士尼不接受调解，也不会就禁带食物、翻包检查等规定作出更改，建议消费者可通过司法途径进一步维权，不过也不妨先参考、观望华东政法大学小王同学起诉上海迪士尼的审判结果。这使舆论哗然，媒体报道，中国消费者协会相关专家指出，相关监管部门不能缺位，应按照法律规定进行调查，并提出：谁来纠正迪士尼的"双标"行为？谁来保障消费者权益？呼吁国家市场监管总局和上海市场监督管理局等相关部门介入调查处理。事态似乎正走向升级。

正当争议和炒作进入白热化之际，9月11日，上海迪士尼宣布，从即日起，开始正式实施其主题乐园的食品携带新规。游客可携带供本人食用的食品及饮料进入上海迪士尼，但不允许携带需加热、再加热、加工、冷藏或保温的食品及带有刺激性气味的食品。对于有需要将不可携带入园的个人物品进行寄存的游客，度假区已推出每日10元/件的寄存服务。游客可在乐园内的指定野餐区域享用自带的食品和饮料，但需要遵守垃圾分类准则，并共同维护干净整洁的乐园环境。根据相关法律法规和政府部门的指导意见，所有游客及其随身行李在进入上海迪士尼前必须进行安全检查。游客需要遵循演职人员的指引进行安全检查程序。所有个人随身行李都必须接受检查，所有游客都需要通过金属探测器。为了尽可能降低安全检查对游客体验的影响，度假区团队将即刻实行更友好的、人性化的安检流程和服务。建议游客在安检时可以自己打开包袋，如安检人员有要求，游客可自行将可疑物品取出，并在完成检查后放回。度假区还将在未来采用如X光机在内的安检设备，辅助人工服务等手段，进一步优化安检流程。游客在各个官方购票渠道和平台上购买乐园门票之前，都将被提醒阅读乐园须知，其中包括安全检查要求以及不可携带入园的物品。

次日（9月12日），小王诉被告上海国际主题乐园有限公司（上海迪士尼）服务合同纠纷一案在上海市浦东新区人民法院主持下调解结案。根据法院发布的信息，本案审理期间多次组织双方调解。在此期间，被告对入园规则中相关条款内容进行了修改：除少数特殊食品仍禁止携带外，游客可携带供本人食用的食品及饮料进入上海迪士尼。原、被告双方自愿达成调解协议：被告上海国际主题乐园有限公司补偿原告小王人民币50元（当庭给付）。该调解协议已经双方当事人签收生效。

对此结果，媒体给予了积极回应，称有让步，就有进步，妥协比顽固更能实现共赢。而让步也并非一蹴而就，没有维权者的勇气与坚持，没有广大网友的正义声援，恐怕难以撬动"冰山"。迪士尼出台细则，接下来该由游客遵守规则，用自律呈现素养。此后，舆论迅速平息，纠纷就此化解。

分析：

1. 本案以调解方式结案，案件似乎并没有得到明确的是非分明的法律判断，也无所谓胜负输赢。一方面，由于原告诉求质疑的合同条款本身已经得到修改，诉由不复存在；公众和舆论都认为小王获得了胜利、赢了官司。另一方面，法院并没有对原合同是否违法、是否存在告知方面的瑕疵及歧视问题，以及是否应予撤销等问题作出裁判，在这个意义上，上海迪士尼并没有败诉，而是通过沟通和自我改正赢得了主动权，维护了自主制定管理规则的权利和限制自由携带食品的原则底线；原告得到的也是补偿而非赔偿。尽管如此，本案仍可视为一种"双赢"的结果，如果加入社会公共利益考量，可以说是获得了"多赢"的结果。

尽管小王维权的勇气和方式得到了舆论的声援，但如果本案以判决方式作出非黑即白的判断和处理，实际上很难达到这种"多赢"的效果。因为如果依据现行法律进行判决，上海迪士尼的合同条款未必会被宣布为无效和违法，此前的类似判例已经证明了这一点。即使存在告知方面的瑕疵，也并不意味着企业无权制定相关条款或合同无效。如果从社会效果出发，简单以

“霸王条款”为由，强制要求企业撤销类似规定，虽然并无不可，但对于维护市场主体的自由经营权、行业自治以及社会规则意识和交易秩序的稳定等诸多方面，可能会产生一系列负面影响。反之，如果判决小王败诉，必然引起公众的强烈质疑和反对，不仅会导致消极的社会效果、不利于消费者权益保护，也会影响司法权威和公信力。即使上海迪士尼的规则得以维持，其企业声誉和社会形象也会受到重创，消费者会以自己的方式继续维权，不仅使其经营陷入困境，也无法避免此类纠纷继续重复发生，乃至进一步激化；一旦形成公众抵制，甚至会产生国际影响，对营商环境造成危害。

调解则是克服这种两难选择的最好方式。调解并非只能应用于简单小额的案件中，在复杂的、涉及多重利益协调和关系的案件中，调解往往更能显示出特有的价值。调解也是促进当事人各方通过协商、达成共识，推进公共政策和制度改革的重要方式。本案调解虽然并没有对合同本身作出任何价值或是非判断，也没有对被告上海迪士尼的合同条款直接作出强制性法律处分，但通过调解，引导双方面向未来，兼顾个案当事人具体诉求与社会公共利益和长远利益间的关系，给企业以自我修复纠正的机会，以积极的行动消除了纠纷的根源和诉因。这不仅获得了原告的谅解和理解，使纠纷得以彻底化解，避免了硬性处理带来的负面评价及“零和”结果，而且使企业通过充分考量和回应社会公众和舆论的态度及诉求，实现了没有法律强制的自我改革完善，从而使社会从双方的协商谅解中获益。

法院的调解工作和双方的理性合作是这次获得圆满结果的条件。上海迪士尼改变了以往一些企业在诉讼中以对抗方式坚持自身立场，消极等待法院裁判的僵硬做法和傲慢态度，采取了灵活和诚恳合作的协商精神和对策，在法院调解期间主动对其合同条款进行修正，既显示了企业的社会责任和积极回应消费者投诉的正面形象，最大限度地满足了消费者的诉求，也坚持了市场规则和企业自主权，维护了自身的利益、基本权利和原则底线。不仅度过了一次公共危机，也实现了经营者与消费者的利益平衡。而原告消费者小王在诉讼中同样采取了理性和机智的策略，既没有提出不切实际的赔偿诉求激怒对方，也没有挟舆论支持采用对抗和偏激的方式或坚持非黑即白的“零和”判决，而是善意地接受法院调解，在对方自我纠正之后作出积极回应，欣然接受了补偿（而非赔偿）的结果。

2. 本案的解决过程也显示出我国多元化纠纷解决机制中的特点和存在的不足。

（1）消费者争议处理机制作用和效果不佳。此类争议原本可以由消费者协会调解或向相关行政主管部门投诉处理，并由这些机构向被投诉方提出整改建议，但本案涉及的问题已经持续时间较长并多次投诉均未得到重视和解决，以至于消费者多次直接诉至法院。本案原告未经投诉直接将这一小额消费纠纷向法院起诉，一方面是由于消费者对各种非诉讼程序不信任，另一方面也是期待通过诉讼引起舆论媒体的关注和介入，推动诉求的实现。同时，消费者协会有关上海迪士尼拒绝调解的说明反映出很多企业对消费者协会调解缺乏信任，消费者协会调解没有很好地承担解决重大消费争议的责任。由于诉讼成本高、对抗性强、风险大，实际上并非解决日常多发的消费者争议的最佳方式。当代世界各国面对这一问题，在消费者组织、行业协会和行政主管部门的推动下，不断建立各种有利于消费者权益保护的新型消费争议解决程序，如消费争议调解仲裁、行业性投诉处理机制、申诉专员服务等。在这些机制中，企业等消费提供者首先承诺一种积极参与的义务（半强制或单方强制），消费者一旦投诉，相关协商、调查、调解和裁决机制即可启动，主管行政机关则可以通过行政指导及时对相关合同、行业规则、标准等进行修正完善。这种机制不仅有利于保护消费者权益和行业自治自律，而且有利于市场秩序的稳定有序和公共利益，同时有效地减少了诉讼，显示出社会治理的优势。目前我国虽然有大量调解组织和投诉渠道，但各有自身不足：地域性的消费者协会在面对特定领域的复杂纠纷时，往往缺乏专业知识、不了解行业惯例，方式过于简单，在处理影响较大的消费争议中作用有限；行业协会由于自身属性而缺乏公信力或解纷能力；行政主管机构则存在不作为或态度消极、将纠纷推向法院的情况。因此，并没有形成消费者熟知惯用并信任的消费投诉解纷机制，不能有效替代诉讼，这也是今后需要继续改进完善之处。

（2）作为市场主体的企业，缺乏理性、灵活和及时的沟通技能和协商能力。当代世界各国适应新的市场特点和解纷需要，已经普遍在企业、行业和各生产消费领域建立了一套积极回应消费者（用户）投诉的机制，设立处理消费者投诉的专门机构或专业人员，赋予他们相应权限，与对方协商并参与第三方主持的调解或处理，以保证纠纷（投诉）得到及时妥善的纾解控制。而我国很多企业，特别是大企业和国企，或者尚无这种专门机制和训练有素的专业人员，或者并未赋予他们以充分的权限；往往在纠纷初期失去了及时有效化解的先机。同时，决策者由于体制所限，对于通过非诉讼方式解决纠纷缺乏重视和理解，习惯于依靠律师在法庭上对抗，消极等待法院裁判，往往因反应迟钝怠慢、缺乏足够的重视和处置能力，失去了有利的解纷机会，导致企业形象和声誉受损。行业协会缺乏对全行业自治自律和消费者权益保护机制的顶层设计能力和视野，当本行业成员企业出现问题时，行业协会和行政主管部门很少参与协助、支持或指导其解决纠纷，不善于主动通过公共政策、制度和规则标准等进行行业治理，习惯于将纠纷提交法院处理。

（3）社会还没有形成良好的协商氛围和调解文化。在此次事件的讨论中，尽管与此前戾气较重的社会氛围相比，公众舆论、媒体已经逐渐趋于平和理性，能够展开较为客观充分的对话，允许不同意见得以表达，对于调解的结果也给予了宽容的认同；但回顾整个事件过程，仍然可以看到，很多媒体习惯于用简单的价值判断和激烈的态度表达意见，用舆论压力影响当事人双方和法院。舆论对法院的裁判寄予极高的期待，而几乎从未提出过协商调解的建议，对调解结果评价也并不完全客观。值得欣慰的是，本案法官（法院）和双方当事人并没有被舆论左右，坚持用调解解纷，最终获得了比较圆满的结果。这说明我国社会的协商文化尚未形成，非诉讼机制并未发挥出应有的作用，这也是导致我国法院诉讼案件数量持续上升，居高不下的原因之一。相对于法院外的非诉讼程序，目前诉讼中的调解则更受当事人欢迎和接受。

深度阅读

1．［美］埃克里森著，苏力译．无需法律的秩序——邻人如何解决纠纷．北京：中国政法大学出版社，2003

2．［美］布莱克著，唐越，苏力译．法律的运作行为．北京：中国政法大学出版社，1994

3．［美］萨利·安格尔·梅丽著，郭星华等译．诉讼的话语——生活在美国社会底层人的法律意识．北京：北京大学出版社，2007

4．［日］棚濑孝雄著，王亚新译．纠纷的解决与审判制度．北京：中国政法大学出版

社，1994

5.［英］阿德里安·A. S. 朱克曼主编，傅郁林等译．危机中的民事司法．北京：中国政法大学出版社，2005

问题与思考

1. 纠纷的概念及构成要素是什么？
2. 什么是纠纷解决及其社会因素？
3. 纠纷解决机制及其构成要素是什么？
4. 多元化纠纷解决机制与非诉讼纠纷解决程序（ADR）的概念有什么不同？
5. 非诉讼程序有哪些基本类型？
6. 如何看待非诉讼程序与法治的关系？
7. 多元化纠纷解决机制的概念和意义是什么？
8. 非诉讼纠纷解决程序（ADR）的概念和特征是什么？
9. 非诉讼程序的主要功能和价值是什么？
10. 时代和文化背景对于社会纠纷解决的理念、制度设计和价值取向有什么影响？
11. 纠纷解决在社会治理体系中的作用是什么？

第二章

非诉讼程序的起源与发展

本章重点知识

- 非诉讼程序（ADR）的历史渊源
- 中国古代及近现代调解制度
- 影响 ADR 发展的社会因素
- 当代非诉讼程序发展的不同模式
- ADR 运动的背景、目标与共同趋势

第一节　非诉讼程序的历史渊源

当代世界各国的非诉讼纠纷解决机制是基于不同的时代背景和理念，适应不同的社会需求而产生的，追根溯源，大体可以分为三类：传统型非诉讼程序，社会主义国家的非诉讼程序以及当代新型 ADR。

一、传统型非诉讼程序

所谓传统型非诉讼程序，并不意味着其直接脱胎于传统社会，而是指各国在传统资源的基础上建立的非诉讼程序，其经典形式是商事仲裁和民事调解。因其从传统法律文化中汲取素材，以特定的文化传统为理念，或带有从传统社会向现代社会过渡的特性，故被称为“传统型”。

仲裁是一种历史悠久的非诉讼程序。近现代以来，仲裁作为解决商事纠纷的重要手段，在西方社会和国际贸易中得以保留，并发展为当代 ADR 的基本组成部分。

调解也是一种普遍存在于世界各国的传统程序。传统调解多为熟人调解，由在社区、家族或地方拥有特定身份的权威人士主持。近现代以后，调解制度强调中立性和制度化，但调解人并未完全职业化，且不完全排除熟人调解。欧洲大陆的挪威早在 1797 年就建立了遍及城乡的调解组织，并使其成为解决民事案件的诉讼前必经程序。丹麦则在 1816 年仿照挪威建立了相同的诉讼外调解制度。许多西方国家的基层治安法院和社区警察，也都担负着调处民间纠纷的职能。相对而言，东亚国家对传统型调解更为借重，以至于许多比较法学家都把重视调解作为远东法系的重要特征之一。[①] 日本的调停制度和我国的调解制度都是由传统调解发展而来的。随着社会的发展，这些传统型非诉讼程序基本已完成现代转型，与当代新型 ADR 融为一体，同时，其形式、功能和地位也在不断发生变化。

（一）日本的调停制度

1. 调停制度的建立与发展

日本调停制度的历史可以追溯到德川时期，与近代调停制度直接相关的主要是江户时期的《相对济令》、内济制度和明治时期的劝解制度。明治二十三年（1890 年），日本正式建立了近代民事审判制度，设立了诉讼中和解与法院内的起诉前和解制度。与此同时，废除了原有的劝解制度。

第二次世界大战之前，日本制定了一系列调停法，包括《借地借家调停法》（1922 年）、《小作（佃农）调停法》（1924 年）、《商事调停法》（1926 年）、《劳动争议调停法》（1926 年）、《金钱债务临时调停法》（1932 年）、《人事调停法》（1939 年）等。其特点是，根据纠纷类型的不同，分别适用不同的调停程序。这些调停制度通过昭和十七年（1942 年）制定的《战时民事特别法》被加以扩大，成为战时纠纷解决的一般制度，与诉讼审判制度形成了密切的联系。第二次世界大战后，于 1951 年制定了《民事调停法》，将除家事和劳动争议以外的各种调停制度加以统一，形成了沿用至今的民事、家事两大调停制度。

日本调停制度由以下几个环节构成：（1）建立专门的调停委员会，作为法院的附设机构；（2）聘任有资质和见识的专家为调停委员，并不断提高调停者的素质；（3）明确调停必须基于当事人的意思，其核心是当事人的合意；（4）调解重视事实调查、灵活运用专门知识和见解，与法官紧密联系、协作，不断积累实践经验。

2. 调停制度的基本理念

（1）符合实际的法制化进程。明治政府通过全面移植西方大陆法，使日本社会实现了“法制化”。然而，这种继受难以与本土社会的实际情况衔接，导致社会关系的高度紧张甚至冲突的激化，民众对机械地适用法律规范解决纠纷，采取了明显的规避甚至对立的态度。调停制度的设立，目的就在于缓解这一问题。调停不强调严格依照实体法律规范，而注重灵活和变通，当事人可以根据实际情况和习惯进行协商和妥协，求得最符合实际的解决。因此，调停制度是日本在对西方法制移植或继受过程中的一个关键环节，有效地分化了社会矛盾，极大地缓解了统治者的压力，帮助政府度过了社会转型的危机，也为法制现代化铺垫了成功之路。由于这种

---

① 例如，比较法学家勒内·达维德认为：“远东各国的人民与西方人不同，并不把维护社会秩序和公正的希望寄托于法律。他们固然也有法律，但法律只具有次要的意义，只起辅助的作用。法院也只在其他办法不能解决纠纷并重建社会秩序时才受理案件，也只有这时才援用法律。法律规定的以判决和强制执行解决问题的办法是很不得人心的。维护社会秩序主要依靠的是说服教育和调解的办法，呼吁争执双方各自进行自我批评，发扬谦让与和解的精神。”[法] 勒内·达维德著，漆竹生译：《当代主要法律体系》，483 页，上海，上海译文出版社，1984。

本土化制度与西方法制传统相去甚远，所以在造就了日本法独具特色的样式的同时，也招致了对其现代化不彻底的批判。①

（2）为回避诉讼的当事人提供适宜的解纷途径。早期的各类调停法所涉及的纠纷当事人之间往往具有特殊的关系，如亲属之间、房屋所有人和房客、地主与佃农的关系等，制度设计者考虑到纠纷的特殊性、日本社会传统的厌讼心理和追求和谐的价值观，以及诉讼程序的诸多不便，为了及时、有效地解决纠纷、稳定社会秩序，从传统的法律文化素材中借用了调停这一方式，并以当事人主义之法理加以论证，通过现代的程序公正原理加以制度上的保证。调停委员会以专家和社会贤良人士取代以往的“名主”“组头”等地方权威；以当事人的自愿、合意为基本原则，防止双方地位上的差异导致不公平的结果；以职权的解决方式求得简易之功效，帮助诉讼技能低的当事人参加纠纷解决过程；通过与法院的衔接增强合意的效力，避免过分脱离法律的制约。由此，调停制度较好地满足了当事人回避诉讼的心理和程序选择权。

（3）迅速、简易、低廉。由于调停是通过合意解决纠纷的制度，一般不需要复杂的程序，迅速、简易、低廉是其特点及最重要的价值取向之一。调停制度的建立并非来自所谓“诉讼爆炸”的压力，但自始就依照效益原则合理设计和运行，减少了当事人的解纷成本和社会的资源耗费。

（4）追求“圆满”的解决结果，即“感情上的融合”。第二次世界大战前各种调停法的立法说明中都强调，调停之目的乃是基于“情谊”“道德”“习惯”，提倡“当事人之间的互让妥协精神”，根据“特殊情况”“温情”地解决纠纷。一方面，通过调停使相互冲突的感情得以融洽；另一方面，通过感情融洽的纠纷解决过程，避免相互关系的破裂或断绝。调停以符合实际为目标，以协商合意为手段，以情理、道义等社会规范为基准，通过妥协和让步，使那些难以简单了结的纠纷得到相对符合情理的解决。例如，敦促承租人适当增加房租，满足房主的非恶意的利益要求，以避免让承租人搬出而导致其无家可归的结局；促使地主和佃农之间达成少交或滞纳地租的协议，以保证承租关系的继续；等等。可见，调停制度反映了日本社会在特定历史时期的时代特征，具有很强的向社会现实妥协的指向。在当代融入 ADR 体系之后，调停推崇的重视人际关系和利益最大化、面向未来等理念得以延续。

（5）不剥夺当事人的诉讼权利。调停制度尽管取材于传统法文化，但仍属于近现代法制的组成部分。调停的设立并不是出于对诉讼的否定，而是对诉讼的替代和补充。调停依照法律确立的程序进行，完全根据当事人的自愿选择而启动；即使是作为前置程序的家事和人事调停，也并不强制当事人接受调停结果，在调停不成时可以转入审判程序。

3. 调停制度的影响及发展

日本的调停制度对东亚国家和地区产生了重要的影响，韩国于 1940 年以其《借地借家调停法》为蓝本制定了《朝鲜借家借地调停法令》；后于 1962 年制定了《借家借地调停法》；

① 对此，一些日本法学家的批判甚为尖锐。而比较法学家达维德和茨威格特在日本法制现代化已“完成”半个世纪之后，仍然把日本划入远东法系，也是例证。茨威格特认为：“很明显，在进入 20 世纪以前，引进的成文法在日本的法律生活中没有产生多大实际效用。……和平地调停和仲裁的传统形式仍然占据主导地位，成文法以及国家法院的诉讼程序法大多未被适用。而时至今日，最好的方式还是通过协商达成和解，因为即使和解可能没有反映出法律上真正的是非，但至少它没有破坏相互关系的和谐，并使当事人用不着为了赢得全面的胜利或遭到全面的失败而耗费心神。”［德］K. 茨威格特、H. 克茨著，潘汉典译：《比较法总论》，628～630 页，贵阳，贵州人民出版社，1992。

1970年制定了《简易程序民事纠纷处理特别法》；1973年制定了《小额事件审判法》，其调停程序准用《借家借地调停法》；1990年，制定实施了《民事调停法》，《借家借地调停法》废止；至2002年为止，该法经六次修改。[①] 1930年中华民国政府新民事诉讼法中建立的调解制度，也是学习日本经验的结果，后为我国台湾地区的各种调解制度所继受。

日本调停制度设立后，其利用率始终居高不下，而且调停成功率相对较高。然而，第二次世界大战后调停案件数量在1968年达到最高点（78 955件）之后，开始逐年下降。1974年，已减至42 933件，调停成功率从最高时的73%下降到59%（最低时为56%）。[②] 同年，日本最高裁判所根据各界的意见，对《民事调停法》作了部分修正，旨在将调停扩大至各类纠纷的解决，例如交通事故和公害纠纷的解决。此后，民事调停案件的数量及调解成功率保持相对稳定。2003年，日本对《民事调停法》再次进行了修订，规定符合特定条件的律师可以被任命为调停委员会主任，作为“兼职法官”主持调解，使调解的社会化更为彻底。

（二）中国调解制度的沿革

1. 古代社会的调解[③]

中国古代，经过调处而平息诉讼被称为“和息”“和对”。早在西周的铜器铭文中，就已有调处的记载。孔子的著名政治理想——“听讼，吾犹人也。必也使无讼乎”[④]，为历代的统治者所推崇，被视为施政和社会秩序所能达到的最高境界，也是调解所追求的理念。在汉代，调解已十分发达；两宋时期，民事纠纷和诉讼增多，调解也开始制度化；至明清时期已臻于完备。历史上，调解基本上都是民间（诉讼外）调解与官府（诉讼中）调解并重，相辅相成，形成了一个多元化机制。[⑤]

（1）民间调解。民间调解在社会生活中应用最为普遍，其形式多样。根据主持调解的主体不同，一般可分为：1）民间自行调解，指在纠纷发生后，由当地有威望的长辈、贤良人士或邻居、亲友等出面斡旋，主持调解，解决纠纷的方式，被称作“私和”。其具有非组织性和自发的特征。2）乡治调解，指由历代统治者在基层社会所设的组织和小吏所主持的调解。周代官制中就设有“调人之职”，即专门负责调解事务的官员。秦汉及晋代的乡“啬夫”（小吏），南北朝的北魏的里长、里正，唐代的里正、乡长、坊长，宋代的保甲长，元代的社长（50户为一社）等基层小吏均有调解的职能。明代乡治完备而发达，里（110户为一里）设里长、里老，里中订有乡约，并设有申明亭，由里长、里老在此主持解决乡里纠纷。清代的保甲长，也负有调解的职能。乡治调解有严格的组织形式，得到国家的授权和支持，往往被作为诉讼前的

---

① 参见［韩］金炣淳：《韩国民事调停制度略论》，载《诉讼法学研究》，第7卷，438～439页，北京，中国检察出版社，2008。

② 参见［日］小山昇：《民事調停法》，81～86页，东京，有斐阁，1977。

③ 正确的用语应该是“调处”，但因其与现代调解的区别并不仅体现在文字表述上，故这里暂且不作区别，统称为调解。此外，在历史上，“调处”与“和息”，即和解，在概念上从来就是不作严格区分的。

④ 《论语・颜渊》。孔子的思想是辩证的。作为一位现世的地方官吏，孔子在承担司法和纠纷解决职责时，也会像任何一位法官那样，遵循公平正义之道，按照法律规则和程序进行审理并作出裁判；而这一点往往会被人们忽略。孔子的政治理想则是通过道德教化和人类社会自身的努力使诉讼减少乃至于消弭。

⑤ 参见张晋藩主编：《中国司法制度史》，北京，人民法院出版社，2004；张晋藩主编：《中国民事诉讼制度史》，成都，巴蜀书社，1999。

必经程序。例如明代规定，申明亭以调解民间纠纷及民事争执为主，凡户婚案件皆须经过申明亭处理。3）宗族调解。宋代以后，宗族的势力发展很快，至明清时期，宗族调解成为民间调解的重要方式。宗族调解同样受到国家的重视和支持。在宗族发达的地区，族长成为官府的代理人，兼有血缘组织和基层政权组织领袖的双重角色，其调解亦可起到双重的效果。

上述三种民间调解的共同点是：首先，基本属于国家授权或认可范围内的自治。中国古代的统治者历来认为户婚田土之类的问题属于琐细之事，既不在法典中作出具体规定，也不主动加以司法调整（宋代的除外）。各代均鼓励通过民间调解解决纠纷，其中既有重视民间道德教化、主张"和为贵"等儒家理念方面的原因，也有出于"讼累"对生产和生活秩序产生干扰、希望尽快"息讼"等功利方面的考虑，同时体现了国家对民间的血缘或基层地域组织及乡绅、族长等地方势力的重视。现实中，地方官往往与地方乡绅、族长等保持着良好的关系，借助民间调解实现国家集权统治与民间自治之间的协调。

其次，在国家司法权和民间调解之间，既有相互维护和协作的一面，又存在冲突的一面，在二者关系中，国家权力一般居于主导地位。国家对民间调解的范围作了较明确的规定，不允许随便僭越。民间调解的范围限于调解民间纠纷和轻微的刑事纠纷，徒、流以上罪刑和犯奸罪等严重犯罪均不得私和。明代嘉靖年间订立的乡甲约规定，应和事件有：婚姻不明；土地不明；骂詈斗殴；牲畜食践田禾；放债三年以上，本、利交还不与者；钱到取赎房地力不能回者；买卖货物不公，亏损人者；地界不明者；收留走失人口牲畜，具令各还本主者。一旦民间调解被滥用，超出了它应有的范围，国家随时可能进行干预。例如，清代针对一些大宗族的械斗等私力救济方式，曾多次进行限制和打击。在民间调解无效时，当事人可以告官，通过诉讼程序解决纠纷。明清时期的历史文献和诉讼档案等表明，调解并未断绝民众的诉讼之路，国家的诉讼审判程序始终是开放的。

再次，民间调解所依据的主要是乡规民约和风俗习惯（乡例、俗例、乡规、土例）等社会规范。在国家的民事法律规范付之阙如的情况下，调解具有鲜明的地方特色和伦理色彩。情理和礼义是调解中经常使用的基本原则，也是在规范基础上进行裁量和衡平的依据。相对于此，法律规范的作用则显得较为模糊。

最后，民间调解的功能主要是息讼、减少讼累和维护社会稳定。在纠纷发生后，民间调解可以平息掉相当一部分纠纷，使其既不至于转化为诉讼，也不至于酿成更激烈的冲突。这样就能够减轻诉讼给官府带来的压力，保持地方的安定和谐。同时，民间调解的设立是以减少讼累，即避免诉讼之弊端为直接目标的。官府劝导民众息讼，也往往以此为理由。这一点不仅说明当时讼累的严重性，也说明迅速、低廉和便利地解决纠纷和注重效益的功利主义理念，始终是调解所追求的目标。① 此外，官方还经常对诉讼加以道德性的批判，强调道德教化在纠纷解决中的作用以及恢复正常的伦常关系的重要性。然而值得注意的是，历史上与官方宣传、倡导

① 山东曲阜孔庙碑刻上的"忍讼歌"说明，官吏腐败作为诉讼成本中的一个重要因素是不容忽视的。因其生动地反映了"非讼"观念，笔者不厌其烦，抄录如下：世宜忍耐莫经官，人也安然己也安然。听人挑唆到衙前，告也要钱诉也要钱。差人奉票又奉签，锁也要钱开也要钱。行到州县细盘旋，走也要钱睡也要钱。约邻中证日三餐，茶也要钱烟也要钱。三班人役最难言，审也要钱和也要钱。自古官廉吏不廉，打也要钱枷也要钱。唆讼本来是奸贪，赢也要钱输也要钱。听人诉讼官司缠，田也卖完屋也卖完。食不充足衣不全，妻也艰难子也艰难。始知讼害非浅鲜，骂也枉然悔也枉然。

的“无讼”“贱讼”之理念形成鲜明对照的，往往是“健讼”“缠讼”之风盛行和讼师遍布城乡的事实。

（2）官府调解。官府调解指州县地方官在诉讼中主持和参与的调解。官府调解并不是法律规定的固定程序，但其在宋代以后直至明清一直盛行不衰。其特点如下。

首先，调解在民事审判中占有优先的地位，在户婚田土之类的民间词讼的审判中，州、县官通常以调解为主，调解不成才进行判决。就形式和过程而言，调解与判决往往并非泾渭分明。

其次，诉讼调解原则上以法律为依据，但地方官在实际办案中通常针对个案的具体情况，运用儒家的道德原理和人情，“准情酌理”，平衡情、理、法进行调解和审判，有时亦可援引民间习惯等规范。

最后，调解与教化相结合，注重社会效果。由于地方官的身份是“父母官”，其纠纷解决的着眼点是维护社会秩序的安定和消除纠纷发生的根源，所以，地方官在处理具体案件时，总是将纠纷解决与教化融合在一个过程中，将道德规范与法律规范一体适用。同时，在纠纷解决中往往并不局限于对个别事实问题的处理，而是着眼于整体性、持续性关系的维持。调解不仅是一种解纷手段，更重要的是，它是一种为了维护地域共同体的凝聚力、自治和道德，预防或减少纠纷发生的治理方式，主要围绕着协调、维系人际关系和道德情理之目的而展开。

在实际的纠纷解决过程中，官府调解与民间调解往往相互配合，形成一种互动关系。当事人在不能接受民间调解的结果时，往往会直接告官，甚至以打官司为手段对进行中的民间调解施加压力。法制史学家黄宗智认为：“事实上，清代的民事调判制度是建立在两者的结合之上的，即以判决为主的正式系统和以和解为主的非正式系统的结合。这套制度的运作取决于两者的相互配合以及两者之间相互作用的空间。”①

2. 近现代调解制度的建立

辛亥革命之后，国民政府初步确立了近代法律体系以及法院组织和诉讼程序，同时保留了基层政权的调解制度，并建立了法院调解制度。然而，由于战争等因素，这些制度大多实际上并未真正发挥作用，与新中国的法律制度也没有直接继受关系。我国现代调解制度的雏形孕育于第一次国内革命战争期间的农民运动大潮中，当时的农民组织都设有负责调解仲裁的机构，广东海丰农会的“仲裁部”和湖南农村乡民大会选举组织的“公断处”，都属于这类机构，可视为非诉讼制度的雏形。

第二次国内革命战争期间，革命根据地的苏维埃政府要求作为政权基本单位的村苏维埃负责解决群众的纠纷，实行村、乡、区逐级调解制度，在调解纠纷过程中，遇有重大问题时，基层苏维埃政府有权向审判机关告发。

调解在抗日战争时期的革命根据地发展到了一个新阶段，经过 1937 年至 1941 年的初期发展，1941 年以后进入制度化阶段，各根据地政府相继制定了一系列有关调解的法规、条例，基本形成了一个完整的系统，其主要特征如下。

（1）调解制度是在战争环境中、特定历史背景下的产物和人民司法的组成部分。革命根据

① 黄宗智：《民事审判与民间调解：清代的表达与实践》，18 页，北京，中国社会科学出版社，1998。有关中国古代诉讼与调解关系的分析，参见范愉：《诉讼社会与无讼社会的辨析和启示》，载《法学家》，2013（1）。

地大规模地推广、发展调解制度并使其制度化、法律化，一方面，是抗日战争期间精兵简政的要求，以克服战时司法机构审判力量不足的困难；另一方面，是在批判了“不顾实际的旧司法思想，制定了开展调解，方便群众、减少诉讼的新司法政策”的背景下进行的。由于国民政府移植、建立的近代法制（包括法律体系和司法制度）不适合中国农村特别是根据地的实际情况，解放区政府需要建立更有效的治理机制，而调解则较好地满足了当时的社会需求。

（2）从形式上，包括民间调解、群众团体调解、政府调解和司法调解四类。前三类属于非诉讼机制，而后者则属于诉讼中的调解。

1）民间调解，即“由双方当事人出面，或当事人之亲属出面，邀请地邻亲友或群众团体评议曲直，就事件情节之轻重，提出调解方案，劝导双方息争”（《冀南区民刑事调解条例》第4条；《陕甘宁边区民刑事件调解条例》第4条也有相同的规定）。民间调解中，参与调解的主要是劳动英雄和公正人士以及公正士绅、德高望重的长者、邻居、亲友、户族长老等。

2）群众团体调解，即依靠群众团体解决纠纷。一种形式是设立专门的调解组织，如在村里或商会内设立调解委员会或调解小组，由政府代表、组织负责人和地方公正人士组成。另一种形式是由各种群众团体直接进行调解，通常是由其负责人出面，当时的工农青妇、冬学、互助组等群众团体基本上都有调解的职能。

3）政府调解，即由基层政府主持的调解。《陕甘宁边区民刑事件调解条例》第5条规定，在当事人邀请亲友、群众团体等进行“调解不成立时，得由当事人双方或一方申请乡（市）政府、区公署，或县（市）政府依法调解之。前项乡、区、县（市）各级政府，接受调解事件，必要时，得邀请当地各机关人员及民众团体、公正士绅，当场协助调解”。基层政府进行调解时，或由区、乡长等直接出面，或邀请劳动英雄、公正人士等参加；或在政府领导下，成立专门的调解机构，如调解委员会。政府调解属于行政调解，但其经常委托各种民间人士参与或主持调解，与民间调解十分接近。

这三种非诉讼调解，使民间调解完成了制度化、组织化的建构，并形成了民间调解与行政调解的衔接。这种机制把纠纷解决、社会动员及宣传教育结合为一体，服务于战时的特定社会环境：既能够最大限度地稳定社会秩序，又能够有效地调动和组织民众；既能够把共产党和政府的政策和法律精神贯彻于基层，又可以从根本上逐渐瓦解和改造旧的社会组织和社会关系；既维护了共产党和政府的权威和权力，又缓解了司法的压力、节约了司法资源，并具有强大的政治和社会功效，在中国法制的现代化进程中具有不可低估的作用。

4）司法调解，指各级司法机关所进行的调解，即法院调解。抗日战争期间，根据新的司法政策，陕甘宁边区高等法院、各分庭、县司法处都被赋予调解民间纠纷的职能。《陕甘宁边区民刑事件调解条例》第11条规定：“系属法庭之案，得由法庭以职权依据本条例之规定进行调解，或指定双方当事人之邻居、亲友或民众团体在外从事调解。”司法调解分为庭内调解和庭外调解两种。庭内调解即由法庭直接进行调解，如调解成立则将双方当事人的承诺记录下来，由双方签署或捺指印存案，再据此制作调解笔录，写明双方自愿、无压抑强迫等内容，送达双方收执为据，即将讼案注销。庭内调解正式把法官的调解职能引入法庭，之后发展为诉讼调解的主要形式。

庭外调解是当时司法调解的主要形式，也是马锡五审判方式的重要内容之一。即司法干部走出法庭，深入农村，调查研究，为群众解决纠纷。形式上包括：法庭指定双方当事人的邻居、亲友、当地公正士绅、长者、劳动英雄和群众团体等进行调解；指定区、乡政府进行调解；审判人员会同当地干部、群众代表及双方亲族、邻里共同进行调解。陕甘宁边区还定期派出推事，协同县司法处裁判员一起到农村纠纷多发地区，集中办案。在这一过程中，调查和立案，法官断案和群众参与，审理、调解和判决实际上融为一体。这种形式具有浓厚的本土文化色彩，符合社会解纷的实际需求，受到民众欢迎。

（3）调解的范围，限定于一般民事纠纷和轻微刑事案件。抗日战争期间，关于调解的范围，特别是针对刑事案件能否调解、哪些刑事案件可以调解等问题曾产生过许多争议，后经过各地区调解条例的确定，对刑事案件的调解范围作出了明确的规定。[①] 关于民间调解范围的这一原则规定，一直延续到新中国成立后的人民调解制度，为 1954 年政务院颁布的《人民调解委员会暂行组织通则》所确认，直到 1989 年《人民调解委员会组织条例》才修改为仅“调解民间纠纷”。

（4）确立了调解的三项基本原则，即自愿、合法、非诉讼必经程序（非前置）的原则。1948 年陕甘宁边区高等法院安字第 3 号指示信中规定：1）双方自愿，不许有任何强迫[②]；2）要遵守政府政策法令，照顾民间善良习惯；3）任何人不愿调解或不服从调解，有权径向县司法处或地方法院起诉。调解不是诉讼的必经程序，不得加以任何阻止或留难。这些原则为中华人民共和国成立后民间调解和法院诉讼调解贯彻始终，标志着我国现代调解制度的正式确立：1）表明调解已被纳入近现代法制的框架之中，就其以当事人自愿为首要原则这一点而言，符合近现代民事司法当事人处分权的原则，其性质和功能与当代非诉讼程序的基本相同。2）合法原则是对当事人处分权的一种限制，显示出对国家法律体系的尊重和附属，表明调解逐步从以尊重习惯为主向以国家法律政策为中心过渡，国家对私人自治的干预变强。3）调解的非前置性原则表明，相对于调解，国家司法权的地位受到更多的重视和强调；同时，诉讼调解的职权色彩较重，与审判相比缺乏明确的程序和功能划分。4）调解保持了浓厚的传统色彩，但并非传统法律文化的简单继承，而是传统与政治意识形态、现代司法及社会解纷现实需要相嫁接的产物，体现出革命时期群众运动的特征，可以从中明显地看到对传统资源进行现代化改造的痕迹。

建立调解制度的直接目的是减少讼累，方便群众，及时解决纠纷。调解不收费，程序简便，形式灵活多样。《陕甘宁边区民刑事件调解条例》规定的调解方式有：（1）赔礼、道歉，或以书面形式认错；（2）赔偿损失或抚慰金；（3）其他依习惯得以和平息争之方式，但以不违背善良风俗及不涉及迷信者为限。前项所列方式，得用其一或并用之，但调解人就简易之事态

---

① 1944 年 1 月 6 日，林伯渠在陕甘宁边区政府委员会第四次会议上的工作报告中，把调解范围概括为：“民事一般推行调解，刑事除汉奸、反革命罪外，大部分也可适用调解。”1944 年下半年《陕甘宁边区司法纪要》则提出刑事案件“在双方自愿的原则下，彼此息争止讼，受害的一方既可得到实益，加害的一方亦可免于处罚，不致耽误家里的生活事宜，而无形中便能增进社会的和平”。此外，某些刑事案件属于历史积案，证据不全，难以审理判决和执行，因此也允许调解。但此后，由于调解范围过宽，因而于 1946 年对《陕甘宁边区民刑事件调解条例》的调解范围作了修改，对不得调解的刑事案件作了具体规定。原则上对凡侵害的客体是国家的、损害的是公共利益的、社会危害性大的案件，不能调解。

② 《陕甘宁边区民刑事件调解条例》规定：调解须得双方当事人之同意，调解人无论是政府人员、民众团体或地邻亲友，均不得强迫压抑。1943 年以后，由于把调解成功率作为司法干部考绩标准，曾出现强迫调解的情况，1945 年 10 月边区第二次司法会议对此作出了纠正。

及双方当事人之意志进行无条件之调解已足成立者，得不拘用前项所列各方式。在政府的推广下，各地方创造出许多富有地方特色的调解方式，如：互请吃饭或装烟，用于消除前嫌，恢复旧谊；帮工，用于补偿、抵消亏欠；帮钱、帮米，用于离婚后女方给予男方作为补偿；等等。[①] 此外，在调解中强调思想教育，把纠纷解决过程与发动群众、宣传教育、说服劝解以及改造落后分子等结合在一起。

值得注意的是，现代非诉讼程序旨在以简便、迅速、低廉的程序优势来“替代”或补充诉讼，而马锡五审判方式的出现和调解导入诉讼程序，使诉讼本身也基本具有了这些程序优势，由此形成了一种独特的民事诉讼模式，即调解与审判相互融合，以人民性和简易化为特征的人民司法模式。[②]

二、社会主义国家的非诉讼程序

以苏联和东欧为代表的社会主义国家的非诉讼程序，是在计划经济体制基础上形成的，有着独特的理念和运作方式，但其功能和性质又与当代 ADR 具有相同之处，中华人民共和国成立后的纠纷解决机制部分亦属于这一类型或受到其影响。如今，多数原社会主义国家的社会体制已经改变，中国和另一些国家则开始走上了改革和市场经济之路，由此，这类纠纷解决机制发生了重大变化甚至消亡，但其中部分经过推陈出新的改革，已经转化为现代 ADR 的组成部分。社会主义国家的非诉讼程序主要包括两大类。

（一）自治性、教育性纠纷解决机制

主要是指单位内部的解纷机制，如同志审判会、调解委员会等。西方比较法学家认为：苏联和其他东欧社会主义国家法律运作发展的一个特色是，它们不断地努力将国家的法律职能转移给自治组织。这是通过同志审判会而实现的。它们不仅使国家司法机构得以从处理日常生活中细琐争议的负担中解脱出来，还通过吸引大众更直接地参与解决纠纷从而产生教育的效果。同志审判会多设立于工业、商业、国营农场、集体农庄及其他生产组织、行政单位（地方当局、医院、学校等）以及居民区和城镇中；其成员由工会或地方苏维埃提名，从职工或本地居民中选出；其管辖范围包括违反劳动规则的行为、对公共秩序的轻微破坏行为、违反家庭义务（尤其是不尽抚养义务）的行为、租金方面的争议及其他影响不大的民事纠纷；其程序极为简略，不受民事诉讼法的约束。同志审判会作出的制裁在苏联被称为“社会感化处分”，在民主德国则被称为“教育性处分”。社会主义国家都有形式不一的这类组织。[③] 例如，南斯拉夫在 20 世纪 50 年代初期开始建立调解委员会，1967 年颁布了《调解委员会法》，使其性质逐步从政府调解机构演变为群众自治调解机构。调解委员会调解个人和家庭关系方面的纠纷及其他民

---

① 参见杨永华、方克勤：《陕甘宁边区法制史稿·诉讼狱政篇》，225 页，北京，法律出版社，1987。这一特定情况是基于结婚需给付极高的彩礼，一旦离婚，往往使贫困的男方陷入困境，与今天的彩礼返还有相似之处。

② 参见范愉：《简论马锡五审判方式——一种民事诉讼模式的形成及其历史命运》，载《清华法律评论》，第 2 辑，北京，清华大学出版社，1999。

③ 参见［德］K. 茨威格特、H. 克茨著，潘汉典等译：《比较法总论》，559 页以下，贵阳，贵州人民出版社，1992。

事纠纷，凡争执标的不大的纠纷，原告须先向调解委员会申请调解。此外，刑事自诉和轻微人身伤害案件，也必经过调解程序。调解为免费。1968 年 12 月，罗马尼亚大国民议会决定，全国各工厂企业、经济组织、合作社、机关和市、乡人民委员会均可设审判委员会，其职责是解决财产、遗产和家庭纠纷，以及酗酒闹事、打架斗殴、盗窃公物等轻微刑事案件。我国建立在基层自治组织和单位内部的人民调解组织实际上也属于此类机制。这种理念及机制与当代市民社会自治及部分现代 ADR 具有异曲同工之处。

（二）经济仲裁与国际商事仲裁

在计划经济体制下，社会主义国家通常采用两套仲裁制度解决商事纠纷，一是国内仲裁制度，二是涉外仲裁制度。如苏联，国内经济纠纷仲裁机构是为解决不同经济组织之间的合同等经济纠纷而设的专门机构，实际上是行政机构的组成部分，即设在部长会议、各加盟共和国部长会议、各自治共和国部长会议和边区、省、自治区劳动者代表苏维埃执行委员会之下的国家仲裁处和主管部门仲裁处。仲裁处审理案件并非根据当事人的协议，而是根据法律的规定，实际上是一种行政仲裁，其使命是巩固经济核算制、保证计划和经济合同的执行。涉外仲裁制度则是按照国际通行方式建立的商事仲裁，用于解决不同体制国家间的商事纠纷。我国计划经济时期的经济仲裁也大致如此。

三、当代新型 ADR——以美国为典型

当代新型 ADR，是指现代国家根据纠纷解决的实际需要而建构的新型非诉讼纠纷解决机制。西方国家在 ADR 的利用和发展方面所走过的道路和采用的方式各有不同，由于美国是 ADR 的发源地和试验田，故本节以美国为典型，概括描述当代新型 ADR 的发展过程。

（一）新型 ADR 的发展及理念

尽管传统非诉讼程序及其实践早已存在，但直至 20 世纪 20 年代，美国法院和社会对其态度十分消极。美国法学家弗来彻指出："替代性纠纷解决办法在每一种文化中都有其历史渊源，但美国联邦法院系统接受替代性纠纷解决办法还是在 1925 年通过《联邦仲裁法案》之后。1925 年之前，美国法院一直对替代性纠纷解决办法持排斥态度，要么拒绝执行其决定，要么把合同中的仲裁条款看成是可任意取消的。自从《联邦仲裁法案》通过后，最高法院作出一系列决定，鼓励使用和执行依替代性纠纷解决办法达成的协议。1983 年，最高法院决定：若当事人双方对某争议是否可由仲裁解决存在异议，则法院应判决由仲裁解决该争议。现在美国联邦法院正积极地使用替代性纠纷解决办法，通过尽早解决争端来改善法院的诉讼程序。"[1]

根据美国学者的归纳，ADR 在美国经历了若干发展阶段，其中每一阶段都体现着一定的理念特征（philosophical dimensions）。[2]

---

① 宋冰编：《程序、正义与现代化——外国法学家在华演讲录》，420～421 页，北京，中国政法大学出版社，1998。

② 参见 Edward F. Sherman 著，大村雅彦编译：《 ADRと民事訴訟》，第一章，东京，中央大学出版部，1997。

1. 劳动争议与“社会干预”理念。美国 ADR 的正式应用，始于 20 世纪 30 年代的劳动争议调解（mediation and conciliation）。其主要目的之一，是通过能够影响双方的局外的中立者，劝说劳资双方为了维护更重要的社会利益而作出妥协，这种方式被称为“社会干预”（social intervention）。至今，在处理劳动争议时，为了尽快结束纠纷，达到社会所期望的目的，仍然经常由调解人积极地采用所谓“强制调解”（muscle mediation）进行干预。

2. 家事调解与“治疗”理念。劳动争议调解推行后，美国开始在婚姻家庭法领域推行调解。1939 年，加利福尼亚州设立了“调解法院”（conciliation court），对离婚案件采用以调解代替审判程序的方式进行处理。因担任家事调解的调解人多具备心理学方面的素养，遂将“治疗”（therapeutic）理念带入了调解之中。具体而言，就是促使当事人正面认识纠纷的根源在于感情上的争点，鼓励当事人在维系和谐关系的基础上解决争议，包括财产和子女监护权等问题。调解更多地考虑调整人际关系而不是法律方面的争点。

3. 共同体纠纷解决与“增强自治能力”理念。20 世纪 60 年代，自治取向的 ADR 开始受到重视，在美国联邦政府的资助下，设立了全国性的“近邻司法中心”（Neighborhood Justice Center），各地则开始在州政府、教会、慈善团体和其他地域组织的资助下大量设立社区调解中心。这一运动旨在建立强有力的地域联系纽带，使法院和国家组织能够依靠社区解决纠纷，而调解被视为增强民间自治能力（empower）的方法之一。社区调解强调与法律制度和规范保持一定距离，由纠纷当事人通过自己的力量发现争点，找到解决纠纷的最佳途径；其采用了当时盛行的“传统”式调解，即注重程序的灵活性和调解员的“非指导性”作用，调解员需特别注意使用既无拘束性也非判断性的询问方法，避免将自己有关利益、价值观和解决方案等见解强加于当事人。这种重视“增强自治”和“当事人自己解决纠纷”，以及“共同体内的纠纷自主解决的价值”的思想方法，对以后的社区调解产生了重要的影响。20 世纪 70 年代，又出现了由志愿者运作的“纠纷解决中心”（dispute resolution centers）。

4. 案件管理运动与“促进和解”理念。20 世纪 70 年代末到 20 世纪 80 年代，美国出现了诉讼高峰（litigation boom）。为了把法院从积案的压力下解放出来，法院内形成了一个案件管理运动（case management movement），即加强法官和法院职员对诉讼的管理，以迅速地处理案件。作为实现这一目标的手段之一，各种 ADR 应运而生，并被应用到案件管理中。其目的是节约法院的资源，尽可能在诉讼程序的早期阶段促成当事人达成和解并减少当事人的诉讼费用。这对于经常处于被告地位的企业界来说尤其富有魅力。很多企业和议会的压力集团主张，不仅应自由应用诉讼前的 ADR，而且应在法院设立强制性的 ADR。在这种思潮的推动下，以大企业为成员的“公共资源中心”（Center for Public Resources）得到设立，促进了 ADR 的利用，并由此创建、发展了诸如小型审判（mini-trail）等形形色色的新型 ADR。

“促进和解”理念则是在“博弈论”（game theory）研究的支持下发展起来的。随着学者对和解促成诱因模式的论证，从传统的社会科学到应用经济学、统计学分析等各个领域，都开始进行纠纷解决的分析研究。在政府和财团的支持下，全国纠纷解决研究所（National Institute for Dispute Resolution）等机构开始进行新型 ADR 程序的研究和试验。这些研究的成果，很多都被法院所采用。1990 年国会制定的《民事司法改革法》（The Civil Justice Reform Act of 1990）要求各联邦地区法院在 1993 年年底以前制定出在民事审判中“减少费用和迟延的计划”，大多数法院都把改革措施落实在利用 ADR 和促成和解上。

案件管理运动、产业界参与的纠纷解决以及与此相关的“促进和解”理念，使 ADR 发生了重大的变化。以往，ADR 本质上是调解的同义语，仅限于解决劳动争议、家事纠纷和社区纠纷等。然而，在“促进和解”运动的推动下，诞生了许多新的混合型 ADR。而且，ADR 已不再拘泥于原来的非指导性原则，可以适时利用强制性诱因以促进和解的达成。从此，ADR 被纳入民商事纠纷解决机制的主流，而调解人或 ADR 专家们也开始从注重心理学及社会科学的方法转而注重接受法律技术方面的训练。

5.“合作性问题解决”理念。20 世纪 80 年代，作为 ADR 发展的新成果，社会开始重视“合作性问题解决”（cooperative problem-resolution）。美国产业界对日本企业的“经营方式”进行了研究思考——如何动员企业的全体成员参与到从方针建议到产品质量监督的合作工作中，并开始在美国的企业推广这种管理方法。在纠纷解决领域，1981 年，费希尔（R. Fisher）和尤利（W. Ury）教授出版了小册子《谈判成功之道》（Getting to Yes：Negotiating Agreement Without Giving In），对各种合作性纠纷解决办法进行了综合研究，对普及这一方式作出了重要的贡献。他们超越了传统的竞争性谈判策略，提倡一种被称为“原则性谈判”（principled negotiation）的合作性谈判模式。这一模式致力于发现相互的利益，寻求对双方都有利的解决方案。这种协商、互利、合作的解纷方式和非对抗、双赢等理念逐步为现代企业界和社会所接受，并在 20 世纪 80 年代后期，被广泛应用于解决有关公共政策方面的纠纷。利益协调论也成为纠纷解决的重要理论基础之一。

6.“评价性”理念。20 世纪 90 年代初，随着法院附设 ADR 的发展，需要调解员或其他中立第三方对纠纷或诉讼案件争议中的法律问题具有一定经验，由此律师参与 ADR 的需要或机会不断增加，逐渐出现了法律职业人员主导的 ADR。法律人在传统和自治性调解中很难得心应手，却擅长根据自己的法律知识和经验，与当事人一起对案件进行现实的探究，对法院的判决进行预测。例如，司法仲裁调解中心（Judicial Arbitration and Mediation Service，JAMS），就是以退休法官充当中立主持者。该机构确信，当事人在多数情况下希望听到某些权威人物对该案件在法院的裁判结果作出的预测或提示。因此，一种新型的、“评价性”ADR 应运而生，它与传统的调解模式不同，而与处理劳动纠纷的“强制调解”相似。这种方式聘用受过专门培训的法律职业人作为调解员，而处理结果的效力，则根据纠纷类型以及当事人的希望而有所不同。

7.“转变性”理念。“转变性”（transformational）的理念与“评价性”调解形成鲜明对照。这种理念就是把调解作为使当事人发生转变的机会，那些在传统调解模式中隐约可见的因素在转变性模式中被重新审视和大力提倡。其目标是，通过加强自省（即个人再度确认自身价值或长处，恢复解决生活中各种问题的能力）以及认同（即换位思考，设身处地去理解他人所持的立场或所提的问题，唤起共鸣的感受）的方法，捕捉“能促进道德增进”的机会。“转变性”理念强烈反对当事人在调解人的指导下形成关于利害关系和解决方案的指导性调解，强调发挥当事人的自主作用，认为调解人应该避免介入当事人关于利害或价值以及解决方案方面的思考。同时认为传统调解解决问题的方式具有相当的高压性，剥夺了当事人相互面对、通过自己的努力寻求纠纷解决途径的道德自治的机会。“转变性”模式在解决家事纠纷以及当事人之间具有特殊关系的纠纷中较为适宜，同时可以与其他方式相结合加以灵活运用。

（二）美国 ADR 发展的特征及启示

1. ADR 在美国社会的发展经历了一个实践探索和理论认识的过程，但并不追求单一或普适性模式。基于不同理念下的各种模式形成一种互补，既包括对当事人参与和社会自治的重视，也包括对利益衡量以及协商和解的理性崇尚；既积极试验和推行各种新型 ADR 以替代诉讼和审判，也注重对社会关系和人际关系的补救。从 ADR 的运作方式看，传统与新型形式兼顾，自治性与强制性手段并存，功能各异的 ADR 围绕法院及其判决形成了一个辐射圈，构成了一个多元化纠纷解决系统。

2. ADR 的发展得到了从政府到社会、从法院到当事人、从产业界到理论界的全方位支持。为了推进 ADR，先后成立了为数众多的民间机构和组织。例如，1929 年成立的美国仲裁协会（American Arbitration Association，AAA），20 世纪 30 年代成立的商事改善机构（Better Business Bureau，BBB），1968 年成立的近邻司法中心（Neighborhood Justice Center）和全国纠纷解决中心（National Center for Dispute Settlement，NCDS），以及 1979 年成立的公共资源中心（Center for Public Resources）和司法仲裁调解机构（Judicial Arbitration and Mediation Service，JAMS）等。同时，法院的民事司法制度改革直接促进了法院附设 ADR 的发展。

3. 国家重视 ADR 的法律和制度建构。继 1990 年《民事司法改革法》（The Civil Justice Reform Act of 1990）之后，有关 ADR 的法案连续出台。1996 年 10 月克林顿总统签署了《行政纠纷解决法》（Administrative Dispute Resolution Act of 1996），鼓励政府部门利用 ADR 解决合同等纠纷，承诺政府机构遵守仲裁协议。1998 年 10 月克林顿总统签署了《ADR 法》（Alternative Dispute Resolution Act of 1998），进一步推动了 ADR 的利用，并授权联邦地区法院制定具体规则。此后，许多州都制定了 ADR 法以及专门性的社区调解法案或推广项目，并将 ADR 的适用范围从民事纠纷、商事纠纷发展到行政争议和刑事案件。

第二节　ADR 运动与非诉讼程序的发展

一、影响非诉讼程序发展的社会因素

在人类社会的纠纷解决过程中，无论是东方国家还是西方国家，无论在古代还是在现代，都有许多共同性问题和一定的规律性。20 世纪中期之后，不同来源的非诉讼机制通过发展和创新，逐步融合到 ADR 运动之中。然而，由于受到特定社会条件和体制、传统等因素的影响，当今世界各国非诉讼程序的形式、地位、模式、利用程度、发展路径和格局迥然不同，显示出多元化状态。直接影响非诉讼程序运行和发展的社会因素主要包括以下几个方面。

（一）社会自治与多元化程度

非诉讼程序的有效运作，在很大程度上取决于社会的自治化程度和国家对自治性纠纷解决方式的认同。事实上，在人类历史发展中，很多民族都曾经高度重视调解等非诉讼解纷方式，这固然与文化传统有直接关系，但并不形成一种简单的对应。相比较而言，多民族或多元文化的国家对多元化纠纷解决机制的需求和认同，较之单一文化的国家和社会更加积极。

国家与社会自治的关系则是非诉讼程序运行发展的关键因素。例如，中国古代社会治理的特点是，国家注重道德教育，民事法律体系疏漏粗放，国家集权与基层社会自治相辅相成，由此导致了民间调解和官府调解的并重。在小农经济的生产方式和组织结构下，国家司法将民事纠纷的调整尽量委托给宗族组织或地方权威，以表面上的放任实现国家法"疏而不漏"的统治。而日本建立调停制度，则是试图在现代的、外来的移植法与传统的社会之间建立起一道过渡性的桥梁，以缓和社会对新法的抵抗，在当时无疑是一种明智和理性的选择。同样，西方国家私法自治传统、市民社会的发展和公共空间的扩大，以及移民国家对多元文化和少数族裔社区的特殊政策，都成为 ADR 发展的重要社会基础。当代世界各国对多元化和自治的价值更加认同，为非诉讼程序的发展创造了更为有利的社会环境。同时，社会本身的自治协商能力和诚信程度、社会主体的自律意识和理性程度，以及当事人在纠纷解决过程中的选择能力，都是决定 ADR 运行效果的关键因素。对国家权力的依赖会使当事人的自主协商能力下降，合意的形成和履行难度加大，这些都会影响非诉讼程序作用的发挥。只有在社会治理中强调自治、法治和德治相结合，不断提高社会主体的自治意识，培养共同体的自治自律能力，才能更好地发挥非诉讼机制的作用和社会功能。

（二）公共政策、体制和社会观念

非诉讼程序建立在不同的政治制度和理念基础上，随着社会观念和政策的变化，其正当性也得到不同的评价。例如，我国非诉讼机制习惯以正确处理人民内部矛盾、社会治安综合治理、构建和谐社会和治理能力现代化等政治理念作为正当化依据；日本、东亚诸国，则注重以传统文化和法律本土化作为调解的正当性基础；而当代西方法治社会则将私法自治、商谈和效益等作为 ADR 的正当性前提。不同的政治制度、意识形态和社会观念无疑会使社会对非诉讼机制的正当性、功能和地位作出不同的判断，也会使 ADR 侧重不同的价值取向，但许多共同价值，如和谐、互利、纠纷解决的效益及合理性，是人类社会普遍承认和共同追求的；同时，非诉讼程序的基本功能、程序价值和社会功能也得到当代世界各国的一致认同。

时代思潮和舆论导向对非诉讼程序的运作起着至关重要的作用。当一个社会的主流观念过于推崇诉讼的价值，将其视为实现权利的最佳和唯一的正当途径，而贬低非诉讼程序的正当性时，往往会导致诉讼率上升，调解等非诉讼程序的利用和成功率下降，社会主体对 ADR 的认同弱化，其运作也很难得到资源和组织上的支持。

（三）法律体系与民事诉讼制度

一个国家法律体系和民事诉讼制度及程序的设计和运行情况，也会对非诉讼程序的利用和发展产生积极或消极的影响。具体包括以下方面。

1. 法律制度的设计，通过诉讼与非诉讼程序的资源配置、管辖、利用，直接决定基本解纷方式及其效益与结果。例如，我国《道路交通安全法》废弃了此前行之有效的交警部门对机动车事故赔偿的法定前置调解程序之后，导致大量交通事故赔偿案件进入法院，也使社会用于处理这种常规性纠纷的成本大幅攀升，问题丛生。[①]《劳动合同法》及《劳动争议调解仲裁法》实施后，部分地区的劳动争议案件数量激增数倍，基层政府、劳动仲裁机构和法院承受了巨大压力，不得不依靠大调解缓解。

2. 诉讼制度的设计直接影响 ADR 的法律地位和作用方式。诉讼的压力，例如费用高昂、迟延和程序的复杂性、高度对抗性等，会导致社会对非诉讼程序的需求增加；相反，较低的诉讼成本会使当事人利用 ADR 减轻压力的需求不会十分迫切。然而，过于低廉和缺少节制的诉讼并不意味着公共成本的节约，在便利当事人的同时，往往会刺激司法需求的过度增长，增加司法的压力，如我国《诉讼费用交纳办法》大幅降低诉讼收费后，诉讼费对于诉讼的节制功能被弱化，非诉讼的效益优势难以显现，导致诉讼案件大幅增加。立案登记制增加了案件分流的难度，对非诉讼程序带来一定负面影响，这就需要及时通过政策和机制创新加以调节和应对。

3. 民事司法制度及其改革可以在一定程度上吸收、融合 ADR 的作用，形成诉讼与非诉讼相衔接的多元化纠纷解决机制。例如小额法庭、简易程序和法官调解，使审判与调解的界限逐步发生变化；而法定前置（强制）ADR 的出现和调解协议的司法确认等程序，又使部分非诉讼程序被纳入法律体系。

通过合理的制度设计，可以有效地调节解纷资源、分流诉讼、控制案件过快增长。自始重视非诉讼机制的国家，如挪威、日本等，案件数量增长有限，并未出现过所谓诉讼爆炸。今天，世界各国在设计民事司法制度和诉讼程序时，都注意优先发挥非诉讼程序的作用，如前置性调解、非正式程序，民间、行政与司法调解的衔接等。同时，通过设立专门性解纷机制，将特定类型纠纷，例如劳动争议、社会保障纠纷、交通事故赔偿、消费争议等整体从普通法院剥离。当前，大陆法系和英美法系对 ADR 的观念认同已经逐步趋同，非诉讼程序已经成为纠纷解决的主流和基本制度安排，但由于法律传统和文化上的差异，各国在非诉讼机制的理念和制度设计上仍存在一定的差异。

（四）法律、资源、制度与人员

1. 国家或地方的相关政策和立法，是构建非诉讼程序的基础。近年来各国都注重制定相关法律、制度。欧盟在 1998 年 3 月提出了《关于消费纠纷的庭外解决责任机构之建议》，又于 2008 年制定了《关于民商事调解的指令》（2008/52/EC），要求成员国建立并保障各类调解机构，加强调解人员的培训，确立保密等有关调解原则和规则，保障调解协议的执行等，同时要求成员国必须将指令转化为国内法，完成与原有法律体系的协调。2012 年，欧盟制定了《庭外纠纷解决机制的指令》和《线上网络贸易纠纷解决机制条例》，以统一各成员国非诉讼方式解决消费纠纷的质量标准，为各成员国消费者提供在线投诉平台，统一受理投诉，并通过网络将投诉转到各成员国非诉讼处理机构处理。同时要求在 2015 年前转换为各成员国国内法。根据这一指令，欧盟成员国相继完成了本国相关法律的制定和完善，极大地推动了整个欧洲调解及 ADR 的发展。

---

① 以江苏省通州市人民法院为例，2006 年 1 月至 9 月受理交通事故案件 975 件，而前一年同期仅受理 352 件，同比多受理 623 件。当地法官认为，“新颁布的道路交通安全法不再将调解作为公安机关处理交通事故的必经程序，而要求各方当事人一致请求公安机关调解的，公安机关才予以调解，由此减少了一道诉讼外处理交通事故的程序，也致使交通事故案件数大幅上升”。参见潘建、金永南：《基层法院收案上升值得关注》，载《人民法院报》，2006－10－21。

2. 资源及 ADR 机构和程序等制度性建设是保证非诉讼程序可持续发展的途径。近年来，世界各国都加大了资源投入和保障，将 ADR 作为一种公共福利设施加以健全和完善；与此同时，开放 ADR 市场，在鼓励促进其发展的同时，通过立法和行为规范加强规制和监管。

3. 人员的素质。为了保证纠纷解决者的公正性、专业性和公信力，以及道德水准、专业技能和经验等，近年来，世界各国都迅速建立了相关教育培训体系、资格认证标准和行为规范。

4. 程序衔接和司法审查。为了保障非诉讼程序有效运行，需要健全非诉讼程序与司法诉讼的衔接，民间程序与行政机制的衔接，以及行政程序与司法诉讼之间的衔接，等等。

二、当代司法改革与 ADR 运动

第二次世界大战以后，世界各国尽管基于不同的社会背景、文化传统和现实需求，但都出现了司法改革和重构纠纷解决机制的趋势，并最终促成了 ADR 运动的形成。

（一）诉权保障与 ADR 的利用

ADR 发展的关键是解决当事人诉权保障的问题。在不同的国家，有关非诉讼机制（包括行政性和民间性程序）与司法管辖权的关系，历来有截然不同的理念和政策，但在 20 世纪中期之后，各国之间逐渐出现了一些殊途同归的趋势。意大利比较法学家卡佩莱蒂曾对这种差异和趋同做过分析和描述。[①] 他指出，第二次世界大战以后，关于如何保障当事人利用法院的诉讼权利，以及司法机构与其他纠纷解决机构的关系，世界各国始终存在两种截然不同的思路和解决方式。

第一种是大多数国家采取的方式，也是一种相对现实主义的政策思路，即自始就把一部分纠纷解决权力授予非司法机构，包括各种行政机构（administrative agencies，例如隶属于行政系统的行政法院）、仲裁机构（arbitrators）、特别法庭（special tribunals），等等，其中一部分机构的裁决甚至具有终局性，法院无权对其进行司法审查。一般来说，普通法系国家和社会主义国家，以及斯堪的纳维亚国家和非洲国家都采用这种方式。“正如法院一样，无数其他机构担当非司法、准司法或超司法（parajudicial）机构，对实际上的民事事项进行裁判，并作出裁决，而这类裁决只在很少的情形下受制于法院的全面复审。”[②] 例如，很多国家主要由行政法庭系统及其他专门性处理机构处理劳动争议和社会（保障）等案件，而不是法院。

采用第二种方式的国家主要有德国、意大利和日本，作为战败国，它们吸取了第二次世界大战的教训，希望通过司法审查避免行政权以及其他社会权力的滥用和违宪的危险，因为相对而言，独立行使司法权的法院更能够受到民众的信任。基于这种高度崇信司法权的法律意识，这些国家通过宪法严格禁止将裁判权授予非司法机构，除非司法机关有权对这些机构的裁决进行充分的（包括事实和法律方面的）司法审查。在这些国家，裁决式的非诉讼程序的发展受到

---

① 参见［意］莫诺·卡佩莱蒂著，徐昕、王奕译：《比较法视野中的司法程序》，第六章，北京，清华大学出版社，2005。

② ［意］莫诺·卡佩莱蒂著，徐昕、王奕译：《比较法视野中的司法程序》，308 页，北京，清华大学出版社，2005。

限制或存在一定的障碍，但是自愿选择性程序，如调解和仲裁仍具有毋庸置疑的合法性。

进入福利社会之后，国家对市场经济和公民私人事务的干预和介入日益增加。在这一背景下，公民利用司法的权利被视为一种具有宪法意义的基本权利，对其保护成为国家的责任。然而，诉权的宪法保障并不意味着国家无条件地鼓励任何纠纷都由司法机关（普通法院）处理，而是以保障司法审查的最终救济权为核心，将非诉讼的前置性处理与司法审查相衔接。为了实现这一根本目标，更需要合理配置司法资源，促进非诉讼机制向公共领域及其他更广阔的范围扩展。在这一背景下，20 世纪末，上述两类政策或模式逐渐出现了相互融合的趋向。

一方面，随着司法管辖权不断扩大，法院对于传统的非诉讼程序（包括行政裁决）的司法审查不断加强，非诉讼程序的规范化和程序保障也被纳入公共视野。与此同时，ADR 的正当性不断提高，应用范围不断扩大，从一般民事领域拓展到行政和刑事领域。另一方面，“多年来，在许多国家，尤其在民法法系国家，所谓自愿（非诉讼）管辖范围扩张的趋势非常明显……存在着这么一个事实，有了非司法裁判机构，也就有了‘自愿’程序。在自愿程序中，一般的程序保障是否适用，以及在何种程度上适用一般的程序保障，这一事实促使其他法域的类似发展更加鲜明，即将管辖权从法院转移出来，授予非司法裁判机构”①。上述共同趋势即扩大各种非诉讼机制的利用，也就是 ADR 运动。

（二）ADR 运动的形成

20 世纪 80 年代以后，ADR 进入高速发展期，成为世界性的时代潮流。美国、英国、日本、澳大利亚，西欧国家和北欧国家等国家或地区都形成了具有个性特点的发展模式并初见效果。日本学者认为：“ADR 如此兴起的背景非常复杂，尤其要指出的是：（1）伴随着法院案件云集而导致的诉讼迟延的严重化，使人们深感到减轻法院负担的必要性；（2）必须保证所有的社会成员都有实现法律正义的途径，这种平等的权利保护理念已经广泛地为人们所拥有；（3）通过审判解决纠纷的处理方法就好像是零和游戏，最好能避免这种僵化的解决方式，而采取使当事人双方都能高度满意的统一性的处理方式；（4）随着全球化的进程，涉及外国文化的涉外法律不断增加，这些异化的多国间纠纷的解决，就更需要有一种法律文化中立性更强的非国家性纠纷解决方式。”②

ADR 运动的直接理论渊源之一是“接近正义/司法”（access to justice）理念，即西方法治国家特别是福利国家，围绕着怎样更好地保障社会成员利用司法的权利而提出的口号和司法改革目标。以此为目标的改革先后经历了三个阶段，亦被称为“三次浪潮”。

第一阶段（第一波）是，通过创立具有实际效果的法律援助和法律咨询制度，为经济能力较低的当事人提供接近司法审判的途径和保障。法律援助制度试图解决法律资源利用的不平等，也确实起到了积极的作用，然而给国家带来了几乎难以承受的财政负担，同时无法从根本上解决司法资源匮乏与其利用上的事实上的（特别是当事人能力的差距导致的）不平等。

第二阶段（第二波）是，努力为少数民族、残疾人、妇女老人、消费者、环境污染受害者

---

① ［意］莫诺·卡佩莱蒂等著，徐昕译：《当事人程序保障权与未来的民事诉讼》，89 页注 198，北京，法律出版社，2000。

② ［日］小岛武司、伊藤真编，丁婕译：《诉讼外纠纷解决法》，1～2 页，北京，中国政法大学出版社，2005。

等弱势群体提供一种利益，包括在涉及公益的领域，以提供法律服务的方式帮助当事人提起集团诉讼。这一阶段改变了传统的诉讼模式，将众多个别当事人集合为集团的力量，并将其目标直指政府的决策，每一个成功的公益性集团诉讼，都可能成为推动决策过程的重大事件。然而，依赖个案诉讼毕竟不可能从根本上改变资源分配和权力配置的格局，反而经常会引起权力之间的冲突和政策的混乱，因此，在充分评价公益性集团诉讼的积极价值的同时，应该看到，对于解决弱者日常生活中的微小权利纠纷，这种方式显得过于奢侈，并且往往会给社会带来许多负面影响。①

接踵而至的"接近正义/司法"的第三阶段（第三波）的基本理念是，改变对法院在纠纷解决中的功能的狭隘认识，一方面，通过程序的简化和便利，增加民众利用司法的机会；另一方面，将正义与司法（法院）区分开来，重新理解和解释正义的内涵，通过司法的社会化，使公民有机会在法院外获得具体而符合实际的正义，即纠纷解决的权利。② 通过 ADR 强化社会纠纷解决的能力，使更多的社会主体和当事人能及时、便捷、经济、平和地解决纠纷，从而扩大了法律的作用范围和方式；而由法院承担起对 ADR 的制约功能，实际上也导致了司法功能的扩大或转变；同时，这一运动提升了在自治及其他社会理念基础上产生的 ADR 的正当性和作用，并推动了全球调解趋势的到来。

三、当代世界各国非诉讼程序的发展

（一）共同趋势

在当代社会，ADR 已经成为一种不可替代的纠纷解决主流方式，归根结底，其发展动力来自社会自身，来自社会主体的实际需求。进入 21 世纪后，至少可以看到以下几个方面的普遍趋势。

1. ADR 的正当性不断提高及 ADR 的法制化。随着 ADR 的发展和作用范围不断扩大，ADR 的规范化、制度化也在有条不紊地进行。其主要目标既包括国家通过立法或政策对 ADR 予以促进、鼓励和保障，也包括通过实体法和程序法对 ADR 的运行进行必要的管理规制。不仅世界多数国家积极鼓励、促进 ADR 的发展和应用，非诉讼程序法律体系不断完善，而且，在国际商事争议解决中也出现了通过国际公约推动调解发展的新动向。联合国大会会议于 2018 年 12 月审议通过的《联合国关于调解所产生的国际和解协议公约》（United Nations Convention on International Settlement Agreements Resulting from Mediation，简称《新加坡公约》）将推动调解成为解决国际商事纠纷的主流方式。

---

① 参见范愉：《集团诉讼问题研究》，北京，北京大学出版社，2005。

② 参见［意］M. 盖朗塔（通译格兰特）：《纠纷处理与诉讼外的替代政策——接近正义运动的第三波》，载［意］莫诺·卡佩莱蒂编：《福利国家与接近正义》，125～160 页，北京，法律出版社，2000。作者指出：审判的解决方式是非常重要的，可是它并不是联系法院和纠纷的唯一纽带（也不是主要纽带）。首先，法院通过采取一些行动，比如尽可能地试着避免纠纷，让潜在的纠纷当事人了解规范，以平息不满，从而能防止纠纷的发生。其次，有的情况下，法院也可能使纠纷加剧，如人们期待的要求合理、妥当，而权利宣言使这种期待正统化时，或者当事人资格规则的变动暗示请求成功的时候。另外，法院能够将纠纷转移到各种公共活动机关中，并提供规章基础。最后，法院可以改变纠纷，使案件变得比当事人提出时更大或更小，或者完全作为另案来处理。因此，法院不仅可以解决纠纷，还可以预防纠纷，加剧纠纷，转移纠纷和改变纠纷。

2. ADR的应用范围及功能不断扩大。随着社会纠纷解决的需求更加细化，适应不同需要的各种行业性、专门性纠纷解决机制及新型ADR不断出现。以往一些禁止或限制采用ADR的领域也开始解除或放松禁忌，包括行政争议、刑事案件，乃至公共领域内的决策活动，都开始鼓励当事人积极利用ADR。而政府部门、民间团体和社会各界，也都在尝试创立各种新的ADR。在环境污染、产品责任、交通事故、医疗纠纷、大规模侵权纠纷等新型纠纷处理中，ADR更显示出独特的作用。各国法院在推广ADR方面的态度也十分积极，不仅在审前准备程序中广泛应用，而且越来越多地将其引入审判过程①，甚至上诉、再审程序，例如美国联邦上诉法院和州上诉法院都建立了在特定的民事上诉程序中安排强制调解的项目。法学家认为，在美国的法律制度中，ADR的应用宽度是令人吃惊的。② ADR在国际社会的政治、经济、文化、外交等各个领域历来十分活跃，随着经济全球化、政治多极化和文化多元化，和平的交流、对话、互利和双赢将成为人类社会的共同主题。同时，ADR在预防纠纷发生、形成规则，维护公共道德、提高共同体凝聚力及社会治理中的作用也日益得到重视。

3. ADR发展格局和形式的多元性及多样化。在普遍承认ADR正当性的同时，由于世界各国司法体制及其功能、社会观念和文化以及国家在社会治理、政策方面的种种差异，因而ADR发展的途径、格局和形式存在着许多重大的差异。而纠纷解决实践、传统和地方资源的多样性，也要求ADR保持多元化、适应性、灵活性，这正是其生命力和价值之所在。

4. 互联网促进了在线ADR（ODR）的不断创新发展，区块链等新技术的应用将带来ODR发展的新时代。

（二）基本发展阶段

20世纪后半期以来，各国有关ADR的政策不断转变，表现为以下几个发展阶段。

1. 允许。在这一阶段，国家或明示同意或默许ADR的存在，如民间仲裁或部分调解机构等，注重通过法律承认民间解纷机制的合法性和边界，并加以严格规制；非正式解纷方式也普遍存在，但ADR的作用不可能与诉讼分庭抗礼，效力亦往往没有保障。

2. 鼓励。在这一阶段，国家基于私法自治以及对合理利用司法资源的需要，开始鼓励、促进ADR的建立和运行，承认和解与调解协议的合同效力和民间仲裁的终局效力，并注重对ADR进行管理和法律规制，在此前提下，促进其发展。这一时期的ADR立法，多为授权性立法，并呈现出开放性的特点。③

3. 要求，即有条件的强制利用。在这一阶段，国家开始有意识地通过立法、政策积极推

---

① 美国司法部诉微软公司垄断纠纷一案可视为一个典型案例。在该案中，初审法官在审判程序中曾多次中断审理，委托其他法官对双方当事人进行调解。在调解失败，作出判决之后，微软公司提出上诉，上诉法院法官同样是鼓励当事人达成和解，最终以和解结案。在澳大利亚，法院设立调解日和调解周，在此期间不进行案件的审判，以鼓励当事人和解。

② 参见［美］史蒂文·苏本、玛格瑞特·伍著，蔡彦敏、徐卉译：《美国民事诉讼的真谛》，212页，北京，法律出版社，2002。

③ 即法律通过授权性立法建立标准，目的是鼓励更多符合条件的解纷机构的建立，而不是限制其进入。例如，一些国家和地区的《仲裁法》规定了仲裁为诉讼的法定前置程序，但并不建立在国家严格规制下的正式或排他的仲裁委员会，也没有规定仲裁员的法定资格和身份，主要是通过临时仲裁实现这一功能，任何由双方当事人认可的人均可以担任仲裁者的角色，从而使仲裁成为一种开放性体系。我国香港地区的仲裁就属于此类。

动 ADR 的利用和发展。由国家出面建立各种新型的 ADR 机制（如劳动、消费、医疗、交通事故、社会保险、金融等专门程序）以及法定前置性或强制性非诉讼程序。在西方国家中较早推行全面强制调解的挪威于 2008 年实施《纠纷解决法》（Dispute Act），规定除婚姻家庭、监护（有专门程序处理）及公民起诉政府外的所有民事纠纷，在向法院起诉之前，都必须经过调解委员会调解。调解协议生效后，若一方当事人拒不履行，另一方当事人可以向法院申请强制执行。如调解不成，各方当事人均有权向一审法院起诉，正式启动诉讼程序。

当代世界各国都注重通过立法促进 ADR 的利用和发展，目前，尽管多数国家仍处在第二阶段，但北欧一些国家、英国、德国的某些州、澳大利亚、日本等亚洲国家和地区（包括我国台湾地区和香港地区），已经在部分甚至全部民事纠纷处理中实现强制调解或专门机制处理。有关强制调解的正当性及合法性的理论、观念和法律障碍已经基本消除，相应的制度程序设计在不断完善，其积极效果也日益显现。

（三）发展的特殊性与差异

当代 ADR 在不同国家和地区的发展存在一定差异，主要表现在以下几个方面。

1. 社会功能不同。除了当代世界各国共同确认的价值外，由于各国国情不同，ADR 的社会功能也存在着很大差异，并根据各国的特殊需要发挥不同的作用。例如，对于已经显示出民事司法危机，特别是“诉讼爆炸”的国家，ADR 可以极大缓解司法的压力；对于对抗性较强的司法程序，ADR 可以带来平和与协商的气氛；对于高度技术性的由法律职业控制的司法过程，ADR 可以促进当事人本人参与，增加司法的亲和力；对于特殊类型或复杂的案件，ADR 可以提供符合情理、追求实质正义的个别衡平；对于非西方发展中国家，ADR 则可以缓解移植法和法制现代化与社会的脱节和冲突；等等。

2. 多元化的制度设计和发展格局。当今世界各国尽管都存在着不同形式的 ADR，也都在积极鼓励当事人利用 ADR 解决纠纷，但其发展格局并非千篇一律，其制度和运作完全取决于社会需求及体制。为了使特定的制度易于为社会民众和当事人接受和利用，各国都尽可能地利用传统资源或对既有制度和程序推陈出新，以推动 ADR 不断发展创新。

3. 不存在绝对普适性的规律和模式。正如小岛武司教授指出的：“ADR 应被应用到何种程度，在不同国家的法律体系中存在着很大的差别。因为关于此问题的实证数据尚未完全收集到，所以，如果要对此问题进行国际化的比较，就必然会带上某种主观印象。在德国，绝大部分的纠纷通过裁判解决，而日本却常使用 ADR。在这两极之间，荷兰、瑞典和丹麦更接近于日本，美国和英国看来对诉讼的应用越来越少。”① 不同的法律体系、司法模式、政治理念和传统文化对于 ADR 的作用及发展仍有着极其深刻的影响，因此，尽管各国在一定程度上出现趋同的迹象，但 ADR 的基本理念、制度设计、运行方式和实际功能与效果都必然存在较大差异。下一节将通过几个国家发展 ADR 的例证，说明其中的共同趋势及不同格局与模式。

澳大利亚学者娜嘉・亚历山大在其著作《全球调解趋势》一书中对当代西方国家的现代新型调解进行了比较研究，认为西方国家在调解的发展中，特别是规范化、制度化方面，既存在共同性，又存在许多差异。在调解的发展中，普通法系国家和大陆法系国家有着不同的进路。

---

① ［日］小岛武司著，陈刚等译：《诉讼制度改革的法理与实证》，179 页，北京，法律出版社，2001。

前者更加积极和多元化，主要采用市场化方式，更多地依赖成本效益和激励机制以鼓励当事人采用非诉讼方式，被称为“市场模式”；调解规则和调解行业的民间化程度较高。后者在调解发展中初期相对消极，而后倾向于依靠国家的推动和福利化措施，法院对调解的参与、控制程度较高，被称为“司法模式”。同时，在比较中也可看到，当代世界各国在调解的利用上越来越积极，不断向制度化和标准化方向推进。但由此也显示出多样性与统一性的紧张关系，具体化为以下三组矛盾：（1）规制上的紧张关系，即实践先行的多元化实验与制度化、司法化、合法化的规制倾向之间的矛盾，制度化与调解服务市场的非制度化要求之间的矛盾；（2）职业上的紧张关系，即建立专业、独立、中立的调解人队伍（特别是律师）及其垄断，与允许多元化调解服务和非法律职业人员参与之间的矛盾；（3）程序上的紧张关系，即标准化程序与灵活多样的调解程序之间的矛盾。① 这些问题将在今后 ADR 的发展中进一步展开和解决。

第三节　部分国家非诉讼程序的发展格局与模式

当代世界各国的非诉讼程序都处于一个快速发展的过程中，并形成了丰富的经验和多种模式，以下以部分国家为例，展示这种多元化的发展格局。②

一、美国 ADR 的发展格局与模式

（一）发展进程及社会原因

前一节已经对关于美国近几十年 ADR 发展的背景和理念作了介绍。一些研究者将美国 ADR 的发展分为：（1）摇篮期，即萌芽阶段，从 20 世纪中叶开始；（2）草创期，即 20 世纪 70 年代，开始奠定了有关 ADR 的基本政策和实务基础；（3）警戒期，20 世纪 80 年代到 90 年代，是对 ADR 的质疑、批判比较活跃的阶段；（4）制度化时期，20 世纪 90 年代以后至今③，在这一时期，ADR 发展十分迅速，并已经获得社会广泛认同，“替代性纠纷解决方法几乎在每一种类型的纠纷中都被使用过”④。

美国 20 世纪 60 年代末急速发展的 ADR 多为非营利性组织机构所创立，例如美国仲裁协会（AAA），在全国设有 35 个办事处，每年处理约 6 万件纠纷。20 世纪 70 年代中期以后，专门解决商事纠纷的营利性 ADR 机构开始出现，并在 20 世纪 80 年代获得突飞猛进的发展，中小型的和按行业或地域划分的 ADR 形式多样、不胜枚举，其中有几个全国性的机构发展很快，

---

① 参见［澳］娜嘉·亚历山大主编，王福华等译：《全球调解趋势》，第一章，北京，中国法制出版社，2011。

② 更多资料可参见［澳］娜嘉·亚历山大主编，王福华等译：《全球调解趋势》，该书较详细地介绍了 14 个国家的调解制度，并分析、展望了其未来发展趋势。

③ 参见［日］山田文：《ADR的ルール化の意义とその变容》，载［日］山田文等：《ADRの基本的视座》，21～27 页，东京，不磨书房，2004。

④ ［美］斯蒂芬·B. 戈尔德堡等著，蔡彦敏等译：《纠纷解决——谈判、调解和其他机制》，10 页，北京，中国政法大学出版社，2004。以下资料部分参考了这部 ADR 教材。

例如1979年成立的司法仲裁调解机构（Judicial Arbitration and Mediation Service，JAMS），近年来已发展为具有国际影响力的大型公司，不仅在美国建立了多家分支机构，还不断向国际化方向发展。其业务包括调解、仲裁、中立评估、企业法务ADR方案、在线纠纷解决等，每年处理13 000至14 000件纠纷，其中绝大部分是调解。同时还向社会提供培训服务并参与制定标准规则。

20世纪80年代中期以后，各州纷纷通过立法推动ADR的发展和利用，仅1989年就制定了34个与ADR有关的州法，而提出的法案则超过140件。[①] 20世纪70年代到80年代，部分联邦法院开始尝试建立法院附设ADR。1990年的《民事司法改革法》堪称美国ADR发展史上的重要里程碑，它以联邦议会立法的形式对改革民事诉讼程序和推广ADR作出了明确规定。这次改革被称为历史上第一次“基础性的改革”（grass-roots reform）。从此，联邦法院开始大规模地推广应用法院附设ADR，使ADR成为“美国民事诉讼中不可缺少的部分”。进入21世纪后，美国国会通过立法建立“9·11”事件补偿基金，开创了新的先例（见本章案例）。

在ADR的发展中，除了与诉讼制度和法院压力有关的各种原因和理念等因素外，还必须提到的是，美国是一个多民族、多文化的国家，这种多元化的社会结构也是其发展多元化纠纷解决机制的社会条件之一；民事纠纷的解决被视为私人事务；诉讼的高成本使司法系统无力应对纠纷解决的实际需求，而市场化的律师服务业和普通法体系的灵活性也成为促进法院附设ADR发展的因素。

（二）ADR的基本形式

1. “基本”（primary）纠纷解决程序，主要指谈判（交涉）、调解和仲裁。

（1）法院附设调解。其可由当事人申请，也可由法院指定进行，由此分为任意（或合意）型与强制型两大类。如著名的“密歇根式调解”，被称为“丝绒锤”（The Velvet Hammer），比喻调解与丝绒锤一样，打在要求过高的当事人身上，迫使其降低要求。法院备有调解员名单，双方当事人各选一名调解员，再由两位调解员另选一名作为中立调解员。双方必须在规定的期限内送交有关文件材料，在调解期日必须出席。调解员在听证程序之后10天内作出书面决定，双方在收到决定后20天内，必须作出接受或拒绝的表示。如双方同意接受决定，则由法院备案或作出正式裁决，产生法律效力；如任何一方拒绝接受该结果，即进入正式诉讼程序，并将调解决定密封保存。如果法院判决与调解决定之差额不超过10%（被告）或50%（原告），则拒绝接受调解决定的一方，需向对方支付诉讼费用，以示惩罚。很多州法院向当事人提供并推荐调解员，一些法院则设立了律师提供的免费调解服务。

（2）法院附设仲裁。各州的仲裁分为任意（或合意）型与强制型两大类，程序依各法院规则而不同。1951年，宾夕法尼亚州根据立法决定将一定数额以下的事件由法院强制性地付诸仲裁处理，此为法院附设仲裁的起始。20世纪80年代以来，一部分联邦法院进行了法院附设仲裁的试点，截至1993年，至少有21个州设立了这种程序。宾夕法尼亚州的法院附设仲裁每年处理的事件多达35 000件。其特点是：首先，仲裁不是根据当事人的仲裁契约而启动，很

---

① See America Bar Association，“Legislation On Dispute Resolution：Federal and States Laws and Initiatives Pertaining to ADR”，75，1990.

多都是强制性（mandatory）的，被作为诉讼的前置阶段。其次，其裁决不是终局性的，裁决后当事人仍可向法院起诉。最后，仲裁是在法院的监督之下进行的，法官可依职权取消仲裁程序。密歇根州西部联邦地区法院的仲裁程序是：当事人在审理前达成书面协议，视仲裁庭的裁决为终局裁决，并由法庭发布裁决书；当事人从法院提供的仲裁员名单中选定仲裁员；双方必须在审理前提交有关事实和法律方面的材料，否则将会受到处罚；双方必须参加仲裁庭的审理；仲裁员在审理结束后宣布裁决，报告法院，由法院秘书将裁决送达双方当事人。裁决数额不得超过 10 万美元，不包括利息及其他费用。当事人任何一方在裁决作出后的 30 天内可以向联邦地区法院起诉。起诉程序中，任何一方不得向审理此案的法官透露裁决的内容。

2. “混合性”（hybrid）纠纷解决程序，综合了从谈判（交涉）到仲裁的不同解纷方式，其形式、性质、约束力、功能和效果各有不同。主要包括以下几种。

（1）早期中立评价（Early Neutral Evaluation）。早期中立评价于 1985 年由加利福尼亚州北部地区法院所创建。目的是通过在诉讼的早期阶段为当事人提供关于案件的现实评价，以促进和解。整个程序通常历时 2 个小时，由当事人口头提出主张，在中立评价人的指挥下进行讨论，并给当事人提供谈判机会，在无法达成合意的情况下，由中立评价人作出无拘束力的判定。其基本特征是：首先，第三方的作用是作出客观的评价，本质上有很强的指导性色彩；其次，在当事人提出主张和举证的程序上较之调解更为正式。这些实际上多为律师准备在法院的诉讼程序中要做的工作，相当于为当事人提供了一次审理实验（trial run）。这种程序极大地依赖于中立者的信誉和能力，如果当事人确信中立者的公正性和能力，和解的可能性就会增加。通常，中立评价人由法院提供人选，多为资深律师。

（2）中立专家（Neutral Experts）和事实发现（Fact-Finding）。这是一种非正式的程序，由法院选任一名有关专家，作为中立第三方进行事实调查、收集证据，作出一份书面的无约束力的专家意见（报告或证明），专家也可以作为中立证人出庭作证。法院通常是在证据开示程序完成后，决定是否需要聘请专家。中立专家的意见和证明可以向当事人提供一种关于事实的客观评价，有利于判明事实、分清是非，使当事人对其争议作出实事求是的判断，及早作出反应，达成和解。其结果可以影响当事人和法院对事实的判断，并在经过交叉质证后可能被法院接受为有效证据。在有关知识产权的纠纷中，这种程序使用较多。

（3）简易陪审团审判（Summary Jury Trial）。此为 1981 年俄亥俄州北部地区联邦法院法官朗布罗斯（T. Lambros）所创立，许多州法院和联邦法院通过法院规则正式采用了这种程序。这种程序与正式的审判最为相似，有法官、陪审员和其他法院工作人员参加，通常在法院举行，但一般不公开。审理首先按照普通诉讼程序进行，法官等参与人员的费用由公共资金支付。目的是为当事人提供一个进行简略辩论的、无拘束力的现实的审判实验。如果能够达成和解，则省去了正式审判的费用、时间和复杂过程。这种程序一般历时一天，通常是在证据开示程序完成后进行。特点是：要求当事人本人到庭；在正式审理中所提出的证据基础上进行；严格限制对证人的口头询问。陪审团是按照通常的程序从陪审员名单中选出的，但其评决只作为参考意见，并无拘束力。在陪审团作出评决后，律师可以与法官会面，根据评决意见，讨论和解的可能性。此外，法官可以要求陪审员与当事人及其代理人讨论其对于该事件的反应。在这一程序中，法官的作用处于核心地位，在程序的后期，实际上转换为法官的职权式简易审判程序；法官在讨论结束后作出裁量，但并无强制性约束力。当事人如果达成和解，则形成和解协议；如果达不成和解，则可以不受限制地进入审判程序。简易陪审团审判中使用的证据与正式审理的完全相同，可以说是审判程序的准备；其性质和功能属于评价性 ADR，通过向当事人预测、评价法院判决的结果，促使其作出决断；同时，由于减少了对抗程序并且不公开，又具有 ADR 的长处。但因成本过高，对于其评价始终是毁誉参半。

（4）小型审判（Mini Trial）。这一名称出自《纽约时报》，是 1977 年为解决企业间的纠纷而创立的一种和解促进方式。它并不是严格意义上的审判，而是一种综合谈判交涉、中立评价、调解以及裁判等程序的和解程序，属于典型的"混合性"ADR。小型审判原来是为处理企业间纠纷而创立的，主要为民间团体和政府机关所利用，美国仲裁协会还制定了《小型审判程序》规则，但之后被广泛用于各种纠纷解决，一些法院也相继制定规则，建立了作为法院附设 ADR 的小型审判程序。

小型审判由当事人双方选任的中立建议者（neutral adviser）主持，多由退休法官或资深法庭律师担任。双方当事人一般由企业法人代表或有决定权的高级主管人员参加。双方首先达成参加该程序的合意，并根据确定的规则，准备证据文件和争点；在审理期日，由双方律师进行一个简要的、形式的辩论。之后，由当事人之间自行进行和解谈判，寻找解决途径。在谈判出现问题时，中立建议者可以向当事人提供意见，分析双方在主张和证据上的优劣，预测法院判决结果，但其意见并无约束力。其最显著的特征在于，不是以法官和职业法律家为中心，而是以当事人为主角。其中，双方律师所提出的证据和主张不是面向法官、陪审团或仲裁员等第三方的，而是面向自己的被代理人和对方的代表的。当事人本人脱离自身立场，以第三者的角度进行质证和调查，审视双方的证据和主张，分析其力量对比，根据本行业的惯例和经验进行判断，最后作出和解的决定。因此，其被称为"企业家中心型"（businessman-centered）纠纷解决方式。整个过程不公开，不会泄露商业秘密。此外，这种程序规定了和解达成的最后期限，避免造成拖延。如在期限内达成和解，可将和解内容写入法院的判决书，产生法律效力；在达不成合意的情况下，则可以进入正常诉讼程序。由于具有决策权的当事人（如企业法定代表人）亲自参加并作出处分，所以，其和解率及履行率较高。小型审判比较适于解决争议标的额较大的企业间经济纠纷。

法院附设小型审判与民间小型审判最大的不同在于，法院附设小型审判的中立建议者是由法院选任的，其意见实际上代表了法院的观点。在到达规定期限仍未达成和解时，中立建议者将提出劝告意见，如双方无异议，则将此意见作成"默认判决"（Judgment by Acquiescence）。如果当事人不接受劝告意见，则在交付保证金后进入正常诉讼程序。如果最终判决与劝告意见一致，该当事人将受到高额处罚。

（5）聘请法官（Private Judging or Rent-a-Judge）。经当事人双方的合意，由法院指定一名裁判者，通常是退休法官，主持一个与正式审判程序相似的审理过程，为当事人提供一个举证和辩论的机会，并由聘请法官作出一个包含事实判断与法律根据的判决。当事人事先需约定接受判决拘束力，因此聘请法官可作出终局性决定，该决定具有法律上的强制力。

（6）调解—仲裁（Med-Arb）。在这种程序中，先由一位中立调解人帮助当事人达成和解；一旦调解失败，便进入仲裁程序，原调解人可以作为仲裁人直接作出具有终局性约束力的裁决，也可以另外聘请一位新的仲裁员。其优点在于把调解与仲裁的优势加以融合，将两种程序衔接起来，即使调解不成，纠纷也能得到最终的解决；同时可以不再重复事实调查核实及陈述的过程，提高纠纷解决的效率。

除了上述法院附设 ADR 程序外，美国民事诉讼中的和解会议（Settlement Conference）也是在法官主持下促进当事人达成和解的一种形式。和解会议一般在法官办公室举行，可以由法院专门设立的调解法官主持和解会议或由聘请的退休法官、律师主持，主审法官有时也亲自主持。这些程序与各种 ADR 相互结合，使多年来美国联邦法院民事诉讼案件真正以判决结案的仅占约 3%。

（三）ADR 的发展

美国研究者将 ADR 的发展带来的影响归纳为以下几个方面。①

1. ADR 已经成为联邦和各州法院大力推行并经常利用的纠纷解决方式，带来了法院诉讼程序的一些变革，例如，“多门”政策、ADR 的诉讼前置、法官授权或委托调解等；并正在对官方正式的司法系统产生重要的影响。②

2. 行政性 ADR 快速发展，已经成为行政机关处理纠纷的重要方式。1990 年，国会通过了两部旨在增加联邦机构使用 ADR 的法规：《行政纠纷解决法》和《协商立法法》。前者明确授权和鼓励行政机构广泛使用 ADR；后者则授权和鼓励联邦机构使用协商式立法方式以代替传统的对抗式立法方式。此后，布什总统（1991 年）和克林顿总统（1996 年、1998 年）先后颁布法令，以促进行政机构使用 ADR。1996 年《行政纠纷解决法案》（The Administrative Dispute Resolution Act of 1996）要求联邦政府机构应用 ADR，并任命 ADR 专家。这些法规对 ADR 的发展和应用起到了指导和激励作用，最重要的是，突破了涉及公权和公益问题不得调解的传统禁忌和限制。行政机关积极利用各种形式的 ADR（包括聘请外部的专家或其他中立第三人）解决内部（如劳动人事争议等）以及与外部或私人间的纠纷，以提高自己的协调能力，尽量避免走上法庭。

3. 民间社会性 ADR 继续发展，非营利性纠纷解决项目有了迅猛增长。1981 年建立的纽约社区争端解决中心是美国历史最悠久的社区调解组织，目前已经推广到全国各地。典型的社区调解项目约有一到两名职员和 30 名活跃的调解员，受理的调解案件大约 85%能够达成协议。纽约州政府还通过立法建立协调办公室，协调本州的 ADR 项目，由政府提供部分资金，该办公室向社会招标，经过评估确定竞标成功的调解机构，通过订立合同委托这些民间机构进行调解。调解机构均属于非营利组织，就范围广泛的各种纠纷进行调解。各调解机构获得政府资助后，还需要通过各种捐赠等方式募集配备其余的资金（约占 50%），招聘调解员（包括志愿者和专职人员）以开展社区调解。办公室负责对调解员资格提出要求，并对调解机构作出规定，同时还定期对调解机构的工作进行评估、考察，并以此作为是否继续签约的依据。

4. 一些特定的纠纷类型和传统 ADR 领域，如劳动争议，也在尝试新的 ADR 方式。同时，

---

① 参见［美］斯蒂芬·B. 戈尔德堡等著，蔡彦敏等译：《纠纷解决——谈判、调解和其他机制》，北京，中国政法大学出版社，2004。

② 2006 年 6 月在中国人民大学召开的中美民商法与诉讼法论坛上，一位美国的研究者报告了这样一个事实：美国佛罗里达州最高法院首席法官最近公布的统计数字表明，尽管在初审法院起诉立案的人数和案件数量仍在继续增长，但是从初审法院到上诉法院提起上诉的案件数量却在下降。该法官认为，这种下降应归因于人们发现了解决纠纷的替代方式，特别是调解。

在一些复杂和困难的侵权纠纷领域，如医疗纠纷，由法律专家或医学专家主持的 ADR 也越来越多地被法院推荐或被当事人自愿使用。

5. 一系列有关 ADR 的联邦立法和州立法相继问世。纽约州早在 1981 年就制定了社区调解立法。1998 年联邦《ADR 法案》要求所有联邦地区法院通过制定地方性规则建立 ADR 项目。一些州立法则规定了强制 ADR，或者授予法官更多的自由裁量权，以便将一些特定案件通过 ADR 解决。2001 年美国统一州法委员会批准了民间性组织制定的《统一调解法》并向各州推荐，2002 年美国律师协会也加以批准。该示范法已被多个州作为州立法，并对其他国家的调解立法产生了一定影响。①

6. 由于商业界重视和维护持续合作关系，协商和调解在合同纠纷解决中已经成为常规。在各种合同中，有关利用 ADR 解决纠纷的条款已被普遍接受，成为首选的解纷方式，并开始发挥预防纠纷的作用，以致美国合同诉讼连续多年持续下降。

7. 在法律教育中，ADR 已经被作为律师的基本职业技能加以学习和训练。法学院普遍开设了谈判、调解、仲裁方面的课程；很多商学院也开设了这一课程。同时，法律诊所教育也将 ADR 作为重点。由各种机构承担的调解员培训同样十分普及，调动和吸收了更多的社会志愿者和专业人士参与纠纷解决事业。

8. 律师行业开始高度重视和解和 ADR，一些律师事务所设立了 ADR 业务组，并且出现了专门的调解律师事务所以及专门从事非诉讼业务的大型公司。由 800 家最重要的企业和律师事务所的代表所组成的公共资源中心纠纷解决协会（The CPR Institute for Dispute Resolution），致力于向其成员和其他人推广更好的纠纷解决之道，其“公共资源中心誓言”要求签署人承诺在诉诸法院之前先探索 ADR 的可行性。近年来，律师已经普遍接受过 ADR 方面的培训。律师职业道德规范均要求，向当事人首先推荐或告知 ADR 方案是律师必须履行的义务，否则将要受到相关惩戒。

此外，美国在通过赔偿基金等方式处理大规模侵权方面也进行了许多积极尝试，开始越来越多地替代侵权诉讼和集团诉讼。②

二、英国 ADR 的发展格局与模式

（一）纠纷解决机制的类型

英国在拥有权威的普通司法系统的同时，历来重视建构多元化纠纷解决机制，除民众参与的基层治安法院外，主要还包括以下形式。

1. 民间性 ADR。例如：（1）ADR Net，Ltd. 这是全国律师 ADR 网络（National Network of Solicitors in Alternative Dispute Resolution）的简称，是处理商事纠纷的最早和最重要的机构，创建于 1989 年，受理保险公司、会计师以及产业界委托处理的纠纷，拥有许多从全国各大型的优秀律师事务所招聘来的、受过专门培训的调解人或律师作为专业调解人。该机构还与

---

① 参见范愉、史长青、邱星美：《调解制度与调解人行为规范——比较与借鉴》，附录《统一调解法》，北京，清华大学出版社，2010。

② 参见［美］肯尼斯·R. 范伯格著、孙伟等译：《补偿的正义——美国如何应对灾难》，北京，法律出版社，2013。

国际性的 ADR 组织保持合作关系，在解决海事、破产、消费者保护和劳动争议等多方面相互协作，进行调解、小型审判等。（2）有效纠纷解决中心（Centre for Effective Dispute Resolution，CEDR），是 1990 年 11 月建立的民间性商事纠纷解决机构，属于由财团和专家支持的非营利性团体，目的在于推进和奖励 ADR 的利用。CEDR 致力于为商业界的合同纠纷提供一种灵活和低廉的纠纷解决方式，其主要活动范围是建筑、保险和信息技术等领域，并向欧共体的委托人提供纠纷解决业务，目前已成为欧洲最大的商事纠纷解决机构，每年处理约 700～800 个商事案件。

2. 专门性 ADR。例如，劳动争议咨询调解仲裁机构（Advisory Conciliation and Arbitration Service，ACAS）负责解决个人和团体之间的劳动争议，而且向当事人提供咨询建议，已成为解决劳动争议的主要手段。

3. 行政法庭。由行政机关主导建立的准司法性的行政法庭（administrative tribunals）约有两千多个，大致分为以下几类：（1）不动产方面，如土地法庭（Lands Tribunals）、农业土地法庭（Agricultural Land Tribunals）、租金裁定法庭（Rent Tribunals）等；（2）公民福利方面，如国民保险法庭（National Insurance）、工伤事故法庭、国民卫生服务法庭、医疗上诉法庭等；（3）运输方面，如交通管制委员会、运输法庭、铁路运河委员会（Railway and Canal Commission）等；（4）工业与就业方面，如工业法庭（Industrial Tribunals）、劳资法庭等；（5）外国人入境事务方面，如入境申诉法庭；（6）其他，如专利上诉法庭、商标上诉法庭、增值税裁判所、纪律处罚法庭（Domestic Tribunals）等。

各种行政法庭每年审理的案件多达数百万件。行政法庭的成员通常不是法律专家，未受过专门的法律训练，但他们应是所处理案件专业领域的专家，并由纠纷双方有关的代表参与纠纷处理，形成行政主导的三方机制。例如，农业土地法庭要求有地主和农民参加，医疗上诉法庭必须有医生参加，等等。行政法庭程序简便、非形式化，审判较少拖延，费用低廉，因此受到当事人青睐。行政法庭在纠纷解决中主要适用行政法规，并拥有较大的自由裁量权；它们与普通法院在管辖权上没有严格明确的划分，但允许当事人在不服行政法庭裁决时向高等法院上诉。①

（二）民事司法改革与 ADR 的发展

1. “接近正义”与民事司法改革

在世纪之交，英国进行了一场规模巨大、影响深远的民事司法改革。从 1994 年开始，沃尔夫（Lord Woolf）勋爵接受议会委托，开始对英国的民事诉讼制度进行评审，并在此基础上设计民事司法改革方案。在司法改革方案的酝酿、形成过程中，从 1995 年的中期报告到 1996 年的最终报告，改革设计者对 ADR 的态度逐步发生重要转变，从最初固守司法权“不容剥夺原则”（the doctrine of ouster），最终转向以全力发展 ADR 为基本思路。在 1996 年题为“接近正义”的民事司法改革最终报告中，沃尔夫勋爵描述了这次改革的预期目标：（1）尽可能避免诉讼；（2）减少诉讼的对抗性，增加合作；（3）简化诉讼程序；（4）缩短诉讼时间，使之更具确定性；（5）诉讼费用更可接受、可预测，与个案的诉讼金额和复杂程度更相称；（6）经济能

① 参见朱景文：《比较法导论》，299～301 页，北京，中国检察出版社，1992。

力较弱的当事人能在更加平等的基础上进行诉讼；（7）民事司法制度中司法和行政的职责界限将更加明晰；（8）法院的结构以及法官的配置将依满足当事人需求而设计；（9）法官将被有效地配置，以便他们管理案件能与新《民事诉讼规则》以及诉讼指引相一致；（10）民事司法制度将对当事人的需要作出回应。这次民事司法改革的总体目标和多项具体措施都与 ADR 直接相关。①

2. 民事司法改革对 ADR 的促进

在改革措施实行后，英国的 ADR 有了长足发展。英国政府于 2001 年 3 月公布了一项旨在促进 ADR 运用的新举措，要求无论对方当事人是否同意，所有的政府部门及其管辖下的机构都应考虑在适当的案件中运用 ADR 来解决纠纷。2001 年 3 月，英国司法大臣办公厅发布了《英国民事司法改革初期评估报告》，其中有关 ADR 的调查结果指出："通过 ADR 方式解决的案件数量增加了，这表明自从民事诉讼规则生效之后，当事人已经越来越乐意尝试用 ADR 解决纠纷。一旦发生纠纷，可以随时使用 ADR。在诉前议定书制度下，在起诉之前鼓励使用 ADR，即使已经起诉，在案件分配管理会议和审前复核（pre-trial reviews）阶段，法院也会鼓励使用 ADR，甚至会依职权主动中止诉讼，允许当事人采取 ADR 或其他方式解决纠纷。"②

英国司法大臣办公厅 2002 年 8 月所发布的《英国民事司法改革后续评估报告》认为，这些改革带来了预期的效果——诉讼减少、对抗程度降低，以致出现了诉讼文化的转变。ADR 已经成为民众解决纠纷的常规方式。一旦发生纠纷，可以随时运用 ADR；诉前议定书制度鼓励当事人在纠纷诉诸法院之前使用 ADR，要求法官在适当的案件中鼓励当事人使用 ADR 解决纠纷，并在案件管理阶段采取适当的措施便利于 ADR 的运用。一旦提起诉讼，法院可以在案件分配、管理会议以及审前复核（pre-trial reviews）阶段鼓励当事人使用 ADR，甚至可以依职权主动中止诉讼，要求当事人采取 ADR 或其他方式解决纠纷。那些用 ADR 解决了纠纷的当事人及其他诉讼参与人，对调解人的技巧、ADR 在打破协商僵局方面的能力、洞悉案件是非曲直的能力以及对程序的满意程度都给予了积极评价，同时他们认为，成功的调解可避免进行诉讼的费用，为当事人节约了开支。③ 该报告还表明，在不同类型的纠纷解决中，如商事争议、医疗纠纷、家事纠纷等，ADR 的应用已经越来越普遍，甚至成为当事人的首选。

（三）英国 ADR 的发展特点与启示

英国在民事司法改革中高度重视 ADR 的作用，并将其与司法改革的根本目标相联系，体现出建构多元化纠纷解决机制的理性思路。其特征体现为以下几个方面。

1. 理性建构和谐的纠纷解决文化。英国民事司法改革以"接近正义"为口号，但其所提的"正义/司法（justice）"，并不仅指国家的正式司法制度和诉讼，而是直接提出了减少诉讼的目标，其宗旨是打破司法对纠纷解决的垄断，改变社会长久以来形成的对司法的过度依赖。英

---

① 参见齐树洁主编：《英国民事司法改革》，北京，北京大学出版社，2004；徐昕：《英国民事诉讼与民事司法改革》，北京，中国政法大学出版社，2002；徐昕译：《英国民事诉讼规则》，北京，中国法制出版社，2001。

② 《英国民事司法改革初期评估报告》，载齐树洁主编：《英国民事司法改革》，附录一，523 页，北京，北京大学出版社，2004。

③ 参见《英国民事司法改革后续评估报告》，载齐树洁主编：《英国民事司法改革》，附录二，北京，北京大学出版社，2004。

国的司法改革注重从根本上转变公众的纠纷解决观念和行为方式，这对于ADR的发展而言更具根本性，也较彻底地解决了ADR的正当性问题。这一理念在当代法治国家中最具前瞻性和革命性，并真正实现了多元化纠纷解决机制在理念与制度建构上的结合，对于其他国家也具有极大的启示性意义。其经验说明，通过顶层设计并建立专门领导机构，在调研的基础上把握本国的纠纷解决实际，在科学论证的基础上找到问题的症结所在和改革的突破点，在理性建构与民主讨论的基础上形成总体性的改革方案，通过国家立法和有关机构部门的全面协同加以有效地贯彻实施，并不断对改革与既定目标之间的关联性和实现程度进行跟踪评估，根据反馈研究改进，这是建构多元化纠纷解决机制最为合理的路径。同时，国家、社会和法院为ADR提供了较充分的资源和支持，为其发展创造了良好的制度和社会条件。为了减少诉讼并扩大ADR的利用，英国设立了大量的社区法律服务机构，为非诉讼程序提供法律援助；建立强制性ADR程序或授权法官发布ADR指令等，并大力鼓励民众采用ADR解决纠纷，这些措施也促进了社会解纷文化的根本转变。

2. 多元化。英国民事司法改革及其对ADR的促进，并非仅仅为了提高司法效率，在“接近正义”的同时吸收了自治的理念，并注意到了二者兼顾。在制度设计上，民事诉讼并不是简单通过诉讼程序的简化和成本降低来提高效率，而是注重通过法院外的各种非诉讼程序——包括民间性、行业性、行政性等机制——来分流案件，而法院的诉讼程序与这些非诉讼程序的衔接则形式多样。法院并不主动或过多地介入ADR的创设及运行，但整个司法改革目标的实现在很大程度上寄托于ADR的作用；通过诉前议定书制度、案件分配制度，管理会议和审前复核制度，法院从诉前到诉中的各个阶段都在鼓励或要求当事人使用ADR，甚至会在审判中依职权主动中止诉讼，允许当事人采取ADR或其他方式解决纠纷。同时，英国民事司法改革在满足新的社会需求及诉讼类型（如集团诉讼）的同时，注重引进职权管理理念对其进行严格限制和规范，并通过替代性方式加以引导，以尽可能避免诉讼。事实证明，这种制度设置和实践对于分流诉讼、经济合理地解决纠纷卓有成效，较之单纯地简化诉讼程序、扩大案件管辖范围、强化司法权限等途径，更有利于达到纠纷解决的公正、和谐与效率的价值目标。在ADR的运行机制方面，一方面通过政府购买调解服务、设立调解热线、提供法律援助支持等方式为民众提供公益性的调解服务，另一方面为ADR的市场化运作提供了良好的发展空间，保证了二者的协调发展和互补。

3. 专门性纠纷解决机制的探索。针对特定类型的纠纷建立专门机制或程序。如针对医疗过失（clinical negligence）、人身损害赔偿、名誉权纠纷、建筑工程争议等特定纠纷和案件，推行“诉前议定书”制度，使其在诉讼和审判之前尽可能通过协商和解、专家证人等ADR程序得到解决。建立金融消费申诉专员制度作为处理此类纠纷的法定必经程序，协商、调解、裁决、复核等程序相互衔接，2014～2015年度处理了近45万个案件，其中九成以调解结案。

2011年3月发布的《郡法院纠纷解决：创造更加简洁、快速和均衡的体系——英格兰和威尔士民事司法改革征求意见稿》，旨在继续推进民事司法改革，内容包括推广使用在线纠纷解决系统、拓展调解的使用范围等。[①] 近年来正在积极探索的是小额民事纠纷的在线法院方案。

① 参见向国慧：《创造更加均衡的司法体系——英国最新民事司法改革计划》，载《人民法院报》，2011-07-08。

英国民事司法改革取得了很好的成效，不仅推动了本国非诉讼程序的利用和发展，也带动了很多普通法国家和地区 ADR 的发展。我国香港地区法院和政府也积极借鉴英国司法改革的经验，推动促成了调解的大发展。

三、德国 ADR 的发展格局与模式

（一）ADR 发展的历史限制

在 20 世纪 70 年代之前，德国对发展非诉讼程序显得十分保守，其主要原因如下。

1. 德国在现代化制度建立中，采用了一种自上而下的政策实施型法律体系和制度设计。司法以严格适用法律为原则，国家注重将民间社会性纠纷解决机制纳入法律轨道，在注重保障公民的诉讼权利的同时，注意合理配置司法资源，而对于非诉讼机制的作用则关注不足。

2. 德国的民事诉讼效率高，能够较好满足社会需求。一方面，德国的法官和律师的人数与人口的比例相对适当，民事诉讼程序职权主义色彩较强，其制度和程序设计合理，并且围绕加强效率和便利的目标进行了持续不断的改革，当事人进行诉讼相对便利。另一方面，由于采用律师强制代理制度，有效限制了恶意和轻率诉讼；通过包括律师费在内的诉讼费用合理分担、法律援助和诉讼保险制度，诉讼成本问题得到了较合理的控制。同时，德国是成文法国家并由职业法官进行审判，法律规则及其适用结果的确定性和可预测性较强，减少了滥用诉权的概率，因此并未出现美国式“诉讼爆炸”或司法“危机”。

3. 文化因素。以往德国公民习惯于通过法院解决纠纷，而没有形成利用 ADR 的社会风气。[①] 近现代以来，“为权利而斗争”的理念在社会中影响至深，妥协和交易历来缺少市场。此外，德国在第二次世界大战后经济和社会的发展一度相对缓慢，直到 20 世纪 70 年代才结束了战后发展期，社会理念的变化相对滞后，这也影响了社会对 ADR 的接受和认同。

4. 合理的程序设计。如根据诉讼标的额限制起诉、审级和律师代理，家事审判的非讼化和各种非讼程序都起到了替代审判或判决的作用。其中督促程序（dunning Proceeding）处理的案件数量远远超过通过审判处理的案件数量。此外，民事诉讼法还规定了法官在诉讼中的试行和解义务（相当于法院调解），以及律师促进当事人和解的奖励制度，使当事人在诉讼中既不会因调解延迟诉讼，也不会失去和解的机会，增加了诉讼中和解（调解）的概率。

（二）当代 ADR 的发展与基本格局

1. 国家的积极推动

20 世纪 70 年代以后，美国和日本等国 ADR 的发展引起了德国的重视，1977 年、1981 年和 1982 年，德国连续举行了三次有关 ADR 的大型研讨会，提出了在原有的和解所（gutestellen）、调解机关（schlichtungseinrichtungen）和仲裁所（schiedaatellen）之外，再建立新制度的提案，并进行了尝试。20 世纪 90 年代，德国在实现统一之后，出现了一些新的社会问题，开始感受到了诉讼增加的压力。为了更好地节约司法资源，及时地解决纠纷，德国先后

---

① 参见［日］三上威彦：《德国人所见的审判外纠纷解决（ADR）》，载［日］石川明编著：《比較裁判外紛争解決制度》，19、35 页以下，东京，庆应义塾大学出版会，1997。

制定了《司法简便化法》（1990 年 12 月 17 日）和《司法负担减轻法》（1993 年 1 月 11 日），并再次修改了民事诉讼法。同时，进一步发展 ADR 也成为德国社会和法律界日益关注的重要问题。

20 世纪末，德国受到“接近正义”时代思潮的影响，开始了新一轮的民事司法改革。在这一进程中，ADR 受到重视并开始进入实质性的制度建构。2000 年 1 月，《法院外争议解决促进法》生效。2008 年，《非讼事件程序法》（FGG）被全面修订为《家事事件和非讼事件程序法》，家事事件被全部纳入非讼事件范围，这使婚姻家事案件的处理整体实现了非讼化。成为欧盟成员国之后，德国积极按照欧盟有关调解的指令推进 ADR 的发展和广泛应用，在很多领域已经处在领先地位。2011 年，《德国调解法》制定颁布，并与此前的各类调解制度相衔接，形成了统一的调解制度。该法对调解员的资格、调解程序等作出了规范，普通民间调解和法院附设调解协议可通过公证和法院认证等方式获得执行力，法院调解和国家认证调解协议则自动具备执行力。2012 年 7 月，德国颁布《促进调解及其他诉讼外冲突解决程序法》，旨在推动法院外调解和非诉讼程序的发展，为其提供法律依据和制度保障。该法要求只有通过德国联邦司法部所规定的调解员培训的，才可以成为“认证调解员”并持证参与调解工作。①

2. 非诉讼纠纷解决机制的类型②

根据法律建立的各种 ADR，包括综合性的民事、商事仲裁和商事调解机构，以及各种专门性机制，如专门处理知识产权纠纷、劳动争议和消费争议等调解仲裁机构。这些 ADR 中，既有政府或行业建立的准行政类型和公益性服务机构，也有市场化模式的调解事务所；既有当事人自愿选择的，也有半强制性的，还有一些属于法定前置程序。较有特色的是德国的行业性 ADR，其中既有传统行业自治型解纷机制，也有面向消费者的新型程序，主要包括：由各手工业者工会主持的 ADR；汽车销售及各种商业行业的 ADR；建筑业协会的 ADR，包括调解和仲裁；房地产租赁调解所；工商协会内所设的有关电子出版物纠纷的 ADR；等等。在新型行业性解纷机制中，金融消费者保护机制很有特色，已经在世界各国推广。

金融业 ADR 系统（Alternative Dispute Resolution Schemes in German Financial Network）定位为金融消费者保护机制。主要包括两个层级。

1）金融监管机构（German Financial Regulators）即德国联邦金融管理局（BaFin）设立的申诉处理程序，属于行政性 ADR。每年直接处理保险类纠纷两万余件及银行信贷类纠纷五千余件。下设投资基金仲裁委员会和德意志联邦银行（央行）仲裁委员会（1999 年建立），它们可将部分符合条件的投诉案件移送行业协会申诉专员处理。

2）金融行业协会申诉专员制度（Ombudsman by German Financial Associations）。其分设于银行、保险、基金行业协会。包括：四个银行业协会：a）私人银行协会（BDB），1992 年成立申诉专员制度，成员银行 484 个；b）储蓄私人银行协会（DSGV），2009 年成立申诉专员制度，成员银行 463 个；c）合作制银行协会（BVR），2002 年成立申诉专员制度，成员银行

---

① 参见齐树洁：《世界各国调解制度》，第 17 章，厦门，厦门大学出版社，2018；蔡惠霞：《德国调解制度新发展评析》，载《人民法院报》，2013－07－12；周翠：《调解在德国的兴起与发展——兼评我国的人民调解与委托调解》，载《北大法律评论》，2012（24）。

② 参见［日］三上威彦：《关于德国的裁判外纷争解决制度（ADR）》，载［日］石川明编著：《比較裁判外紛爭解決制度》，35 页以下，东京，庆应义塾大学出版会，1997。

1 123 个；d）私人住房储蓄银行协会（BDB），2002 年成立申诉专员制度，成员银行 23 个。两个保险业协会：a）德国保险行业协会（GDV），2010 年成立申诉专员制度；b）德国健康医疗与长期护理保险协会（PKV），2001 年成立申诉专员制度。一个基金业协会申诉专员，即 Ombudsman by German Fund Association，由德国投资基金协会（BVI）于 2011 年成立。

金融申诉专员制度（financial ombudsman service，FOS）的基本理念是根据金融业的公共性和服务性特点，妥善处理金融消费者的投诉和纠纷，向金融消费者提供优质服务，保护金融消费者权益，完善金融秩序。申诉（监察）专员作为处理金融消费者投诉的专门性机制，其特点是：a）聘任资深法官担任申诉专员，每个机构一般设若干名申诉专员；b）金融消费者自愿选择启动处理程序，而多数行业协会成员通常根据行业协会的章程承担应诉义务，即不得拒绝参与、接受处理；c）主要采用书面程序处理；d）免费，双方当事人参与处理程序均无须交费；e）没有其他附带程序。

该制度处理投诉和纠纷的一般流程是：a）投诉—受理—协商。作为行业协会成员的各金融机构都设有专人负责与申诉专员联系并参与协商处理纠纷。金融消费者以书面方式提出投诉，如果属于申诉专员管辖权并符合受理条件，受理后首先将投诉内容向投诉对象转达，敦促其主动与投诉人协商，如双方协商达成和解，纠纷即可得到解决。一般时限为 1 个月，可适当延长。b）调解。如果协商不成，申诉专员可以作为中立第三方主持调解。在行业协会成员事先承诺的情况下，参与调解为其强制性义务；在法律规定调解前置的各州，申诉专员调解则属于法定必经程序。调解不成时，调解机构可出具调解终结书，当事人据此可以向法院起诉。c）调查—裁决。申诉专员可以独立进行调查，作出判断，提出调解建议，在调解不成时可以直接作出裁决。其中 5 000 欧元以下的裁决，金融机构通常承认其拘束力，消费者一方则可选择是否接受。这种程序强调行业协会成员的自律和义务，对于消费者一方更加有利。全部程序一般不超过 5 个月。①

（三）起诉前强制调解制度

1. 起诉前强制调解制度的建立

2000 年 1 月 1 日，《德国民事诉讼法施行法》第 15 条 a 款生效，正式确立了起诉前强制调解制度。其授权各州，可以规定以下争议诉讼的提起，只有经过在州司法管理机构设置或认可的调解机构的调解之后才被受理：（1）地方法院受理的财产争议低于 1 500 德国马克；（2）邻地争议，即《德国民法典》第 910、911、923、906 条，《德国民法施行法》第 124 条规定的争议，涉及经营活动的除外；（3）没有经过媒体、广播报道的个人名誉损害。强制调解先后得到了德国 16 个州中 9 个州的响应，它们先后制定施行了本州的调解法。

2. 起诉前强制调解制度的性质与特点

（1）属于前置性调解制度，具有强制性。通过这一制度，规定一些特殊类型的纠纷只有经过调解才可以进入诉讼，增加了当事人利用调解的机会，节约了司法资源；同时，通过赋予调

① 相关资料来源于王丽媛：《德国金融领域庭外纠纷解决机制概览》；托斯腾·霍歇（Thorsten Höche）：《德国私人银行的 Ombudsman 机制》；Gerhart Kreft：《德国私人银行 Ombudsman 实践》，收入中国证监会与德国国际合作机构金融改革项目举办：《（中德）金融调解实践研讨会会议资料》，2013 - 12 - 10。

解人对缺席的当事人罚款的权力，确保调解诚信、有效地进行，提高调解成功率和效率。

（2）属于法院外非诉讼程序。起诉前强制调解制度在德国历史上早有先例，其所依赖的调解机构和组织并非由法院组织或建立的法院附设调解，也不是由法院将已经立案的案件委托给ADR机构处理，而是通过法定的前置程序由社会性调解机构承担。调解机构不设立在法院，也不由法院组建，属于社会性非诉讼程序，仅作为前置程序与诉讼衔接。这样既可以有效地利用民间社会调解资源的优势，起到调解与诉讼分离的作用，同时法院无须承担组织、指导社会调解组织的责任，极大地减轻了法院的负担。这项制度与民事诉讼中的和解（法官调解）同时存在，相得益彰。

（3）具有多元化和灵活性的特点。法律允许各州具体实施，提供了一种ADR发展的新思路，即在法律确定基本原则、制度框架和程序规范的同时，保留较大的灵活性和发展空间：由各州自行决定是否采用，并授权各州根据本地区的实际情况（包括经济社会发展程度、文化传统、地方习惯、当事人的情况，等等），立足于现有的调解机构或社会资源，经济、有效地建立具有适应性的调解机制。

四、日本ADR的发展格局与模式

（一）ADR的构成、社会背景与基本类型

日本的非诉讼机制主要由法院调停制度、各种专门性的行政或准行政性ADR以及民间性（包括行业性、自律性、营利性等）程序构成。①

日本社会的一个独特现象是，在社会实现了现代化、进入高增长期之后，国民在利用诉讼的态度上并没有显示出所谓的“现代意识”，诉讼增长缓慢（破产案件除外）。围绕这个问题，日本学者和国际比较法学界曾展开过激烈的讨论，研究者注意到其中文化和制度两方面的原因。滨野良教授认为：法律制度的特征就是对纠纷进行“管理”，或行政主导性；而司法也在不断加强这种“管理”体制，因而形成了一种司法与行政合一的体制。这一纠纷管理体制的特征大致可以概括为：（1）小规模的司法：司法人员和法律职业的人数和司法权限均受到限制。（2）行政领域的总括性：行政机关管辖权明确，公众对行政的依赖意识较强。（3）法律咨询广泛的制度化与中立性：这种免费的咨询使当事人可以获得一般的法律信息，目的是实现不借助律师的“纠纷解决”。除行政机构的中立性咨询外，律师提供的中立性法律咨询也很普遍，在律师供应短缺的情况下能有效地控制诉讼的增长。（4）ADR的广泛展开，在制度上形成了许多裁判与调解功能兼具的纠纷解决方式。（5）以上的制度和做法，使日本法律具有对当事人之间通过法律进行对话或博弈的抑制作用：由于司法领域狭小，行政处理的范围相对较大，而且在司法过程中大量设置了促成和解的程序和机构（调解委员会与和解等），故总体起到了一种引导调解与和解的作用。这种纠纷管理体制模式不同于以司法为核心的体制——司法的作用更为广泛，个人以其权利为根据，启动国家权力，通过纠纷解决过程形成规则，而个人同样是对于国家权力的制约力量。日本的回避诉讼的体制既有文化传统因素，也被视为统治者处心积虑

---

① 参见范愉：《非诉讼纠纷解决机制研究》，225页以下，北京，中国人民大学出版社，2000，关于日本现代ADR情况的介绍。调停即调解，与中国古代对调解的用语相同。日本法院、民间或行政调解都称调停，并无区分。

的制度安排，相比之下，法院和律师的作用相对较小。[①]

尽管法学界存在争议，也并未出现“诉讼爆炸”和司法危机，但日本社会公众和当事人对于ADR显示出较高的认同。各种行政性和民间纠纷解决机构应运而生，在解决特殊类型纠纷中发挥着日益重要的作用，而法院也注重发挥诉讼中和解的功能。日本法学界普遍认为，ADR的利用既有扩大法律利用的意义，又有改善司法的价值。

小岛武司教授把ADR的功能归结为四点：扩大对法律的利用；促进对程序阶段的参与；整体协调；程序平等。[②] 而太田胜造教授所做的实证调查表明，在日本，法律在ADR中的作用存在三种不同模式：(1) 强调法律作为纠纷解决标准的ADR模式，广泛适用于交通事故纠纷处理中心、房屋建筑纠纷中央审查委员会、公共污染协调委员会和产品责任中心。(2) 以人情作为弥补与现实之间差距的工具，但法律仍为主要标准的ADR模式，适用于健康生活国家中心和东京的受害消费者救援委员会。(3) 由调解员针对案件自由裁量，在公正基础上予以解决，法院的民事调停和东京第二律师协会的仲裁中心采此模式。另一项调查也表明，法律在ADR中的作用与法律专家参与的程度直接相关。[③]

棚濑孝雄教授根据正义与自律的两大类型，认为，日本的交通事故纠纷处理中心的裁定程序属于正义/司法类型的ADR，“它是由学者、律师和前任法官组成的专家小组进行的，对结论附加理由的准审判性质的判断。以包括行政机关、保险公司、法院以及律师在内的社会整体上的赔偿的定型化、定额化的尝试为背景，这个中心也在不断开展与法院的定期恳谈，努力使模拟审判具有更高的准确度”[④]。日本的模拟审判式的ADR与美国的同类ADR不同，其中更多地加入了说服当事人的努力；自律倾向的ADR则主要体现在当事人对多种纠纷解决途径的自由选择上。

世纪之交，日本进行了整体性的司法改革，ADR的发展也被作为其中的重要内容。2004年12月日本制定了《诉讼外纠纷解决程序促进法》(ADR促进法)，旨在鼓励建立市场化等各类民间性ADR，并将其作为国家的发展战略，设定了准入标准和国家监管方式，向着ADR的多元化和职业化进一步发展。[⑤]

(二) 理念与程序设计方面的特点

1. 传统文化中“和”的理念对日本人的行为方式（包括企业管理模式）和纠纷解决影响至深，尤其追求情、理、法的结合。日本学者加藤一郎认为：“日本和美国在思考方法上存在差异，日本的看法是实体法经过适当变化后才予以使用，而美国的观点则是纠纷解决在既有法律基础上解决。在日本，人们强烈地倾向于认为，正确的解决最好在实体方面和程序方面都与现实相符。然而……美国和欧洲的主流观点是，ADR可以在程序方面灵活运作，但基本规则

---

① 参见［日］滨野良：《日本型管理システムとADR论议》，载［日］山田文等：《ADRの基本的视座》，43～50页，东京，不磨书房，2004。

② 参见［日］小岛武司著，陈刚等译：《诉讼制度改革的法理与实证》，181～182页，北京，法律出版社，2001。

③ 参见上书，186～187页。

④ ［日］小岛武司、伊藤真编，丁婕译：《诉讼外纠纷解决法》，13～14页，北京，中国政法大学出版社，2005。

⑤ 参见范愉、史长青、邱星美：《调解制度与调解人行为规范——比较与借鉴》，附录，北京，清华大学出版社，2010。

是按案件性质适用实体法。”① 日本ADR的基本理念是圆满地解决纠纷，其基本方式倾向于通过说服（包括权威影响力与和缓的方式）使当事人心悦诚服地接受处理结果，并由此最大限度地维系良好的社会关系。

2. ADR的设置和运行。早川吉尚教授将日本的ADR与美国的ADR进行了比较：（1）美国的调解等制度隐含着一种当事人排斥或厌恶第三人（调解者）判断的态度；而日本的调解则明显带有对第三人权威或判断的期待甚至依赖的色彩。（2）美国的调解人主要是通过程序促进双方当事人的和解；而日本的调解人则往往会通过自己的意见或建议促成双方当事人的和解。（3）美国的调解人往往是依靠个人的经验、能力和魅力发挥其作用的；而日本则非常重视调解委员会这样的集体体制，并注意以法官和非法律人士构成一种合理的调解员人事结构。（4）美国的调解以当面、同席调解为原则；但日本的调解更重视个别的（背靠背）调解方式。（5）美国的调解一般不限定调解的次数和时间；但日本通常有这样的限定。②

3. 由于日本社会对于行政机关比较信任，行政机关在执法和管理中参与纠纷解决程度较高、作用较大，所以各种行政性ADR（纠纷管理型ADR），如行政委员会、行政协调等十分发达，这成为日本当代纠纷解决机制的一个重要特点。

（三）专门性及行政性ADR

日本在20世纪后期以后建立、发展的一些专门性纠纷解决机制提供了一些具有启示性的经验。其中包括涉及环境污染、产品责任、医疗事故等领域的新型ADR，具体如下。

1. 公害等调整委员会

日本是公害诉讼出现较早的国家，曾积累了不少此类案例。但是，“因司法程序复杂，所以，审判所需时间长、费用高。而且，在诉讼中，尽管被害人应当自我负担费用进行调查，以及为自己的主张举证（辩论主义），但是导致被害的必要情报始终掌握在加害人手中，在很多情况下，加害人不予出示。另外，环境纠纷的解决，常常需要运用科学技术知识进行分析。而且，最近出现了不少与运输政策、废弃物政策等国家、地方政府的政策相关联的环境纠纷事件，法官没有有关政策的责任和经验。因此，在裁判中出现了这样的倾向，即行政性政策判断得到尊重，科学技术性判断得到尊重，在衡量和比较公共性与被害之间孰轻孰重时，公共性也更加得到了重视”③。

日本公害等调整委员会（公调委）是20世纪70年代日本政府“应经济界提出的由国家积极参与以实现纠纷的迅速化解决的要求而导入的一项纠纷处理制度”，公调委是依《公害等调整委员会设置法》而建立的专门性行政委员会，是对环境纠纷进行独立调查、处理的准裁判机构，并拥有准立法权。其成员是“从具有高尚人格、高水平学识的人中经国会认可、总理大臣任命而产生的”，有不少是大学教授、退休法官、律师、医生等，委员均为兼职，拥有身份保

---

① 转引自［日］小岛武司著，陈刚等译：《诉讼制度改革的法理与实证》，181页，北京，法律出版社，2001。日本的这一思维方式对美国的某些类型的ADR也曾发生过重要影响，例如小型审判。

② 参见［日］早川吉尚：《纷争处理制度中的权力性与ADR程序的灵活性》，载［日］山田文等：《ADRの基本的视座》，13～16页，东京，不磨书房，2004。

③ ［日］大久保规子：《行政机关环境纠纷处理制度的现状与课题——以公害等调整委员会的活动为中心》，载王灿发主编：《环境纠纷处理的理论与实践》，186页，北京，中国政法大学出版社，2002。

障。这一机构的功能涵盖了事后损害救济、迅速处理环境事件、协调环境政策以及通过事先论证防止危害发生等多方面，显示出极大的优越性。①

根据《公害纠纷处理法》，除了国家设立的公调委之外，各都道府县也设置了都道府县公害审查会。两者之间不是上下级的关系，而是对等关系。公害纠纷中除了一定的重要案件由公调委管辖，其余都由都道府县公害审查会管辖。公害纠纷处理手段包括斡旋、调停、仲裁及裁定。其中，裁定是经过调查取证作出的（准）司法判断，它可以分为判断有无损害赔偿责任及其金额的责任裁定，以及判断加害行为与受害发生之间因果关系的原因裁定。责任裁定不具有特殊的效力，但在裁定作出后30日内，如果当事人没有提起有关损害赔偿的诉讼，就视为当事人之间已达成了同意裁定内容的合意。裁定只能由公调委作出，都道府县公害审查会没有管辖权。事实上，公调委成立后受理的绝大多数案件都是以调停处理的，裁定适用的很少。②

公调委的成立宗旨和特点是，在适用法律解决公害和环境纠纷的同时，对当事人之间的利害关系进行积极调整。公调委的调停还具有以下特点：（1）程序的灵活性。通过调解可以突破许多实体法上的不足或空白，也可以在一些案件的处理中不拘泥于原来设置的举证责任归属，同时可以适当发挥信息公开和民众参与的作用。（2）与其他行政机构的合作。公调委不仅可以通过与其他行政机构的积极合作来解决纠纷，而且可以根据案件处理所获得的信息向有关政府部门提出政策建议和对策。（3）依据职权进行资料收集。在很多情况下，当事人一方提出的事实资料往往不够充分，难以支持其救济主张。公调委在这些情况下可依职权主动进行调查、收集证据。调查使用国家经费，无须当事人负担，公害调解中还采取各种措施尽量减轻当事人的经济负担。（4）调动公共舆论以促进纠纷解决。调解程序本身是不公开的，但是公害纠纷的社会性、公共性很高，社会对于其解决也给予很大的关注，因此，公调委在调解中有时会要求当事人参考舆论动向以解决纠纷，调解结果也尽可能在一定基础上向社会公开。（5）公调委在案件终结后的参与。为了保证调解结果能够真正实现，敦促义务人履行义务，公调委在调解协议达成后仍然积极参与后续事宜的处理，并将其视为自己的职责。

公调委建立以后，在日本的公害及其他环境纠纷的处理中发挥了很好的作用。日本学者认为，今后应致力于扩大其调整和管辖的范围，不仅限于民事纠纷，应把行政纠纷也作为其处理对象，并进一步扩大裁定的范围和效力。③

2. 劳动争议处理机制

21世纪之前，日本建立了行政性劳动争议委员会，主要用于解决集体劳动争议。由于个人劳动争议相对较少，因而其被作为一般民事纠纷以民事诉讼程序处理。进入21世纪后，针对个别劳动争议大量增加的情况，日本政府分别于2001年和2004年颁布实施《促进个别劳动争议解决法》和《劳动审判法》，建立了由三种程序构成的劳动者争议解决机制，体现了调解优先和三方参与的原则。分别是：（1）行政性调解。此即劳动主管部门主持的劳动委员会，成员主要来自律师、大学教授和劳动问题专家，通过向当事人解释法律和案例，促成双方达成调

① 参见［日］大久保规子：《行政机关环境纠纷处理制度的现状与课题——以公害等调整委员会的活动为中心》，载王灿发主编：《环境纠纷处理的理论与实践》，185页以下，北京，中国政法大学出版社，2002。

② 参见［日］小岛武司、伊藤真编，丁婕译：《诉讼外纠纷解决法》，73页，北京，中国政法大学出版社，2005。

③ 以上内容参见［日］小岛武司、伊藤真编，丁婕译：《诉讼外纠纷解决法》，71～76页，北京，中国政法大学出版社，2005。我国台湾地区借鉴日本的公调委制度，也建立了相似的制度，同样取得了较好的成效。

解。（2）准司法专门程序：劳动审判委员会。在全国 50 个地方法院（裁判所）内设立劳动审判委员会，当事人起诉后，即由劳动审判委员会进行审理，此为法定前置程序。劳动审判委员会为三方机制，由一名职业法官和两名分别来自雇主组织和工会组织的非职业法官组成。案件审理由职业法官主持，采用调解与裁决合一的程序。劳动审判委员会在查清事实，确定证据的基础上对双方进行调解，并可提出调解建议。双方达成的调解协议与法院的调解协议效力相同。如调解不成，劳动审判委员会则中止调解程序，依法定程序作出判决，类似劳动仲裁裁决，裁决结果须过半数委员同意方可生效。判决作出后，如当事人在两周内未提出书面反对意见，即发生法律效力；如当事人在两周内提出书面异议，则自动失效。（3）司法程序。此后，案件自动转入同一地方法院，按照普通民事诉讼程序进行审理。

3. 建筑工程纠纷审查会

建筑工程纠纷审查会是根据日本《建设业法》于昭和二十四年（1949 年）建立的，分为设置在省的中央建设工程纠纷审查会和设置在各都道府县的建设工程纠纷审查会。有关建设工程承包的纠纷往往包含着很多技术性事项，并涉及各种行业习惯，又特别需要尽早解决，因此，建设工程纠纷审查会针对建设工程纠纷的特点，设置了通过专家迅速解决纠纷的机制，其纠纷解决方式包括斡旋、调解和仲裁三种。建设工程纠纷审查会由 15 名以内的委员组成，包括法律专家和建筑、土木、设备等技术专家，可以是学者、资深法官、律师、建筑学家、研究员、设计师等，以及熟悉建筑工程事务的一般委员，可以是资深公务员等。委员受会长指定进行案件处理，但其管辖与处理权限和效力属于委员会。建设工程纠纷审查会处理的纠纷主要是有关建设工程承包合同的纠纷，最典型的是工程完成交付、瑕疵修补、支付拖欠的工程款等请求，以及承包合同派生的纠纷。

4. 金融 ADR

2009 年 6 月，日本《金融商品交易法的修正案》即《金融 ADR 法》全面实施，金融 ADR 制度的运作流程如下：（1）基于申请，由行政部门指定纠纷解决机构并予以监督；（2）金融机构与指定的纠纷解决机构之间事先缔结《同意实施程序基本合同》；（3）金融机构利用者与金融机构之间产生纠纷，可向指定的纠纷解决机构提出解决纠纷的申请；（4）纠纷解决委员实施解决纠纷的程序，提出和解方案；（5）金融机构通过和解方式解决纠纷。

行政主管部门指定的承担投诉处理与纠纷解决事务的机构是行业型金融申诉专员服务（financial ombudsman service，FOS）。其运行机制是行政指定和监督、民间行业团体主导实施，属于行政性解纷机制社会化模式。金融 FOS 主要受理解决金融消费者的投诉争议，以协商调解为基本解纷方式。

作为东亚地区率先导入 FOS 制度的典范，日本采用立法的形式保障解纷机制的权威性和高效性，对金融机构课以单方面强制性义务（具体包括金融机构与指定纠纷解决机构之间签订协议承诺提供资料等相关证据、接受裁决等创新性制度设计），实现了兼顾金融消费者保护和金融企业解纷的便利，达到了实质公平与经济效率之间的最佳平衡。对于 2011 年我国台湾地区导入 FOS 制度以及韩国制定《金融消费者保护法》都产生了重要影响。①

① 参见杨东：《日本金融 ADR 制度的创新及其对我国的借鉴》，载《法律科学》，2013（3）。

（四）各种民间性 ADR

1. 各种仲裁机构，包括日本国际商事仲裁、海事仲裁、律师协会的仲裁程序等。仲裁程序中都包括促成和解的功能。

2. 财团法人 ADR。比较典型的是交通事故纠纷处理中心，其中包括斡旋和裁定程序，处理除有关航空器、船舶、铁道事故以外的路上交通事故纠纷。其重要特点是根据交通事故的法定损害标准、过失相抵标准，预测审判的结果；当事人可以不通过诉讼而获得相对确定和合理的损害赔偿；中心经常应保险公司的要求，积极促进双方当事人和解。中立第三方往往由中心委托的律师担任，其做法通常是，根据有关法律对赔偿数额作出计算，提出斡旋方案。在无法达成和解时，即根据当事人的请求（一方当事人提出即可）作出裁决。裁定程序要求双方当事人出席，由 3 名以上的审查员组成审查会进行审理和裁定。交通事故纠纷处理中心处理了日本绝大多数的交通事故案件，例如 1996 年，处理的案件为 771 084 件，而同年全国地方法院和简易法院受理的所有交通事故案件仅为 7 604 件，调解受理的为 5 321 件。

3. 消费者中心和产品责任中心的 ADR。主持者或创办者基本上属于社团或行业协会的性质，广泛存在于各种行业和不同类型的产品领域，例如生活消费领域、汽车、化工、家用电器，等等。[①] 一般均包含斡旋、调解等程序，并可以应当事人要求或需要进行调查，提供咨询意见。咨询一般免费，但调解以及调查、鉴定等费用须由当事人承担。

五、澳大利亚 ADR 的发展格局与模式[②]

1. ADR 的基本形式。作为一个多元文化的移民国家，澳大利亚很早就开始利用非诉讼程序。20 世纪 90 年代以后，ADR 的利用发展达到了一个高潮。在澳大利亚，ADR 相当于广义的“调解（mediation）”，其分为：（1）谈判（交涉，negotiation），其中又分为双边谈判（simple bilateral negotiation）和第三方主持下的谈判（supported negotiation）两类。（2）调解，包括第三方消极参与的调解，即“conciliation”，中立第三方只为双方当事人提供谈判的场所和程序，不介入纠纷解决本身；以及狭义的“mediation”，即由中立第三方介入和主持的调解，由第三方帮助双方当事人整理争点、交换意见，相互协商、让步，并在双方要求的基础上进行协调，提出解决方案。（3）仲裁（arbitration）。资料显示，澳大利亚公民在解决纠纷时绝大多数选择非诉讼方式，调解已经成为一种融入社会和主体行为的文化。

2. 在澳大利亚，国家设立了 ADR 顾问委员会，2011 年颁布了《民事纠纷解决法》，规定当事人在提起诉讼之前，应尝试通过调解或其他 ADR 程序解决纠纷。由此形成了由民间、行政到司法的多元化 ADR 体系，包括公益性服务和市场化机制。建立了调解员行业协会，制定了严格系统的调解员认证体系和职业伦理，形成了高素质的调解员群体。提供调解等非诉讼程

---

① 参见［日］小岛武司、伊藤真编，丁婕译：《诉讼外纠纷解决法》，第三章，北京，中国政法大学出版社，2005；范愉：《非诉讼纠纷解决机制研究》，第三章，北京，中国人民大学出版社，2000。

② 参见［日］石川明编著：《比較裁判外紛争解決制度》，141 页以下，第 6 章，东京，庆应义塾大学出版会，1997；Richard Ingleby，*In The Ball Park：Alternative Dispute Resolution And The Courts*，The Australian Institute of Judicial Administration Incorporated，1991。

序服务的，大体有三种类型的机构。

（1）政府设立的公共性的机构。例如，新南威尔士州由政府设立的公共性的纠纷解决机关——公众司法中心（Community Justice Centres），受理各种类型的纠纷。金融消费争议申诉专员制度也运行良好。

（2）民间团体设立的纠纷解决机构。如家事调解中心（Family Mediation Centres），即为民间团体；澳大利亚商事纠纷中心（Australia Commercial Disputes Centre），以非营利性有限保险公司（non-profit company limited by guarantee）的形式运作。1995年澳大利亚颁布《投诉处理标准》，促进了行业调解的发展。

（3）法院附设调解（court-connected mediation）。在联邦法院和各州法院，都把调解作为案件处理的一环，根据需要加以采用。法院的调解一般有两种形态：一种是由法院委托调解组织进行处理；另一种则是法院自行依调解程序进行处理。联邦家庭法院通常把调解作为必经阶段。新南威尔士州的土地计划环境法院（Land and Environment Court of NSW）根据当事人的合意进行调解，所达成的和解协议具有法律效力。

澳大利亚的法院从1991年开始，经常连续设立“和解周”，在一定期间内，法院对各类案件都进行调解，效果很好。司法调解贯穿在诉讼各个阶段，主持调解的包括法官、法院调解员、司法登记官和司法事务官。

调解的启动程序，一般分为两种：一种是根据双方当事人的合意进行，即当事人根据事先在合同条款中对纠纷发生时的处理方法所作的约定，向调解机关提出申请。另一种是根据法院或其他政府机关的意见，将纠纷付诸调解解决。由法院或政府机关向调解机构提出委托，并亲自参与调解过程（例如由法官担任调解员）。近年来，国家通过法律不断扩大强制调解的适用，使调解已经成为诉讼前的必经程序。

3. 劳动争议调解仲裁。澳大利亚联邦政府根据《澳大利亚调解和仲裁法》建立了调解和仲裁委员会（ACAC），其主要职能是：促进劳资间的友好合作；鼓励调解并提供调解的方法，以达到缔结友好协议的目的，防止和解决劳资争议；提供防止和解决协议中未曾解决的劳资争议（包括有迹象可能发生的劳资争议）的方法。ACAC的解决过程非常迅速，要求以法律形式来处理，并有技巧性；促进遵守和执行协议，并为防止和解决劳资争议进行裁决；鼓励建立由雇主和雇员代表组成的调解机构，并根据法令进行注册；鼓励对注册的调解机构进行民主管理。

4. 家事调解。调解被作为家事纠纷解决的主要方式，1984年《家庭法条例》、2008年有关家事纠纷调解员的法律对调解员资格作出了细致规定；2008年制定的《家庭法修正法》对家庭咨询、家事调解和仲裁等方式作出系统设计，强调以未成年人利益为优先来解决家事纠纷。

5. ADR研究与教育培训。针对调解实践中的特点、优势和问题等，很多大学、法院及研究机构进行了大量深入、系统的理论分析和实证研究，提出了许多具体对策和改进措施。其中，“新衡平法论”（New Equity）、纠纷解决的“连续性理论”（Continuum Theory）和“女权运动”（Feminist Jurisprudence）等有关理论研究，针对当事人地位不平衡问题采取的对策独具特色。国家及各有关机构非常重视调解员的培训，制定了系统的调解员资格标准和行为规范。

案例分析

"9·11"事件受害者补偿基金

事实：

2001年9月11日，美国纽约世贸大厦发生恐怖事件，导致三千多人死亡，并造成数千亿美元的直接和间接经济损失。按照美国的传统和司法制度，围绕这些损害赔偿问题，此后将会相继发生数千件相关诉讼——针对航空公司、世贸中心或其他可能的被告（包括政府），甚至可能形成若干个集团诉讼；美国任何州法院和联邦法院都拥有管辖权、可以受理相关案件，诉讼司法过程可能长达数年甚至数十年，而且由陪审团或法官作出的巨额赔偿的裁判（其中至少有三分之一的赔偿会用于律师费）可能会使美国航空业及其他相关行业甚至政府陷入危机。为了避免这种困境，在"9·11"事件后11天，美国国会通过了一部前所未有的法案——《航空运输安全与系统稳定法》，旨在保护航空系统的稳定，限制事件受害者以疏于职守的罪名起诉航空公司。该法案规定所有相关诉讼只能由一个法院进行管辖，同时限定航空公司的赔偿额为60亿美金，即4架被劫持飞机的保险金总额。同时，为了使受害者得到有效合理的救济，法案决定建立一种新的救济途径。这样，法案为遇难者家属和幸存者设定了两种可以选择的途径：(1) 到指定的纽约州联邦法院起诉；(2) 放弃诉讼，选择加入一个由公共财政资助的专项补偿基金，一旦加入这个项目，他们将无须再证明被告存在过错责任，只需证明死亡或者受伤是因"9·11"事件所致，即可获得补偿。最终，98%的受害者家庭选择了通过专项补偿基金项目获取补偿。

国会授权司法部部长任命一位特别主事人，负责该项目的运作。有作为律师、检察官、政府顾问和调解人经历的范伯格被任命为特别主事人。在33个月的任期内，范伯格主持制定了详细的补偿基金实施细则。首先，确定了补偿的范围（主体资格标准）；其次，确定了补偿的具体金额，决定：确定的损失以侵权法原则作为评估依据，而精神损失则放弃侵权法及其证明标准，采用统一的标准补偿；最后，确定了应扣除的费用。为了保证基金顺利实施，并做到公平合理，范伯格亲自组织了九百多场听证会，倾听受害者的诉说和心声，直接处理具体的特殊个案问题，经过缜密的工作和大量努力，最终，在"9·11"事件中失去亲人的每个家庭平均获得了200万美金的补偿金，那些致残的受害者平均获得了40万美金的补偿金。此外，有94个受害者家庭决定起诉航空公司和纽约世贸中心，而不是接受补偿。几年以后，所有这些案件均以庭外和解告终。尽管这些和解结果是保密的，但可以合理推断，在扣除法律费用、诉讼费用、资金的时间价值之后，他们最终得到的赔偿金净值大多都低于从专项补偿基金获取的免税赔偿金额。①

分析：

美国"9·11"事件处理的专项补偿基金被视为处理大规模侵权事件的重要创新，与以往依赖普通侵权诉讼和集团诉讼等司法程序的思路不同，它显示出一种全新的理念——通过建立统一的、得到全社会政治支持的方式为受害者提供救济；受害者和美国民众共同参与官方的善

① 参见［美］肯尼斯·R. 范伯格著，孙伟等译：《补偿的正义——美国如何应对灾难》，54页，北京，法律出版社，2013。

后进程；在永不忘记那些受害者的同时，整个社会需要翻开新的篇章继续前进；对那些身处困境的人提供必需的经济援助。[①] 尽管这种处理程序是通过国会立法确立的个案特殊处理机制，而不是一种常规性机制，但是其中的理念、具体思路和操作程序，以及相对于诉讼的特有优势，都为此后其他国家和地区处理同类事件提供了有价值的参考。

我国与美国的社会环境和体制存在很大的差别，但在处理突发事件、群体事件和大规模侵权方面也有相似的社会需求和经验。2008 年发生的三鹿奶粉事件，涉及受害者近四十万人，在政府、行业协会和司法机关的共同努力下，通过政府先行救助、补偿基金和追究法律责任等一系列措施得以解决。此案提供了一些积极的经验，也暴露出我国相关机制的不足和问题，为此后类似案件的处理提供了参考。[②]

问题：

对“9·11”事件补偿基金与我国三鹿奶粉事件（以及 2015 年长江游轮事件、康菲公司石油污染等类似案件）的处理进行比较，分析其中的共性、差异和问题。

餐饮业能否限制“自带酒水”？

事实：

2006 年 9 月，王某（律师）等四人到某酒楼用餐，自带白酒一瓶。该酒楼服务员向王某出示了菜谱，菜谱最后一页写明：客人自带酒水按酒楼售价的 50%另收取服务费，如属酒楼没有的酒水，按 100 元/瓶收取服务费。王某用餐后，酒楼向其收取餐费 296 元，其中服务费（即开瓶服务费）为 100 元。后王某以酒楼开瓶费属格式合同和强制消费为由将其告上法庭。2007 年年初，北京市某区人民法院审理了这起案件，一审判决原告胜诉。法院认为，被告酒楼菜谱中关于自带酒水收费的规定属于格式条款，应为无效。酒楼向王先生收取 100 元开瓶费，有悖于《消费者权益保护法》（以下简称“消法”）的规定，也剥夺了王先生享有的自主选择商品或服务的权利，侵害了王先生的公平交易权，属于不当得利，应予返还。被告酒楼提起上诉。2007 年 6 月北京市某中级人民法院作出终审判决，虽然仍判决酒楼返还开瓶费，但理由完全不同。二审法院认为，对于收取开瓶费等加重消费者义务的重要条款，酒楼如果没有在特别显著醒目的位置进行提示，则无法推定消费者已经明知。因此，确定酒楼的行为侵犯了消费者的知情权及公平交易权。据此，驳回酒楼的上诉。对此判决，中消协认为，二审法院以消费者的知情权判决消费者胜诉，是尊重消费者权益的，是正确的。不过，即便酒楼有了声明、店堂告示，只要规定本身对消费者不公平、不合理，仍属违反消法的行为，其规定应是无效的。而烹饪协会则认为，开瓶费实际上是一种服务费，国内外都有惯例。在二审判决中，法院把酒楼败诉理由改为“店堂内没有明确告知”，尽管酒楼仍然要退还消费者 100 元，但实际上使“开瓶费”合法化。

分析：

1. 很长时期以来，关于餐饮业能否限制“自带酒水”一直存在较大争议。一些消费者和

① 参见［美］肯尼斯·R. 范伯格著，孙伟等译：《补偿的正义——美国如何应对灾难》，60 页，北京，法律出版社，2013。

② 参见范愉：《群体性侵害事件的多元化解决——三鹿奶粉事件与日本 C 型肝炎诉讼案的比较研究》，载《法学家》，2009（2）。

消费者协会认为，这种限制属于餐饮行业的“霸王条款”，限制了消费者的消费选择权和自由。而餐饮行业协会方面则认为，由于餐饮业服务的特殊性，该限制符合行业惯例和市场规律，因为，一方面顾客在店内饮用自带酒水需要付出服务、场地、用具等经营成本，应合理收费；另一方面，自带酒水一旦出现食品安全等问题，很难分清责任，对其进行限制也是一种对消费者和自身的保护措施。在学术界和司法实践中也存在着两种截然不同的意见：一种意见认为限制自带酒水不符合消法规定，侵害了消费者的选择权和公平交易权，属于“霸王条款”，应予禁止；另一种意见则认为，在市场经济条件下，经营者的合法权益也应受到保护，某些行业的合理惯例和行业标准等也应受到尊重。餐饮行业的限制如果是事先明示并告知的，应视为一种要约邀请或合同条款，消费者有接受或拒绝的自由，因此并不属于强制消费或侵犯消费者权益的行为。

2. 两审法院尽管都判决酒楼返还消费者开瓶服务费，但实际上分别代表了两种不同观点。一审法院认定酒楼关于开瓶费的规定属于无效合同条款，判定饮食行业限制自带酒水和加收服务费的“惯例”违法；而二审法院则是以未明确告知为由支持返还“开瓶费”的一审判决，事实上承认了行业惯例的合法性。这两个判决显示，对于消法确实存在不同的理解和解释，而我国公众对行业惯例的认同程度较低，在这种情况下，法律和司法政策的不确定容易导致纠纷，此类案件之所以在各地不断出现，正是因为这种不确定性。

3. 随着社会的发展，消费者权益越来越受到重视和保护，但保护市场的公平交易和安定同样是消法的宗旨。为了保证利益的平衡，当代世界各国往往通过行业协会及其自治与消费者团体的平等对话和自由博弈来形成合理的秩序。在不同国家和地区，行业惯例的作用和行业自治程度各有不同，但只要其具有合理性，均会受到尊重和保护，例如很多国家都有收取“小费”、特殊服务费，旅店业必须在中午之前结账等惯例。在合理的制度下，经营者的合法利益与消费者权益可以并行不悖，而适当尊重行业惯例，促进消费者与经营者之间的协商已经成为当代社会的重要课题。为了避免纠纷不断发生，应尽可能由立法机关制定明确的法律，并由主管行政机关通过管理规制加以规范化。北京市工商局拟定的《北京市订餐服务合同》范本中，已经明确订立了就酒水是由餐饮企业（乙方）提供或消费者（甲方）自带，双方可以进行选择、约定的条款。这样，消费者就可以根据餐饮企业提供的价格、品种、自带酒水是否需要收取服务费等进行协商约定，并约定违约责任和纠纷解决方式。由此既可避免此类纠纷的发生，也可使餐饮业者和消费者的利益得到兼顾，通过协商达到合理的解决。

问题：

市场机制下的纠纷解决有什么特点？行业协会在纠纷解决中有什么作用？怎样更好地解决“霸王条款”的问题？

深度阅读

1. 黄宗智．民事审判与民间调解：清代的表达与实践．北京：中国社会科学出版社，1998

2. 强世功编．调解、法制与现代性：中国调解制度研究．北京：中国法制出版社，2001

3. ［澳］娜嘉·亚历山大主编，王福华等译．全球调解趋势．北京：中国法制出版社，2011

4. 齐树洁主编：世界各国调解制度，厦门：厦门大学出版社，2018

5. ［美］斯蒂芬·B. 戈尔德堡等著，蔡彦敏等译．纠纷解决——谈判、调解和其他机制．北京：中国政法大学出版社，2004

6. ［日］小岛武司，伊藤真编，丁婕译．诉讼外纠纷解决法．北京：中国政法大学出版社，2005

7. 范愉．委托调解比较研究——兼论先行调解．清华法学，2013（3）

问题与思考

1. 简述当代非诉讼程序的主要来源及同异。
2. 简述中国的调解及非诉讼程序的历史沿革及各时期的特点。
3. 怎样理解世界各国非诉讼纠纷解决机制发展的共同趋势？
4. 影响非诉讼程序（ADR）发展的社会因素主要有哪些？
5. 如何理解 ADR 运动及民事司法改革的三次浪潮？
6. 概述世界 ADR 运动的社会背景和发展进程。
7. 日本近现代调停制度建立的社会意义是什么？
8. 中国近现代调解制度的功能和意义是什么？
9. 美国当代 ADR 的发展阶段及理念基础是什么？
10. 简述英国民事司法改革与 ADR 的关系。
11. 以德国和日本为例，考察分析金融申诉专员制度的程序设计、功能和意义。
12. 阅读《联合国关于调解所产生的国际和解协议公约》（《新加坡公约》），分析其创新与意义及发展前景。

第三章 非诉讼程序与纠纷解决实务

本章重点知识

- 非诉讼程序的多元模式与类型
- 谈判
- 调解
- 仲裁
- ADR 的基本方式及混合方式

第一节 非诉讼程序的多元模式

协商、调解、裁决是纠纷解决实务中采用的基本方法。在不同的制度和程序中，或针对处理不同类型的纠纷（如劳动争议、家事纠纷等）的实际需要，这些方法可以体现不同的价值取向，回应当事人的不同期待。以调解为例，其既可以是民间非正式的熟人调解，也可以是职业化、专业化和制度化的调解，还可以由法官在诉讼中进行，由此形成不同的目标、方法和效果；其中不仅调解人会扮演不同的角色，解纷的依据也各有侧重。了解非诉讼程序的多元性和各种模式，是掌握解纷实务技能的基础。

一、非诉讼程序的功能及类型

（一）中立第三方的基本功能

非诉讼程序的不同模式首先体现在中立第三方，即解纷主体（调解人、仲裁员）的作用上。在具体的解纷过程中，解纷主体不同程度地具有以下三种功能。

1. 中介功能，是指解纷主体在促成和解方面的作用。主要包括：(1) 在当事人之间对话存在困难时，为他们提供沟通渠道，并在一方当事人不便提出要求和主张时，代替他们转达。

(2) 通过解纷主体，使当事人的要求转化为更具明确性、客观性的主张，变得更具说服力，使合意容易形成。(3) 解纷主体的威信和影响力，迫使对方当事人不得不作出负责的回答。总之，中介功能旨在使无法自发地通过协商解决纠纷的当事人走到一起、相互沟通，认真负责地提出主张、进行协商，为促成合意创造基本条件。

2. 判断功能，即解纷主体针对当事人提出的事实和主张作出实质性的判断，以期在此基础上形成合意。主要包括：(1) 判断基本事实和双方的争点所在，帮助当事人理清思路。(2) 发现双方的合意点，找到判断的标准或规范。一般是根据社会常识、法律规范、纠纷本身的事实关系和当事人潜在的合意愿望作出。(3) 选择有利于促进合意的方法、手段，引导或促进双方当事人认同和接受所达成的判断，形成合意。

3. 强制功能，是指解纷主体以其可以控制的资源特别是以制裁（明显的或潜在的不利后果）、奖励、公共舆论等为后盾，引导当事人接受解决方案的作用。各种非诉讼程序，即使是斡旋和调解，都需要在一定程度上对双方当事人施加强制性影响，尤其是在法律规则确定、争议事实清楚或强调效率的情况下。可控制的资源包括：依据的客观性、判断本身的说服力或权威性、纠纷处理机关的权威性和社会压力等。调解组织和调解员在调解中对当事人进行说服、引导，以及在当事人行为不当时加以劝告、批评、制止等都属于适度的强制功能。但在协商性程序中，强制功能必须通过当事人的认同和自愿发挥作用。

（二）非诉讼程序的三种类型

根据功能侧重、价值取向、中立解纷主体的作用及性质定位，可将 ADR 分为三种基本类型（见图 3-1）。①

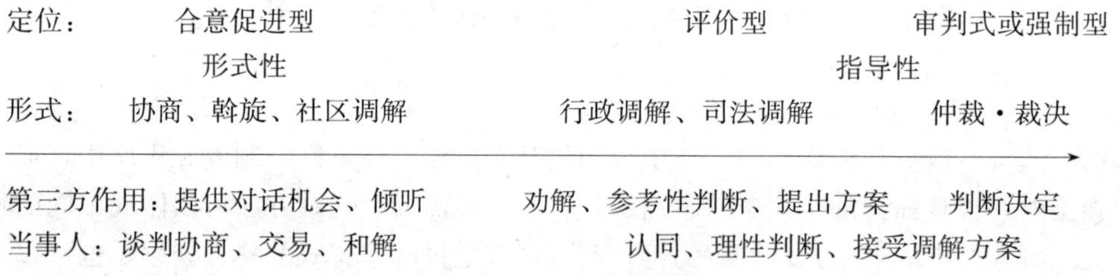

图 3-1　ADR 功能坐标

1. 合意促进型。此类调解原则上以促进合意为基本目标，调解人主要是发挥中介功能，为当事人提供对话和沟通的渠道，促进当事人自行达成合意，一般不向当事人提供意见、建议和判断。尽管调解人也具有判断功能和强制功能，但只是间接的、附属于中介功能的。合意促进型的重要价值和社会功能，如协商、参与、人际关系维系、高度的自主性等，是其他类型所不能取代的。尽管在现实的纠纷解决过程中，调解人的介入越来越积极，但只要坚持合意促进型的基本原则，未采取不正当的诱导或欺诈等手段，未强制当事人接受调解过程和协议，就不违反其基本宗旨。

2. 评价型。对于注重解纷效率、成本等价值的当事人而言，往往对循循善诱的劝说毫无

① 参见 Edward F. Sherman 著，大村雅彦编译：《ADRと民事訴訟》，8 页，东京，中央大学出版部，1997。

兴趣，也不愿把讨价还价的过程拖得过长，而是期待对该纠纷处理的结果特别是判决结果作出尽可能准确的评估，据此形成自己的妥协或和解底线。评价型 ADR 的功能就是满足这种需求，因而多由资深律师、退休法官或专家担任调解员或仲裁员，根据其经验、专业判断为当事人提供意见、施加影响，使他们尽快明确自己的权益以及法律上的优劣所在，放弃不切合实际的要求，作出协商和妥协的努力，从而迅速解决纠纷；也可以根据当事人主张、陈述以及证据交换情况，对纠纷本身的事实关系和法律结果作出大致的判断，提出调解建议。评价型 ADR 同样要求第三方保持中立，但其评价和判断功能超越了传统调解，重点是追求效率和符合法律处理的结果，依然保留了合意、自愿的基本形式。法院附设 ADR 及律师调解以评价功能见长。在交通事故处理程序中，由于法律规定明确（包括事故责任分配和赔偿标准），由法定机构进行责任认定，并可由保险理赔，因而通常采用评价型模式。

3. 审判式或强制型。这种类型在形式上是审判的再现，与传统的以促成合意为目的的非诉讼程序有所背离，其目的是尽可能以较低的成本获得最接近于审判的结果。其基本条件或者是有法律依据，即由立法所确定的特定程序，如强制仲裁及行政裁决；或者是通过当事人双方的约定，基于特定的理由放弃诉权，如普通商事仲裁、美国的租借法官审判以及欧洲监察专员的裁决等，往往采用调解与裁决相互衔接的程序。

（三）从合意到强制的功能坐标

以上三种类型的非诉讼程序实际上都是以中立第三方的作用为坐标的。解纷主体的地位、身份、专业背景等的不同，会使其在纠纷过程中的作用（包括强制功能）截然不同。而纠纷解决机构根据其制度、程序和方法，分别侧重于中介、判断和强制功能，在功能定位或取向上亦存在着显著差别，既可以分为合意促进型、评价型和审判式三种类型，也可以分为形式性（formality）和指导性（directiveness）两种取向。形式性或中立性 ADR 强调中立第三人严守中立，不对当事人纠纷作出评价或判断，旨在为当事人提供一种对话的渠道，促进和解；而指导性 ADR 则能够为当事人提供最接近判决（裁决）的法律意见。

西方国家曾将 mediation 与 conciliation 作为调解的两种不同方式加以区分，还提出了其他分类方法，如辅助型（合意促进型）与评价型，转变型（治疗型）与评价型（法律型）二分法等。澳大利亚学者 Boulle 将调解分为四种类型：（1）解纷型（settlement）调解，也称妥协型（compromise）调解，调解人的作用在于测定当事人的“底线”，通过说服性干预使双方当事人改变立场，逐渐向折中点靠拢。（2）辅助型（facilitative）调解，又称利益基础型（interest-based）调解或解决问题型（problem solving ）调解，调解人的作用是指挥调解程序的运行，在当事人之间保持建设性对话，增进当事人之间的沟通与交流。（3）治疗型（therapeutic）调解，又称和解型（reconciliation）调解或转变型（transformative）调解，调解人的作用在于在调解之前或调解过程中利用专业治疗技巧诊断并处理人际关系问题。（4）评价型（evaluative）调解，又称顾问型（advisory）调解或管理型（managerial）调解，调解人的作用是向当事人提供额外的信息和建议，进行劝告，并对谈判的实质性内容提供专业意见。[①] 这些分类旨趣大同小

---

① 以下内容参见 Laurence Boulle & Miryana Nesic，*Mediation：Principles Process Practice*，Butterworths（London，Dublin，Edinburgh），2001，pp. 28 - 9。

异，说明了调解本身的多元化。西方国家早期的调解（mediation）强调调解人的消极中立及合意促进作用，反对调解人在调解中发挥积极作用，如提供参考方案、预测审判结果、发表专家意见等。但随着调解和ADR发展的多元化和不断创新，为适应当事人的多种需要，在一些新型调解（conciliation）如劳动争议调解和法院调解中，越来越多地强调调解人的指导性和评价性功能，并促进了这类调解的发展及其与裁决方式的融合。在现实的纠纷解决中，合意促进型调解与协商、斡旋难以截然区分，而指导性调解往往与裁决只有一步之遥，并往往导向调解与裁决（审判）的合一（调裁合一和调审合一）。

相比之下，由于社会、文化传统、体制和公众习惯等因素，我国历史上存在的各种调解都比较重视调解人的权威性、判断能力和强制作用，无论是在诉讼、仲裁还是调解中都存在调裁不分、对当事人的作用重视不足、职权色彩过重的特点，在实践中也容易出现违背当事人合意和自愿的问题。因此，在民事审判方式改革中，曾一度将调审（裁）分立作为改革目标。但是，由于调裁合一已经成为我国的传统，当事人对此有较高的认同和依赖，加之当代非诉讼机制已经出现了多元化调解模式甚至调裁合一的形式，所以，关键的问题并不是必须实现调裁分立或分离，也不是仅仅提高调解协议的法律效力或强制力，而是应在承认多元化调解模式及调解人积极作用的合理性的同时，注重保证当事人的自愿和调解的公平，强调当事人本人的参与作用及诚信，以增强调解的合意性。亚洲一些国家和地区的调解多倾向于权威型的指导性调解，当代新型解纷机制往往采用调裁合一模式，但都以促成和解为核心目标。

二、调解的四种模式

（一）功能与价值坐标

日本法学家棚濑孝雄在研究法制化社会的调解时，曾以一个精辟的模式分析表明调解的功能定位（见图3-2）[①]：

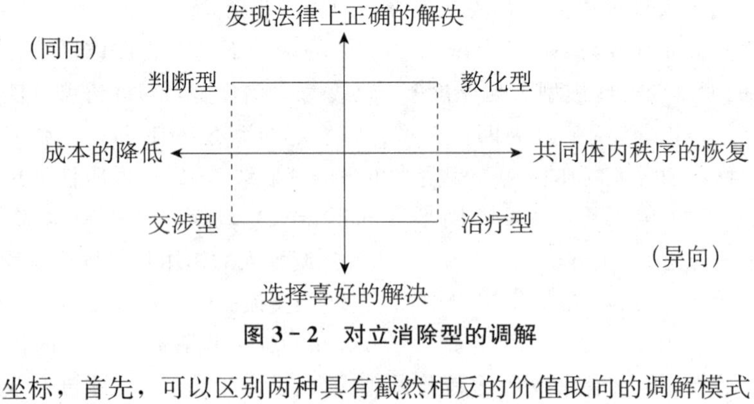

图3-2　对立消除型的调解

根据这一坐标，首先，可以区别两种具有截然相反的价值取向的调解模式：一个是积极回答对审判式处理的期待，努力与这种要求保持一致的方向（与法律同向）；另一个则相反，旨在寻求与审判不同的调解自身固有的处理（与法律异向）。同向的调解主要作为补救审判能力

① 参见［日］棚濑孝雄著，王亚新译：《纠纷的解决与审判制度》，52页以下，北京，中国政法大学出版社，1994。

不足的辅助体系，来回答对审判式处理的期待；而异向的调解则在整个社会的纠纷解决机制中作为一种独特的方式存在。

其次，根据调解在功能上强调的重点不同，可以用两个分化轴予以表示：一个分化轴表示调解的基本功能是降低成本或恢复共同体的秩序。尽管这两个功能通常是调解所追求的并列目标，但是在实际的调解中，它们分别给合意的形成以特殊影响。另一个分化轴表示调解的基本目标是发现法律上正确的解决（合法性）或当事人选择自己偏好的解决（自主性）。这两个目标在现实的调解过程中总是相互重叠、相互影响的。之所以将它们分置于对立两端，是因为调解经常是在规范制约与个人选择不能调和的情况下开始的，而把重点放在哪一个功能上总是在获得合意的过程中不得不作出的困难选择，这一选择能够决定调解本身的基本性质。以这两根轴构成一个坐标，根据调解与审判式处理相对应而形成的性质或位置，就得到四种调解的基本类型，即判断型、交涉型、教化型和治疗型调解。因它们都以消除当事人之间的对立为基本目标，所以总称为“对立消除型的调解”。

（二）四种调解模式

1. 判断型调解。判断型调解即把发现法律上正确的解决（合法性）作为首要目标，同时把降低成本作为调解固有的价值。其理想是：在节约费用、提高效率的前提下尽量实现接近审判的解决，立足于把调解作为向社会普及法律和更广泛、成本更低地实现权利的重要手段。然而，这种类型的调解存在一种重要缺陷，即调解者在作出判断时的主动性与其强制能力（权威和正当性）之间不对称，这使它实际上几乎不可能在其理想的状态下实现制度化。因为，判断型调解必须高度模拟审判过程，才能满足当事人对判决信息的需要，这样，判断者（法官）与调解者就容易发生身份和作用上的错位。因此，这种类型的调解往往面临一种内在的制度性矛盾，例如正当性与效率的矛盾，从而导致其或者回归审判，或者向相反的目标转化。为了更好地达成当事人之间的合意，最终可能会转向其他类型的调解。诉讼调解可以说是这种调解最典型的模式，退休法官和法律职业人担任调解员时，也容易形成这种取向。这种模式在符合当事人需求、具有效益优势的同时，存在不利于调动当事人自身的参与和作用、协商的空间相对较小、灵活性不足等缺点。

2. 交涉型调解。交涉型调解也是把功能上的重心置于成本的降低（简易性）上，但与判断型调解相反，其目的不在于发现法律上的正确解决，而是把节约成本放在第一位，并不惜为此降低法律上的正确性。也就是说，其依靠当事人根据期待达到的目标和所愿付出的成本进行衡量和计算，达成合意。在事实和规则清晰、争议标的较小的情况下，这种交易比较容易实现；然而，在相对复杂的纠纷中，如果完全没有强制和规则为前提，当事人的计算和选择往往不易实现，在合意难以达成的情况下，最终仍需借助一定程度的判断，即转而向判断型调解回归。例如，在纠纷解决过程中，当事人为了节约成本，往往不得不简化对话和协商的过程，求助于权威性机关，这就意味着承认调解者的判断。通过法律规则的明确化、赔偿标准和数额的精确化，以及纠纷解决机关对同类纠纷处理的常规化，可以有效地提高交涉的使用率和成功率，例如对交通事故的处理。

3. 教化型调解。在这种模式中，所谓正确解决的标准与严格依法的模式完全不同，它认为，“依照法律而得到的解决，由于其只问权利义务的有无，往往排除了本来应该从纠纷的背景、当事者间的关系等纠纷整体上的性质出发寻找与具体情况相符合的恰当解决这一可能性。而且，由于强调权利排他的绝对的归属，所谓依法的解决常常导致当事者之间发生不必要的感情对立，不仅不能助长合理解决问题的态度，还会引起当事者之间的长期不和。尤其是在持续的相互关系下发生的纠纷，或者在解决要求当事者一方长期持续地履行义务等情况下，这种依法的解决更成问题”①。因此，教化型调解不去谋求审判的再现，而以发现调解自身特有的正义或合情理的解决为己任，以实现某种社会连带关系作为目标，追求“圆满的解决”、人际关系的维系和秩序的安定化。此外，由于这种模式所追求的是常识化的纠纷解决，不需要高度依赖法律知识和法律职业，因而可以节约纠纷解决的资源和成本。传统调解和现代社区调解、商事调解都有这种特征，但必须以存在特定的共同体和人际关系为前提，双方当事人须对所适用的社会规范认同。这种模式有利于在纠纷解决的同时增加共同体成员的认同感和凝聚力，维护道德和人际关系的和谐。

4. 治疗型调解。这种模式把纠纷视为人际关系的一种病理现象，试图通过广义的人际关系调整方法来治疗病变，使其恢复正常。根据这种理念，为了从根本上解决纠纷，应该从纠纷产生的深层原因入手，通过调整当事人在人际关系上的不正常状况来解决纠纷。这种模式追求的结果与审判完全不同，与其说是法律上的纠纷解决方式，毋宁说是一种心理治疗。其纠纷解决功能的实现，主要取决于纠纷类型及当事人的特定性，例如婚姻家庭关系等。在实际运作中可能与其他目标相近的类型相互结合发挥作用，如教化型或交涉型等。

（三）不同模式的制度设计

上述四种调解模式的分类和功能定位，对于非诉讼程序的制度设计所具有的意义如下。

1. 任何一种模式都存在某种内在的矛盾或局限性，特别是当事人的自主的、选择的合意达成，与第三者的强制性和判断之间的矛盾：如果完全不借助第三者的判断或介入，所谓“理想状态的对话”实际上很难实现；然而，如果以发现“法律上的正确解决”为目的的判断在调解中占据了中心地位，就会对合意形成机制的压迫，从而最终改变非诉讼程序的性质。在缺乏程序和制度保障的情况下，这种转化必然危及调解的正当性和当事人的利益。因此，非诉讼程序的设计必须考虑到其特定目标和需要，合理设定强制性的边界与限度。

“法律上的正确解决”，主要是指纠纷解决的依据和结果与法律的具体规定之间是否契合，并不完全等同于“合法性”。现代调解要求合法性和正当性，但这并不意味着在调解中必须或只能以法律规则为依据。具体而言，其原则是：（1）合法性一般指不得违反法律的强制性、禁止性规定，还包括程序上的要求，如自愿、公平等，在这个意义上，所有的调解都应该是合法的。但是，不同的模式在程序方面的合法性要求存在不同的尺度，法院调解一般需要严格遵照法律授权和程序规范，而一般民间、社区调解只要不是法律禁止的（例如由国家司法机关专属管辖的）都可以进行，包括受理纠纷的类型、调解的方式等。（2）在纠纷解决依据方面，法律本身就存在大量任意性规范，可以由当事人自由处分，而如果将“法”视为包括公序良俗和自治规范在内的广义的规范体系，那么无论哪一种调解都不可能脱离法律的框架，即所谓“法律的影子”。判断型调解追求的是以法律规范作为基本标准，调解人致力于使调解的结果尽量接

---

① ［日］棚濑孝雄著，王亚新译：《纠纷的解决与审判制度》，62页，北京，中国政法大学出版社，1994。

近于判决，但是在缺少明确的法律规范或法律处理结果明显不佳的情况下，调解则会以其特有的灵活性，寻找更好的方案。同时，交涉型调解也是依靠法律规则的精确性和结果的可预测性赢得效率的。相比之下，教化型调解与治疗型调解则更重视自治和修复的价值，并不追求简单地以国家法作为纠纷解决的依据，而是期待以更适合的规范寻求更圆满的解决结果。[①]（3）鉴于各种调解对法律判断的依赖程度各有不同，就需要对调解人的资质加以规范，例如，法院调解和其他判断型调解应主要由法官、退休法官、律师等担任调解人，治疗型调解应以心理咨询专家、家庭与未成年人保护社会工作者等专业人士为主，教化型社区调解则更应依靠本地德高望重和热心公益事业的经验人士。

2. 不同时期和不同类型的非诉讼程序所追求的价值目标可以是多元和各有侧重的，如简易化、低成本，或当事人之间的协商对话以及人际关系的恢复和治疗等。例如，在社会诉讼压力较大、“案多人少”的情况突出时，往往需要把效率和降低成本作为优先选择；而如果更关注纠纷解决的实际效果，如“案结事了”，就需要更多地在符合情理、减少对抗性、疏解情绪、修复关系等方面下功夫，以利于达到更符合实际的解决和切实履行。再如，对于事实清楚、情节简单的纠纷，既可以直接交涉，也可以求助权威评估判断结果，使当事人明确交易的范围和底线，尽快达成解决方案，从而最大限度地节约成本，避免冲突的扩大和升级。例如，交通事故处理法律规则的系统化、处理机制的专业化、责任认定和赔偿标准的精密化，使交涉型调解或判断型调解能够发挥最大优势。反之，涉及密切和长久关系，如家庭成员和长期合作者之间的纠纷，应将重心置于关系的恢复或维系，重在化解当事人之间的感情障碍和整体地解决问题，面向未来，追求各方利益最大化。在这种情况下，教化型调解与治疗型调解或许更为适合。

总之，纠纷解决机制不仅仅是被动地回应社会纠纷解决的需要，也能通过其社会功能影响当事人的生活方式和社会文化，包括道德维系、心灵慰藉、心理疏导及共同体和社会凝聚力的维护，尽可能运用协商性方式解决纠纷，这有利于提高社会的自治能力和诚信度，减少对国家权力的依赖。在这个意义上，无论是特定文化、社区还是市场经济、城市化和陌生人社会，无论是利益之争还是涉及身份关系的争议，无论是常规、琐细纠纷还是重大、群体性冲突，都可以选择不同的谈判、调解等方式处理。

3. 非诉讼程序的设计，必须考虑到如何为当事人提供一种公平的协商对话途径，避免被滥用或转化为一种“恣意”的过程。任何类型的非诉讼程序最终都是以当事人的合意作为其正当性之根据的，因此，防止滥用的关键就在于保证合意的真实性。也就是说，非诉讼程序归根结底是为当事人的平等对话提供中介渠道，通过其判断功能为当事人提供权威性意见，通过其特有的影响力对当事人形成间接的强制，其根本目的是促成当事人达成合意。设计非诉讼程序，实际上就是在如何及时、有效地促成合意与避免“恣意”之间找到合理的平衡点，而其中，当事人自身的能力、理性和中立第三方的因素相互作用，决定着非诉讼程序的效果、效益和公平性。在这个意义上，判断型调解尽管凸显了调解人的法律判断能力和强制作用，但仍须以当事人合意为基础，当事人的处分权应优先于调解人（包括法官）的职权。[②] 过度强调调解

---

① 日本最初在建立调停制度时，为了强调调解与审判的区别，曾提出调解主要应依据“条理”，即情理、惯例、道德、常理等解决纠纷，而不强调“依法调解”，就是基于这样的考虑。

② 但当事人可以通过授权（明示或默示）允许调解人在调解不成时，行使裁决权，并承诺接受裁决。如调解与仲裁的结合、调解中的决定以及调解与仲裁结合的小额诉讼模式等。

人的职权可能使调解转化为判断或裁决，强化其强制功能，导致“强迫调解”，使调解失去正当性。此外，在缺乏相应法律规制和社会诚信的情况下，过度追求提高调解协议（和解）效力、直接赋予调解协议强制执行力也存在极大社会风险，容易诱导所谓“虚假调解”行为，增加司法救济的负担和难度。

三、ADR 的基本方式及混合方式

综上所述，非诉讼程序的功能和形式是多元的，而在具体的纠纷解决中，不仅需要慎重选择适当的类型或模式，而且要选择适当的方式。在当代各种非诉讼纠纷解决方式中，利用率最高的是协商、调解和仲裁，它们也被称为非诉讼程序的“基本”（primary）方式，而每一种具体方式也依其所属的类型或模式而功能各异。此外，在这些基本的和传统的非诉讼方式基础上，不同国家、地区和社区还存在形形色色的综合性或混合性（hybrid）ADR。

美国 20 世纪后半期所创建的混合性纠纷解决程序（Hybrid Dispute Resolution Procedures），包括早期中立评估、专家鉴定评价、小型审判、模拟陪审团等介于谈判（协商）到仲裁之间的不同方式（参见第二章）。随着 ADR 的发展和广泛应用，各种方式之间也在不断发生统合和创新，例如调解与仲裁的结合（med-arbitration）等。

在其他国家的纠纷解决制度和程序设计中，混合方式也成为普遍的趋势。例如，欧洲一些国家处理消费者争议的申诉专员（ombudsman）机制，由独立的申诉专员处理投诉，首先敦促被投诉方自行与投诉人协商处理，如协商不成再出面调解，而调解不成时则可直接作出裁定。在传统的调解中，为了避免调解功亏一篑，也开始引入裁决机制，如日本调停中的决定等。当代各国劳动争议和消费争议处理程序往往都采用调解与仲裁（或评议）相结合的模式。

实际上，各种混合方式都是协商、调解和裁决方式的组合，并辅之以事实和证据调查、专业评估（包括对价格、质量、损害后果和责任的专业判断）、鉴定、专家意见等技术环节，根据特定纠纷解决的实际需要以及当事人的选择，发挥各自的作用。由于 ADR 以协商式解纷方式作为根本，本章重点对协商、调解的原理、实务技能和行为规范进行系统阐述，而将仲裁作为一种制度或程序在第五章加以介绍。

第二节　谈判（协商）

一、谈判（协商）的概念、特征和功能

（一）谈判（协商）的概念

谈判（协商，negotiation），或交涉、商谈、磋商，是一种旨在相互说服的交流或对话过程，其实质是一种双方的交易活动，目的是达成合意。现实中的谈判（协商）形式极其丰富多样，可以根据不同的标准对其进行分类，首先可以区分为交易型谈判与纠纷解决型谈判（协商）。

交易型谈判是旨在使谈判各方建立或进入某种法律关系或状态而进行的谈判。其要点是事

先通过确定规则、各方权利义务、行为准则、程序、监督制约机制和法律责任等建立特定的关系和秩序。各方通过谈判，充分进行沟通，达成各方均可接受的交易结果。一般的商务谈判、国际条约谈判和大量政治外交谈判，有关劳动关系、社团或物业小区章程等方面的集体协商，以及日常生活中的合同协商（继承、婚前协议及各种合同）都属于此类。交易型谈判的结果一般是互利的。

在纠纷解决的意义上，谈判（协商）是一种纠纷解决方式，即双方（或多边）当事人为了达成和解（特别是诉讼外和解）的协商交易过程或活动。[①] 纠纷解决型谈判（协商）是指在纠纷发生后，当事人各方为了解决纠纷而进行的协商处理。其要点是：(1) 是针对已经发生的纠纷所进行的事后处理；(2) 协商是当事人之间的自主行动，没有第三方介入；(3) 协商的目的是解决纠纷，达成和解。当事人自行谈判（协商）所达成的协议，性质相当于契约或对原有契约的变更，对当事人具有契约上的约束力。

谈判（协商）是历史最悠久，也是最常用的纠纷解决方式，由于这种方式无须借助第三者或专门机关，所以本不属于严格意义上的非诉讼程序范畴。然而，事实上，谈判（协商）同样符合 ADR 的三个要素，即非诉讼（代替性）、当事人的自主选择性和纠纷解决的功能，而且在当代的纠纷解决过程中使用最多。因此，在 ADR 研究中，一般都把谈判（协商）列为最基本的纠纷解决方式之一。可以说，没有谈判（协商），就没有 ADR。

在律师业务中，商务谈判（交易型谈判）和纠纷解决型谈判（协商）都会经常涉及。二者有一定的联系和相同之处，但亦有明显的不同，本书主要探讨的是后一种。

在我国，通常把当事人双方协商解决纠纷称为“和解”，并将谈判（协商）直接译为“和解”，这种用法容易出现歧义和误解。协商（negotiation）是解决纠纷的行为或达成合意的方式，和解（settlement）则是指当事人通过协商或调解达成合意的结果（协议），具有相应的法律后果和效力。二者属于不同的法律概念，应加以明确区分（参见本书第四章有关和解的内容）。

在我国纠纷解决的实践和习惯中，当事人之间的谈判（协商）属于典型的“私了”。在遇到一般的买卖或债务纠纷、邻里争执时，通过协商寻找双方都能接受的解决方案，是当事人的本能和最合理的选择。“私了”曾经一度被视为法律规避行为，其正当性受到否定，但随着社会观念和法制理念的转变，协商和解已被社会接受，在特定的领域，甚至被设定为法定必经程序，成为一种与正式的执法程序相互结合的法律制度，例如交通事故快速处理。

（二）谈判（协商）的特征

作为一种纠纷解决方式，谈判（协商）的特征如下。

1. 谈判（协商）不是一种特定的制度，而是一种手段，在各种纠纷解决程序中均可使用，并可以与调解等解纷方式交互使用，具有较大的灵活性。因此可以说，谈判是一切纠纷解决、

---

① 需要指出的是，在契约缔结过程中，谈判不仅是契约达成的基本手段，还可防止纠纷的发生，并能为潜在的纠纷选择解决途径和适用规范。“ADR 并不限于在纠纷发生时解决它们。ADR 还包含纠纷的预防。谈判条款，像其他 ADR 规定一样，可以鼓励当事人评定潜在的纠纷发生原因，从而能够预见性地事先避免一些纠纷。” Meyerson, Bruce E., & Cooper, Corinne ed., *A Drafter's Guide To Alternative Dispute Resolution*, America Bar Association, 1991, p. 28.

特别是协商式纠纷解决的基础。

2. 谈判（协商）在形式和程序上比较随意，具有非正式性。民间纠纷解决的协商通常可以以当事人习惯的或约定的方式进行，甚至可以在请客吃饭、电话交谈中完成。商事谈判的方式注重遵循行业惯例，而在电子商务活动中，双方当事人甚至无须面对面地进行协商，可以通过互联网或其他技术手段达成合意、解决纠纷。

3. 谈判（协商）通常不企求第三方的介入，具有高度的自主性。但实际上，大量与纠纷解决有关的谈判（协商）往往都有第三方的参与，由此，也可以把谈判（协商）分为相互的谈判（simple bilateral negotiation）和第三方促成的谈判（supported negotiation）两种基本类型。后者与合意促进型调解相似，不同的是，这里的中立第三方，往往并非以调解者身份出现，通常只是起协助、见证或斡旋作用，有时甚至是作为一方当事人的代理人发挥作用。

（三）谈判（协商）的功能

谈判（协商）在纠纷解决中的主要功能如下。

1. 对话和协商功能。此即双方以解决问题为目的，通过对话提出自己的主张和要求。谈判与对话，是一种最直接的交换信息和主张的方式。

2. 交易功能。此即双方在谈判中通过协商（讨价还价）相互提出条件，作出让步、妥协，达成双方都能接受的纠纷解决协议。

3. 自主判断功能。双方一方面通过交换信息陈述各自的理由，另一方面则根据一种通行的规范对自己在事件中的是非、权益和实力作出大致的判断，同时对自己可能作出的让步和获得的利益进行平衡，划出上限与下限，在此范围内进行交易。因此，谈判（协商）是在事实和标准较清晰，当事人有一定判断力的情况下，首先考虑采取的纠纷解决方式。

4. 自治功能。谈判（协商）是自主达成和解并依靠自律实现的。和解协议本质上是一种契约，双方当事人应自动履行；如果义务人拒不履行，权利人在一定条件下（例如经过公证）可以请求司法强制执行。有些情况下，则可以被视为一种法律行为或法律事实，具有证据效力。

5. 纠纷解决功能及程序利益。谈判（协商）是一种最便利、快捷、低成本、私密性最强和符合实际的解纷方式。作为当事人双方自主权衡处分的结果，不仅可能达成“双赢”，而且有利于履行。其程序上的优势能够抵消当事人在利益上所作出的让步，换来更大的、长远的利益。

在当代法治社会，谈判（协商）的价值和正当性已经得到了高度认同，谈判（协商）被视为理性当事人、律师及其他实务工作者的一种重要技能。总结、研究谈判（协商）的规律、原则、策略及方法的谈判学及谈判实务技能培训，已经成为法学院和商学院教育的重要内容。

二、谈判（协商）的必要条件和基本程序

（一）谈判（协商）的必要条件

谈判（协商）需要具备一些基本条件，才有可能通过方法和策略方面的努力获得成功。在条件不具备时，可能劳而无功。当然，条件是可以积极创造的，创造和解的条件和机会本身也

可被视为谈判的一部分。谈判（协商）必需的基本条件包括以下几项。

1. 当事人解决纠纷的愿望或诚意。在纠纷发生后，双方能否进行协商，是有无愿望和诚意的第一表现。愿望和诚意还表现在：耐心听取对方的理由和主张；尊重对方的权利和尊严；对对方抱有最起码的信任；遵守谈判的规则，不恶意滥用谈判程序；遵守协议和承诺；等等。总之，当事人双方的诚意和诚信是谈判的最基本条件，如果发现对方毫无诚意，又无法改变其态度，应果断退出谈判，以免徒劳无益地浪费时间。而在正规的解纷程序中有滥用或恶意利用谈判拖延纠纷解决、扩大损失等行为的当事人，应承担相应的责任。律师在协商中的作用，一方面是从被代理人的利益出发，助其明确谈判的目的和利益；另一方面是评估对方的谈判诚意，促进协商的公平进行。

2. 当事人具有进行判断和权衡的理性或能力。作为一种交易活动，谈判（协商）的双方当事人应对自己的利益和理由以及对方的优势和弱点作出接近合理的判断，从而使交易在可能达成一致的限度内进行。过高地估计自己的优势而提出不切合实际的要求，不能在适当的时机作出妥协而使谈判陷入僵局，斤斤计较细节而失去在主要问题上达成协议的机会，以及轻率让步使自己招致重大损失等，都是谈判的大忌。一般而言，当事人的理性并不一定与其文化教养或精明程度成正比，更多的是需要有一种实事求是的权衡能力。律师作为代理人，应充分利用其法律知识和经验，减少当事人之间因感情、恩怨等造成的冲动和不理性行为，使谈判顺利进行并获得合理的结果。

3. 当事人作出一定妥协的现实可能性。交易不能仅限于标的物和金额，否则当实际交易的数额或其他合理要求明显地超出义务人的实际偿付能力，权利人又不能作出更大的让步和变通时，谈判只能无果而终。而如果权利人在谈判中能考虑到物质利益以外的因素，如长远利益、关系的维系、解纷成本、履行可能性、纠纷持续的风险及其他危害，就可能作出更为合理的选择，如适当减少利息或违约金数额、接受其他方式的补偿或分期履行方案等。在这个意义上，妥协和让步并不必然意味着失败或损失。此外，妥协的可能性与代理人的权限相关，如果律师没有足够的代理权限，则无权作出让步的决定，有时会导致协商前功尽弃。因此，在谈判前必须确认双方代理人的权限，或者要求当事人本人参与。而律师在当事人本人不在场的谈判，包括调解中，必须随时与当事人进行沟通，确认其意志和授权。

（二）谈判（协商）的基本程序

谈判（协商）通常并无规定的程序，当事人之间可以随机以双方认为适当的方式进行沟通，但在相对正式的谈判（协商）中，一般要经过这样几个环节。

1. 计划与分析。此即在开始谈判前对通过谈判解决纠纷的利弊进行分析、估计，对自己在谈判中的主张和策略作出决定。主要包括：全面了解事实；确定通过谈判要达到的目标；确定自己的弱点；了解有关法律和惯例；分析采用其他解决方式的利弊；选择谈判策略（包括第一次出价和针对性对策）；预测结果；决定向对方提交的信息；等等。这种分析在复杂的谈判过程中还可能反复多次。信息不对称往往易导致谈判双方实力不均等或缺乏信任，容易导致不公平的结果，因此，谈判之前对双方实力的评价、分析至关重要。

2. 交换信息。此即在谈判开始阶段当事人双方相互交换主张、理由和证据，并进行出价。这是一个在提出自己信息的同时了解对方的机会。根据得到的信息，可以对谈判的条件作出基本判断，如：对方是否有诚意；谈判是否有价值和成功的可能；自己的出价是否合理；作出让步的限度在哪里；等等。谈判的大忌和主要障碍是信息不对称，而信息交换过程最重要的是倾听对方的意见和依据，从中最大限度地获取信息。出价（the First Offer）是这一阶段的关键，甚至决定着谈判的成败。出价过高会使差异拉大，降低成功的可能性；出价过低则可能使自己遭受损失，增加不必要的代价，因此必须格外慎重。

3. 让步和承诺。在谈判中，双方当事人对第一次出价恰好不谋而合，马上达成协议的情况并不多见。通常，在事实和理由都已经明确之后，双方要进行一番讨价还价，出价的一方或双方在原有的出价基础上作出一定让步，最终达到双方均可以接受的方案。这是谈判的实质阶段。为了达成和解，让步和妥协一般是必要的，关键在于掌握好作出让步的时机和限度，而这很大程度上取决于当事人在谈判中确定的目标和策略。

4. 达成协议。当和解达成后，当事人必须根据协议的内容和履行方式，确定适当的协议形式——要式或略式；是否需要公证；是否需要担保；等等。达成协议阶段最重要的问题是保证协议的履行，约定协议的形式和履行方式等都是为了实现这一根本目的。一般而言，即时履行是最佳选择，需要分阶段履行的给付性和解协议，最好采用要式契约形式并以公证的方式加以确认，既可保障协议的履行，亦可以避免再次引起争议。

三、谈判（协商）的策略和方法

（一）基本的谈判策略

谈判（协商）的结果，依目标和所采用的策略不同可能大相径庭。策略的选择与纠纷的性质及当事人之间的关系直接相关：不同的纠纷、处于不同的地位——受害人或加害人、证据和理由是否充分、双方的力量对比及相互关系等因素，都决定着谈判目标和策略的选择。具体而言，在谈判中至少应掌握好以下几个基本要素：

1. 合理确定目标，不应把期望值定得过高；
2. 分清主次，明确并坚持最主要的要求；
3. 不追求最好的结果，凡是下限以内的结果都是可接受的；
4. 适时妥协，掌握应该作出妥协的时机（坚持既定目标，逐步减缓让步额度）；
5. 认真倾听对方的意见、保持良好的态度、创造和解气氛等，这既是谈判的艺术，也是策略的组成部分，都与谈判（协商）结果的成败攸关。

（二）不同的谈判类型与策略

当代谈判理论根据谈判（协商）的目标和价值取向将谈判分为不同类型和不同谈判策略。

1. 对抗取向与纠纷解决取向的谈判（见表 3－1）。[①] 在选择谈判（协商）的目标和策略时，根据所确定的价值取向，一般可以分为两大基本类型：（1）对抗取向的谈判，目标是：最大限度地争取自身利益，采取竞争性实质交易方式，其结果是利益的分配，也就是传统的竞争型（competitive）或分配型（distributional）谈判。但其结果既有可能获胜，亦有可能彻底失败，

---

① See Nolan-Haley，Jacqueline M.，*Alternative Dispute Resolution*，West Publishing Co.，1992，p. 25.

一般结局是单方获益（胜者通吃或零和）。（2）纠纷解决取向的谈判，以寻求互利为目标，综合地考虑、权衡双方的利益，力图获得双赢的结果。一般而言，一方当事人处于明显优势时，对抗式谈判有可能为其争得最大利益；但如果双方势均力敌，则选择后一种方式明显地有利于减少风险和成本。但为了真正解决纠纷，非对抗式的谈判策略显然对双方而言都是更合理的抉择。同时，双方今后的关系是否重要，也是选择策略时应考虑的基本要素。

表 3-1　对抗与纠纷解决取向的谈判策略

分类	对抗取向的谈判	纠纷解决取向的谈判
目标	最大限度地争取自身利益	寻求互利
行为	竞争性实质交易	促进性利益权衡
对结果的理解	分配性的（distributive） 零和（zero-sum） 胜负分明（win-lose）	综合性的（integrative） 非零和（non-zero sum） 双赢（win-win）

2. 权利取向的谈判和利益取向的谈判（见表 3-2）。这是根据价值取向和纠纷的性质对谈判类型所作的划分。（1）权利取向的谈判，主要针对一些涉及基本权利的纠纷，注重权利的实现，强调法律规则和是非分明的判断，通常采用对抗的方式求得非此即彼的解决结果，目的是实现对受到侵害的权利给予补偿性救济。（2）利益取向的谈判，主要是在一般的纠纷中，追求双方当事人的利益最大化，不强调严格依照法律对权利、义务的分配规则或标准解决纠纷，而是致力于寻求符合双方的共同利益和未来利益的解决方案和双赢的结果，例如以一个新的交易代替追究违约责任等。两种方式并无绝对的优劣之分，既可根据纠纷的性质分别采用，也可以在同一纠纷解决过程中交替使用。例如在劳资纠纷中，首先确定权利是否受到侵害，继而协商救济方式，并可能以替代性方案寻求变通。在商事纠纷中，以利益为中心的谈判更容易达成双赢的结果。此外，在涉及社会公共利益的谈判中，利益取向的谈判能够通过博弈和协商式民主得到相对合理、圆满的解决。

表 3-2　权利与利益取向的谈判策略

权利取向的谈判	利益取向的谈判
关注权利的实现和救济	关注利益最大化
关注补偿价值	关注创造价值
回顾性	对抗性
前瞻性	交易性、协商性

（三）竞争型（competitive）谈判战术

传统的谈判被称为竞争型（competitive）或分配型（distributional）谈判，根据其策略或目标，律师作为当事人一方的代理人，在谈判中总是力图使本方取得有利的结果。为此，掌握特定的谈判战术和技巧，是律师实务培训的重要内容。其中，从准备阶段到谈判结束的各种战术，主要包括如下几种。

1. 尽可能将谈判安排在己方的地盘进行，如自己的办公室，比较熟悉或可以控制的场所等。

2. 让双方参与谈判的人数保持均衡，但尽可能让己方的人数略多于对方。应做到与谈判对手实力相当或更高。

3. 把握好谈判的进度。一方面，不让对方感到自己急于完成谈判，另一方面，适度利用时间和节奏迫使对方让步，以达成对己方有利的和解，但必须以不破坏谈判为限。

4. 事先充分了解纠纷的事实、法律依据及证据，掌握对方的实力，做好技术、知识等各方面的准备，避免信息不对称及其造成的严重后果。

5. 采用“破釜沉舟”等战术。充分利用舆论、媒体等明确表明不妥协的态度和立场，减少自己的回旋余地，并让对方了解这一局面，但在最后应及时作出让步，以达成和解。

6. 将某一项要求作为“前提条件”。“前提条件”可以是实体性的，也可以是程序性的，例如双方不得向外界透露谈判进程及结果等，以此增加谈判的心理优势和有利条件。

7. 在对己方有利的情况下，让对方先提出报价。

8. 大大提高己方的第一次开价，以便使以后的妥协显得更加合理并容易为对方所接受。把主要要求放在谈判的开始阶段提出，因为这个阶段最容易达成和解协议，可增加本方获胜的概率。

9. 争取让对方先作出妥协，以便获得一种心理优势。

10. 由己方两位谈判者分别扮演不同的角色：红脸与白脸，一位代表温和友善的立场，另一位代表强硬路线，根据需要轮流出场，在坚持原则的同时作出必要的让步。

11. 援引法律、正当、公平与正义原则以及舆论等权威依据以支持自己的立场和主张。

12. 在面对强硬对手时，应坚持原则。

13. 在达成协议后，迅速拟定书面的协议文本。在签署协议以前与被代理的己方当事人一起认真斟酌内容与字句，以分清责任、避免错误。

14. 在谈判中注意礼节和礼貌，使对手感到愉快，既不伤害对方当事人的感情，也不对自己的胜利表示出喜悦。

当代在纠纷解决实践和律师实务中，这些传统的谈判策略仍有其实用功效，但 ADR 理念使注重共同利益和面向未来的谈判，即原则性谈判越来越受到推崇，并已经成为当代解纷实务培训的重点。

（四）原则性谈判策略

20 世纪 70 年代，美国著名的谈判学专家、哈佛大学的费希尔和尤里教授创立了新的谈判学理论，倡导一种原则性谈判策略。这种理论超越了传统谈判学仅关注谈判技巧和策略的局限，提倡以更加开放和宽容的态度看待谈判的价值和功能，以积极的态度和方法追求谈判的成功，这一理念及其方法已为世界各国的纠纷解决研究者和实务界普遍接受，并成为当代 ADR 的重要资源。其主要观点如下。①

---

① See Robert Fisher & William Ury, *Getting to Yes*, 2d ed., New York: Penguin, 1981.（中译本：［美］罗杰·费希尔、威廉·尤里著，张新民译：《谈判成功之道》，北京，中国对外经济贸易出版社，1989。）

1. 将谈判者与谈判实质性问题分开。在谈判中，参与谈判的各方当事人之间往往都存在着特定的关系，例如亲属关系、商业伙伴或合同关系、劳资关系、房主与租户关系、邻里关系、医患关系，等等。因此，当事人在谈判中往往同时关心两种利益，即实质性利益和各方之间的关系，而当这两种利益纠缠交错在一起时，容易使冲突复杂化，并导致情绪化和对抗性。为了达到良好的谈判效果和解纷结果，首先应该将谈判者与谈判实质性问题分开，先处理好当事人之间的关系，即人的问题。在这方面，谈判者要注意设身处地地与对方换位思考，了解和理解对方的感受、观点，不以自己的观点和立场推断对方并将自己的问题归咎于对方，注重通过对话、交流沟通彼此的感觉，耐心倾听并交换意见，认真参与谈判过程，注意保全各方的面子和尊严，克制自己的情绪，理解对方的情绪，在谈判中相互尊重，注意谈话方式，营造和谐的谈判氛围。这是谈判取得成功的第一步和关键。

2. 将谈判注意力集中于双方的利益，而不是各自的观点。在谈判协商中，各方在立场和观点上的差异甚至对立是不可避免的，但谈判的目的是求同存异，而不是以自己的实力压服对方，因此，明智的谈判旨在统一双方的利害关系，而不是各自的观点。双方应善于发现其共同利益，而不是拘泥于以往的权利与义务。为此，谈判者需要具有一定的理性，客观认识双方的利害关系，了解对立的观点背后也可能存在对双方有利的共同利益，每一方都可能有多种利益，而其中有一些是最重要的利益需求。在谈判中，可以适当避开对立的观点（如纠纷的原因、价值判断、是非等），而直接谈论双方的利益，明确提出自己的利益，并注意实事求是。同时，要注意向前看而不是向后看，对于自己的意见既要具体又要灵活；对于谈判问题态度可以强硬，但对谈判人则应该态度温和，争取双方利益的最大化。

3. 设法为共同利益提出多种选择。在多数谈判中，影响谈判效果的障碍主要是：过早地对问题作出判断；只有单一的解决方案；相信非此即彼的利益分配；认为对方的问题应由其自己解决。克服这些障碍的方法是：在作出决策之前尝试各种可能的方案，例如请各种专家或不同的人参与讨论，提出并论证各种方案的利弊。在此基础上，与对方共同探讨共同利益，确信所有的谈判都潜藏着共同利益，应把握这种机会，友好地协商解决纠纷。同时，应考虑理念、时间、成本与风险等问题，并尽可能为对方作出决断提供好的机会和氛围。

4. 坚持将谈判结果建立在客观标准上。所谓客观标准，包括法律、法规、法院判例、习惯及其他社会规范、公共道德、行业标准、技术规范、合同、时价、社会公平理念、成本与效率，等等。双方当事人在谈判中如果都坚持选择对自己有利的规则和主观标准作为依据，不仅难以达成和解，而且成本与风险过大。而尽可能地采用客观标准，则会减少谈判的复杂性和过程，并可以作出相对明确的衡量与核算。当事人应尽可能掌握各种客观标准，在谈判中坚持原则，在此前提下选择和解方案和协议的内容，并尽可能达到情、理、法的融通。

此外，原则性谈判理论还针对对方当事人不予合作或采用卑劣手段的情况提出了具体对策。在对方不予合作的情况下，应尽量采用谈判柔术，不攻击对方的观点，允许对方提出批评和建议，巧妙化解各种障碍，说服对方予以合作。在对方采用卑劣手段的情况下，尽量将谈判者与谈判问题加以区分，集中谈判共同利益问题，注意运用心理战，同时要坚持原则，不做谈判的受害者。

四、谈判（协商）的原则和行为规范

（一）谈判（协商）的基本原则

谈判（协商）属于当事人自主行使其处分权的活动，在受到法律的充分保护的同时，像任何法律行为一样，必须受到法律和社会公序良俗的约束。在现代法治社会，谈判（协商）活动至少必须遵守以下基本原则。

1. 合法原则。“在法律的阴影下交易”，是谈判及一切 ADR 的精髓，这里，合法性作为一般原则制约着谈判不致脱离法律的基本轨道，从而保障“私了”的公平。合法中的“法”是指广义的法，包括法律和社会公序良俗等各种社会规范；合法也并不是指必须机械依照法律的规定，不得变通，而是指不违法，即谈判的内容、范围、程序和方式都不得违反强制性、禁止性法律规范。现代法治社会最大限度地给予公民权利自治的自由，禁止的范围是强制性的、界限明确的，不得随意逾越；而允许的范围是不确定的、一般的。因此，法律实际上已经对可以通过谈判解决的纠纷的范围作出了明确界定：除了刑法所规定的必须提起公诉的犯罪行为，一般的民事纠纷和刑事自诉案件都可以由当事人自行协商解决。协议的内容和形式，以及谈判与履行的方式都不得违反法律和公序良俗，不得侵犯第三人和社会公共利益，当事人不得滥用其处分权，否则国家和社会都可以进行干预。和解协议如需公证或转化为仲裁裁决、法院合意判决或撤诉，需由相关机构对其内容进行合法性审查，主要审查有无明显的违法内容和程序及形式上的禁止因素。但一般对当事人的权利处分和自主约定则不作实质审查和限制。

2. 公平与自治原则。谈判与和解在运作中必须注意公平与自治的协调，一方面，允许当事人充分行使自主权与处分权，对实体权利和诉讼权利作出各种处分、让步与妥协，另一方面，必须注意，防止当事人之间实力的显著不平等所导致的强迫、诈欺、显失公平和重大误解。一旦出现这种情况，可以由受害人提出申请，由法院作出和解协议无效或撤销的判决。

（二）谈判参与者的行为规范

在谈判中，无论是当事人本人或是代理律师，都应严格自律，恪守基本的行为规范。

1. 诚信。谈判中保证协议达成和切实履行的条件除当事人的理性之外，更重要的是诚实信用。诚实和自律是谈判的最基本的道德准则和必要条件。诚信准则要求双方当事人诚实参加协商过程，不得故意制造障碍、拖延谈判，或以此作为侵害对方权利的手段；诚实陈述自己的目的、诉求、理由和事实，尽管允许有所保留，但不能容许虚假和欺诈；诚实表达自己对和解协议的态度，一旦接受合意，不应出尔反尔、随意反悔；诚实履行协议或合同义务。双方约定对谈判内容和结果保密的，也必须严格遵守。

2. 宽容礼让。谈判无所谓胜败，达成和解是双方的成功。为此，应提倡善意、宽容和礼让，这是谈判顺利进行并取得双赢结果的保障。在纠纷解决协商中，为自己的过失或客观的损害结果道歉，甚至在没有过错的情况下主动向受害人表示歉意和慰问，是取得对方谅解、争取主动的重要机会。以往的实践中，由于担心道歉被视为对自己过错责任的自认，当事人之间很少采用道歉的方式进行沟通，作为代理人的律师更是拒绝采用道歉作为协商的方式。近年来，随着协商性理念的发展，道歉的意义得到了重视和强调，有些国家甚至专门通过法律规定，排除将道歉作为自认的法律后果，鼓励当事人之间通过道歉进行沟通，尤其是鼓励过错方通过道歉获得受害人的谅解，以善意化解敌意，增加和解的机会和协商空间。

3. 承担责任。协商谅解的目的并不是推卸和免除责任，只有正视并承担自己的责任，才能使协商建立在公平和有效的基础上，保证理性的协商和成功。

（三）律师在谈判（协商）中的作用及行为规范

律师经常参与的主要是两种谈判：一种是商务谈判，作为企业的法律顾问，负责对有关合同等文件中的法律问题把关，包括业务的合法性、对方资质的合法性、违约责任等。实际上这类谈判也与纠纷解决有关，不仅涉及纠纷解决方式的选择，例如仲裁契约，而且通过事先对商务活动的合法性、法律风险和责任等问题的谨慎审查，对纠纷的预防和解决具有重要的意义。另一种谈判则是指纠纷发生后，作为一方当事人的代理人参与有关纠纷解决的协商谈判，这种协商既可以由双方自主进行，也可以是在诉讼中，在法官或其他第三方的调解斡旋下，以庭外和解的形式、撤诉的结果而完成。

在纠纷解决的场合，除了直接通过协商达成私法上的和解外，谈判也被作为一种基本方法或手段应用于各种程序，与许多正式的制度或程序衔接，例如，诉前和解、诉讼中和解（调解）、和解撤诉、行政协调与和解、刑事和解，以及调解与仲裁中的协商等。

律师作为当事人代理人参与纠纷解决谈判，一般分为两种情况。第一种情况是在当事人（被代理人）本人参加的谈判中起辅助作用：（1）为当事人做好谈判的准备，包括准备资料数据和证据，调查对方的基本情况、估计对方的要价和实力、分析对方的策略和谈判结果等；（2）为当事人提供法律意见，准备谈判方案，确定谈判底线；（3）出席谈判并按照当事人的要求发言或出价等；（4）为当事人提供评价分析意见，供其决定是否接受对方条件、达成合意。

第二种情况是律师作为全权代表，以当事人的名义参加谈判，当事人本人则不在场。在这种情况下，律师的工作重点是坚持谈判底线和原则，为当事人争取利益最大化。原则上，最终处分只能由当事人本人作出，律师在谈判中需要明确得到当事人授权，才可以作出承诺和让步。很多国家对律师的和解权限严加限制，要求其恪守职业道德，以避免律师违背当事人的意志，滥用和解权限，为追求自身利益（如迎合法官、尽快结束诉讼等），在和解中作出损害被代理人（当事人）权益的让步；同时防止不具有和解权限的律师，在耗费大量时间精力后，因无权做主而使协商无果而终。

一些国家为了鼓励律师积极参与协商和解，建立了一些激励机制。例如，德国民事诉讼收费制度规定，律师如果积极促进当事人达成和解，提前终结诉讼，有权获得全部律师费用，以避免律师为了获得高额报酬而拖延诉讼、阻碍协商和解。

需要注意的是，尽管在谈判中律师有时扮演主要角色，独立完成全部谈判过程，但他们毕竟只是当事人的代理人，并没有决定权，处分与合意只能由当事人作出，因此，在严格意义上，只有当事人和解、而不存在所谓“律师和解”。

（四）谈判（协商）的局限性及其克服

谈判（协商）的优势往往也是其局限性所在：完全依靠当事人自主和自律达成并履行的和解，往往由于没有第三方的参与和制约，可能在不同阶段出现障碍。因此，谈判（协商）往往因具体条件以及纠纷性质、时间、地点和当事人的情况而效果各异。此外，谈判（协商）达成的协议（和解）依赖于当事人的诚信和自觉履行，一旦义务人拒绝履行，由于协议不具备强制力，就可能增加纠纷解决的成本和风险。

针对这些问题，双方当事人除以诚信自律为原则外，还可以通过以下一些方式加以防范和制约：（1）尽可能选择便于履行的方式，如即时履行，或在和解协议中设立保障机制，如担保等；（2）在和解协议中协商设立违约责任，如逾期不履行加倍偿还等惩罚性条款；（3）通过第三方的力量保证协议的效力，如公证，将和解协议提交调解组织、仲裁机构或法院转化为具有更高效力的调解书、合意裁决或裁判文书等；（4）在当事人一方拒不履行义务时，权利人可以寻求司法救济。

此外，在谈判中有时还会遇到正义和道德的困境、非理性的谈判对手等难题。谈判研究为此提出了一些对策，总结了一些经验，例如，理性区分和计算谈判中涉及的原则、利益、道德、成本、替代性方案、执行可能性，不轻易放弃谈判的机会和努力，争取既保持尊严，又不损失利益。①

第三节　调　解

一、调解的概念、特征与原则

（一）调解的概念

在纠纷解决方式的意义上，调解（mediation，conciliation）是指在第三方协助下，以当事人自主协商为主的纠纷解决活动。调解是谈判（协商）的延伸，二者的区别在于中立第三方——调解人的参与。调解不同于审判和仲裁的决定性因素是，调解人没有权利（和义务）对争议双方当事人施加外部的强制力，对争议事项作出判断和决定。调解是一种历史悠久的传统非诉讼程序，也是当代ADR最重要的方式，在世界各国广泛应用，但具体的形式和运作方式又是多样而灵活的。如前所述，在西方，mediation与conciliation曾被作为调解的不同类型加以区分，目前这两个概念已趋于统一，在调解的大概念下又可分为多种类型和形式；各种调解所达成的调解协议（合意结果）都属于当事人的合意，即和解（settlement）。②

（二）调解的主要特征

1. 调解是在中立第三方的参与下进行的纠纷解决活动。担任调解人的可以是国家机关、

---

① 参见［美］罗伯特·芒金著，刘坤轮译：《谈判致胜》，北京，中国人民大学出版社，2011。本书“Bargaining with the Devil”实际上是讲如何攻克谈判的僵局和难题，谈判的理念是双赢或互利，交易是公平和双向的，谈判的“成功”是指达成合意，而无所谓胜负之分。

② 参见范愉、史长青、邱星美：《调解制度与调解人行为规范——比较与借鉴》，6页，北京，清华大学出版社，2019。国内有些学者将conciliation译为和解或调停，容易导致误解。为了保持逻辑和表述的严谨，在翻译中采用调解（mediation，conciliation）、和解（settlement）较为适宜。

社会组织、专门机构的成员，也可以是公民个人；无论身份如何，调解人都是作为中立第三方（而不是裁判者）参加调解过程的。有些国家和地区的调解程序规定，法官可以担任调解人（或调解委员会主任），但作为调解人和作为裁判者的法官，在功能和地位上是有严格区别的。传统调解强调调解人的消极中立，现代调解已经突破这种限制，调解人可以采用多种方法促成合意，对当事人发生影响，或者是纯粹中立的冷静的观察和监督者，或者是积极的对立平息者；既可以是对话的中介，也可以作为专家或权威，对结果提供评价性的信息。然而，无论调解人作用如何，归根结底是以中立第三方的地位主持、参与调解，既不能代替当事人作出决定，也不能作出强制性的裁判。

2. 以当事人的自愿为前提。调解是一种在当事人自主协商基础上进行的纠纷解决活动，其本质功能是促成合意的形成。调解作为一种非强制性的纠纷解决程序，原则上，无论是在启动还是在协议达成环节上，都应该以当事人自愿为前提。然而，在实际运作中，为了使调解便于启动，对当事人参加的一定程度的强制屡见不鲜，尤其是当代社会以法律规定或法官职权要求当事人先行调解，将调解作为诉讼前置程序（强制调解）已逐步普及。法官在审判过程中的调解职能也已得到认可。诚然如此，调解仍必须以自愿为其本质的规定性，以当事人合意即和解为最终结果。对当事人参加调解的强制并不影响当事人自主行使其处分权及诉权，没有当事人双方对和解的认可和自愿接受，就没有真正意义上的调解。

3. 调解协议本身的建立和生效不具有国家强制性，但其效力能够得到法律的保证。调解协议的效力通常会根据制度化或公权力介入的程度而有所不同，依非正式调解、制度化民间调解、行政调解和司法调解等形成不同的效力等级。非诉讼调解所达成的调解协议或和解协议一般属于当事人的权利处分行为，本质上属于一种契约。调解一般不能剥夺当事人的诉权，调解不成原则上可以不受限制地进入诉讼程序。非强制性和非终局性使当事人可以没有顾虑地参与调解，增加和解概率。但同时，由于调解是由第三方主持进行的，调解协议也体现了调解者的作用，并对其效力产生直接的影响，故调解机构的专业化、正式化程度越高，调解协议的效力（如形成力、证据效力、执行力）就越高。法院调解本身是在法官主持下进行的，已经完成合法性的司法审查，因此调解书具有与生效判决同等的效力。其他正式的调解协议在法律有专门规定或经法院及其他权威机构的审核、确认、登记等条件下，也可产生强制执行力，以保证调解协议的履行，并对调解进行司法审查及救济。

4. 与诉讼相比较而言，调解具有特殊的程序利益，包括：便利性、常识化、低廉、快速及时、非对抗性、保密、灵活性、彻底性、利于履行等，并有利于当事人本人参与。在现代调解中，弱势一方可以获得必要的帮助，以保证不致因双方实力悬殊而影响调解的公平；可以将属于多个不同法律关系的纠纷及非法律纠纷合并处理，这样更适合解决复杂的纠纷；当事人可以根据自身的利益和条件充分地进行协商和交易，达成符合实际的、能为双方所接受的协议。除法律、政策外，调解可以将各种有关社会规范作为解纷依据，如民间风俗习惯、行业标准、乡规民约、公共道德准则、通行的公平原则等，从而可能获得更好的解纷效果。调解的这些优势及良好社会效果，使其越来越受到当代社会的重视和推崇。

（三）调解的基本原则

各国对各类调解所奉行的基本原则及其表述各有不同，其中共同遵循的原则包括：（1）当事人自愿原则。（2）尊重当事人的实体权利和诉讼权利原则。（3）合法和不违反公序良俗原则。（4）公平原则。（5）保密原则。

（四）问题与对策

1. 当事人和公众对于调解普遍关注的问题主要包括：（1）调解的公平性及中立性；（2）调解机构或调解员的公信力及解纷能力；（3）调解结果的合法性；（4）调解在查明事实上的局限；（5）调解对解纷效率及诉权的影响；（6）调解的效力及履行保证；（7）调解的程序风险；等等。

这些问题很多可以通过调解制度的健全和完善予以改进和解决，如加强调解员的选任制度、培训和行为规范，当事人选择调解员，限制调解期限，对滥用或恶意调解的当事人进行制裁，等等。而当事人本身对调解结果的决定权和司法救济则起着最重要的制约作用。

2. 调解程序像其他非诉讼程序一样，存在着固有的局限性，在调解实践中也存在许多影响调解达成的因素，主要包括以下几点。

（1）当事人不理性的行为，如对调解的抵触、对对方当事人的怨恨或猜忌、态度恶劣或不积极、缺乏诚意、破坏性的情绪和态度、恶意等。针对这方面的问题，一方面调解人需要耐心疏导、劝解和引导，另一方面则需要通过程序规则、激励机制和责任追究对当事人形成制约。在当事人难以作出判断和抉择时，调解员可以在公正善意的前提下给予必要的帮助。

（2）纠纷或冲突事件本身的对抗性和复杂性或缺少客观依据。疑难重大纠纷案件的调解往往是一个艰难的过程，调解人应根据解纷的实际需要，选择适当的调解场合、介入时机、语言、理由、调解方案和方法等，注意引导当事人克服困境，寻找合意的机会和共识。

（3）各方实力不对等。在家事、劳动、交通事故、医疗和消费等纠纷中，当事人双方往往处在不平等地位，在这种情况下，应基于公平原则允许调解人向弱势一方适度倾斜，给予其一定的帮助，如对相关法律、证据、当事人权益等多作说明，允许其增加辅助人员或征求专业人士（包括律师）的意见。调解员有权并需要进行调查，并站在中立立场上帮助当事人分析调解方案的合理性与合法性等，在双方实力相差悬殊而无法保证调解公平进行时，调解员应及时终止调解。

（4）律师及其他代理人的消极作用。律师作为代理人参与调解有利于维护当事人的利益，但亦有许多负面作用：1）律师不具有真正的处分权及和解权限，为调解的达成增加了难度；2）律师更关心法律问题，更追求“all or nothing”或“win-lost”的结果，更不在乎诉讼的风险和成本，往往缺乏积极和解的动力；3）律师对法律的解释和对判决的预测经常会给当事人过高的期待或盲目乐观，导致交易困难；4）在涉及身份关系的案件中，律师的参与往往使当事人无法顾及亲情、隐私、长远关系等因素，增加对抗性；5）律师在判决和调解中的收益有所不同，而律师费用也是刺激当事人期待诉讼高回报的因素之一。针对这些情况，调解人除了要求代理律师必须拥有和解权限外，应尽可能争取律师的配合，在小额争议、家事纠纷、劳动争议等调解中，必要时可以排除双方律师的参与，要求当事人本人参加调解，直接对话协商，以更有效地达成和解。

（5）公共舆论的影响及公众知情权。在特定的环境下，针对特定的案件，舆论和社会的关注会对调解的进程和结果产生不同影响，既可起到监督制约的作用，亦可能对当事人和调解人形成压力，造成对话与合意的困难。同时，公众知情权与当事人的隐私权和调解的保密性也形成冲突。为此，一方面，在一般民事纠纷中，应以当事人的利益和纠纷解决的需要为中心，不能强求当事人在社会舆论的压力下放弃和解，同时，调解过程应尽量脱离公众视线，以保证当事人各方的平等对话和意思自治。另一方面，在一些涉及公共利益的案件中，则应当合理满足公众知情权的需要，甚至可以将公众舆论作为参考性因素（解纷依据或客观标准），例如，在一些公共性纠纷、大规模侵权纠纷中，可以通过舆论引导处于强势地位的大企业、政府机关作出让步，以缩小双方的对立和差距，作出有利于弱者的和解，达成双赢和多赢（包括公共利益）的结果；并可以在达成调解协议后，向公众公布处理结果，但调解过程和细节，如当事人在调解中提出的主张、作出的妥协和抗辩等则仍应恪守保密原则（参见本书第一章“上海迪士尼携带食品纠纷”案例分析）。

二、调解的主要分类

当代世界的调解类型和形式多样，并在发展中不断推陈出新。一般而言，调解可分为以下几种基本类型。

（一）民间社会调解、行政调解、司法调解

根据中立第三方，即主持者的性质，一般可以作出如下划分。

1. 民间社会调解，既包括民间自发成立的，也包括由政府或司法机关组织或援助的调解组织机构，被广泛应用在城乡基层社区的民事及轻微刑事纠纷的解决过程中。民间调解的典型形式是社区调解，还包括消费者组织、行业协会、商会等各种社团和民间组织、营利性机构等提供的调解服务，有些由政府出面组织或资助，也有一些由基金、财团资助，既有公益性的，也有营利性的，在性质和功能上存在一定的差异。此外，在日常生活中还存在大量随机性或临时性的调解活动，但一般不属于严格意义上的非诉讼程序范畴。

律师调解也可以归入广义的民间社会调解范畴。这主要是指法律职业人士（退休法官、律师等）作为中立调解人进行独立调解。近年来，世界各国出现了一些专门从事调解的法律服务事务所或公司。其中专职调解员、仲裁员不再担任代理人，而是受双方当事人的共同委托进行调解，这类担任兼职调解员的律师则必须有调解员资格，需要严格遵循职业伦理和利益冲突原则，并进行职业角色的转换。此外，政府或司法机关可以通过委托或购买服务，聘请律师向当事人提供法律意见，评估、预测判决结果，分析诉讼的利弊，促进当事人达成和解。或者把法律援助工作与调解相互结合，提供公益性服务。

2. 行政调解，包括专门设立的行政性程序，如土地权属争议、知识产权争议处理机制等；以及附带性的纠纷解决，如社区警察（派出所）日常性的纠纷解决活动、劳动监察机构在执法中的附带性纠纷解决。此外，行政机关对当事人向其设立的信访、申诉机构投诉的各类纠纷，也可以视情况进行调解。行政调解不仅具有及时、快速、经济、专业、权威等特点，而且可以使主管部门及时发现问题、消除隐患、形成政策，其在处理公共利益和群体性纠纷（如环境事件、公共安全事件、征地拆迁等）中的作用尤为重要。行政主体也可以采用社会化方式建立解纷机构，如行政委员会、政府指定或法定专门社会机构、申诉专员、政府购买、委托调解等

方式。

3. 司法调解，包括：(1) 法院附设调解，即由法院附设或委托独立的调解机构进行调解。日本的调停、我国台湾地区的法院调解以及美国的法院附设调解都属于此列，其中部分可成为诉讼前置调解。近年来，我国一些法院通过诉调对接，建立了“人民调解窗口”、特邀调解等方式来提供诉前调解服务，并直接与诉讼调解相互衔接，起到了较好的效果。(2) 法院调解，即诉讼中调解（见下文）。

（二）诉讼外调解、诉讼前调解与诉讼中调解

1. 诉讼外调解与诉讼外和解，即与诉讼和法院不发生关联。民间、行政和律师调解所达成的协议多属于诉讼外和解，性质属于一种契约或对契约的修订（合同变更行为），产生民法上的效力；在许多国家，一般谈判（协商）和民间调解所达成的协议都被列为此类。有些国家和地区允许正式的调解协议通过特定的司法确认程序获得强制执行效力。

2. 诉讼前调解与诉讼前和解，或称起诉前和解，即已进入法院，但通常尚未立案或尚未进入审理程序。法院附设调解所达成的协议，一般属于诉讼前和解，其目的是不起诉或撤诉，所涉及的内容不在于民事法律关系的建立、变更或消灭，而在于纠纷的解决；所达成的协议或调解书无论是有关撤诉还是有关实体权利处分的内容，往往都需要第三方的确认，属于三方的协议。这种调解还可能延伸到起诉后、诉讼中、审判前乃至判决前，与诉讼中调解相互衔接。因这些和解的达成是在法院内，调解书或和解协议经法院审核确认后，产生与生效判决同样的法律效力，所以具有强制执行力。

3. 诉讼中调解与诉讼中和解，即已经进入诉讼审理程序。当事人在法官调解下签署的调解协议（调解书），具有生效判决的效力（参见第四章第三节内容）。

（三）类型化或专门调解

随着纠纷解决的制度化和专门化需要，调解逐步形成类型化，较为常见的如社区调解、家事调解、交通事故赔偿调解、商事调解、公共纠纷调解，等等。划分标准主要是纠纷类型、当事人关系、地域、调解组织等因素，在调解中需要适用专门性的实体规则、知识，调解人则需要具备专门的资格和特定的能力。

三、调解人行为规范与调解技巧

（一）调解人及其作用

调解的基本特点在于作为中立第三方的调解主体（调解人[①]）的参与及其作用。在纠纷解决实践中，当事人自行谈判（协商）往往会受到诸多条件和能力的限制，有时成功率低、规范性差，并缺乏履行的保证；调解正是针对这些问题而为当事人提供的一种对话渠道和促成和解的中介。调解的成功率和当事人的满意程度往往取决于调解机构或调解员的权威性、公信力和

---

① “调解人”与“调解员”的概念有时可以通用或相互替换，但二者并不完全一样。前者主要指一种角色，个人、警察、法官、行政人员都可以担任调解人的角色，而后者一般指正式的身份或资格，如人民调解员、专职调解员等。

能力。

当代制度化的调解机构，通常由调解组织和调解员构成。在具体的纠纷处理中，一般可以采用以下几种形式：（1）以调解组织机构的名义（如调解委员会）调解，无论调解员的作用如何，最终达成的调解协议均以调解组织的名义制作和签署并承担责任。个案的调解员可以是一名或多名，也可以在调解中进行调换。（2）集体调解，针对调解个案，由多名调解员组成调解委员会或调解小组（调解庭），可由各方当事人分别选择一名调解员，再公推（或由法院及调解机构指定）一名主任或中立调解员进行协调、形成最终协议，并以集体名义承担责任。（3）调解员个人负责制，经双方当事人确认或由调解机构指定一名调解员，以调解员个人的名义独立进行调解并承担相应责任。（4）联合调解，由若干调解组织或独立调解员共同进行调解。

（二）调解员资质

调解工作必须依赖调解员进行，调解的实际效果取决于调解员的个人素质和能力。调解员的公正性和敬业精神、态度、经验和技巧、对当事人的影响力等，直接反映为其调解成功率和当事人的满意度。

世界各国的调解人大致可以划分为两类，有组织的调解人和无组织的调解人。有组织的调解人又分为隶属于公共组织的调解人和隶属于私营组织的调解人。所谓组织可以是单纯的调解组织，也可以是包含调解业务的综合性解纷机构。无组织的调解人又分为有执业资格的私人调解人和没有执业资格的临时受托为某案件进行调解的调解人（见图 3－3）。[①]

- 调解人
  - 有组织的调解人
    - 隶属于公共组织的调解人（职业调解人）
    - 隶属于私营组织的调解人（职业调解人）
  - 无组织的调解人
    - 私人执业的调解人（职业调解人）
    - 临时出任的调解人
    - 从事调解的法官、检察官、警察和其他公务人员

图 3－3　调解人种类

当代各种调解人可分为职业调解员和非职业调解员两大类。调解人行为规范主要是针对专职调解员而言的，但通常也适用于兼职和临时性调解人。

鉴于调解员的作用至关重要，很多国家都通过法律对调解员的构成和素质加以规定，例如，美国律师协会（ABA）专门制定了调解人行为示范法典。[②] 很多国家规定了专门的调解员资质标准、准入条件、选任程序、专业能力、培训要求等，要求调解员必须通过资格考试、获得专门资格并接受定期资格审查和业绩评估。

由于调解本身的多元化特点和需要，调解组织及其人员构成一般不要求完全统一。例如，基层社区调解员与法院附设调解员各有不同的资质和能力要求；调解员不需要一律具备法律资

---

① 参见范愉、史长青、邱星美：《调解制度与调解人行为规范——比较与借鉴》，第四章，北京，清华大学出版社，2010。

② 参见 *ABA Standards of Practice for Lawyer Mediators in Family Disputes*，Adopted by the House of the American Bar Association，1984；范愉、史长青、邱星美：《调解制度与调解人行为规范——比较与借鉴》，第四章及附录，北京，清华大学出版社，2010。

质（学历或律师资格）；民间调解员可以由志愿者担任，对其学历、专业等无须做过高的要求；在特定地区，甚至可以聘请宗教人士、地方长老等担任调解员。澳大利亚为此对职业调解员与多元文化社区调解员设立了两种不同标准。

但无论哪种类型的调解，都要求调解员应具有良好的道德品质，有时会设立一些明确的限制性要求，例如无故意犯罪前科、无违法违纪处分记录等；有时需要经过公众选举或公开和严格的提名任命程序。资质方面的要求包括以下内容。

1. 社会经验。调解员需要具有丰富的社会经验、生活常识、人生感悟、对事物的洞察力，以及控制局面和应变能力，能够充分了解当事人的特殊利益、关系和心理等因素，并根据具体情境和需要加以灵活调节。

2. 必要的专门知识。根据调解组织的性质和纠纷类型，调解员应具备必要的专业知识、法律知识和地方性知识，例如，医疗纠纷、交通事故赔偿、劳动争议等专门性调解，需要调解员具有特定专业知识、经验或专家资格，并需要了解相关法律规定；社区调解则需要调解员掌握各种地方民间社会规范（风俗习惯）和方言；等等。

3. 调解技能和心理素质。随着规范化程度的提高，调解技能开始形成系统的知识体系。当代各国通常要求调解员必须经过规定时间的培训之后才能开始从事调解工作，同时调解技能也需要通过长期的调解实践，通过经验而不断提高。此外，调解员的工作特点还要求其具备良好的心理素质，善于与人沟通并控制自己的情绪。

（三）调解人行为规范

调解员必须遵循的行为规范主要包括以下方面。

1. 公正、公平。调解员必须对双方当事人保持公正和中立的立场，严格遵循调解员的道德准则，在调解中不偏袒一方、不违反法律和公共道德，不能以其权势和特殊身份对当事人实施强制、欺诈等不当行为。调解不同于诉讼，调解更加注重实质公正，强调结果的公正优先于形式上的中立，在当事人一方明显处于弱势的情况下，调解员可以通过适当的帮助，如为其提供信息、解释、代理人和专家咨询等，保证调解过程和结果的公正性。此外，中立并不意味着消极被动，调解员可以根据其公正判断积极促成当事人达成和解并提出建议和方案。

2. 保密义务。调解员在调解过程中和达成调解协议后，始终须承担保密义务，不得泄露各方当事人的隐私、商业秘密，以及在调解中提出的证据、主张、作出的妥协和协议内容等信息，否则必须承担相应的责任，同时有拒绝为此作证的豁免权。

3. 善意。调解员必须对调解与和解本身高度认同，对双方当事人抱有善意，认真负责，耐心倾听当事人的陈述和各种意见，具有良好的道德涵养和心理素质，并通过沟通获得当事人信任。社区调解尤其需要调解员具有公益心，能热忱和真诚地为促成当事人和解而努力。

4. 利益冲突规则，主要适用于职业调解人和律师。利益冲突规则是指，为确保调解人中立和公平，调解人应当避免与任何一方当事人发生利益冲突，一旦发现存在可能影响其中立性和公正性的情形，应当立即予以披露，并退出调解，例如，调解人曾担任一方当事人的顾问或代理人。此外，调解人在调解不成终结调解后，不得转而担任一方当事人的诉讼代理人继续参与诉讼。不得借调解之机发展客户。但双方当事人均不反对的情况除外。

(四) 调解的基本方法和技巧

一般而言，调解的技巧是因人而异的经验性知识，在不同类型的调解中其要求也各有侧重。成功的调解人除了应熟知各种解纷依据外，还需要具有一定的心理学和社会学知识，以及对人性、社会的深厚感悟和生活经验，其个性和人格魅力也都能起到重要作用。在调解员培训中，重点训练的基本方法和技巧主要包括以下方面。

1. 倾听。调解不同于诉讼，不能片面追求效率，因此调解员应尽量不限制当事人的陈述与诉说，耐心、认真地倾听当事人的意见。通过充分的倾诉，当事人可以宣泄情绪、说明理由、全面解释纠纷的各种原因和背景，包括潜在和背后的因素；而认真的倾听，可以使调解员更深入地了解当事人的心态、观点、主张和理由，并从中发现争点所在和可能达成妥协之处。陈述和倾听既可以在各方当事人在场时进行，也可以由调解员背靠背地与每一方单独交流，以避免正面冲突，并以此了解当事人不愿让对方知道的特殊利益和理由。

2. 化解冲突。调解员应善于营造和解的气氛，用语言、手势、表情和行动表达对当事人的理解，引导双方沟通意见、消除分歧和对立，尤其要注意及时制止冲突的激化，在当事人情绪激动时采用隔离、停止讨论（休息）、改换话题、开玩笑、劝解等灵活和不拘一格的方式缓和气氛，鼓励当事人之间的善意和谅解、交流与对话、道歉与妥协、宽容与理性、情理和感情交流，以促使当事人求同存异，达成互谅互利的和解。

3. 判断事实。根据纠纷的具体情况，有时可以根据当事人陈述的主观事实作出基本判断，在此基础上直接进行调解，无须彻底查明事实真相，例如一般家庭或邻里纠纷。而有些纠纷则需要尽可能对事实作出准确判断，使各方当事人在事实的基础上心服口服地开始协商，例如针对医疗纠纷、交通事故的因果关系、过错等问题，调解人应实事求是地全面了解情况、审查证据，根据需要进行实地调查、鉴定、评估等，尽可能客观地查明事实、作出判断。

4. 充分的准备。在正式开始调解会议前做好应有的准备工作，使调解在和谐、有效的氛围中进行，避免无谓的争论和时间的浪费，以尽快地达成实质性和解。

5. 灵活的方法。根据当事人的实际情况，分别采取面对面的对话、恳谈，背靠背的劝解、说服，穿梭外交，乃至认真细致的心理帮助和疏导等方式，提出为当事人着想的意见，引导当事人面向未来，寻求共同利益，引导他们认识和解的意义，鼓励各方当事人提出具有建设性和创造性的解决方案。

6. 提出建议和提案。在适宜的时机，综合各方当事人的意见、诉求和提案，提出符合当事人各方共同利益的公正的调解方案，并向当事人进行详细的解释和说明，促成当事人自愿接受。

7. 善始善终。帮助当事人制作尽可能完善的调解（和解）协议，并敦促双方认真履行。

8. 充分掌握解纷依据。根据调解的性质和纠纷的类型，调解员应尽可能充分地掌握各种客观依据，包括法律、民间社会规范（习惯、惯例等）、社会常识、公共道德标准、社区标准、文化传统、宗教及民族因素以及情势变更因素，等等。由此使调解员具有知识上的权威性，能够更合理地判断是非、提出处理方案，说服当事人，并根据具体情况和当事人的意愿，灵活运用各种依据，以得到最佳方案和圆满结果。

四、调解的基本程序

调解通常以简便、非正式性为特征，但其程序依制度及性质有所不同。例如，我国基层村委会、居委会人民调解可以及时、主动介入当事人的纠纷，调解的程序、场所和形式都可以不拘一格。相比较而言，制度化、专门化程度高的调解则需要相对正规的程序，有些则需要由法律加以规定，如司法确认和法院调解。一般而言，调解大致都要经过以下几个步骤。

（一）启动程序

此即纠纷受理和调解的开始程序。根据具体的纠纷类型及调解机构，一般有以下几种情况。

1. 当事人申请调解。调解可以由当事人双方共同申请，但通常是由一方当事人申请，对方同意接受调解，即可进入调解程序。

2. 根据法官或法院的建议、指令或委托进行调解。例如，在美国，法官经常建议或指令当事人先行进行调解。我国台湾地区“民事诉讼法”第421条规定：“第一审诉讼系属中，得经两造合意将事件移付调解。”我国法院和行政机关也可以依职权将案件委托人民调解组织及其他主体协助调解。

3. 调解组织主动进行调解。主动调解是我国基层人民调解的重要特点之一，行政执法中的附带性调解也具有主动性，如社区警察、劳动监察、工商管理等。只要当事人不明确拒绝，则可视为同意或自愿调解；如果当事人明确拒绝，则不得强行调解。

4. 强制调解。此即法律规定某些纠纷在起诉前必须先经过调解，并将某些调解确定为法定前置性程序。在当事人直接起诉的情况下，可以视同申请调解，将其移送至调解程序。

（二）准备程序

1. 调解员的确定，一般有两种基本方式：（1）选择调解员。调解机构可以向当事人提供调解员名单，包括其个人资料和调解资历等，由当事人自行选择调解员。在集体调解程序中，可以由双方当事人从调解员名单中各选一名代表本方，再共同选定一名中立调解员组成调解委员会。（2）指定调解员。在没有调解员选择程序或当事人不愿或难以作出选择等情况下，可以由调解机构指定调解员。[①] 在指定调解员的场合，应对调解员信息进行披露，并赋予当事人拒绝或要求回避的权利，事由可以相对宽松，甚至可以无理由拒绝。但只要当事人不明确表示反对，并事实接受其调解的，可以推定为认可。除专职调解员外，临时担任调解工作的民间人士、专家、行政官员或其他人，只要当事人接受，均可担任调解员。根据纠纷和当事人的具体情况，调解既可由一位调解员单独主持，也可以由一位调解员担任首席调解员、多位调解员共同组成调解委员会或小组进行（特别是群体性纠纷和涉及多方当事人的纠纷），还可以由数名调解员分别代表一方当事人，在首席调解员协调主持下，共同进行调解。

---

① 如我国台湾地区“民事诉讼法”第406条第1款规定：调解由法官选任调解委员一人至三人先行调解，俟至相当程度有成立之望或其他必要情形时，再报法官到场。两造当事人合意或法官认为适当时，亦得径由法官行之。当事人对于前项调解委员人选有异议或两造合意选任其他适当之人者，法官得另行选任或依其合意选任之。

2. 选择适当的调解场所。调解应以便利当事人和有利于调解为原则，既可以在调解机构设置的场所内进行，也可以由双方当事人选择其他地点，在突发事件的调解中应尽快就近进行。无论选择何种调解场所，均应注意以下一些基本因素：(1) 尽量淡化对抗性。正式调解场所一般应选在中立地区，以圆桌式或对席式为宜，随机选择的调解场所则可不拘形式，但尽可能不标明原告、被告等身份，不应采用法庭式布置。法院调解应避免在法庭内进行。(2) 营造温馨的和解氛围。调解场所可以根据案件或当事人情况选择适宜的布置，突出和解氛围，例如，提供饮料、布置鲜花、悬挂艺术品或和解格言，等等，以缓和当事人的冲突心理，增加和解的机会。(3) 弱化权力色彩或不利于协商和解的符号，如法官调解应尽可能不着法袍，尽可能不使用法言法语，不强求当事人将调解协议提交司法确认等。(4) 准备可与当事人进行背对背谈话的场所，以便应对各种情况，更有效地促进和解的达成。(5) 调解场所应该保密，除双方当事人均表示愿意公开的情况外，应禁止无关人员（包括媒体和公众）参加、旁听和打扰。(6) 在群体事件、突发事件或公众关注度极高的事件中，调解应注意选择适宜场所。该场所应具有中立性，有足够的空间，便于控制秩序，以保证调解不受干扰。

3. 调解准备工作。这包括共同确定双方参加的人员，调解员向当事人说明调解的功能、意义、程序、调解协议的法律效力、当事人的权利义务，征得各方当事人对调解、调解员、有关费用、诚信义务等方面的确认。

（三）调解进行程序

调解强调根据具体案件的需要，采取灵活、多样、有效的方式，因此一般并无严格的程序要求。调解过程主要是促进各方当事人进行协商，调解员的作用是斡旋、沟通和促进和解。在一些社区发生的琐细纠纷中，调解员应尽可能简化程序，即时就地进行调解；在较为正式的调解和疑难案件中，调解员的任务则相对复杂。在群体事件中，调解应及早开始，同时注意控制局势、进行心理疏导，但在难以快速达成合意的情况下，则需要做好反复、多次调解的准备，耐心、细致、慎重地推进。在较正式的调解，程序也相对正规，一些必要的环节是不可省略的，如图 3－4 所示。

较正规的调解程序大致包括以下具体环节。

1. 调解开始。当事人与调解员共同确认各方的调解意向及权利、义务，特别是诚实参加、保密和履行协议的义务，进行初步的意见交换。调解员的说明与引导，使调解能够在良好的氛围中顺利进行。调解收费尤其需要在这一阶段得到双方当事人的认可和承诺。

2. 当事人陈述与事实调查。在调解中，当事人的陈述与事实调查可以同时进行，也可以分开进行。事实对于纠纷的解决具有至关重要的意义，但调解一般无须复杂的质证程序，当事人的举证责任也不必过于严格，通常将当事人陈述、辩论和举证、质证等环节放在同一过程中交错进行，事实认定主要依靠调解员的审慎和经验，调解员可以积极主动地进行询问和调查。在美国的法院附设调解中，也可以进行“证据开示”(discovery)，即当事人双方进行证据交换，由此查明事实并了解各自的“底牌”和实力，确定争点，从而为纠纷的解决打下坚实的基础。一些行政性或专业性调解中（如家事纠纷、金融消费纠纷、劳动争议、环境污染事件等），有时会赋予调解人特定调查权，以独立获取关键性证据，减轻弱者举证负担，确保调解的公正性。

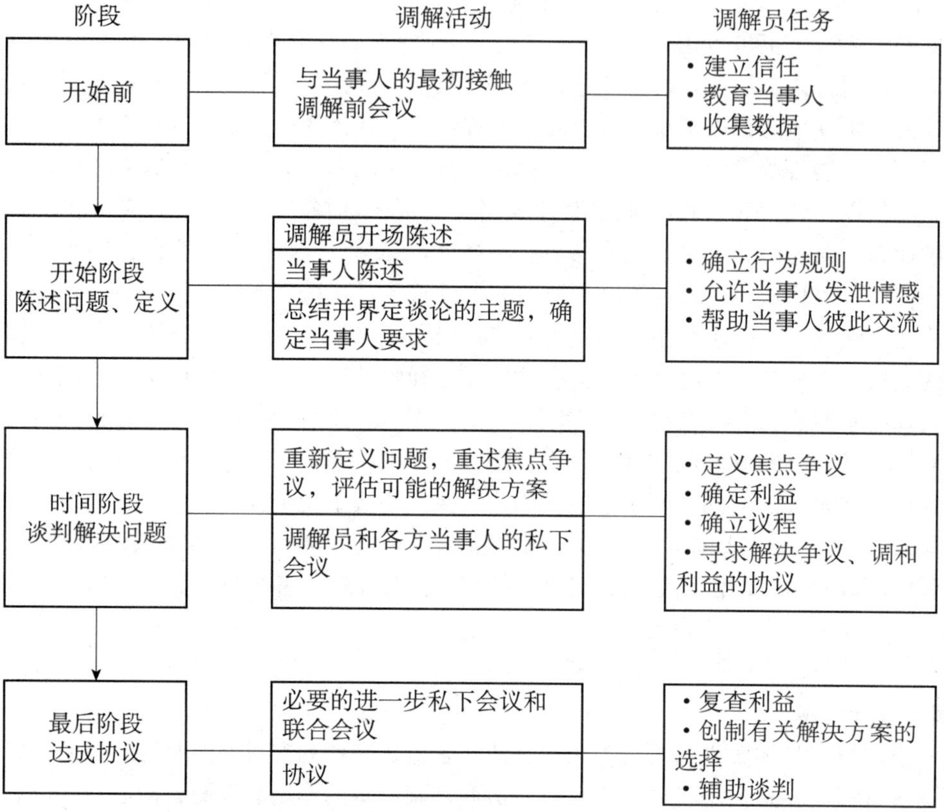

图 3-4　现代辅助性调解程序①

3. 调解过程。调解人可以根据需要，采用适当的方式，包括以下几种。

（1）对席式（面对面）调解。这是指各方当事人同时在场，调解人当面听取各方当事人的陈述，促进其直接进行协商并达成和解，通常可采用圆桌会谈方式。其优点是当事人同时在场，可以保证调解过程对于当事人双方是完全公开和公平的，有利于消除当事人对调解的疑虑，减少调解人的责任。尤其是涉及重大公共利益的纠纷、群体性纠纷，为了消除当事人和公众对调解程序的不信任，避免信息不对称导致的不平等或显失公平，防止当事人受到调解人的诱导作出违背自愿的不利让步，采用这一方式可减少风险。和解促进型和指导型调解都可以采用对席式，调解人可以同时向各方当事人提出和解方案。但一般只有在当事人能够控制情绪、协商能力较强或经过多轮调解等前提下才能有效达到预期效果；反之，在当事人之间激烈对抗、情绪失控、实力不对等、协商能力低、缺少判断力和准备的情况下，很难在短时间内达成合意。同时，在这种方式中，调解人施展调解技能的空间有限，一次调解成功率相对不高。

（2）交互见面式（穿梭外交式）调解，即背对背的调解。调解人可以分别会见当事人，听

---

① 参见［英］迈克尔·努尼著，杨利华、于丽英译：《法律调解之道》，北京，法律出版社，2006。本书是英国律师协会向律师推荐的必读书目，该书还详细讲解了各阶段调解的目标、任务和调解战略、战术与技巧。需要注意，由于调解注重灵活性，所以这些程序步骤都是可以变通的。

取他们对纠纷和对方诉求及理由的意见，包括抒发不满情绪、陈述自身理由和解决方案等。这种方式的优点在于双方当事人不直接见面，不易引起激烈的冲突，当事人可以毫无顾忌，有冷静思考的空间和机会，容易理性地考虑交易和妥协的问题；而调解人在充分了解当事人真实想法和底线的基础上，也可以充分发挥调控、说服、引导和评价的作用，并可以对双方当事人的意见不断进行沟通、整合，形成最终的调解方案。在当事人对调解人有足够的信任，调解人能够恪守职业道德，保持中立与公正立场的前提下，这一方式更能体现调解人的作用，容易促成和解，效率较高。这种方式的缺点是，当事人对调解人的依赖程度高，在各方实力和信息不对称时可能会出现诱导调解的风险，甚至程序上的瑕疵也会导致当事人反悔。

（3）混合方式。在现代的调解中，为了更好地达到调解的效果、避免风险和错误，一般允许调解人根据具体情况交叉使用上述两种方式，即混合方式。例如，在相对正规的调解程序开始时，采用对席方式向当事人双方说明调解的目的和好处，介绍调解人及其工作方法、行为规范，并说明当事人的权利和义务。在调解出现困难或方案难以形成时，则中止会谈，采用交互式进行单方沟通，分别征求各方对调解方案的意见，待接近一致时再恢复对席式，正式达成并签署调解协议。在双方当事人情绪对抗激烈或非正式的调解中，则可以先以背对背的方式安抚、平息情绪，了解各方的诉求、调查事实，通过调解人的沟通使双方恢复平静和理性，之后再采用对席式协商。同样，在调解方案的讨论中，也可以反复交叉使用不同方式。

总之，调解最重要的原则是保证各方当事人的平等和自愿，只要没有压制和欺骗，能够促成双方当事人达成和解，就达到了调解的目的。选择何种方式，需要调解员因势利导，并适当与当事人进行沟通。在多方当事人调解中，可以推举代表，也可以将个别会谈与集体协商相结合；对于多个相同纠纷案件，既可以选择集体调解达成相同的调解方案，也可以先选择部分或单个案件调解，起到示范效应。此外，调解也需要考虑效率因素，特别是诉讼中调解，对效率要求最高，为了防止因无效调解延误时间、影响诉讼效率，一般会规定调解期限，双方也可以约定调解期间；但在期限截止前如果已接近达成和解，一般会鼓励当事人适当延期，尽量不放过任何可能达成和解的机会。

在调解中，律师作为当事人的代理人，主要工作是帮助当事人准确了解自己的权利、利益和依据，表达自己的诉求和理由，调查证据和举证，提供法律意见，分析、判断各种解决方案的可能结果和利弊，避免错误的判断和不利的让步。以往，律师往往被视为调解的阻力，但当代律师界在 ADR 运动中已形成新的职业伦理，要求律师积极帮助当事人诚实善意地参加调解，认真地对待对方当事人的建议和调解方案，促成当事人作出合理判断，达成和解，并保证调解的自愿、合法与公平。

4. 调解方案的提出与形成。调解方案可以由双方或各方当事人各自提出，由调解员在此基础上提出折中方案或第三种选择，也可以直接由调解员根据事实和客观标准作出简单的评估和判断，作为当事人协商的基础，或直接提出调解方案。在现代调解中，调解人一般具有一定的资质和专门知识，其作用也更加重要和积极，在调解中可以有很大的自主性，既可以以引导帮助为主，也可以对当事人进行说服、劝解、分析，亦可以根据需要直接进行证据和事实的调查，在调查的基础上形成调解方案，供当事人参考。一般而言，调解方案均需要借助调解员的解释，经过当事人之间的数轮协商、博弈、妥协，才能最终形成合意。

5. 达成调解协议、终结调解（参见下文“终结程序”）。

（四）终结程序

根据调解结果的不同，分别导向三种终结程序。

1. 调解失败，未达成和解，调解程序即告终结。在调解前置的情况下，可以直接转入诉讼程序；一般情况下，则由当事人自行决定是继续尝试其他程序，或是直接提起诉讼。

2. 调解成立。根据不同的制度和程序，终结方式各有不同，主要包括：（1）口头协议。在一些简单的纠纷解决中，当事人可以在调解员的见证下达成口头协议并即时履行，如支付欠款、赔礼道歉、同时履行各自义务等。（2）签署调解（和解）协议。在较为正式的调解中，和解达成时通常需要制作并签署书面的和解协议或调解书，以终结调解程序。

3. 调裁结合的程序在调解不成时，调解人可以直接转为裁决人，对纠纷作出裁决，如诉讼调解和小额程序、仲裁中的调解、调解中的决定（裁决）、申诉专员服务机制等。

（五）调解协议及其履行

1. 调解协议。调解成功的结果就是达成和解，双方签署调解（和解）协议。可以即时履行的，不需要形成书面和正式的调解协议，可以以支付凭据、调解笔录等为证。

对于一些无法即时履行，涉及重要的权利义务，特别是具有较高标的额给付内容或涉及长期利益的和解方案，则需要认真制作、签署调解协议（调解书）。要求是：（1）采用书面形式；（2）准确记载当事人各方的基本情况（姓名、身份证明、职务、居住地等），代理人基本信息；（3）准确记载纠纷的基本情况及调解结果，特别是约定的权利义务、履行方式、期限等；（4）其他相关事项，例如，设定担保人或担保物，设定违约责任条款如逾期加倍等内容；（5）当事人各方签署；（6）调解组织或调解员签署盖章。

此外，调解协议应具备实质上的合法性，即应符合下列条件：（1）当事人具有完全的民事行为能力；（2）意思表示真实；（3）不违反法律、行政法规的强制性规定或者社会公共利益。不符合这些要件的调解协议为无效。

2. 调解协议的效力。（1）在一般情况下，非诉讼程序中达成的调解协议，具有合同属性，主要依靠当事人的自觉和自律履行，如当事人反悔，亦不能对其采取强制措施，只能由调解人进行督促。（2）有支付内容的调解协议可以进行公证，产生确定效力，在义务人拒不履行时，权利人可以向法院申请支付令或强制执行。（3）有法律专门规定（如生效期间）或经过法定程序（如司法确认）的调解协议具有执行效力，权利人可以依此申请法院强制执行。（4）以其他方式生效。如将民间调解协议转化为法院的调解书或和解判决、仲裁机关的仲裁裁定，等等。

3. 调解协议的执行。自愿、合法的调解协议，当事人应该自觉履行，不应随意反悔或拒不履行。在义务人拒绝履行时，权利人可以通过司法程序敦促义务人履行，包括确认效力、申请支付令和强制执行等，也可以根据约定追究违约责任。除此之外，还可以采用各种激励机制敦促当事人自觉履行调解协议，例如，法院尽可能支持自愿达成的调解协议，减少对调解协议的干预，由拒绝调解或轻易反悔的当事人承担诉讼费用，等等。美国的一些法院规定，调解达成后如一方当事人反悔，坚持提起诉讼，在法院判决结果与调解结果相差不大的情况下，提起诉讼的当事人需要向对方支付相应的诉讼费用，以此惩罚当事人的不诚信和滥诉行为。此外，针对一些有问题或有瑕疵的调解协议，当事人可以寻求司法救济加以补正；如果调解协议的达成存在重大误解、显失公平以及欺诈、胁迫、乘人之危等法定情形时，可以通过诉讼撤销调解协议或宣告其无效。

第四节 仲 裁

一、仲裁的概念和特征

（一）仲裁的概念及历史

仲裁（arbitration）是根据当事人的合意（仲裁契约），把纠纷（包括已经发生或将来可能发生的纠纷）的处理，委托给法院以外的第三方（仲裁者）进行裁决的纠纷解决方法或制度。

仲裁是传统的非诉讼纠纷解决方式，历史悠久。早在古希腊，仲裁就很盛行，很多城邦国家都设有公共仲裁人。在雅典，人们经常任命私人仲裁员根据公平原则解决争议。在中世纪的欧洲，商人们已经习惯用仲裁处理商事纠纷。13世纪，英国商人确立了根据商事习惯法进行仲裁的商事仲裁制度，之后也被美国所继受。近现代以来，仲裁被国际社会作为处理国际贸易和商事纠纷的基本制度，被1958年联合国《承认及执行外国仲裁裁决公约》（the New·York Convention on the Recognition and Enforcement of Foreign Arbitral Awards，即《纽约公约》）加以确认，现已成为世界各国通行的商事解纷机制。

需要注意的是，仲裁作为一种解纷制度或程序，主要是指商事仲裁；而仲裁（arbitration）作为一种解纷方式，指裁决（亦被称为仲裁、决定或评议等），在当代也广泛应用于商事仲裁之外的其他领域，当前，其适用范围还在进一步扩大。然而在实践中，仲裁制度或商事仲裁与仲裁方式（裁决、决定、复议等）经常被混淆，并导致了许多理论和实务上的误解。本节在阐述中尽可能根据需要加以适当的区分和说明。

（二）仲裁的特征

在当代ADR体系中，仲裁是一种最接近审判的纠纷解决方式。典型的仲裁制度是指商事仲裁，其基本特征如下。

1. 依仲裁契约启动。仲裁必须以当事人之间（事先）达成的协议，即仲裁契约为前提。仲裁契约原则上应该是当事人事先订立的，这里“事先”既可以是指纠纷发生之前，即当事人之间在纠纷发生之前订立的关于将来可能发生的纠纷的处理方法之约定，如贸易合同中的仲裁条款；也可以是在纠纷发生后，双方关于利用仲裁程序解决纠纷的具体约定。归根结底，仲裁是基于当事人的合意而启动的纠纷解决程序。这种合意表明：双方当事人同意，当纠纷发生时，不通过国家的法院而通过仲裁来解决。一旦仲裁契约成立，当事人就受其约束，包括参加仲裁程序、承认仲裁裁决的约束力，这也就意味着当事人自动放弃其诉讼的权利。裁决之所以可能由双方当事人事先达成，是因为在当事人之间存在一种认为通过仲裁可以较好地解决纠纷的共识，“在西方国家，各种关系人之间保持有一定共通的价值，在这种价值体系中容易达成从具有权威的个人或者机关中选任仲裁人的协议，而且，考虑到在将来的商业交往中还要继续维持友好关系的话，选择仲裁被认为是明智之举”[①]。当代在很多格式合同中，仲裁条款已成为必不可少的组成部分。是否依据仲裁契约启动是传统商事仲裁与新型仲裁及强制仲裁的根本区别之一。

2. 裁决的终局性。仲裁与调解的根本差别在于，仲裁者拥有对争议的决定权；而当事人一旦同意通过仲裁解决纠纷，就不得拒绝接受仲裁裁决。仲裁裁决具有终局性，尽管仍可进行司法审查，但近年来，各国法院一般不对仲裁裁决进行严格审查，其终局效力得到司法的承认。[②] 就仲裁的特性而言，终局性正是其优势所在，可以防止上诉造成的拖延，从而迅速地解决纠纷。在商事领域，由于特别需要迅速解决纠纷，仲裁尤其受到欢迎。由于仲裁裁决的判断性和终局性可能使败诉的一方当事人承担较大的风险，近年来，在一些国家和国际贸易仲裁中开始提倡先行调解，如当事人达成和解，则可以将和解内容转化为仲裁裁决，仲裁裁决也可能作出折中性的决定。这种做法受到当事人的欢迎，也有利于避免仲裁中可能出现的错误。与传统商事仲裁不同，新型或强制仲裁并非自愿启动，因此一般是非终局性的，可以提起复议或上诉。

3. 纠纷解决的灵活性。仲裁在适用实体规范和程序两方面具有相当大的灵活性。在传统仲裁中，仲裁人在作出判断时，原则上不受实体法律规范的严格拘束，可以自行决定所适用的规范。这是因为：其一，仲裁多用于解决特定类型的纠纷，法律的规定可能与这一领域的特别惯例有一定的差距；当事人所在的共同体的共同价值和规范（如商业惯例）是促使当事人选择仲裁的原因之一。其二，仲裁人多为该领域的专家，其专业经验在判断此类纠纷中具有特殊的价值和规范作用，更符合解决纠纷的实际需要。其三，在相关纠纷无实体法规定可循之际，仲裁人可以根据惯例和特定条件选择或创立规范和标准，并在此基础上形成新的惯例。此外，当事人通过仲裁契约和选择仲裁人表明了他们的委托和信任，这就形成一种授权，使仲裁人的决定可以不受法律规范的限制。

随着当代社会法治的高度健全，绝大多数商事惯例已经被纳入商法（贸易法）体系或国际条约，因此，依法仲裁的要求已被很多国家的法律制度所确认。为了保证仲裁的合法性，各国通常都设立最低限度的司法审查，包括管辖权争议、执行异议等。法院根据法定事由，有权根据当事人的申诉对仲裁裁决予以撤销。然而，在一般情况下，法院不会主动审查和轻易推翻仲裁裁决，以维护仲裁的权威性和安定性。行政性裁决和新型强制性仲裁则不同于商事仲裁：不依仲裁契约启动，不具有终局性，通常有复议、上诉等救济程序。

（三）仲裁的优势

商事仲裁较之诉讼具有一些特殊的程序优势，主要包括以下几点。

1. 平等性与民间性。多数仲裁机构属于民间机构，不具有国家强制力，更多地体现了当事人自治和行业自治的作用，具有非权力的平等性。当事人可以自愿选择仲裁机构、仲裁员，乃至纠纷解决的准据规则（如选择哪一国法律，选择商事惯例或普通法等）。此外，仲裁员很

---

① ［日］棚濑孝雄著，王亚新译：《纠纷的解决与审判制度》，300页，北京，中国政法大学出版社，1994。

② 1994年美国加利福尼亚州 Morcharch 诉 H. S. Blase 案确立：即使仲裁裁决造成了实质的不公正，除非有明显的成文法理由，法院也将不再对其进行司法审查。

多是特定领域的专家，这些特点都使仲裁在纠纷解决中具有更大的适应性。至于临时仲裁，则具有更彻底的非正式和民间性特征。

2. 保密性。仲裁不公开进行，有利于保护当事人的商业机密和个人隐私，并给市场经济、行业自治与自律保留了较大的自由空间。仲裁的保密性与司法的公开性形成鲜明对照，更符合商人和市场的需要。

3. 程序的灵活性。仲裁程序具有非正式性，仲裁人可以同当事人约定具体程序，方便当事人在举证、辩论等环节根据需要灵活处理，也可以在不同阶段引进调解或其他纠纷解决方式。

4. 费用低廉。商事仲裁一般均收费不菲，律师代理通常也必不可少，故其费用比调解的高。但多数国家仲裁的费用与诉讼费用相比，相对低廉，尤其是一裁终局，可以减少上诉的费用。诉讼程序越复杂，成本越高，仲裁在费用方面的优势就越明显。例如，在美国，仲裁省略了证据开示和陪审团两个环节，可以同时节约费用和时间消耗，因此许多当事人愿意选择仲裁。

5. 迅速。由于程序简便、没有上诉，仲裁成为相对快捷的并具有终局性的纠纷解决方式。对于许多需要及时、快速解决的纠纷而言，其优势尤为明显，但这种优势同样是与诉讼程序的效率与便捷程度相比较而存在的。

二、仲裁的形式和应用范围

（一）仲裁的形式

当代世界上的仲裁形式多样，根据不同标准，一般作以下几种分类。

1. 国内仲裁与国际仲裁。前者属于国内纠纷解决机制，受本国仲裁法调整；后者则涉及国家间关系和国际法规范，通常是按照国际惯例运作。在一般国际商事仲裁中，二者已经趋同，但 WTO 等国际组织专设的争端解决机制中的仲裁则与传统商事仲裁不同，不仅有专属管辖和专门程序，而且包括上诉程序。

2. 制度性（机构）仲裁与临时性仲裁。前者建立在依法设立的专门仲裁机构（如仲裁委员会或仲裁事务所）和相对严格正式的程序规则和制度之上；后者则无须任何专门或正式的机构组织形式，仲裁员也无须特定的专门资格，当事人可在具体纠纷发生后，通过临时约定仲裁员、仲裁程序和具体仲裁方式等，对争议对象或事项作出裁决。① 在法律承认临时性仲裁的情况下，其仲裁裁决亦具有法定效力。

3. 自愿仲裁与强制仲裁。商事仲裁等传统仲裁制度均以自愿为基本原则，必须依仲裁契约启动；而现代新型仲裁制度往往是通过法律确认为法定前置必经程序，不以当事人双方的自愿为前提，如劳动仲裁、保险仲裁等，因此被称为强制性仲裁。强制仲裁的特点是：首先，无须仲裁契约，一般通过法律规定或法院决定而要求当事人采用仲裁。其次，仲裁裁决并非终局

---

① 临时仲裁在传统商事仲裁与新型仲裁中都可以使用，例如，我国香港地区保险争议案件将仲裁作为法定前置程序，法律并未规定专门的保险仲裁机构，允许当事人采用临时和随意仲裁方式，仲裁人和仲裁程序完全由双方自决。这类仲裁属于新型消费仲裁一类（无仲裁契约、法定前置、无终局性、可诉）。

性的，裁决一般不能排除司法管辖。有的允许当事人另行起诉，有的则允许当事人在规定期限内向法院起诉、上诉或提起复审。最后，仲裁往往与调解相结合，有时把调解作为前置条件，即必经阶段，如调解不成则进行仲裁。某些前置性的行政裁决，也可以视为一种特殊的强制性仲裁。传统仲裁的一些基本原理和特点、优势和问题不完全适用于强制性仲裁，但程序和方式则大致相同。

（二）仲裁的应用范围

传统仲裁主要是指解决商事和国际贸易纠纷的商事仲裁制度；原则上不适用于身份关系纠纷和一般民事纠纷。

但同时，仲裁作为区别于协商和调解的解纷方式，也可以应用于不同的程序和制度。例如，在行政性解纷机制中，其以行政决定、裁定、裁决、复议和行政裁判等方式呈现。近现代以来，仲裁方式越来越多地被用于处理新型纠纷，世界各国建立了许多新型的法定或强制性仲裁，如劳动争议仲裁、消费者纠纷仲裁和法院附设仲裁（Court-Annexed Arbitration），并开始在知识产权争议、交通事故、建筑纠纷、产品责任纠纷和医疗事故纠纷等领域普遍适用。随着新型仲裁的应用范围不断扩大，它们与传统仲裁的差异更加明显，导致仲裁本身更加多元化。从当代 ADR 的发展大势可以看出，仲裁（Arbitration）将超越传统商事仲裁范围，在各种解纷机制中推陈出新、不断扩大其应用范围。

此外，随着非诉讼纠纷解决方式的创新发展，裁决方式也开始与协商、调解相结合，形成一种综合性机制，如金融申诉专员服务和各种消费争议解决程序。我国各地也有这类尝试，如电商平台设立的消费争议评审团和一些地方的消费纠纷评议机制等。不过，为了避免与商事仲裁制度混淆，很多裁决程序都尽可能使用了其他名称，如评议、评审等。

三、仲裁的程序

仲裁的程序依仲裁类型的不同而有所不同，并可分设普通程序与简易程序。标准的商事仲裁一般要经过以下几个阶段（临时仲裁则不需要遵守这些规则）。

1. 订立仲裁契约。双方当事人订立仲裁契约，承诺放弃诉讼、参加仲裁，并接受仲裁裁决为终局结果。仲裁契约可以在订立合同（如买卖合同、货运合同、建筑承包合同等）时附带签署，也可以单独签订；既可以是预防性的，也可以在纠纷发生后签署，具有独立的效力。仲裁契约属于受到国家强制力保护的，涉及当事人诉权的契约。强制性仲裁则以法定的前置性取代了仲裁协议的必要性。

2. 仲裁开始程序。一方或双方当事人提出申请及仲裁机构立案受理，由此，双方当事人进入仲裁管辖或系属。在当事人事先未订立仲裁契约的场合，在开始程序中必须先订立仲裁协议。代理律师必须首先确认纠纷是否具备启动仲裁的条件（仲裁契约、管辖权等）。

3. 选任仲裁员。双方当事人可以根据规定的人数，从仲裁机构的仲裁员名单中选择仲裁员。仲裁员通常是事先遴选出来，经过严格的程序加以确认的。仲裁员的人选决定着仲裁的质量和仲裁机构的信誉，基本要求主要包括：社会地位和专业资格；经验，包括从事专业工作年限、年龄等；能力，包括业绩、成果等；道德威望、个人品德等。通常由双方当事人各选一名

（或若干名），再共同选择一名首席仲裁员。简易仲裁程序则可由一名仲裁员进行审理、作出裁决。有些仲裁制度规定，在当事人无法选定、放弃选任仲裁员等情况下，可以由仲裁委员会（在法院附设仲裁情况下，法官也可以）指定仲裁员。

4. 准备程序。在开庭审理之前，需要根据情况进行审理前准备，例如，双方当事人以书面形式向仲裁庭提交有关材料，当事人交换文件和证据等。当代仲裁十分强调和注重调解，在许多仲裁程序中，调解已成为必经阶段，仲裁员可以与当事人进行非正式会谈，探寻和解或调解的愿望及可能，如能够达成和解或调解，则无须开庭审理。①

5. 开庭审理。仲裁的审理程序在多数情况下接近法院的开庭审理程序，目的是以较严格的程序保证查明事实，使当事人获得平等、充分的举证和辩论的机会。但当代民间仲裁机构也经常在非正式的场所（如会议室）进行审理，以弱化其对抗性，促进当事人达成和解。

6. 调解和裁决。仲裁庭一般采用合议制，但对一些简易案件可以采用独任仲裁，原则上仲裁庭或仲裁员应独立作出裁决，仲裁庭意见不一致时，根据包括首席仲裁员在内的多数意见作出裁决。如果当事人能够达成和解，则采用两种方式：（1）将和解内容制作为仲裁裁决；（2）制定和解或调解协议。仲裁裁决通常需要说明案件事由、当事人主张、证据与事实、裁决及其理由。

7. 终结程序。在多数场合，当仲裁裁决送达当事人后，即产生终局效力。但根据各国的相关法律，一般可以根据当事人的申请进入司法审查。强制仲裁则允许当事人在规定期限内另行起诉或就仲裁裁决上诉。规定期限过后，仲裁裁决则生效。如义务方拒不履行，权利人可以向法院申请强制执行。

四、仲裁的基本原则与局限性

1. 当代世界各国仲裁的共通性基本原则主要有以下几项。

（1）合法原则。仲裁应最大限度地尊重当事人的自治和仲裁机构的独立性，但是必须以合法性为原则。法院可以对仲裁实行有限监督，保持司法审查权。这种限制在各国的仲裁制度中表现不一，有的不作专门规定，有的则赋予法院对仲裁裁决的司法审查权，由法院酌情行使。由于当代仲裁机构在处理案件中基本上是以现行实体法律规范作为基本依据，所以，实践中司法审查的实际意义逐渐降低；但为了保证仲裁的质量和社会正义，法院仍然需要保留审查的权力。

（2）公平与衡平原则。与法院的审判和判决不同，仲裁可以根据情势变化和具体条件，在适用规范时在公平原则基础上进行整体的、综合的考虑，适当进行衡平。近年来，仲裁吸收了调解的长处，尽量避免作出非黑即白、一刀两断的决定，在维持长远关系和平衡双方利益的基

---

① 调解在仲裁中作用的加强，原因有两方面：其一，国家对仲裁的干预和控制越来越多，对仲裁的程序、作出裁决的根据等都有法律上的要求，相对来说就降低了通过仲裁处理问题的灵活性，仲裁所需的时间和费用也比过去增加了。其二，在商事争议中，双方当事人为了维护友好的商业交往关系，一般都希望尽可能通过双方协商解决争议，自己协商不成的则请求第三者出面调解，调解不成的才诉诸仲裁或法院加以解决。参见陈桂明：《程序理念与程序规则》，214 页，北京，中国法制出版社，1999。此外，调解与仲裁的结合也反映了仲裁理论与实务在当代的重大发展。参见王生长：《仲裁与调解相结合的理论与实务》，北京，法律出版社，2001。

础上可作出折中的裁决，由此也减轻了当事人的风险和程序的对抗性。

（3）及时、迅速原则及其他程序利益。仲裁应最大限度地发挥其简易、终局性和迅速的优势，尽快解决纠纷、减少纠纷解决的成本。在保证公平的前提下，使仲裁程序的保密性、灵活性等程序利益得以最大化。

2. 仲裁的优势往往又同时是其局限性所在，主要体现在以下方面。

（1）由于仲裁属于裁决性程序，所以相对于其他 ADR 方式，特别是协商和调解而言，其协商性、平等性、灵活性和当事人参与性较弱，而程序的对抗性较强。

（2）制度化程度高的正式仲裁机构收费较高，在民事诉讼相对低廉、便捷快速的国家或地区，其在费用方面的优势不明显，因此在多数国家，仲裁的利用率及实际解决纠纷的数量远远无法与各种调解的相比。

（3）仲裁一裁终局的优势对于某些当事人而言，可能成为一种风险。由于缺少二审程序和司法审查，仲裁一旦出现错误就很难获得救济，在特定的情况下，虽然可能进入司法救济，但需要付出更多的时间和代价。而强制性或前置性仲裁则不具有一裁终局的优势。

（4）司法化趋势。由于合法性要求与司法审查的存在，仲裁越来越接近司法，对行业惯例、情理及情势等方面的变通权衡逐步弱化；尤其是机构仲裁，已经越来越显示出司法化倾向。

为了克服或缓解这些局限性，当代仲裁机构都在努力将调解引入仲裁程序，一方面，在仲裁机构设立独立的调解程序，另一方面，仲裁本身越来越多地与调解相结合，以调解协议而不是裁决结案，或者形成和解裁决、合意裁决。

案例分析

日航风波

事实：

2001 年 1 月 27 日，九十多名中国乘客乘日本航空公司 JL782 航班经东京转机去美国、加拿大等地，因东京突降暴风雪，航班改降大阪关西机场。由于当天有 12 个航班、3 100 多名乘客改降关西机场，机场应接不暇，JL782 航班于 20 时 30 分抵达机场后，乘客被滞留在机舱内等待，让目的地是日本的乘客先行登陆。0 时 20 分所有乘客下机进入机场入境检查处，那里没有座椅和饮水。滞留期间，乘客在入境大厅提出抗议和交涉，未得到满意的答复。由于这些中国乘客没有确认转机航班，无法获得入境签证，且机场附近的饭店宾馆均已满员，此时其他持有入境签证的人（多为外国人）均已出境，在此情况下，日航决定将中国乘客带到国际线出发大厅。凌晨 2：00—3：00 左右，乘客到达出发大厅，这里有座椅和其他服务设施，但餐饮服务、商店和外汇兑换处均已关闭。日航地面服务人员向乘客提供了饮料和三明治，但不能满足需要，中国乘客在寒冷和饥渴中度过了一夜。此后，中国乘客推选了代表到日航东京总部投诉，希望得到答复和解释。然而，日航对待投诉反应迟缓，迟迟未作出答复。

2001 年 2 月中旬，中国媒体报道了这一事件，声称中国乘客受到了民族歧视和不平等待遇。2 月 19 日，乘客代表正式向中消协递交投诉书，提出日航对中国乘客采取了种族歧视政策，侵害了中国乘客的民族尊严，并有严重的违约和欺诈行为，要求日航公开赔礼道歉，向每位乘客赔偿至少1 000万日元（约合人民币70万元）。国内各媒体纷纷报道，一致认为中国乘客应该通过诉讼赢回民族尊严，事件被扩大为国家间的严重风波，并得到民众的声援，中国政府外交部发言人也表示了对该事件的关注。3月，中消协明确表态，认为此事件为一起服务质量引起的消费者纠纷，并敦促日航提交调查报告，着手进行调解。3月15日消费者权益日当天，通过媒体的报道，乘客代表公开表示已经组成律师团，准备起诉日航，中消协闻讯表示根据其程序，如果当事人起诉将终结调解程序。此后，事件的解决陷入僵局。

3月16日，中国新闻文化促进会召集北京各大媒体负责人对日航事件及有关新闻报道进行研讨，与会者经过激烈研讨达成共识，同意中消协对该事件的定性，并认真检讨、反思了媒体在这一事件报道中的问题和失误。此后，有关报道逐渐减少。乘客代表听取了新闻界的意见，分析了诉讼的利弊，始终未向法院提出起诉。5月21日，中国新闻文化促进会再次召开研讨会，邀请法律界、航空界、旅游界、中消协、新闻媒体等各界代表共同研究这一事件的性质及解决途径。在对纠纷的性质属于服务纠纷达成共识的基础上，法学家们提出了解决方案，论证了协商和解的可行性与合理性，以及诉讼的不利和弊端，同时分析了协商的具体路径和可能遇到的障碍，指出协商和解不仅可能使当事人获得双赢，并且可达到较好的社会效果。媒体及时报道了这种意见及分析，为以后的协商和解定下了基调。

此后，在中国新闻文化促进会、各媒体及法学界人士等多次斡旋之下，日航代理律师主动给乘客代表打电话，表示愿意接触协商，乘客代表欣然允诺，双方协商正式开始，经过数次对话和斡旋，双方初步达成了和解意向。7月2日，双方签署了《共同声明》。7月29日，日航常务董事专程来到中国，向乘客正式道歉，双方在北京签订和解协议。7月30日，双方在人民大会堂召开"庆祝日航风波圆满解决恳谈会"，此案被媒体誉为"调处涉外纠纷的成功范例"。参与调解的中国新闻文化促进会、各媒体及法学界人士等团体和个人被当事人双方共同评价为"民间调解人"，并获赠了锦旗和礼物。

分析：

1. 事件的复杂性及协商和解的困难：(1) 由于特殊的背景，当时社会对涉及中日两国关系的事件非常敏感，而民族尊严和歧视问题尤其受到关注。一些公众在媒体的炒作和引导下，把通过法律途径解决纠纷等同于将诉讼视为唯一手段，有人甚至表示要捐款支持中国乘客打官司，使这一事件几乎演变为一场外交甚至政治事件，乘客也成为被媒体和舆论左右的角色。(2) 法律界尤其是部分律师为乘客和社会公众提供了错误的信息和分析，使他们对诉讼中的不利因素、风险和成本问题难以作出准确、合理的判断，对诉讼寄予了不切实际的幻想，并成为鼓动诉讼的主力。(3) 当事人人数众多，很难形成一致的意见。事实上，当时有一部分乘客没有参加这一诉讼团体，而是单独向中消协提出调解申请。集团诉讼中当事人与代表人之间的沟通不力往往容易成为协商和解的最大障碍。(4) 双方对事件性质的认识和赔偿要求差距较大，如果乘客一方坚持较高的期望值，则和解很难达成。(5) 协商沟通途径不畅。由于中消协退出了调解，使双方的调解失去了中介和桥梁，中消协再度调解的可能性较小。如果没有其他沟通渠道，此案即使提起诉讼，由于管辖和依据的问题，也很难满足消费者的诉求，有可能不了了之。

2. 该案和解成功的条件主要是：首先，双方当事人的诚意使对话和协商有了一个良好的前提。日航明智地将和解作为纠纷解决的首选目标，授权代理律师和公关公司全力协调，与各种社会力量合作促成和解的氛围，最终在适当时机主动与对方联系；乘客代表在经过冷静权衡后，及时抓住对方送上的和解时机，这在当时的背景下是非常重要的。日航表示为了维护中国市场，愿意通过和解、协商解决纠纷；而乘客方则提出和解也是维权的口号。双方都认识到走上法庭并非最明智的选择。基于这种认识，双方逐渐以诚意消解了对立和敌意，走上了和解之路。

其次，积极的沟通和多方构筑的对话协商渠道，是双方达成和解的保证。通过各种民间组织和个人的积极促进，特别是媒体的态度转变和促进，双方当事人终于走到了一起，坐下来协商谈判。在这一过程中，"民间调解人"的作用和当事人双方自身的努力完美地结合到一起，日航代理律师与乘客代表之间成功有效的交流沟通，以及乘客代表与人数众多的乘客之间的有效协调，使谈判画上了圆满的句号。和解协议由中消协监督履行，体现了当事人对消协的尊重。整个和解协商过程表现出高超的沟通和谈判技巧，成功地运用了媒体和舆论的作用，并排除了潜在的干扰。

再次，双方当事人的理性判断和实事求是的态度是缩小差距、达成和解的条件。在事件初期，双方对事件性质认识差距较大，乘客方提出的索赔金额过高，和解的难度极大。随着中消协对事件的正确定性，以及媒体此后的多次研讨和反思，乘客代表认真地听取了各种意见，冷静地分析了自己的权益，实事求是地改变了最初对事件性质的认识，使协商和解有了现实的基础。在谈判中，双方并没有在细节上过于斤斤计较，而是着眼于大局，合理妥协、求得利益最大化。和解方案并不注重赔偿金的数额，而是强调日航对其服务瑕疵向中国乘客道歉，改善日航对中国乘客的待遇。对此，日航对改进其服务作出了郑重的承诺，并公布了一系列改进措施，例如，增加中国籍乘务员，增加空港的食品、饮水和毛毯等物资储备，增加中文标示，改善投诉机制等。因此，双方的谈判和解确实获得了双赢的结果。

最后，法治的逐步健全和市场的逐步成熟为纠纷的圆满解决创造了良好的社会基础和氛围。协商机制是成熟的法治和市场的产物，《消费者权益保护法》《合同法》等相关法律的制定，使解决这类纠纷有了明确的法律依据；而消费者纠纷解决的多元化途径，为纠纷的协商解决提供了正当性基础和现实条件。消费者协会的公信力，媒体和社会舆论走向客观和理性，能够宽容地看待当事人的自主处分和妥协，这些都使这次和解得到了社会的支持，双方的协议，包括对和解金数额的保密约定，也得到了尊重和理解。

3. 和解的效果：(1) 日航方面。在《共同声明》中，日航承认应对紧急情况不力，对乘客的服务以及解释和投诉处理工作不周，致使乘客产生不满，对此日航向中国乘客表示道歉并给予了适当的和解金，承诺改善日航对中国乘客的服务。对此，中国乘客代表在恳谈会上表示满意，"我们看到了他们的诚意，也看到了国际大公司的风范"。通过和解，日航的形象得到了最充分的维护；半年内圆满解决纠纷，节约了大量诉讼成本；同时，日航还借此与中国各界建立了良好的关系，赢得了比胜诉更值得珍惜的口碑，避免了败诉导致的更大的损失。(2) 中国乘客方面。如果通过诉讼解决，不仅存在着管辖和作为集团诉讼能否被受理的问题，而且，根据当时的法律和事实，乘客方关于民族尊严的主张和赔偿不可能得到法院支持，而少量的补偿金与诉讼支出相比较而言将得不偿失。如果不起诉，则可能成为一件很快被人遗忘的新闻事件。和解使乘客得到了一个体面的结果：日航的道歉和为更多的中国乘客争取了更好的待遇，同时同媒体和社会各界形成了良好的关系，维护了自己维权的社会形象，并得到了合理的补偿。(3) 社会效果。由于本次事件得到了各方的关注，和解达到了很好的社会效果：对于媒体而言，经过反思而后积极促成双方和解，使他们从炒作造成的尴尬局面中解脱出来，赢得了社会公众的信任；对于法院而言，避免了一场难以判决的案件和绝对化的裁判结果；对于旅游、民航和其他服务业而言，可以从中吸取经验教训，改善服务，加强社会责任和企业及行业自律；对于政府而言，两国间的纠纷得以消解，维护了和谐稳定的社会和市场秩序；对于公众而言，了解到了协商的正当性、益处和途径，有利于培育良好的市场诚信和协商机制。由于这次和解的全过程始终处在媒体的关注和报道下，所以其所承载和发出的信息及其所产生的影响都是巨大的。

持续 14 年的群体性纠纷

事实：

1994 年，上海市某区 J 街道在 B 居委会所在居民区兴建了一幢办公用楼，这个被居民称为“碉堡”的建筑位于两幢公房之间，与其南面的甲弄居民住宅的最短直线距离是 6 米，与北面的乙弄居民住宅之间隔着一个天井，最短直线距离是 7.2 米，最长直线距离是 9.8 米。其建成直接导致两幢公房之间的空间距离减小，引起居民的强烈抗议。此后，尽管该建筑已经取得产权证、房屋证等合法证件，但在居民眼里仍是不合法的“违规建筑”。

该建筑出现之后，两个里弄共 196 户居民的集体抗争就拉开了序幕。后主持建筑工作的街道办副主任因贪污被关，该建筑被街道转卖给 C 公司。之后该建筑被空置了一段时间，其间，居民虽然不时在社区抱怨和扬言要拆除这个“违规建筑”，但没有闹事。后 C 公司将其转卖给 D 公司，居民得知后，当即派出代表警告 D 公司，叫他们不要买，D 公司遂把建筑退给了 C 公司。之后，C 公司又隐瞒情况，将其成功转卖给了 N 公司。N 公司对其背景并不知情，买下后，楼上用作职工宿舍，楼下作为办公室。N 公司安装的空调排气机、出入车辆发出的噪声、装修房屋产生的垃圾、公司种植的绿化作物所引起的蚊虫等都令周围居民难以忍受，导致纠纷爆发。

居民先是选派代表到 B 居委会上访，要求将“碉堡”拆了或者给居民公用。居委会由于权限所限，无法给居民一个满意的处理结果，大批居民就连续不断在晚间或休息日造访居委会，给其施加压力。与此同时，居民还把矛头指向 N 公司的老板 F。接着，一些情绪激动的居民，尤其是受到影响较大的乙弄的上访积极分子，开始去区政府集体上访，人数多达千人，包括很多老人、病人和抱着吃奶小孩的妇女。他们采用下跪、呼叫等弱者的武器，要求区长亲自接待、帮助解决问题。区政府派人给上访的居民分发了食物饮料，区长也会见了居民代表，答应重点关注并尽快解决问题，劝服居民们离开。此后，街道办收到上级指令，要求妥善处理居民住宅内建筑的问题，但仍然没有奏效。2003 年 9 月，几个上访代表与社区内懂得法律的党员居民共同协商后向法院提起了诉讼，先是告街道办，因主体不对，又改告业主 N 公司，但是由于建筑物是合法建筑，买卖手续合法，最终败诉。

2007 年 10 月，社区居民看到“碉堡”又开始装修，在屋顶安装更多空调，周围搭建铁栏杆，于是再次群起强烈抗议。但 N 公司认为自身行为是完全合法的，对居民不予理会。居民则对 F 老板施加压力，限制其出入，要他停止工程并退还房子，或者给居民公用。F 老板当然不会同意，万般无奈，来到该社区由著名调解员李阿姨主持的人民调解工作室，申请调解。

居民一方虽然同意调解，但很多人情绪激愤，甚至携带刀和砖头，以暴力相威胁，参加调解会时人数众多，很难坐下来协商。

李阿姨在调解前对实际情况进行了调查，认为该建筑产权合法，受法律保护。居民这样闹是肯定不会赢的。但是，噪声、废气、光照、空间的占用等也确实对居民造成很大的不良影响，故希望通过调解，争取让公司对居民的损失作出一点“补偿”，令两方妥协。

面对这起历史遗留问题引起的长期集体抗争，李阿姨决定采用先易后难的方式，分两步进行调解。甲弄的居民住宅楼受影响较小，所以李阿姨先行邀请甲弄居民代表来工作室召开调解会。与此同时，李阿姨找到F老板，对他说：“我知道你肯定觉得是见鬼了，哪能想得通啦！买房子哪里晓得会这样的，闹得人要死了。生意没做赔偿金倒一大堆出去了！我也完全明白，你是会想不通的，算你倒霉哇！现在要摆平居民，你出点钱，就当做是买个教训，买个太平！至于居民其他的要求，如垃圾等，你们可以达成协议。你们双方如果不便当面接触，可以告诉我，我来调解。这件事也不要再拖了，再拖下去，你也受不了的呀。”

在李阿姨的调解下，2008年5月，甲弄居民与N公司双方达成共识，由N公司付出不到10万元的补偿金，以造成的影响大小为标准，给每户几千元到几百元的补偿。84户居民全部同意调解，每户自己到调解工作室去拿补偿金，同时签署一式三份的调解协议，承诺不再为此发生争议；如果违反协议，可以上法院起诉。不拿补偿金的算做放弃权利。甲弄居民在事件处理完结后，联名向调解工作室赠送了锦旗。

处理完甲弄84户居民与N公司的纠纷之后，李阿姨将这一信息传递给乙弄，并马上与社区信息员和居委会干部联系，请乙弄居民也来开会。由于乙弄112户居民受到“碉堡”影响比甲弄的大得多，所以更难处理。李阿姨首先让居民代表在调解会上把要求提出来，同时，工作室调解员与F老板协商，寻求可以接受的妥协点。

在与居民代表的见面会上，李阿姨语重心长地说：“人民调解是免费的，我们是政府出资购买的服务。如果愿意我来调解，我也是乐意的。当然，你们若是不满意，自己处理也可以，我无权限制你们诉讼的权利。但我说了，打官司不会赢的。大家心里都不舒服，也是可以理解的。这件事已经过了很久，14年了，你们要我来解决，大家首先应该对我有信心，与我站在一条线上……这也不是一个人的事，是各个居民的事，所以也不要再拖了……大家都是邻居，应该注重和谐，当然权利问题也是重要的。调解会的目的是希望大家有意见都提出来，一起商量解决办法，达成共识。”

居民代表大都赞成调解，但一些亲眼看见“碉堡”事件出现和演变全过程的老人们情绪非常激动，他们大声宣泄自己的愤怒，表示若是得不到解决，就世世代代搞下去！李阿姨凭着长期的社区调解经验，先让居民把不满和意见发泄出来，待其情绪宣泄之后，再基于法律、人情和道理，对居民进行劝导。

一方面，她对居民表现出深切的同情，她说：“跟老板相比，居民是处于弱势的，看到很多老年人受到噪音、卫生的困扰，我心里也不安，也很同情。所以我要为你们去声讨，要保护居民的生活环境。你们提出的要求我们要经过调查，包括垃圾之类的问题，看是否合理才能决定。如果是不合理的要求，我们也不会支持。我完全理解你们，受了这么多年的苦，心里肯定是不爽的。但是你们做代表的，也应该多做做宣传工作，稳定居民，不要来跟我吵啊。我没侵犯你们的利益，我是来做工作的！”

另一方面，她也告诫居民："你们打官司也会吃亏的，房屋老板（业主）认为自己样样是合法的，我跟他谈过，我看啊，他是年纪轻不懂事！但是他的产权合法，是受到法律保护的。他也希望跟居民搞好关系，自己感到很委屈。所以，希望大家现实点，任何事情有个期限。一直拖下去不是办法，一直闹也没有结果。既然难以告倒公司，那么可以要求他们赔一些钱，至于多少，大家可以商量的。"

李阿姨希望居民可以面对现实，在上访、法律途径都难以解决的情况下，依靠工作室的调停，居民与N公司各让一步，由F老板对居民作出一点补偿，并对居民提出的各种问题达成解决方案。同时，工作室强调，对于居民的意见所作出的任何反应必须以法律为依据，例如，针对居民提出的要求公司拆除空调的意见，工作室的大学生小张回复说：根据相关法律，空调问题应以测试标准为准，可以请区环保局来测量，不可随意拆除。

这次调解会之后，居民代表回去向居民反映了工作室的建议，并召开会议，统一对赔偿标准的要求。李阿姨也多次去社区与居民谈心，努力促成居民的共识，早日与对方达成和解。一个月以后，工作室召集乙弄居民代表举行第二次调解会。对于居民难以释怀的"历史遗留"问题，李阿姨告知居民："大家不要对诉讼抱太大希望，14年了，弄到现在也没啥成果。如果你们还要上法院，我是不会阻挠的，我早说过调解不是唯一的途径，上法院是你的权利……但我说了人家有正规凭证的，你要告F老板，N公司或者土地局，都不可能赢啊……所以，希望大家可以接受通过补偿来平息这个事情。"

李阿姨还向居民代表说明她调解的难处，向他们讲述跟老板交涉的经历："我拼命向老板'讨债'，他看到我就溜，说他要出差……我告诉他'你不答应我的话，你就是出差，我也会坐在你车上跟你一起去！'像公司造成的空调排放气体、绿化臭味之类对居民身体不利的问题，我都跟他说了，希望他可以酌情考虑。我做到现在，真是说得牙齿都要掉下来了！但只要你们同意，我会尽力问老板要钱，讨到多少不是我决定的，但总归是越多越好，我会为居民着想，一定会尽力！不过，我也需要大家的配合，你们要支持我。对补偿金也不好随口开价，这是不现实的。我知道很多居民还是信任我的！我想这件事一定能处理好，希望今天是最后一次调解会！"

在李阿姨苦口婆心的劝导下，多数居民都同意通过调解来解决。但仍然有少数抗争了14年的居民依然不服，态度强硬，不愿意接受调解。此外，居民提出的"碉堡"内的绿化和停车影响居民生活的问题，通过李阿姨与老板的谈判，公司接受了居民的合理要求，保证尽量减少对居民的不利影响，得到了居民的认可。之后，李阿姨与同意调解的居民协商确定了补偿标准，根据损害程度分别给予900元至2 000元的补偿。此后，居委会配合工作室让居民分别前来领钱、签协议，共有61户签了协议，对处理表示满意。但当时仍剩下25户尚未解决。工作室为了社区和谐稳定，决心继续努力，最终彻底解决。

分析：

本案调解属于政府购买的人民调解服务。其意义是，一方面，该基层政府以财政支持和委托授权方式委托社区调解组织处理一些地方政府难以直接以行政方式处理的复杂纠纷，是政府以购买社会调解方式实现其服务和管理职能的创新；另一方面，该调解组织保持了民间社区调解的基本属性和相对独立性，调解员并不是以政府代理人身份出面，而是以中立第三方角色从中调解，充分发挥社区调解员的地方知识、人际关系、资源、影响力和个人的调解技巧，娴熟地运用法律规则（依据）、先例、后果、利弊得失和大局等客观因素，辅之以对当事人的说服、利益平衡、僵局突破以及各种语言和策略上的技术，最终达到预期的目标和效果。从中可以看到这种社区调解的特点如下。

1. 李阿姨在调解中特别注重情、理、法相结合。她本人在社区生活了35年，在社区内有很好的人缘和很高的威望，了解社区情况和文化。她说："其实调解并没什么'绝招'，我不是天生的调解员，做调解只是因为我有着浓厚的社区感情。调解工作最重要的是要了解民情，必须摸透人家为什么吵架，然后设身处地地为他们考虑问题。有很多人来找我，只是想要找人倾诉。调解不能靠蛮力解决，而是要像个巧手的裁缝，去缝补感情、烫平伤痕。有的当事人一方根本不愿意接受调解，满口嚷着'法庭上见'，我就苦口婆心缠着他劝他。人和人之间都是有感情的，一旦上了法院，情就没了。所以我会尽我所能，把矛盾解决在第一道防线。"尽管在调解中很少使用法言法语，但李阿姨和她的调解团队对法律、政策和常规非常熟悉，以法律作为达成共识的基础和底线，不仅不会逾越法律的原则，而且不会支持缺少法律依据的不合理要求。因此，他们在调解中能做到有理有据，容易使当事人信服和接受。

2. 基于长期的经验，李阿姨善于运用各种调解技巧，但仍以传统调解方法为主，程序非常灵活。本案基本上没有采用现代调解的面对面方式，没有召开双方共同参加的调解会议，主要是为了统一居民内部的意见而进行集体会谈协调，重点是通过内部协商形成合意，使居民接受补偿方案。对业主一方则通过晓之以理、动之以情的劝导方式，施予一定心理影响，使其认识到尽管付出了给予部分经济补偿的代价，但由此解决了纠纷，改善了与居民的关系，能获得长远利益。整个调解过程、方案、策略和步骤，包括对双方的沟通、说服、达成协议，都是主要由调解员确定和展开的。调解员的作用非常积极，但并未对当事人进行任何强制，切实保证了当事人的自愿。在这个意义上，程序和方式是服从于调解的原则和目的的。

3. 调解协议的签订、履行是解决群体性纠纷的关键和难点。调解工作室对此制定了周密的方案，将协议的签署、履行（领取补偿金）、今后不再发生争议的承诺同时进行，不仅避免了节外生枝和反悔的风险，也确保了当事人意思表示的真实性和纠纷解决的彻底性，体现了调解员的良苦用心和丰富经验。

4. 不言而喻，所有调解都不可能是完美的。由于各种客观原因和条件，调解不能满足所有人的期待和要求，基于不同的价值判断，人们也会予以截然不同的评价。本案例也是一样：有些人会认为调解结果不够"合法"，过于迁就居民，让业主一方作出了过多让步；另一些人则会认为，解决不够彻底、公平，应该从根源上消除隐患，例如拆除该建筑，不排除可能有更好的解决方案。但是，需要注意的是，调解员的权限和能力是有限的，只能在权衡成本、风险和社会效果的基础上，充分考虑当事人的实际情况和社会文化背景进行调解，达到相对合理的结果。调解可能采用各种方法和程序，其实际结果也可能存在差异，但"条条大路通罗马"，只要达到和解的目的，当事人基本满意，就是合格的调解。也就是说，评价调解的标准主要是当事人的满意度和社会效果。

深度阅读

1. 蔡彦敏等．谈判学与谈判实务．北京：清华大学出版社，2011

2. 范愉，史长青，邱星美．调解制度与调解人行为规范——比较与借鉴．北京：清华大学出版社，2010

3.［美］罗杰·费希尔，威廉·尤里著，张新民译．谈判成功之道．北京：中国对外经济贸易出版社，1989

4.［英］迈克尔·努尼著，杨利华，于丽英译．法律调解之道．北京：法律出版社，2006

5.［美］罗伯特·芒金著，刘坤轮译．谈判致胜．北京：中国人民大学出版社，2011

问题与思考

思考题：

1. 非诉讼程序可以分为几种基本模式和类型？
2. 谈判（协商）的特征和功能是什么？不同类型的谈判之间有什么理念和策略上的差别？
3. 调解的类型与调解方法之间的关系。
4. 调解人的类型及行为规范。
5. 调解与仲裁结合的优点和可能是什么？

练习题：

方法：尝试由不同的人扮演案例中的当事人和调解员，并尝试采用各种协商和调解策略、方法，并交换角色。最后进行小组讨论，讨论感受和体会，总结经验和规律。

1. 物业纠纷

事实：某城市物业小区的业主约半数拒绝缴纳物业服务费，已拖欠半年至三年不等，他们认为物业公司的服务不到位，小区内存在一些卫生死角和安全隐患，绿化情况也不尽如人意。有时晨练的人群会影响一些居民的休息，并曾因此而发生过口角和纠纷。小区没有成立业主大会或业主委员会，物业公司多次向欠费的业主催缴都遭遇拒绝，因此以严重亏损、无法继续运行为由准备撤出该小区的物业服务，同时准备向法院提起诉讼，向拖欠物业费的业主索要拖欠的款项。在立案前，物业公司在法院的建议下，向调解组织申请进行调解。

问题：（1）这一纠纷由哪一类型的调解组织进行调解最好？（2）如果你是调解员，应该采用何种调解策略，能否设计几套不同的调解方案？（3）同一纠纷如果分别进行社区调解、律师主持的专门性调解、居委会调解、政府主管部门的行政调解和法院立案后的诉讼调解，会有什么不同，调解重点、特点和依据有何不同？

2. 家事纠纷

事实：某西部农村的某青年农民 A 因交通事故去世，其遗孀 B 准备改嫁，并带走由其监护的一对子女，由娘家的父母代为抚养。由于 A 是独子，其父母希望按当地的风俗将 A 的儿子留在家里继承家业、传承香火，提出由祖父母抚养监护 A 的儿子，女儿由 B 监护。B 不同意，A 父母将 A 的儿子转移藏匿，并集结家族力量与 B 及其家人对峙。

问题：（1）双方是否有协商或调解的可能性？（2）在调解中应关注哪些重要问题和利益？（3）作为调解人，应该采用什么技巧和策略？（4）不同程序中调解的重点和方法有哪些异同？

（5）律师可以在这一纠纷的解决中扮演什么角色？

3. 消费者纠纷

事实：当事人A在经营者B的商店里购买了一件家用电器，在保修期即将结束前提出该商品存在质量问题，要求退款，并以B欺诈为由要求双倍赔偿。

问题：（1）双方是否有和解的可能性？（2）通过消费者协会有无达成调解的可能性？（3）作为调解人，应该采用什么技巧和策略？（4）当事人双方各自应该采用怎样的对策和态度？他们理想的结果是什么？

4. 在阿里巴巴平台，涉嫌山寨的商品被大数据模型筛选出来后，会被传送给至少500名大众评审员进行判断，裁判的结果会直接决定该商品是否被摘牌。大众评审员是一个庞大而又特殊的群体，他们既是平台上的商户、消费者，也是网络交易分歧争端的判定人。与此相似，支付宝的“蚂蚁保险”中的“宝贝守护计划”自2017年12月上线时，便引入“赔审团”作为纠纷判定机制：在保险机构核赔过程中，如果理赔申请人就初步理赔意见与保险机构不能达成一致时，可由申请人在线请求“赔审员”对案件进行讨论、评议并作出审议结论。

问题：（1）这类评审或判定机制属于什么性质的解纷程序？（2）这类方式与仲裁是什么关系？（3）这类解纷方式的特点和作用是什么？（4）这类程序处理结果具有何种法律效力？（5）如何通过制度和程序设计保证这类程序的公正性？

第四章

非诉讼程序法·非诉讼程序与司法程序的衔接

本章重点知识

- 非诉讼程序法的构成
- 我国非诉讼程序法
- 非诉讼程序与司法程序的衔接
- 强制 ADR 及法院附设 ADR
- 和解及其与调解的关系

第一节　非诉讼程序的法制化与非诉讼程序法

一、非诉讼程序的法制化

（一）非诉讼程序法制化的需求

随着非诉讼程序的发展，国家需要通过立法对其给予政策、资源配置、制度程序等方面的支持、规制和保障。需要解决的问题主要包括以下方面。

1. 非诉讼程序如果缺少公共资源和法律的支持，必然影响其发展和当事人的利用，因此，需要通过政策和法律为其提供正当性、公共财政和人力资源等方面的支持和保障。

2. 传统非诉讼程序主要依赖解纷主体和当事人的自律，相对缺少制度性制约，在实际操作中容易出现一些问题，如：（1）被少数当事人滥用；（2）ADR 程序启动难、利用不充分，当事人对 ADR 程序缺少了解，不能积极、理性地参与；（3）律师的消极作用；（4）错误或不当的程序设计，如法庭化等；（5）一部分当事人或代理人（如政府机关或国有企业）缺乏处分权，使协商调解难以进行；（6）效力低，如保险公司、登记机关不承认调解协议的效力等。针对这些问题，需要从程序的合理设计和规范化入手加以解决。

3. 为避免非诉讼程序的运行脱离法律规制而导致“廉价正义”（Cheap Justice），需要加强对 ADR 机构和人员的规制和管理，包括登记备案、审查考核、人员资格培训认证以及行为规范等；确立 ADR 向涉及公共利益及政策性领域发展、扩张的限度；调节 ADR 的保密性与公众知情权的矛盾；解决扩大 ADR 适用与当事人诉权保障的关系；适度建立对 ADR 的司法审查和救济等。同时，应根据社会需求和实践对这些制度、原则、界限等不断进行调节。

（二）基本目标

非诉讼程序规范化的目标主要是充分保障当事人权益和程序公正，而法制化的目标则是促进其在法治的框架下健康发展，其主要包括以下内容。

1. 通过有关立法、公共政策和司法政策，确立 ADR 的正当性以及国家鼓励非诉讼程序的发展战略；明确非诉讼程序的法律地位和基本原则，为 ADR 提供必要的公共财政及其他资源支持，使其成为一种服务于大众的公共社会机构或福利，保证其正常运作和发展。

2. 根据国情和社会需求设计合理的制度与程序，对不同性质和形式的 ADR 的设置及与司法程序之间的关系作出界定，划定各自的管辖范围，使司法与 ADR，公力救济、社会救济和私力救济的分工与边界相对明晰，形成协调、互动的多元化纠纷解决机制。

3. 为社会公众提供有关公共信息，引导纠纷当事人选择并便利地使用 ADR 程序；将 ADR 的利用列入法律援助体系，注重促进其发挥多元化的社会功能。

4. 对不同的 ADR 程序加以适当规范，确立其基本原则、性质和组织结构、行为规范，建立合理的费用负担和激励机制，在提高 ADR 公信力的同时，更好地发挥其程序利益。

5. 确定 ADR 纠纷解决的效力，包括时效中断效力和处理结果的法律效力，并在有关保全、强制执行、证据调查等方面给予相应的法律保障。

6. 对违法和滥用 ADR 的行为建立相应的责任追究和惩戒机制，并对 ADR 处理结果建立必要的司法审查和救济机制，以防范可能出现的错误和风险，减少公众对 ADR 的不信任。

7. 根据实际需要（包括纠纷类型、ADR 的定位和取向等），通过法律设立 ADR 解纷人员（志愿者、专职人员、专家等）的准入、资格认证和培训制度，提高其解纷技能和质量。以优质人员和解纷的良好效果获得社会认可和公信力。

8. 有条件地建立法定 ADR 前置制度，以扩大 ADR 的利用，逐步实现某些特定类型纠纷解决的非诉化，在诉讼前尽可能穷尽其他救济方式，让司法退居最后防线，承担司法审查功能。

在非诉讼程序法制化过程中，一方面，部分非诉讼程序被纳入司法系统，二者相互渗透和接近，形成了互补关系；另一方面，纠纷解决机制的多元化趋势愈加明显，行政性和民间性非诉讼程序特有的功能、优势和特点得到了重视和发挥。

（三）价值取向与基本原则

ADR 法制化的首要问题，是确定其价值取向和基本原则，据此确立各种非诉讼程序的定位和功能，并通过法律加以调节和制约。由于各国的实际情况和社会条件千差万别，非诉讼程序所承担的社会功能也迥然不同，所以，非诉讼程序在设计和运作中的价值取向是多元化的，同时各有侧重。其中，以下基本价值的平衡尤为重要。

1. 兼顾公平与效率和效益

ADR 的效益价值是显而易见的，但如果缺少保证当事人诚实参加和诚信履行的措施，一旦被当事人滥用，就会适得其反，增加纠纷解决的成本支出。为了保证和提高效益，当代非诉讼程序开始适当增加其“强制性”和约束力，即通过法律规定或法院的建议、裁定，以调解或仲裁作为诉讼的前置必经程序，并通过激励或制裁机制，敦促当事人利用非诉讼程序并遵守处理结果，以最大限度地降低成本、避免浪费。与此同时，通过公证、法院登记或审查等方式，对非诉讼程序达成的和解协议、调解书或仲裁裁决的效力加以保证，使其产生终局性效力和执行力。尽管这些措施可能会限制部分当事人的某些诉讼权利，但解纷成本的降低有利于维护司法资源的合理配置和使用，不仅符合社会公众和纳税人的利益，也符合绝大多数当事人的实际利益，并成为当代解纷机制发展的必然趋势。然而，在制度设计和运作中必须掌握以下基本原则。

（1）强制性 ADR 的范围必须是合理和有限的，原则上应由法律作出明确规定。通常是根据诉讼标的额、案件的性质、类型及重要性程度划分，仅限于部分案件；其设立必须充分考虑社会的接受程度，循序渐进；只有在社会公众、决策者和法学界基本达成共识的情况下，才可能实施，否则可能因对诉权构成限制而受到反对或抵制。

（2）必须把当事人自愿作为非诉讼程序的基本原则贯彻始终。强制性只限于规定当事人参加非诉讼程序的义务，而绝不能强制他们接受和解或决定。

（3）强制性 ADR 的制度设计在一定程度上限制了当事人的程序选择权和诉权，但是，并不剥夺其诉诸司法救济的最终权利，一般应设置司法审查环节作为避免不公正结果的制约和救济机制。当事人可以依法申请司法审查，法院有权对和解协议、调解书或仲裁裁决依法撤销或宣布无效。这种制度设计可限制轻易反悔或无理由进入诉讼，同时能够减少非诉讼程序的错误成本，提高纠纷解决机制的整体效益。

2. 自治与法制统一

自治是 ADR 的一个重要理念和价值，包括当事人自治、共同体内部或社区自治以及社会自治。非诉讼程序中的自治体现为：在实体依据上，不囿于严格适用法律规则，可以适度变通，适用各种社会规范；在程序上，不拘形式、灵活多样，追求实际效果和目的；在结果上，不追求统一和确定的法律判定，而是以利益权衡、双赢互利和面向未来的和解为目标；在解纷主体上，注重民众和社会组织的参与，减少对国家权力和法律职业的依赖。非诉讼程序法制化的重要意义就在于厘清民间自治与公共权力（司法权）、民间规范与国家法律的关系与界限，在法制的框架下最大限度地发挥自治的作用，形成多元共治的治理体系、达到善治效果。

以往法治社会对 ADR 最大的警惕就是担心其脱离法律轨道，完全放任当事人在一切权利与利益问题上进行交易，产生以强凌弱的结果；各种社会团体随意通过内部的规则改变或抵制国家法律规范和司法权的介入等。然而，当代 ADR 发展的实际趋势是，非诉讼程序逐渐被纳入国家的正式法律体系，成为司法制度的组成部分。在加强规范化和合法性的同时，ADR 的程序利益和优越性也受到影响。如何把握司法审查的限度，如何更好地发挥民间社会自治机制的作用，这方面的问题同样是必须认真面对的严肃课题。

在自治和法制统一方面，当代非诉讼程序一般应恪守的主要包括以下基本原则。

（1）保证国家法和司法权的统一和主导地位。首先，法律应对自治权的范围作出明确界定，划出禁止私力救济的范围，即自治权的边界，防止其向社会公共领域无限扩张。其次，确立司法在纠纷解决机制中的核心地位，保证每一个公民都能够切实拥有并行使平等的诉讼权利。最后，应该保留司法对非诉讼程序处理结果的最终审查权，以便在自治性规范与国家法律发生根本性冲突时，能够通过国家规制和商谈机制协调解决，保证当事人能够获得司法救济。

（2）在具体的纠纷解决过程中，非诉讼程序应把保障当事人的处分权视为最重要的基本价值，尊重当事人的自治与合意。当事人的处分权既是非诉讼程序的生命，也是最有效的制约机制。同时，当事人自愿达成的合意有利于自觉履行，符合社会的根本利益。因此，一般而言，非诉讼程序在规则适用、利益平衡和运作程序方面，都应具有较诉讼程序更为广泛的自治空间。

（3）在保证国家法制统一的前提下，应最大限度地鼓励社会自治和民间性纠纷解决机制的发展。在现代法治社会，社会自治不仅可以扩大纠纷解决的途径，还有利于培养公民的民主意识与协商能力以及责任和社会信用，提高民众参与社会治理的积极性和社会活力，减少公民对国家权力的依赖，保证国家、法律与社会的协调发展。无论是社区还是市场，民间性解纷机制都应有相对独立的运行和发展空间。

（4）自治与国家司法权的合理协调必须因时、因地制宜，循序渐进。在城市与农村以及不同的民族区域，非诉讼程序的设计以及解纷主体均不应该追求统一。在某些共同体（例如民族、宗族、宗教、行会等）对其成员有较强约束力的情况下，只要不违背强制性和禁止性法律，一般不宜以国家权力强行削弱其势力，应尊重其成员的权利和自治空间，保障其与国家法律体系的协调。在社会主体的自治和自律程度较低的情况下，不宜将非诉讼程序完全寄托于自治，否则容易导致治理的失效（例如，业主自治和行业自治）。在调解中，如果当事人自我判断和抉择的能力较差，难以形成理性判断和自主决定，那么，中立第三方进行适当的帮助直至提出解决方案就成为纠纷解决的关键。

3. 合法性与合情、理性

合法性是当代非诉讼程序不言自明的前提。一方面，在现代法治社会，以法律规范作为标准是最符合效益原则的，也是进行协商的客观前提，关于判决的预测作为一种重要信息，对当事人的抉择产生决定性的影响，因此，非诉讼程序也被称为在“法律的阴影”下谈判。另一方面，非诉讼程序更大的价值和优势在于满足当事人的特殊需要，圆满地解决纠纷，因此，其必须区别于诉讼与判决，在合法的基础上更多地追求合乎情理。非诉讼程序在纠纷解决过程中所适用的基准，应该是当事人共同认同的“情、理、法”的协调以及“符合实际的解决”。在协调合法性与合情理性之间，一般应该坚持以下几个原则。

（1）“合法”并不意味着只能严格适用法律规范，而是指不违法，即不违背法律的基本原则和强制性、禁止性规范。非诉讼程序的合法性应以不违反强制性、禁止性规范为原则，并允许在规范适用中留有较大的裁量余地。由于各种非诉讼程序在性质和功能上存在较大的差别，所以对合法性的要求不可能完全一致，应该根据其性质和功能，作出程度不同的要求。例如，对民间调解、行政处理、法院附设调解及仲裁等不同类型，以及在交通事故、劳动争议、家事纠纷等不同领域，对法律适用的严格性设立不同标准，并据此对纠纷处理人员的法律资质作出不同的要求，处理结果亦可以产生不同的法律效力。

（2）对“法”应作广义理解，既包括成文法律、法规、政策和各种规范性文件，也包含通行的道德规范、公序良俗、地方或团体规范及惯例等社会规范。在民事、经济纠纷的解决中，法律赋予当事人相当大的自主权，允许其在坚持自己的基本权利的同时，可以根据实际利益进行权衡和交易、妥协。除法律外，关系、道义、诚信、精神需求以及节约成本等情、理因素都属于合理的选择。有时法律与道德、权利与道义情理、理智与情感的判断不完全一致，根据法律规范有时难以得到合情、合理的解决，常有“赢了官司输了理”的结果，而依据情理进行调解往往更为合理，可降低解纷结果的“道德成本”和“错误成本”。

（3）在合法性的要求上，程序合法应优先于实体合法，必须保证当事人的自愿、公平参与和司法救济的作用。

4. 程序保障与程序利益

在非诉讼程序的运作中，程序保障与程序利益也是一对矛盾。一方面，非诉讼程序的重要价值在于它的灵活性——包括实体与程序两方面，其在效益和结果方面的优势很大程度上来自其程序上的灵活性，如简便和非形式化，常识性与非对抗性，保密性和交易可能性等。另一方面，灵活性有时又很容易被解纷主体和当事人滥用，导致结果的不公正。为了减少因程序不公正而导致的结果不公正，需要建立一定的程序规则和基本的程序保障，以制约非诉讼程序被恣意滥用。与司法诉讼的不同，非诉讼程序的程序保障是以其程序利益为基础的，其基本原则如下。

（1）程序保障的重点在于切实保证双方当事人平等、自愿参加纠纷解决过程和接受处理结果，使双方当事人能够平等地享受程序的便利、低廉、迅速、保密，及其解决手段和结果的灵活性所带来的利益。在此基础上，双方共同牺牲或放弃一定的诉权和其他权益并不会导致不公平的结果。在非诉讼程序的启动、运作和达成和解的过程中，应该规定当事人诚实参加、平等陈述和相互交换证据等规则。同时，应注重以激励机制调动当事人的积极性，在鼓励和解的同时，对于滥用权利的当事人应予以一定的制裁。

（2）着重对解纷主体加以规范。在不同性质和功能的非诉讼程序中，解纷主体的角色和地位存在较大的差别，对此应作出具体规定，以便当事人根据需要进行选择，并严格禁止 ADR 机构及人员超越权限，违背职业道德，损害当事人利益。

（3）主要依靠当事人的自主性和处分权进行制约和监督，同时以司法作为最终救济途径。双方当事人有义务遵守非诉讼程序的基本规定，一方滥用选择权（如拒绝调解、故意拖延、虚假陈述、坚持诉讼等）所导致的不合理的成本支出应由其承担，并对对方遭受的损失给予赔偿。纠纷处理机关及法院对双方当事人基于自治和自律对程序所作的变更应尽量不加干涉，只要双方当事人对纠纷解决的结果能够接受，除非有重大的、导致结果不公平的程序上的错误，一般对程序上的瑕疵无须过分追究，以免因小失大，失去和解的机会。但在其严重危害社会公共利益和他人权利，有悖公序良俗或强制性法律的情况下，司法应提供可期待的救济。

二、非诉讼程序法制化的路径

当代世界各国对非诉讼程序的法律建构主要是通过以下方式实现的。

（一）立法

通过立法建立和规范 ADR 是当代世界各国最常用和正式的途径，如制定 ADR 法或专门的调解法、仲裁法等，从宏观政策、基本原则、发展战略、资源配置到具体程序、机构、解纷人员和当事人行为规范等方面进行规定，从而推动和规范非诉讼程序的运行。

以美国为例，一方面，国家积极通过联邦法令推动 ADR 的发展，确认了 ADR 的定义、法律地位和管辖等有关问题；另一方面，许多州都已制定了 ADR 法。如得克萨斯州的《ADR 法》开宗明义地提出"本州鼓励以和平方式解决纠纷"，并规定法院有义务促进利用 ADR。同时，该法对 ADR 程序的适用、范围、各种形式，以及中立第三人的选任、条件、适用规范与义务、责任，乃至和解协议的效力等都作出了详细、具体的规定。① 英国司法改革对 ADR 的促进，以及德国起诉前调解制度的建立也都是通过立法实现的。在欧盟有关指令要求下，近年来欧盟成员国陆续制定实施了本国的调解法。除了统一的仲裁法、调解法或 ADR 促进法外，通过单行或专门立法建构专门性解纷机制也十分通行，如通过劳动法、消费者权益保护法、环境法、反不正当竞争法，以及各种金融法建立相应的解纷机制等。此外，一些国家会针对特殊个案的处理制定单行法案，设立专门程序，如美国国会处理"9·11"事件的法案。

此外，在非诉讼程序的发展过程中，还需要适时建立配套法律、法规、细则并及时修订，使其适应不断变化的实际需要。例如，我国台湾地区的"乡镇市调解条例"在 1955 年制定时仅有 20 条，后历年经过七次修正，截至 2007 年 6 月，已发展为 33 条。1982 年对"乡镇市调解条例"进行全面修正后，1983 年由"司法院"制定了"法院适用乡镇市调解条例应注意事项"，以配合法院对乡、镇、市调解书的审核，使这一制度不断完善。1996 年又由"法务部"和"内政部"公布了"乡镇市调解业务督导办法"，加强了司法行政机关对基层调解组织的指导监督。

（二）授权与认可

在立法条件尚不成熟，或者国家对 ADR 采用开放政策（仅作原则性规定，划出禁止性边界）的情况下，亦可通过授权，鼓励实务部门和社会组织积极尝试和创新，逐步积累经验，不断完善，因地制宜，形成多元化的制度。很多国家和地区的法院都通过司法政策和具体措施成为推动 ADR 发展的主力。例如，美国 1990 年的《民事司法改革法》要求所有联邦地区法院制订改革计划，鼓励联邦法院通过司法实践和法院规则进行实验或试点，为此，许多法院都把 ADR 作为改革的重要组成部分，形成了多种各具特色的混合型 ADR 模式；一些州法院则根据立法机关的授权，负责或参与社区调解机构的组建和培训，促进了社区调解的蓬勃发展。

为了鼓励各种社会组织，很多国家和地区的法律并不对具体 ADR 机构作限制性规定，或要求所有的解纷机构均根据特定立法而成立，而通过法律授权，允许或鼓励在法律规定的范围

---

① See Texas ADR Act, Texas Civil Practice & Remedies Code Chapter 154, Alternative Dispute Resolution Procedures. 美国一些行业组织和社团也在以民间方式推动诸如"统一调解法""调解示范法典"的制定，这些规范虽然被称为法，但属于民间自治规范，不是严格意义上的立法。

内组建各种民间社会解纷机构，为各种 ADR 机构提供了较大的发展空间。在这种宽松的环境下，很多 NGO 组织参与到纠纷解决实务中，大量新兴的纠纷解决行业和民间机构得到更大的发展空间，并获得国家和法律认可。

三、非诉讼程序法的基本内容

当代世界各国有关纠纷解决机制的立法一般都是由宪法、司法法（法院组织法、法律援助法、诉讼程序法等）、部门实体法和专门程序法（环境、消费者权益保护、医疗、交通、证券、劳动和社会保障等），以及各种非诉讼程序法构成的综合体系。在非诉讼纠纷解决机制方面，各国根据自身的条件、理念和文化，形成了不同的模式，但并不存在完全具有普适性的制度和经验。除仲裁、调解等较为成熟的制度外，包罗万象式的 ADR 法尚不多见。① 一般而言，有关非诉讼程序的立法主要涉及以下内容。②

（一）ADR 基本法

ADR 基本法，即规定 ADR 的法律地位、制度框架和发展战略的基本法律。其目标是合理规划各种纠纷解决机制、配置资源和权力，明确纠纷解决机构的法律地位、权限、人员构成、功能和基本原则。这类法律可称之为 ADR 基本法，包括宪法对非诉讼机制的原则规定，法院组织法对司法权与 ADR 之关系的界定，以及司法与行政在不同的纠纷解决中的权限划分，等等；有些基本内容则可以在诉讼法或单行法中作出规定。例如，我国宪法明确肯定了基层居民和村民自治制度，以及它们“调解民间纠纷，协助维护社会治安”的职能（第 111 条）。近年来，一些国家制定了专门的 ADR 促进法或对民事诉讼法典进行修改，以表明国家发展 ADR 的政策和基本战略。这类法律对于一个国家非诉讼程序的总体发展具有指导性的意义，可以从宏观上把握 ADR 的方向、地位和功能，确立其基本原则，保证 ADR 在法治的轨道上运行，以及国家司法权的指导和监督作用。

由于非诉讼程序往往涉及不同的法律部门，多数国家会通过不同的部门法加以调整和规制，如通过民事诉讼法或单行法确立仲裁、调解等制度；通过劳动法建立劳动法院或劳动调解、劳动仲裁等机构及其程序；通过消费者权益保护法建立相关的纠纷解决机制等。针对某些新型纠纷，可以鼓励有关社会组织以自治方式探索纠纷解决的途径，如一些国家允许或鼓励建立专门机制，无论是法院、行政机关或民间团体，都可以在法律的基本原则和制度框架下进行创新。由此推动社会创建出许多新型 ADR 形式，弥补原有纠纷解决机制的不足。当各种 ADR 发展到一定阶段，则应适时通过法律、法规、政策、司法解释等，对其进行评估和整合，使之确立为正式机制。

---

① 即使是调解法和仲裁法，其通常也并非调整所有非诉讼程序或所有调解的综合性法典。例如，日本《民事调停法》并非调整所有民商事调解的法律，而只是法院附设调解程序的专门法，其《ADR 促进法》也并非调整所有 ADR 的综合法，不包括金融申诉专员、行政委员会和消费、劳动、环境、交通等专门机制。当代世界各国的调解法都各有侧重和排除，以宏观性原则、基本规则、行为规范和规制为主，不排除其他类型调解的存在及合法性。

② 以下各部分的详细内容，参见范愉：《非诉讼纠纷解决机制研究》，第五章第三节，北京，中国人民大学出版社，2000。

（二）ADR 程序法

当代世界各国的 ADR 法主要是指其程序法，其中包括非诉讼程序的基本原则及具体程序，通常可以采用程序法、法院规则或者纠纷解决机构的章程、程序规则等不同形式。

1. 基本原则

非诉讼程序的基本原则依程序性质和形式的不同而各有侧重：法院附设 ADR（包括法院调解、法官的和解试行）受司法权的性质所决定，与当事人的诉讼权利关系最为直接和密切，程序保证也就显得最为重要；民间性 ADR 在实体和程序两方面较为灵活，更为多元化；而行政性 ADR 则以自由裁量权和灵活性为特点。各种非诉讼程序共同强调的基本原则主要有以下几项。

（1）合法原则（参见前文的内容）。

（2）不影响当事人行使诉权原则。

（3）自愿原则，即尊重当事人的选择权和处分权。当事人的和解应该完全建立在自愿的基础上，受到强制、胁迫可以成为当事人拒绝接受 ADR 处理结果，提出撤销或宣布无效的理由。非诉讼程序必须最大限度地尊重当事人的自治，特别是其选择权和处分权，在程序方面，包括场所（调解地）和期日的选择、参与人的确定、调解员和仲裁员的选择、提出请求与答辩的方式、争点形成的方式、讨论的方式、主张和辩论的准备，等等；在实体方面，则为当事人双方拥有对解决方案的最终决定权。即使是强制 ADR，也仅限于参加的强制，而不能对当事人的处分权进行强制干预。保证当事人的选择权和处分权，是规范和制约 ADR 运作的最佳方式。

（4）公平程序与适宜程序原则。一方面，程序设计应能够保证当事人接受公平的处理，双方当事人地位、权利义务的平等，第三方的中立性，举证责任的合理分配，以及当事人对程序的平等选择权和决定权，协商调解中的信息获得途径及机会对等。另一方面，应设计有利于实现非诉讼程序目的和价值的适宜程序，最大限度地保证其灵活性和程序价值，在不违反自愿和公平的前提下，以适宜的方式积极促进和解，迅速、经济、合理、简便地解决纠纷，应尽量避免模仿诉讼或过度地强调程序的正式化。

（5）保密原则。保密是非诉讼程序区别于诉讼的重要特征及程序利益所在。各种 ADR 程序一般均明确确认这一原则，并通过具体程序规定加以保障。其内容包括各方当事人与解纷主体的保密义务和作证豁免权，调解协议、仲裁裁决不公开，以及例外情况（如某些行政调解的公开性、当事人选择公开）等。

2. 运作程序

在上述基本原则指导下，非诉讼程序依其性质、形式和特色可以设立不同的具体运作程序，其繁简各异，并允许有一定的灵活性，但其基本环节应该相对明确和确定，一般包括以下内容。

（1）启动程序，包括强制性（前置性）或选择性（自愿性）程序，是依双方当事人的合意或协议启动还是依一方当事人申请启动，解纷主体可否主动介入，受理方式如何以及同其他相关程序和诉讼程序的关系如何等。

（2）进行程序，包括场所和期日的确定、事实及证据调查、意见交换、合意促成活动、第三方的斡旋、调解等纠纷解决过程。

(3) 终止程序，包括达成调解或和解协议，调解不成转入诉讼或仲裁，调解不成而终结，和解协议或调解书等文件的制作、签署、生效要件、效力，等等。

3. 证据调查

一些专门性 ADR 为了解决纠纷，需要进行必要的事实和证据调查，因而法律需对解纷机构的调查职权作出明确规定。非诉讼程序不需采用像法庭审理那样严格的证据规则和质证方式，但证据在纠纷解决过程中决定着事实的查明，关系到当事人的权利、义务的确定，因此，在涉及事实判断的 ADR，特别是仲裁、行政裁决等审判式 ADR 中，尤其是涉及弱势群体保护的专门性解纷程序（如家事、环境污染、劳动、医疗、消费者、交通等），应该通过法律对当事人的证据交换义务和举证责任以及调解机构的调查权、鉴定等加以特别规定。如日本家事调停法及其相关法规规定：调停委员会可以依职权进行事实调查并在认为必要时进行证据调查。调查核实的事实和证据可以根据调停委员会的裁量，决定是否向当事人披露。当事人对调停委员会的事实判断提出异议时，由该委员会根据裁量决定是否继续调查。欧洲国家的申诉专员都拥有独立的调查权，作为其履行解纷职能的基础。

（三）当事人行为规范

非诉讼程序以当事人自愿和自治为基本原则，并以此作为 ADR 公平程序的根本保障，因此，为了实现其功能和价值，必须特别注意对当事人行为进行规范。大体包括以下几个方面。

1. 当事人资格及权利、义务。参与非诉讼程序的当事人应具有权利能力和行为能力，或由法定代理人和委托代理人代行。当事人有自愿、自主参与、退出和拒绝以及获得帮助和说明等权利，同时应承担尊重对方当事人和解纷主体、保密、诚实参与和履行等义务。

2. 当事人的参加。ADR 一般采取当事人本人参加原则。这是因为：非诉讼程序的解决结果特别是和解，必须建立在当事人真实意志之上，不能在任何一方当事人不在场的情况下作出；和解的达成通常是双方妥协让步的结果，而在作出重要让步时，行为人必须拥有真实、有效的处分权；同时，当事人本人参加是为展示和解诚意、营造和解气氛、求得相互谅解的纠纷解决过程的重要组成部分。因此，当事人本人参加是非诉讼程序的性质和功能的内在要求。

为保证当事人本人参加，程序规则应对此作出明确规定，如要求身份关系案件当事人本人必须参加，根据当事人的实际情况和具体要求灵活确定场所和期日，限制代理人参与（有些国家规定小额程序不得由律师代理）；但在当事人能力明显较弱的情况下，为了避免出现重大误解和显失公平的结果，应该考虑为其提供法律援助，或者允许与其关系密切的亲属等参与辅助；同时可以要求解纷主体对当事人进行说明和帮助。在法律明确规定当事人（包括法定代理人）有义务到场参加的情况下，必须同时规定违反此义务时应受到的制裁，以及法院或纠纷解决机关的处罚权。例如，日本的调停法规定当事人于调停期日不到场时，法院可对其处以罚金。

诚实参加，即要求当事人认真和诚实地参加纠纷解决过程。这主要依靠当事人的自律，但为了避免当事人滥用非诉讼程序以拖延诉讼，可以通过多种方式加以制约，如通过减免费用促进尽快达成和解，对拒不到场和随意反悔的当事人进行制裁，规定期限等。

3. 代理人的和解权限。非诉讼程序原则上要求当事人本人（包括法定代理人和法人代表）参加，然而，有时当事人本人参加确有困难，如大企业的法定代表人无暇抽身；有时当事人本人能力明显较弱，无法自行作出决定；有时当事人本人参加不利于纠纷的解决，如感情冲动易导致不客观和敌意，缺乏谈判经验而难以达成合意等。在法律允许的前提下，可由代理人（律师或亲属等）参加非诉讼程序，但要求：（1）仍可要求当事人本人（即被代理人）在必要时到场参加并对和解作出确认；（2）代理人必须及时把纠纷解决过程中的信息、和解的机会及条件等通报给当事人；（3）代理人必须拥有当事人授予的和解权限，在需要作出和解决策时，不能以无权限为借口而拒绝或推脱责任。在较正式的非诉讼程序中，应该以程序规则的形式对代理人的和解权限作出明确规定，并规定违规时应受到的处罚或制裁。

在当事人本人不能参加的情况下达成的和解，其正当性历来受到强烈质疑，如美国的集团诉讼和解通常是由律师全权代理达成，当事人的处分权事实上完全旁落。我国法律对诉讼代理人的和解权限规定比较宽松，在所谓“全权代理”的情况下，当事人本人往往不直接参加调解或和解过程，这也成为调解困难和容易反悔的原因之一。

4. 罚则。当事人行为对于非诉讼程序的公平、有效和有序进行关系重大，因此，必须切实加以规范，特别是要对不当行为进行处罚和制裁。需要通过法律规范确定必要的罚则。处罚的范围，除当事人不到场或无权代理之外，还包括违反保密原则，泄露对方在纠纷解决过程中提出的证据、个人隐私或商业秘密等，其中情节严重、造成严重后果的，可以构成犯罪。而民间性 ADR 则可以通过双方当事人事先约定义务、责任和违约罚则，起到防止滥用的作用。

（四）ADR 组织法及解纷主体行为规范

1. ADR 组织法

ADR 组织法，指有关 ADR 机构、组织及其人员的法律规范，主要涉及 ADR 机构的设立、主管部门、组织形式、人员构成、工作原则以及行为规范。有关法院附设 ADR 的法律内容包括：组织形式及构成、法院的作用与权限、管辖范围、人员资格、选任方式及权限等。劳动仲裁商事仲裁和各类专门性解纷机构的组织，一般均以单行法或特别法加以规定，内容包括：机构成立的法定要件、机构的性质、权限、职能和运行方式，以及资金来源、管理体制，与其他纠纷解决机构和法院诉讼的衔接程序等。

2. 解纷主体的权限

解纷主体即纠纷解决机构及其人员，如调解员、仲裁员等。不同的 ADR 机构，在性质、法律地位、职权等方面迥然不同，由此决定着其解纷方式及处理结果的法律效力。这方面的法律包括以下内容。

（1）解纷主体的权限，如管辖权、调解权、调查权、裁决权、鉴定权、主动介入权、委托权，等等。解纷主体的地位和作用首先是由其法律权限决定的——权限的大小决定其作用及行为方式；其次，由程序的操作性规则制约；最后，由纠纷处理人员的个人素质和技巧所决定。法律侧重于对解纷主体的权限和工作原则加以调整，明确禁止行为，防止越权和滥用权力，并设立基本行为规范，同时允许当事人双方通过约定或认可赋予其更多灵活的权利。

（2）参加 ADR 程序的法官的身份、地位和作用。在法院附设 ADR 中，法官的作用既不同于主审法官，又必须与其他解纷主体加以区别，一般应通过法律或法院规则加以规范。例如在日本的调停法中，规定由法官任调停委员会主任，同时对任调停主任的法官的回避制度作了详细规定。法官与其他调解员分担不同角色，由法官行使指挥权和审查权，而由调解员担任斡旋和调解之职。我国台湾地区的法院附设调解赋予法官较大的裁量权，调解法官为促进调解成立，可酌情依职权选任调解人协同调解。在调解人的选任上，可给予当事人陈述意见的机会，由法官裁定。法官在调解员进行调解时可以暂时退席，调解人于一定期间内先行劝解，将其劝解结果报告法官。在调解人之劝解有违法或不当时，调解法官得依职权或依当事人之声明或陈述，为适当之处理，必要时，亦得另行选任调解人。①

（3）委托、授权。行政机关和法院可以将特定案件委托民间性 ADR 调解处理，这些机构得到授权，可超越固有权限参与各类纠纷解决，包括专门类型纠纷、刑事和解、行政争议、公共事件等。拥有管辖权的机关可在其权限内决定委托事项、受托主体和处理方式，并承担相应的法律责任。例如，法官可以委托调解机构或调解人调解，和解结果可以是撤诉、诉讼中和解或和解判决等形式。行政主体亦可以通过政府购买等方式，授权社会组织承担准行政解纷功能。

3. 人员构成

ADR 机构的人员即解纷主体，主要指调解员、仲裁员，还可包括申诉专员、鉴定人员、专家和调查员等，但不包括法官和行政执法人员。关于人员的规定一般包括以下内容。

（1）资格及条件：1）任职的资格要件，包括：专业背景或任职资历，如法律专业或其他专业教育背景和资历；代表性，如不同行业或利益群体的代表及比例；年龄、学历、经验和能力等个人条件；任职者的道德品行、威望、公众评价、公益心、社会经历、学识等道德素质方面的条件。当前，很多国家和地区对职业调解员和仲裁员规定了严格的资质条件，要求经过专门的培训并获得相应资格。但不同的非诉讼程序对其人员的要求不同，不宜以单一的标准统一规定。例如，商事调解和仲裁对调解员、仲裁员的身份、地位和商事经验有很高要求；而劳动争议处理则要求劳资双方的参与；家事调解注重调解员的家事处理经验和心理、人格治疗方面的知识以及性别比例；社区调解则更加偏重调解员的地方经验和人格魅力；等等。2）任职的否定性要件，包括：剥夺政治权利、犯罪记录、禁治产（如个人破产、不良信誉记录）等方面的原因，个人行为能力方面的原因，以及兼职的限制条件等。②

（2）任免程序和任期。解纷人员既可以是常设的，也可以是随机和临时决定的。一般通过几种方式产生：1）选举产生，正式任命；2）根据法定资格条件，获得专业资格后聘用；3）将符合条件的志愿者或专家列入备选名单，由双方当事人选择或随机抽选。正式选用、任命为常设机构人员的，通常需要明确规定或约定任免程序和任期。③ 根据不同情况，ADR 人员可以享受一定的身份保障，即无特定的违反义务行为时不得被免除资格等（但可以在具体案件调解中发生异议时，终止其对该案件的调解工作）。对兼职人员的报酬、差旅费、补助、抚恤等也需要作出明确规定。

（3）具体案件中调解员、仲裁员的选任或指定程序。商事仲裁的传统做法是先由双方当事

---

① 参见我国台湾地区“法院加强办理民事调解事件实施要点”第 5、10、12 条。

② 例如，我国台湾地区的“乡镇市调解条例”规定，有下列情形之一者，不得为调解委员会委员：（1）曾受一年有期徒刑以上刑之裁判确定者。但过失犯罪者或受缓刑者，不在此限。（2）曾犯贪污罪，经判刑确定者。（3）曾受保安处分或感训处分之裁判确定者。（4）受破产宣告确定，尚未复权者。（5）褫夺公权，尚未复权者。（6）受禁治产宣告，尚未撤销者（第 3 条）。并规定，乡、镇、市长不得兼任调解员（第 4 条）。

③ 即使是作为正式的法院公务员（非法官）任命的调解员，也多为兼职或非常设的，例如日本明确规定调停委员属于司法行政性部门的兼职（非常勤）公务员（法院职员），这是因为调停委员的身份应该是各行业、领域的专家，而不是专门的调解专家。长期脱离实际工作可能会使其失去专业特长。日本调停委员任期为 2 年，但不限制连任。

人各选任等额的仲裁员，再由双方共同选任一名首席仲裁员。很多国家的调解也采用这种方式。亚洲国家和地区的法院调解往往采用法院依职权指定与当事人认可结合的方式，当事人可以提出异议或回避等要求。

4. 解纷主体的行为准则

（1）合法。必须严格遵守程序规则，不得违反法律、社会公序良俗和诚实信用准则。

（2）保持中立，不得偏袒任何一方当事人，必要时应该主动回避。在尊重当事人自治和处分权的前提下，应适当向处于弱势的当事人进行说明、解释，避免出现显失公平的结果；同时有责任提出公平的和解方案。

（3）负有促成和解的义务，但不得越权调解，不得以任何手段诱使或强制当事人和解，不得妨碍当事人行使诉讼权利。

（4）承担保密义务，不得泄露当事人的个人隐私或商业机密，不得泄露当事人在纠纷解决过程中提出的证据和主张及言论、行为。

（5）利益冲突规则。主要适用于职业调解人和市场化、营利性调解（包括律师调解）。要求调解人避免与任何一方当事人发生利益冲突（包括不得在后续的诉讼中为同案当事人作代理人、不得与当事人及其代理人存在利益关系等），一旦发现与某一方当事人存在可能影响其中立性和公正性的情形，应当立即予以披露，并退出调解，双方当事人均认可的情况除外。①

同时，必须规定违反有关行为规范时的相应制裁措施。处罚一般依行为的性质、严重程度及后果，按照法定程序作出，包括停职、免职、行政或纪律处分、追究刑事责任、民事赔偿等。解纷主体的违法或违规行为，可以作为处理结果（调解协议、仲裁裁决）无效或被撤销的法定要件。

（五）非诉讼程序的效力

1. 时效中断效力

ADR 的纠纷解决程序是否具有诉讼时效中断的效力，对当事人的权利保护至关重要，也是决定当事人是否选择 ADR 的重要因素之一。以往为了避免延误纠纷解决过程，非诉讼程序通常不产生时效中断效力；但近年来，越来越多的国家开始通过法律承认 ADR 的时效中断效力。根据 2008 年最高人民法院《关于审理民事案件适用诉讼时效制度若干问题的规定》第 13、14 条规定，申请仲裁以及向人民调解委员会及其他依法有权解决相关民事纠纷的国家机关、事业单位、社会团体等社会组织提出保护相应民事权利的请求，诉讼时效从提出请求之日起中断。因此，当事人不会因利用非诉讼程序而超过诉讼时效。

2. 处理结果的生效条件

非诉讼程序处理结果的生效条件依其性质和形式而定。商事仲裁裁决，一经作出即具有终局效力。而其他非诉讼程序处理结果的生效条件有以下几类：（1）双方自愿签署而合意生效。（2）经司法审查确认后生效。在法院参与或需经司法审查的条件下，必须经法院签署或审查核

---

① 参见范愉、史长青、邱星美：《调解制度与调解人行为规范——比较与借鉴》，165 页以下，北京，清华大学出版社，2010。新加坡调解中心的《调解人行为法典》第 2 条规定调解人应当披露的信息包括：（1）他曾经担任过一方当事人的代理人；（2）他与一方当事人或者调解结果具有直接或间接的财产利益；（3）他已经通过调解外的渠道了解了一些有关当事人或纠纷的秘密信息。如果就利益冲突披露问题产生争议，调解人应当将争议提交调解中心解决。

准后才能生效；在审查中，如有法定无效或可撤销要件，可以宣布无效或撤销。（3）规定生效期限。根据法律规定，某些前置性 ADR 的处理结果设有生效期限，在此期限内，当事人如不服可以上诉或申请复议，否则自然生效，如劳动仲裁裁决。（4）特殊生效要件，如调解书经双方签收和送达后生效。符合法定的生效条件后，ADR 的处理结果（裁定、调解书、和解协议等）就产生法律效力。

3. 生效后的效力

非诉讼程序处理结果，即仲裁裁决、调解协议等的法律效力各有不同，部分具有私法上和解的效力，即合同效力，不可强制执行，不排除另行诉讼的可能；部分具有强制执行效力，相当于诉讼中和解或生效判决。

司法性或经司法审查的非诉讼程序的处理结果生效后一般具有与生效判决同等的效力，表现为撤诉或非诉讼程序的终止，表明纠纷解决过程的结束。所产生的法律后果有：具有不可取消性和确定力；理论上应该产生既判力，即不得上诉、不得以同一理由再次起诉、在一方当事人拒绝履行时可以强制执行；对当事人双方和法院而言，具有同等的约束力。不过，ADR 处理结果的既判力与判决的既判力不同：判决是法院对发生争议的权利义务关系的判断，具有司法终局性；而 ADR 的处理结果则是当事人对权利义务关系的处分，表明双方当事人的处分结果。对于 ADR 处理结果一旦发生争议，应由法院通过司法审查作出最终处理。可见，ADR 处理结果的既判力具有一定的相对性，取决于国家司法权对它的认可和接受的程度，理论上是从属于司法审查权的。

原则上，未经司法审查的、通过民间性协商程序达成的和解或调解协议，不具有既判力和强制执行力，但当事人有义务自觉履行。

4. 执行效力

协商性非诉讼程序的处理结果一般以自动履行率高为特色，有些甚至可能即时履行。这主要归功于其非对抗性和其他优势，考虑到当事人的实际履行能力，可运用一些灵活的履行方式。尽管如此，提高或保证调解协议的执行力的问题仍始终是各国共同关注的问题。一些国家的调解法开始有条件地承认部分正规的调解协议（和解）具有执行力，但多数国家仍坚持将调解协议（和解）视为合同，同时允许当事人通过一定程序，如公证，司法确认或转化为仲裁裁决、法院调解书、合意判决等方式，使其具有执行力。在义务人拒不履行使时，权利人可以向法院或专门的执行机关申请支付令或强制执行。

（六）司法审查

非诉讼程序不能排除司法审查。在民事领域内，当事人的处分权在某种程度上可以成为限制或免除司法权行使的正当理由。当代追求司法效率的时代思潮也倾向于缩小或限制司法审查的范围，并且积极主张当事人以契约方式合意解决纠纷。尽管如此，司法审查的权限和必要性依然存在，最典型的方式主要有两种：一种是法定审查，另一种是依当事人申请的审查。

1. 法定审查

法定审查注重司法对非诉讼程序的监督，通过对处理结果的审核、确认等形式，排除其实体和程序上可能存在的违法之处或其他瑕疵，使其产生法律效力。

法定审查一般基于法律的规定而进行，属于使 ADR 生效的必经程序。例如，我国台湾地区的“乡镇市调解条例”采用法定审查程序，规定“调解成立之日起十日内，将调解书及卷证送请移付或管辖之法院审核”。“调解经法院核定后，当事人就该事件不得再行起诉、告诉或自诉”。根据我国台湾地区“法院适用乡镇市调解条例应行注意事项”规定，法院审核的范围包括形式方面和实质方面，形式方面的审核主要包括：（1）函送审核机关是否为辖区内乡、镇、市、区公所。（2）依法是否应由乡、镇、市、区调解委员会以外的其他调解机关调解之事件。（3）依法是否应由法院裁判之事件。（4）调解事项为刑事者，是否属于告诉乃论案件。（5）调解是否本于当事人之声请，属于民事者，是否已得当事人同意；属于刑事者，是否已得被害人同意。（6）由代理人进行调解者，其代理权有无欠缺。（7）出席调解会议之调解委员是否达到法定人数，调解委员是否经函知有案且未经解聘者。（8）调解事项，如已有诉讼系属于法院者，成立调解是否在第一审法院辩论终结前。（9）调解书之制作，是否合于“乡镇市调解条例”规定之程式。（10）其他有关法律规定事项。属于实质方面的有：（1）调解内容有无违反公序良俗或法律上禁止、强制规定。（2）调解内容是否关于公法上权利之争议。（3）调解内容之法律关系是否不许当事人任意处分。（4）调解内容是否合法、具体、可能、确定。（5）调解内容对于当事人是否加以处罚。法院在审核后，认为与法令无抵触者，由法官和法院签署盖章后发回送审单位；发现调解书内容和程式欠妥可以补正者，限期通知补正；认为不应核定者，说明理由或驳回。

2. 依当事人申请的司法审查

依当事人申请的司法审查，即根据双方或一方当事人申请，将处理结果提交司法审查。既可以是针对非诉讼程序的处理结果的确认或撤销；也可以是针对已经司法审查确认、但确实存在重大实体性或程序性瑕疵的调解或和解协议，包括法院附设调解的撤销或无效之诉；法院也可以通过再审程序发动对该结果的审查。例如，我国台湾地区“乡镇市调解条例”规定，经法院核定之民事调解有无效或得撤销之原因者，当事人得向原核定法院提起宣告调解无效或撤销调解之诉。但应在调解书送达 30 日内提起。

日本确认调停无效的原因主要包括：（1）调停组织方面的瑕疵，如调停委员会是否依法组成，当事人是否确实等。（2）当事人合意方面的实体和程序上的原因，包括合意内容是否明确、是否具有实现可能性；是否违反强制性法律规范和公序良俗；是否当事人的真实意思表示，有无强迫、诈欺等错误；伪证；以及调停文书达成程序上的错误等。

然而，毫无疑问，在当代民事纠纷解决中，基于当事人自治和效益两个基本原则，对非诉讼程序处理结果的类似再审程序的司法审查应该限制在较小范围内，以避免对司法资源的浪费。

（七）费用

非诉讼程序以成本低廉为其基本价值之一，其成本一般与机构组织的制度化和正规化程度成正比。ADR 的费用及成本的负担，通常是根据其形式和性质、功能的不同而采取不同的原则和做法。原则上，非诉讼程序的收费必须通过法律、法院规则或有关规范事先作出明确规定，包括收费的范围和标准，由当事人负担的部分及名目，向聘请的解纷人员支付的各种费用，并应根据处理阶段和不同结果，如驳回、撤回申请、和解成立以及和解不成立等，规定相应的收费标准。如果非诉讼程序的收费和成本与民事诉讼的收费和整体成本（包括律师费用）相比不具明显优势，必然会影响当事人对 ADR 的利用，并影响整个多元化纠纷解决机制的格局。因此，收费作为一种激励机制，需要慎重设计，一般有以下几种模式。

1. 公益性或免费 ADR，主要包括：(1) 由公共财政支持的公益性组织及其非诉讼程序，通常由政府通过财政拨款或购买服务解决日常经费和调解员的报酬，对当事人原则上免费，但可酌情收取适当成本费用。(2) 由行业协会、商会、财团、保险公司或公益基金资助的行业性 ADR 或消费者保护机制，当事人无须付费。(3) 部分法院附设调解（诉前调解），由律师协会、志愿者和法院共同支持并提供资源，可免费为当事人提供立案前或开庭前的调解。

2. 收费 ADR，主要包括：(1) 营利性 ADR，多采用事务所、公司或财团法人等形式，提供调查、责任鉴定、理赔、清算等业务，使纠纷处理成为一种特殊的行业或产业。这类机构往往依靠收取费用维持其营业支出并获得收益，其收费需要根据其章程和国家审核确定。当事人可以根据需要进行选择。以 ADR 业务为主的律师事务所也属于此类。(2) 非营利性 ADR，主要依靠收费和市场机制维持运行，如商事仲裁。(3) 部分行政性或社会性 ADR，可以根据有关法律规定，向当事人收取费用，如劳动仲裁。其性质相当于法院的诉讼收费，可起到限制轻率启动纠纷解决程序，并由当事人适度分担公共成本的作用。(4) 法院附设 ADR，如美国的早期中立评价、诉讼附属型仲裁、小型审判、简易陪审审判、聘请（租借）法官等形式，以及日本的法院附设调停制度等，通常是收费的，主要用于支付中立第三方的报酬。在美国，法院聘请的 ADR 人员（调解员、仲裁员）通常不是法院的常任职员，他们有权取得报酬和差旅费等补偿。因此，一些国家和地区的 ADR 程序法中，都规定法院有向其支付报酬的义务。[①] 由于这部分费用属于解纷成本，往往不包括在法院经费中，所以原则上需要由当事人负担或分担，同时起着节制程序滥用的作用。某些特殊的非诉讼程序如法院附设仲裁中，当事人支付的费用甚至高于诉讼费，但由于节约了总体成本，当事人仍愿意接受。另一些国家的法院附设调解则按诉讼费用减半或更低收取，以示激励。

需要说明，上述各部分主要是指非诉讼程序法律的基本内容，并不意味着每一部分必须分别由不同的法律文件作出规定。在实际立法中，当代世界各个国家和地区既有通过 ADR 基本法申明国家鼓励非诉讼程序的政策和立场，而将具体制度和程序的设计授权于地方和各法律部门的做法[②]；也有通过民事诉讼法或民事司法改革将非诉讼程序与民事司法系统和诉讼程序加以整体规划的做法[③]；既制定统一《仲裁法》和《调解法》，也分别制定实体法及程序法相结合的部门法、直接建立专门化解纷程序[④]；同时根据社会需要，不断通过单行法建立特定解纷机制甚至个案特别程序。此外，非诉讼程序立法中很大部分均属于授权性立法，即授予某些国家机关、地区、部门或社会团体等，建立、组织或实施发展和利用 ADR 项目的权利或权力，而不仅仅是以规制管理为目标。[⑤]

---

① 例如美国得克萨斯州《ADR 法》规定，法院应向中立第三方所提供的服务支付“合理的报酬”，但未对其标准作出明确规定。为了避免引起纠纷，在实践中，法院往往要求当事人在选任纠纷解决者时，事先对报酬支付问题达成协议。

② 例如美国的《ADR 法》《民事司法改革法案》和各州有关专门法律。

③ 例如英国的民事司法改革和德国民事诉讼法的修改。

④ 例如各国的劳动法、环境保护法、消费者权益保护法等。

⑤ 美国联邦和各州的有关 ADR 立法基本上都具有授权性立法的特征，法律的主要目的是以开放性的立法鼓励更多的 ADR 项目，而不是通过严格的规制限制其发展。德国的民事诉讼法对于调解机构的设立也采用了授权和开放的做法，允许各州自行根据情况决定。

第二节　我国非诉讼程序法

一、非诉讼程序法的概念

（一）非诉讼程序法概念的提出

2001年3月，李鹏委员长在第九届全国人大第四次会议上所作的《全国人民代表大会常务委员会工作报告》中指出："根据立法工作的实际需要，初步将有中国特色社会主义法律体系划分为七个法律部门，即宪法及宪法相关法、民法商法、行政法、经济法、社会法、刑法、诉讼与非诉讼程序法。"报告首次提出非诉讼程序法的概念，并将其划归在诉讼法大类中。2003年4月，吴邦国委员长在第十届全国人大常委会第二次会议上再次明确：中国特色社会主义法律体系，是由七个法律部门、三个不同层次的法律规范构成的。从横向上看，根据法律规范的调整对象和调整方法划分，中国特色社会主义法律体系主要由宪法和宪法相关法、民法商法、行政法、经济法、社会法、刑法、诉讼与非诉讼程序法等七个法律部门组成。从纵向上看，有宪法和全国人大及其常委会制定的法律，国务院制定的行政法规，地方人大及其常委会制定的地方性法规、自治条例和单行条例三个层次。这一解释大致界定了"非诉讼程序法"的外延和法律渊源。

由此可见，我国立法者所设想的"非诉讼程序法"具有以下特点：首先，非诉讼程序法并非一个独立的法律部门，而是与诉讼法同属程序法部门。其次，非诉讼程序法主要是指独立的程序法文件，不包括《民事诉讼法》和《行政诉讼法》中的非诉（讼）程序、和解和调解等程序，以及在其他相关法律中的非诉讼程序，例如行政执法机关的调处等。最后，在分类上，可能与其他法律体系发生交叉，例如《劳动争议调解仲裁法》《农村土地承包经营纠纷调解仲裁法》等，既可归属非诉讼程序法范畴，又可根据其所解决的纠纷类型，划归社会法和经济法部门。在这个意义上，可以说，非诉讼程序法概念的内涵和外延均具有一定的不确定性，这是由非诉讼程序和纠纷解决活动自身的复杂性和多元性所决定的，也是立法体系不可能完全避免或解决的。随着今后社会纠纷解决和法律调整更加复杂化和多元化，这种不确定性仍会存在甚至扩大。

（二）概念界定

根据非诉讼程序法的上述特点，为了兼顾科学性和操作性，在理论上可以对其概念作狭义和广义两种界定。

1. 狭义的非诉讼程序法，即形式意义上的非诉讼程序法律体系，主要用于对法律部门和文件的分类。根据我国立法体系分类的目的和宗旨，可将非诉讼程序法定义为：专门调整非诉讼纠纷解决机构及其程序的法律规范体系。主要包括：仲裁法、调解法、各种专门性调解仲裁法等。

2. 广义的非诉讼程序法。主要是从功能意义或实质意义上对非诉讼程序法律体系进行界定，可定义为：由各种调整非诉讼纠纷解决方式、程序、组织和机制的法律、法规、司法解释及其他规范性文件共同构成的法律规范体系。

广义概念对于全面了解我国非诉讼纠纷解决机制的整体情况及与诉讼程序等的关系，准确把握其功能和发展趋势，具有更为重要的意义。这是因为，当代世界各国的非诉讼程序都在快速发展，一些专门领域的纠纷处理已经形成司法（包括刑事与民事）、行政（规制管理与处罚）、社会化处理及民间自行协商（私力救济）相结合的多元化机制；非诉讼程序的立法形式已不再限于一些独立或单行法规，而是融合于各种实体法和综合程序体系中，其原则、程序和规则也往往散见于各种法律、法规。例如，我国《道路交通安全法》不仅涉及交通肇事罪及其司法处理，也规定了交通管理部门调解处理交通事故赔偿纠纷的权限和程序，一些地方法规和行政法规、规章也对双方当事人通过协商快速处理轻微交通事故和理赔的细则和处理程序作出了规定，并直接与交强险和保险公司理赔程序性相互衔接。尽管这部法律涉及很多非诉讼程序的内容，但在形式上并不属于非诉讼程序法体系。这说明，非诉讼程序法并非像民事诉讼法和行政诉讼法那样集中和纯粹。本书主要采用广义的非诉讼程序法的概念，同时尽可能对狭义的非诉讼程序法的具体内容、法律渊源及法律结构作出介绍。

二、现行非诉讼程序法体系

（一）非诉讼程序法的法律渊源

如前所述，非诉讼程序法的概念本身具有复杂性和不确定性，是一种相对实用性的分类方法，而不是一种严谨的法律规范体系。实际上，除了少数单行法之外，大多数非诉讼程序法的法律渊源都散见于其他法律文件之中，其中既包括纵向与横向渊源，也包括各种民事实体法、程序法、行政法、社会法、经济法、专门法等法律部门法中的相关规定。根据广义的非诉讼程序法的特点，可以将其法律渊源分为以下几类。

1. 宪法类法律，如《宪法》及《村民委员会组织法》和《城市居民委员会组织法》都对人民调解组织作出了规定。

2. 各种单行法，如《仲裁法》《劳动争议调解仲裁法》《农村土地承包经营纠纷调解仲裁法》和《人民调解法》等。

3. 行政法规和部门规章。国务院和有关行政主管部门制定颁发的有关规范性文件，其中部分规定了专门的纠纷解决程序，如《市场监督管理投诉举报处理暂行办法》《医疗纠纷预防和处理条例》《医疗事故处理条例》《人事争议处理规定》《学生伤害事故处理办法》以及有关法律的实施条例、细则等；有些则规定了行政执法或主管职能附带性的纠纷解决程序，如《劳动保障监察条例》《信访条例》等；此外，还有一些行政法规的内容间接涉及非诉讼程序或纠纷解决，如《法律援助条例》《物业管理条例》等。在我国各种纠纷解决机制的建构中，通常先以行政法规形式建立专门性程序，待条件成熟后再制定为法律，一旦立法完成，相关行政法规一般即告失效，需要制定新的法规和实施细则等与立法配套。

4. 地方性法规。无论是否已制定基本法律，各地方人民代表大会在其权限范围内都可以通过制定地方性法规或相关文件，直接促进本地非诉讼纠纷解决机制的发展。例如，厦门人民代表大会常务委员会 2005 年 10 月通过了《关于完善多元化纠纷解决机制的决定》，2015 年 4

月发布了《厦门经济特区多元化纠纷解决机制促进条例》。目前，已经有很多地方制定了有关多元化纠纷解决机制、人民调解、医疗纠纷处理等的地方性法规，它们在与国家法律保持统一的同时，也存在很大的创新空间，显示出差异化和地方特色。

5. 散见于其他法律中的相关规范。我国许多法律文件中都有纠纷解决程序方面的规定，例如《消费者权益保护法》中解决消费争议的五种途径的规定，各种知识产权法中行政、司法程序的规定，《道路交通安全法》中有关交通事故责任认定和民事赔偿方面的规定。有些法律部门已显示出实体法与程序法（包括非诉讼程序与诉讼程序）相结合的趋势，如劳动法、环境保护法、税法、反不正当竞争法等。

6. 司法解释。自 2002 年以来，最高人民法院通过发布大量司法解释，在不断强化诉讼调解的同时，对非诉讼纠纷解决机制给予了重要的支持。例如 2009 年 7 月 24 日发布的《关于建立健全诉讼与非诉讼相衔接的矛盾纠纷解决机制的若干意见》，创立了衔接诉讼与非诉讼程序的多种机制，鼓励支持各种民间性、行政性、行业性纠纷解决机制，建立了调解协议的司法确认制度，还首次明确或建立了一些重要原则，如调解的保密原则和调解员行为准则等，为此后《人民调解法》《民事诉讼法》《行政诉讼法》的修改提供了有价值的参考。2016 年 6 月，最高人民法院发布《关于人民法院进一步深化多元化纠纷解决机制改革的意见》等相关司法解释，对新时期多元化纠纷解决机制的发展同样起到了重要的引导推动作用。2020 年，全国人大授权一些人民法院进行繁简分流试点。通过司法解释和法院职权进行的非诉讼解纷实践的创新更加活跃。

7. 非正式渊源。实践中的大量非诉讼程序是以非正式渊源的形式建立和运行的，包括各个时期党和国家、地方政府、主管部门和行业协会的政策、改革中的尝试，以及不同地区与群体、社区的传统习惯，等等。中共十八大以后，中共中央和国务院发布了多部有关社会治理、法治建设、促进多元化纠纷解决机制和制度改革创新方面的政策文件，对非诉讼程序的发展创新具有重要的引领和规范作用。2019 年，中共十九届四中全会通过中共中央《关于坚持和完善中国特色社会主义制度、推进国家治理体系和治理能力现代化若干重大问题的决定》，提出要完善正确处理新形势下人民内部矛盾有效机制，这对于我国多元化纠纷解决机制的创新也将起到重要作用，一些地方已经制定了相关政策，对各种形式的调解加以鼓励和规范。

（二）非诉讼程序法的性质和特点

1. 综合法。我国现有的非诉讼程序法多数并不是单纯的“程序法”，而是综合法，即将基本法（即特定制度的法律地位、基本原则等）、组织法（组织机构的建立、性质、成立方式以及成员的素质要求、行为规范等）和程序法融为一体，程序部分中则同时包含该机构的工作程序和纠纷解决程序。

2. 救济与规制相结合。非诉讼程序法不仅授权民间社会组织以及公民通过自行协商（即合法的私力救济）解决纠纷，也调整行政、准行政或司法（与诉讼中调解及确认程序的衔接）机构及其解纷活动和程序，涉及从公力救济到私力救济的广阔领域。其重点是完善民间性、行政性、司法性和专门性纠纷解决机制与救济程序，并对其加以合理规制。

3. 准入性与授权性规范相结合。《仲裁法》较多采用了强制性和准入性规范，严格规制仲裁机构的建立、组织、人员和程序，一方面试图通过准司法程序设计赢得正当性、公信力和法院的支持，另一方面通过严格的准入机制形成仲裁机构的相对垄断，以排除市场化竞争，这对于高端商事仲裁而言有一定合理之处。而《人民调解法》则以《宪法》规定的基层自治组织内的人民调解组织为基础，同时授权乡、镇和各种社团根据实际条件，建立各种专门性或专业性（职业化）调解机构。各种依法成立的调解组织所达成的调解协议具有法律约束力，可与司法确认程序相衔接。

4. 开放性。现有相关法律法规都不是排他性的，并不能排除或限制其他形式的非诉讼机制、组织的建立和运行。如《人民调解法》并不是一部调整所有民间社会调解的法律，并不适用于商事调解，也不适用于主体关系特殊的劳动争议、消费争议、医疗纠纷等专门类型。该法不能要求所有专门性调解必须以人民调解形式建立，也不能妨碍其他机制的建立和运行，更不能限制其他机制参与司法确认方式与诉讼程序衔接。商事调解及各种新型解纷机制虽然暂时缺少法律规制，但不仅未受到禁止，可以在现行法律框架下独立运作，而且受到国家的支持和推动，可以由主管行政部门负责组建管理，或以社会组织形式运作。今后，无论是制定单行法或综合性的调解法甚至非诉讼程序法，都应该继续保持开放性，为未来的发展保留空间，而不能用封闭禁入的方式限制发展创新。

（三）现行非诉讼程序立法

我国非诉讼程序立法从性质而言可分为以下几类。

1. 民间社会性非诉讼程序，包括《仲裁法》《人民调解法》《消费者权益保护法》等各种相关法律法规中有关解纷程序的规定。

2. 行政性纠纷解决机制及程序，指基层政府、行政主管机关、司法行政机关主持的纠纷解决活动及程序。有关此类的法律、法规，除了《行政复议法》和《行政复议法实施条例》等专门法规外，多数由专门法律和行政法规、部门规章等分别加以规定，例如《商标法》《专利法》《人民警察法》《道路交通安全法》及其实施细则、《医疗纠纷预防和处理条例》等有关相关争议处理的管辖权、程序方面的规定，以及《信访条例》所规定的信访救济机制，等等。由于行政性纠纷解决机制及程序的特殊性，很难通过一部法律或行政法规作出总体性的规定，因而迄今为止都是采取分类立法的方式。

3. 专门性纠纷解决机构及其程序。如劳动争议、交通事故、医疗纠纷、消费者纠纷、商事纠纷、家事纠纷、知识产权纠纷、社会保障及保险纠纷等处理机构，形成民间性、行政性（或准行政性）与司法程序的衔接。既可单行立法，如《劳动争议调解仲裁法》，也可采用实体法与程序法相结合的方式。

4. 法院附设非诉讼程序及司法审查程序。现行《民事诉讼法》中有关先行调解、调解协议司法确认等程序以及诉调对接的司法政策为各地的法院附设调解的创新实践提供了基本依据。

三、非诉讼程序法的基本原则

（一）立法取向与一般原则

如前所述，非诉讼程序法并非一个单一的法律部门，而每一部具体的非诉讼程序法都会有特定的基本原则，如《人民调解法》和《劳动争议调解仲裁法》的原则必然各有侧重。我国贯穿和体现于各种非诉讼程序法之中的共通性原则主要包括以下内容。

1. 注重调解。ADR 本身包括协商、调解和裁决等多种方式，但当代社会更加认同协商调解的效果和程序优势。通过调解不仅可以快速、便捷、经济、平和地解决各类纠纷，有利于维系社会关系的和谐和持续，还可以缓解法律规范缺失、滞后或简单所导致的处理结果的不足，达到更圆满的解决结果和社会效果。即使是在商事仲裁、劳动仲裁乃至行政裁决中，也逐步形成了调裁结合的模式。因此，相关立法采用注重调解或调解优先的原则，在各种程序中均注意将调解贯穿始终。

2. 多元化。非诉讼程序应坚持以多元化为基本原则，形成当事人协商、民间社会组织调解、行政性处理和司法程序的有机衔接，满足当事人的多元需求和选择权；同时为不同类型的纠纷提供适宜的程序，并由此形成国家与社会、法治与自治、正式与非正式、职业化与非职业化（志愿者）、公力救济、社会救济与私力救济、协商性程序与裁决程序、法律与道德及其他民间社会规范等各层次的多元化架构，实现法律调整与善治的统一，纠纷的解决与预防的统一，避免形成垄断、单一化和过度职业化格局。

3. 注重社会效果、中国特色与传统资源。在非诉讼程序法的建构中必须坚持合理、可行和科学的道路，在充分尊重法治原理、纠纷解决的普遍规律和其他国家的成功经验的同时，高度重视社会与当事人的承受力和文化、习惯及传统资源的利用，注重效益，采用因地制宜和与时俱进的发展路径，避免急功近利和简单照搬。

（二）程序设计的基本原则

根据非诉讼程序的特点，各种非诉讼程序应兼顾合法性与合理性、程序的灵活性和公正性，在保持其特色的同时，应坚持以下共通性基本原则。

1. 自愿原则，尊重当事人的选择权和处分权。程序保障的重点在于切实保证双方当事人自愿地参加纠纷解决过程和接受处理结果，保障当事人的选择权与诉权。当事人的和解应该完全建立在自愿的基础上，受到强制、胁迫可以成为当事人拒绝接受处理结果，提出撤销或宣布无效的理由。当事人的选择自主权，在程序方面包括场所（调解地）和期日的选择、参与人的确定、中立第三方的选择、提出请求与答辩的方式、争点形成的方式、讨论的方式、主张和辩论的准备，等等。同时，在实体处理中应最大限度地尊重当事人的自治和处分权，保障当事人双方拥有对其主张和解决方案的最终决定权。

2. 公平原则。公平参与是保证纠纷解决公正性的基础，双方当事人地位、权利、义务的平等，第三方的中立性，举证责任的合理分配，以及当事人对程序的平等选择权和决定权，协商调解中的信息获得途径及机会对等，都是保障公平程序的必要措施。在程序的启动、运作和达成和解的过程中，应该规定一些具体程序规则，例如，当事人诚实参加、平等陈述和交换证据等规则，注意保证不致因当事人在实力、技术、信息占有和金钱等方面的差距而出现不公平的结果。在注重以激励机制调动当事人的积极性、鼓励和解的同时，应对滥用非诉讼程序的当事人有所制约和惩戒。

3. 适宜程序原则。根据实际需要设计有利于实现非诉讼程序目的和价值的适宜程序。在不违反自愿和公平的前提下，以适宜和灵活的方式积极促进和解，迅速、经济、合理、简便地解决纠纷，尽量避免模仿诉讼或过度强调程序的正式化，以降低成本、对抗性和拖延。例如，基层人民调解能主动介入、就地调解、采用口头协议和即时履行，成本低廉、简便、快速，在处理社区邻里纠纷和突发事件中具有优势；而专业调解组织通过正规的申请、调查、调解程序和书面协议更具有权威性。国际商事调解应遵循国际化通行程序。在新型消费争议、投资及金融解纷机制中尝试协商、调解与裁决相结合以及群体性纠纷处理的基金、先行赔付等创新方式。同时，应针对特定类型的纠纷设立调解前置程序，如劳动争议、家事纠纷、邻里纠纷、小额纠纷、医疗纠纷、交通事故、物业纠纷以及消费争议等。

4. 监管与自律兼顾原则。制度化的非诉讼程序通常受到当事人和国家的双重制约，但监管方式和程度有所不同。司法性和行政性机制需要依法设立，其管辖和权限由法律明确规定；而民间性机制的运行主要依靠自律，可以自行订立机构章程、规则、行业标准和行为准则，但也需要接受主管机关的监管。立法需要对调解员、仲裁员等规定基本行为规范，严格限制解纷机构及其人员超越权限、违背职业道德、损害当事人利益。为了实现当事人对各种非诉讼程序的内在制约，应尽可能公开调解员和仲裁员的身份和资质，以便当事人进行选择（或提出回避）。同时应确立主管行政机构，建立必要的注册登记、审查、评估、准入、退出等制度措施，明确相应的法律责任。

5. 司法审查和救济原则。非诉讼程序主要依靠当事人及解纷主体自律进行制约和监督，同时以司法作为最终救济途径。应该把双方当事人参加非诉讼程序和达成和解视为一种合意，当事人有义务遵守契约，法院尽量不加干涉，但在危害社会公共利益和他人权益、有悖公序良俗或违反强制性法律的情况下，应提供有效的司法救济。

6. 程序衔接原则。各种解纷程序之间有平行和竞争的关系，但更应强调程序之间的衔接，如建立民间性、行政性非诉讼程序与司法程序之间的衔接机制，以合理控制纠纷解决的成本和周期，充分发挥非诉讼程序的效用，保证其必要的效力，提高纠纷解决的效益，减少资源的浪费和拖延，并体现司法对非诉讼机制的监督、制约。

7. 保密原则。当代各种非诉讼程序均承认保密原则，包括解纷过程和结果不公开、当事人和解纷主体（调解员、仲裁员）的保密义务，涉及公众或第三人利益情况下的适度信息披露，以及例外情况等，并通过具体程序规定加以保障。我国除商事仲裁及其调解外，很多非诉讼程序并未确立这一原则，但《人民调解法》将保密或公开作为当事人的权利，实际上也起到了同样的作用。

第三节 非诉讼程序与司法程序的衔接

一、非诉讼程序与诉讼程序的关系

（一）非诉讼程序与诉讼程序的同异

1. 在现代法治社会，司法处于纠纷解决机制的核心地位，具有最高的权威和终局性。纠纷解决的司法程序主要是指诉讼。一般而言，非诉讼程序与诉讼程序之间具有以下共同点：

（1）都具有纠纷解决的功能；（2）不同程度地受实体法和正当程序原则的约束；（3）在解决民事纠纷中，都必须以当事人的处分权为基础，第三方必须是中立的。基于此，二者之间的衔接是顺理成章的。

2. 在考虑非诉讼程序与诉讼程序的关系时，更重要的是考虑二者的分工与互补，为此，必须注重二者的以下基本区别。

（1）诉讼与判决代表着国家司法权（审判权）的正式行使；而非诉讼程序则主要依靠当事人的处分权解决纠纷。即使是法院附设 ADR，尽管有法官的参与，仍与诉讼程序存在着严格的界限，本质上属于一种受当事人处分权和法院审判权双重制约的程序。

（2）诉讼与判决除了解决具体纠纷，还具有通过判例确认乃至发展法律规范、维护法律的正当性和权威性的功能，这对于社会具有更为重要的意义。

（3）二者具有截然不同的价值取向，表现为一系列对立的范畴，如：对抗与协调；权利和责任界定与利益权衡；双方胜负分明与互利妥协；简单法律事实认定与深层长远人际关系考虑；普遍公正与个别公正；程序公正与结果合理；个体利益与群体利益；利益与伦理；规则与情理；等等。这些价值取向也成为当事人进行选择的依据。

（4）程序设计及运作的原理不同，产生的程序利益和所需成本也不同。非诉讼程序具有程序灵活简便、不公开、常识化等特征，这些优势与诉讼程序的形成鲜明的对照，并可以用以改善和解决诉讼的固有局限和弊端。

（5）解纷依据不同。诉讼和审判以严格依法为宗旨，法官必须适用法律规范或原则作出判断；而非诉讼程序则可以广泛适用社会规范，通过当事人的协商和处分得到合理解决。

（6）解纷主体的作用不同。在诉讼程序中，法官的地位是代表公共利益的中立第三方，同时是裁判者和决定者。而在非诉讼程序中，第三方的地位和作用根据其具体形式各有不同：既可能是消极的见证人，也可能是积极的劝导者；既可能是平等对话的中介人，也可能是权威的决定者；既可能是当事人社会关系网络中的成员，也可能是居于当事人双方之上的行政机关的决策人。第三方的功能，也是当事人选择纠纷解决方式的标准之一。

（7）处理结果的形式及效力不同。诉讼以判决作为典型的处理结果，具有以制裁作保障的强制执行力和法律上的既判力，在生效之后具有终局性。而非诉讼程序的处理结果原则上不具有强制力，主要依靠当事人自觉履行，不能排除司法审查，需要通过司法审查获得更高效力。

（二）非诉讼程序与诉讼程序的互补与融合

非诉讼程序与诉讼程序同样具有纠纷解决功能，因此才可能对诉讼进行替代；同时，二者属于性质不同的两种机制，由此可以设计出多种不同的具体程序供当事人进行选择、以满足不同的解纷需求。在当代，非诉讼程序与司法的关系越来越密切，相互融合和互补不断加强。一方面，非诉讼程序需要受到司法的制约；另一方面，司法开始出现社会化趋向，积极调动各种非诉讼程序来为其分担压力、补偏救弊。部分非诉讼程序已被纳入广义的民事司法体系，与诉讼程序相互衔接，部分民事诉讼程序则出现非讼化趋势，以致这些程序除了主体上的不同之外，在功能和作用上几乎没有本质区别。当然，二者特有的制度特点和社会功能仍是不可相互替代的。

（三）民事司法改革与非诉讼程序

第二次世界大战以来，在西方国家乃至整个世界，司法改革的呼声和实践始终在持续。近现代以来形成的传统法理念、法律意识和法律制度都处在一种重组、更新甚至革命性变革的过程中。其中，民事司法改革的重点包括积极促进和解与推动 ADR 的利用。①

一方面，各国通过加强法院或法官对诉讼的职权管理，简化诉讼程序，重视诉讼中和解及加强法官的调解职能，以提高司法效率，改善司法方式、作用和效果。各国的民事诉讼程序改革都把促进和解作为一个重要的目标。日本、德国及其他大陆法系国家的法官在诉讼进行的各个阶段都有劝试和解的义务。在英美法系国家，以往法官在高度对抗的诉讼机制中，很少有机会和动力促成当事人和解，并且对调解采取抵制的态度，但当前，促成和解和诉讼中调解已逐渐为法院和社会所接受，“调解已稳稳地步入了司法形象和审判过程之中”②。法官们认识到，“在大多数争执、大多数法院判决中，审判质量最高的并非那种从判决中获得一切或一无所获、非黑即白的结果，而是在一种灰色的领域，大多数案例中自由谈判达成的诉讼和解具有较高的审判质量，它费时既短，损失又少”③。

另一方面，各国司法改革也在通过利用 ADR 减少诉讼量，分担司法压力，满足社会公众和当事人的需求。相比之下，我国的司法改革所面临的问题和目标与西方国家的有所不同。20 世纪 90 年代以后，随着社会转型和法律制度重构，传统非诉讼机制功能弱化，新型机制则缺乏制度保障，以至于纠纷解决途径过于单一，各类纠纷不断向法院集中，诉讼案件持续增长，法院压力逐步增大，2015 年 5 月法院实行立案登记制之后，这种情况更加明显。在“案多人少”问题突出的同时，“案结事不了”也始终在困扰着司法系统。在这种背景下，在司法改革中注重 ADR 和多元化纠纷解决机制的建构，显得尤为必要。把非诉讼解纷机制挺在前面，就是解决这些问题的方向。

（四）法院对 ADR 的推动

多门法院或多门政策（Multidoor Courthouse）是美国 20 世纪 70 年代以来在司法改革中提出的理念和模式，即由法院承担推动 ADR 的角色，将已经进入法院的当事人向各种适宜的非诉讼方式分流引导。其主要包括以下方式。

1. 建立司法性即法院附设 ADR，将其设定为某些诉讼的前置程序。除法定前置性（强制）ADR 外，在法官拥有较大自由裁量权的情况下，可以通过指令或建议要求或敦促当事人选择 ADR 替代诉讼。

2. 建立激励机制。通过减免诉讼费和律师费等方式鼓励当事人和律师利用 ADR，通过司法政策和激励机制鼓励法官积极促进和解；建立相应的制裁机制，对当事人随意反悔或不必要

---

① 推行 ADR 与鼓励和解是达到同一种目的的不同指向，前者旨在为当事人提供代替性纠纷解决方式，后者则旨在促进法官态度和行为转变。美国国会 1997 年、1998 年列入议题的一个法案：the Alternative Dispute Resolution and Settlement Encouragement Act，H. R. 2603，旨在在联邦法院全面推行 ADR 和鼓励和解。

② ［美］马克·加伦特著，王申译：《美国民事诉讼中法官调解的出现》，载《法学研究》，1991（2）（原载美国《司法》，1986 年，2—3 号）。参见范愉：《从诉讼调解到“消失中的审判”》，载《法制与社会发展》，2008（5）。

③ 同上。

的诉讼行为进行惩罚，如要求其支付对方当事人的诉讼支出等。

3. 指导、培训。国家授权法院负责指导、监督和管理地方的民间性 ADR 组织，包括招募 ADR 组织、调解员和志愿者，培训调解员，对 ADR 机构的工作进行评估，向其支付政府拨款等，如美国法院对社区调解组织的管理。

4. 委托调解。法院可以在诉讼中通过委托社会力量（包括专家、社团人士、退休法官和行政官员等）担任调解员，协助调解，直接将民间性 ADR 引入诉讼程序。

5. 支持 ADR 处理结果，形成与司法程序的衔接。通过承认民间调解及和解协议的合同效力与证据效力，采用合意判决方式加以认可，进行审核，认定赋予强制效力等方式，对 ADR 给予实质性的支持。

6. 通过司法审查，对 ADR 处理结果的瑕疵和错误进行救济。

通过这些措施以及更多新的尝试，法院开始成为多元化纠纷解决机制的枢纽。一方面，司法权开始主动向法院外延伸，担负起组建、管理和促进 ADR 的社会责任，在为民众和当事人提供更便捷、经济的解纷方式的同时，过滤掉大量诉讼案件，既减少了当事人的讼累，也节约了司法资源；另一方面，法院敞开大门，将社会力量引进法院和诉讼程序，促进当事人更好、更快地达成合意，从而降低诉讼成本并改善诉讼的弊端和局限，提高司法解纷的质量和效果。多门政策对我国也具有启示意义，我国人民法院同样在非诉讼程序的发展中起到了重要作用。[①]

二、强制性（前置性）ADR 与法院附设调解

强制性（前置性）ADR 和法院附设 ADR 的设计可以在起诉前分流诉讼，减少法院压力和当事人的负担，并直接受法院的指导与监督，以达到优化司法资源的目的。

（一）强制性 ADR 的设置

强制性 ADR 包括强制性调解和仲裁等形式，其设立主要是通过法律（例如民事诉讼法或专门法）或法院规则及指令，将调解等非诉讼方式作为某些类型纠纷进入诉讼的前置程序。其范围一般是根据以下标准划出的。

1. 当事人关系的特殊性，主要是由婚姻家庭关系（包括离婚、子女抚养、赡养、家庭财产分割等）、亲属之间的财产争议、劳资关系、邻里或相邻关系（如地界、共有物使用管理等方面）发生的纠纷。

2. 争议标的，一般是数额较小或涉及实物交割的纠纷，如物品寄存、房屋租赁等。

3. 经常性、多发性或专门性纠纷，如劳动争议、消费者纠纷、交通事故、医疗纠纷等。

4. 事实清楚、法律关系单纯的纠纷，如轻微交通事故、一般治安案件和小额消费争议等。

5. 个案裁量，即虽然并没有法律的明确规定，但法院认为适于通过非诉讼程序解决，或明显具有和解可能的纠纷，也可以要求当事人先行经过调解等方式处理。

6. 社会效果和商谈性，如群体性纠纷、一方当事人为弱势群体、社会影响大并涉及公共

---

① 参见范愉：《诉前调解与法院的社会责任——从司法社会化到司法能动主义》，载《法律适用》，2007（6）。

政策的纠纷等。

强制性 ADR 的设置在民事诉讼程序与非诉讼程序之间建立起合理的分工和衔接程序，一般由当事人一方申请即可启动，并可将起诉视为申请。

（二）强制性 ADR 的一般流程

强制性 ADR 的设置及程序通常必须有明确的法律依据，如我国台湾地区的调解前置和德国《民事诉讼法施行法》第 15 条 a 款建立的起诉前调解前置等，一些国家和地区的法律甚至规定多数或全部民事诉讼都需要先经过调解程序方可起诉，如部分北欧国家、英国和我国香港地区等。也有少数国家将强制调解设定在起诉后，所有案件立案后均须调解，调解不成才可正式进入诉讼程序。前置性调解既可以由法院外的民间性或行政性调解机构承担，也可以由法院附设 ADR 承担。这种制度在世界各国情形各异，一般而言，都需要有法律授权与司法审查两个环节。其具体流程一般如图 4－1 所示。

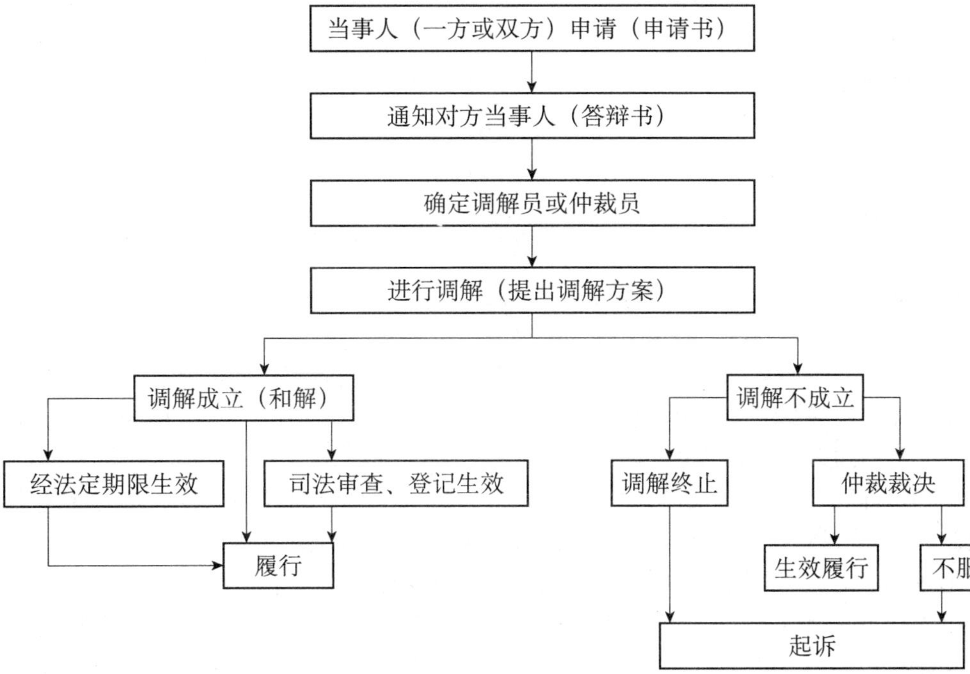

图 4－1 强制 ADR 程序一般流程

（三）强制性 ADR 的特点

1. 强制性 ADR 与审判程序有严格区别：前者按照非诉讼程序运作规律进行，后者严格遵守对抗式原则公开进行；前者一般不严格要求查明事实和依法判断，后者则必须严格根据事实和法律作出裁判；前者失败而进入诉讼程序后，必须重新向法庭提出证据和主张，重新在法庭进行质证；当事人在 ADR 程序中作出的妥协不得作为诉讼中的自认或证据使用。这样，就不致使两种性质不同的程序相互混淆，以保证诉讼程序的公平。

2. 前后两个程序由不同的主体主持，调解人、作为调解委员会主任的法官与进行审判的法官各司其职、功能各异，相互独立，既不会使非诉讼程序变成变相的审判，对判决亦不会产生先入为主的影响。

3. 在非强制性的法院附设 ADR 中，当事人一方或双方如果拒绝调解，可直接起诉；而在强制性 ADR 的场合，非诉讼程序则是必经的前置程序，实际上相当于第一审程序。[①] 这种设置一方面提供了一个适宜的和解机会，另一方面则极大地节约了司法资源和成本，一般多数案件可调解解决。

（四）法院附设调解

法院附设调解，不完全等同于强制性 ADR，既可以承担强制性调解的功能，亦可以由当事人自由选择，同时可以根据法官的建议、要求或委托而启用。

法院附设调解通常都是在法院的参与、指导及监督下运行的。其调解员一般均为非职业法官，可以是退休法官、专职调解员、律师，也可以是民间团体、行政官员、专家、志愿者等，当事人通常可以选择调解员。在达成和解或调解协议后，可以分别达成和解协议（不起诉或撤诉）、调解协议，或提请法院通过确认、和解判决、法院调解书等形式产生生效判决效力。一些民间调解组织受法院委托，也可以在法院建立窗口或工作站进行调解，为当事人在起诉前提供一个和解的机会，如我国的诉前调解。

三、诉讼上和解与诉讼调解

（一）诉讼上和解的概念、功能与分类

1. 概念与功能。在纠纷解决和民事诉讼理论中，和解（settlement）分为性质不同的两类。

一种是民法上的和解，即“私法上的和解”或“诉讼外和解”，是指双方当事人通过协商，达成变更实体权利的约定，从而使纠纷得以消除的行为。其性质属于契约或契约变更，对当事人产生合同上的约束力，受民事法律规范调整。

另一种是诉讼上和解或称诉讼中和解，属于一种民事诉讼制度，指当事人在诉讼系属中，经协商而达成的以终结诉讼为目的的合意。世界各国的民事诉讼制度对诉讼中和解及其法律地位的规定各有不同，对其性质的解释也众说纷纭，至少有“私法行为说”“诉讼行为说”“私法行为与诉讼行为并存说”“一行为两性质说”（两行为竞合说），等等。[②] 无论法律上如何定性，诉讼上和解在功能上至少有三个要素，即：（1）与诉讼程序的关联（诉讼系属），即属于司法处理范畴，实际上已经进入诉讼程序和法院的管辖范围；（2）当事人之间的合意，即属于当事人行使处分权的行为，往往是双方或一方让步、妥协的结果；（3）终结诉讼，即和解的结果意味着纠纷的解决和诉讼的终结，这一结果应产生诉讼终止和既判力的效果，对当事人和法院都具有约束力。

---

① 我国台湾地区的“家事事件处理办法”第 5 条规定：离婚及夫妻同居之诉、终止收养关系之诉，应审查其起诉前是否已经调解。其未经声请调解即行起诉而无“民事诉讼法”第 406 条第 1 项各款所定情形之一者，应将起诉视为调解之声请。此即把调解作为一种独立的必经程序切实加以保证。

② 参见李浩：《关于建立诉讼上和解制度的探讨》，载《清华法律评论》，第 2 辑，212～213 页，北京，清华大学出版社，1999。其对各学说作了很好的归纳，请参阅，笔者不再赘述。

2. 分类。根据和解达成的时间和地点，及与法院即诉讼程序的关联，可以作出如下划分。

（1）诉讼前或起诉前和解。未形成法院系属、由民间调解达成的和解属于私法上的和解，可以通过司法确认等方式获得执行力。法院附设调解达成的调解协议的效力，取决于该调解与法院关联的紧密程度。日本法院附设调解由法官主持，调解协议具有诉讼上和解的效力，而美国的则需要经过法官的认可或转化为合意裁判才可具有此效力。

（2）庭上和解，即经法官调解而在法庭上达成的和解，是严格意义上的诉讼中和解，也就是我国诉讼调解制度。一般通过和解协议、调解书或合意判决、法院笔录等多种形式加以体现，一旦达成即产生终审判决效力。

（3）庭外和解，即在诉讼过程中，当事人双方未经法院调解，在法庭外自行达成（或经过其他调解达成）的终结诉讼的和解。和解撤诉经法院审查后予以同意，亦可根据当事人申请制成调解书或合意判决等形式结案，产生不得另行起诉的既判力。我国《民事诉讼法》与其他国家的制度有所不同，将诉讼调解与和解作出区别规定，虽法院习惯统计为调撤率，但由于和解并未限制当事人在撤诉后再次起诉，不能彻底终结诉讼，其效力也并不明确。

（二）和解与调解的区别与联系

1. 在国际通行的概念和制度中，和解（settlement）与调解（mediation，conciliation）的区别主要在于：（1）调解是指纠纷解决的制度和手段，而和解则主要是指当事人的一种处分行为。（2）调解强调的是在中立第三方主持下的纠纷解决过程，而和解强调的则是双方当事人的合意行为——包括撤诉和实体权利的处分，尽管其处分结果本身可能与调解并无区别。（3）调解的结果有多种可能性，既可能成功也可能失败；而和解的结果则是纠纷的解决以及解纷过程的终结。因此，可以说，和解是一切非诉讼程序特别是调解的最终目标，协商和调解则是促成和解的手段。调解成功后达成的协议也就是和解，在这个意义上，和解与和解协议、调解协议或调解书实质上同义。但在我国，和解经常与协商混淆或等同，这主要是我国民事诉讼法用法院诉讼调解制度代替了世界通行的诉讼中和解制度，并将当事人和解（协商）撤诉与调解作出不同的制度安排，因而导致了概念和理解上的一些歧义。

2. 从纠纷解决的过程与结果的对应关系看，应是：（1）当事人通过协商达成诉讼外和解（私了）。（2）通过民间调解达成的调解协议，属于诉讼外和解（合同效力）。（3）在进入诉讼程序前，通过调解或自行协商达成和解协议，属于诉讼外和解（合同效力）。近年来，国际上出现有条件地承认部分通过正规调解达成的和解可具有执行力的趋向，但并未否定司法审查的必要性。（4）通过法院附设调解达成的调解协议，部分属于诉讼上和解，生效后具有生效判决效力；部分属于合同，经法院确认后，可产生生效判决效力。（5）已经进入诉讼程序，双方当事人或律师协商达成的庭外和解，经法院审查批准撤诉终结诉讼，属于诉讼上和解，和解协议经法院认可，可具有执行力（我国和解撤诉除外）。（6）诉讼中，在法官主持或监督下达成的调解协议，属于诉讼上和解，终结诉讼，调解书具有生效判决效力。我国诉讼或法官调解属于此类。

就纠纷解决的过程而言，和解可能贯穿于不同程序之始终。当事人即使未能通过协商达成诉讼外和解，仍有可能在法院附设调解程序中得到起诉前和解的机会；即使进入诉讼程序，仍有可能在法院的调解下达成庭上和解，或在法院作出判决前自行达成庭外和解（见图 4-2）。

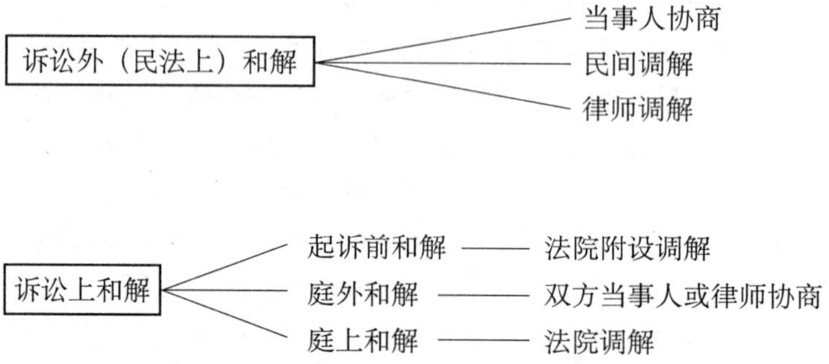

图 4-2　和解与非诉讼程序的大致对应

3. 由法官促成的庭上和解与法官参与的法院附设调解所达成的起诉前和解，虽然同属诉讼上和解，却存在着明确的区别：（1）作为中立第三方的解纷主体不同，分别为法院和 ADR 机构；在法院调解中由主审法官主持调解，而在法院附设调解中，作为调解委员会主任的法官并不是裁判者，因此对当事人的影响不同。（2）在程序上，法院调解与审判处于同一程序或过程中，当事人提出的主张和证据可直接作为判决的依据，一般不需重复，因此可以最大限度地节约诉讼资源，当事人一旦达成和解即可终结诉讼；而在法院附设调解中，调解失败后，主张和证据等均不得带入以后的诉讼程序。（3）二者采用的表现形式不同，法院调解达成的和解可制成法院调解书或审判笔录，也可能以合意判决形式作出；法院附设调解一般是制成调解书或和解协议。（4）生效条件不同，法院调解达成的和解可直接生效，即产生生效判决的效力；而法院附设调解达成的和解有时需要特殊生效条件，例如一定期限，或经过司法审查程序，如经法院审核或登记后生效。

（三）诉讼上和解与法院调解

诉讼上和解与法院调解（诉讼调解）概念虽然不同，但如果把诉讼上和解限定为法庭上和解的话，那么二者的功能基本一致。《德国民事诉讼法》第 279 条所规定的法官试行和解义务，亦被翻译或解释为法院调解。德国法学家指出：“当事人可以在法院达成调解协议，并以此结束诉讼。法院调解避免了对实质问题的判决，德国民事诉讼规定要求法院在整个诉讼过程中都建议和鼓励这类调解。法院调解对双方心理上带来的好处是：没有哪一方胜诉或丢面子。另一个长处是双方可以调整他们之间的全部的法律关系，甚至可以超过诉讼请求的范围，甚至不属于诉讼范围的第三方也可以参与。在德国评论家中占上风的观点是，法院调解具有双重性质，结合了诉讼程序上的行为和双方订立协议的行为。因此，为了让调解生效，程序和实体法律的先决要求必须满足。”[①] 这里的调解就是指法官促成和解。

这说明，诉讼上和解与法院调解只是侧重点和表述方式不同而已：二者都以当事人的合意解决纠纷；合意的达成都是法院诉讼行为与当事人诉讼行为交互作用的结果；成立之后与生效判决具有同等效力。二者在民事诉讼制度中具有基本相同的功能，在一定的意义上，甚至可以说它们是同一事物。然而在定位上，和解立足于当事人的合意；而调解则以法院为基点，是一

① ［德］A. Stadler：《德国的民事诉讼》，载宋冰编：《读本：美国与德国的司法制度及司法程序》，300 页，北京，中国政法大学出版社，1999。

种结案方式。民事诉讼本身建立在当事人处分权基础之上，因此，当事人的处分权始终是制约法官或法院调解行为，以及能否达成和解的根本因素。在不违反实体法和程序法强制性规定的前提下，当事人的处分权应优先于法院职权。因此，只要能够确立并确实保证当事人自愿和解的原则，这种定位或认识的不同，对和解达成的过程和性质都不会有任何实质的影响。

（四）诉讼调解的各种形式

1. 诉讼中调解。在诉讼的各个阶段，包括审理前、审理中乃至判决作出之前的各个阶段，由法官促成当事人和解与主持调解本质上没有严格区别。在大陆法系国家民事诉讼中，促成和解或调解往往被规定为法官的义务，法官不仅可以，而且应该或必须在诉讼的各个阶段提示当事人并促成其达成和解。近年来，英美法系国家也出现了积极调解的法官，但一般而言，基于诉调分离的传统，法官更加青睐于委托调解。

2. 审前准备程序：和解会议、证据交换、争点发现或辩论准备。实践表明，审前准备程序具有重要的和解促成功能，当事人可以通过交换和整理主张、观点、证据、争点，认识自己与对方的力量对比、法律依据的区别、风险和根本分歧所在，并由此发现双方可以协商、交易、妥协和互利的交界点，以趋利避害、争取双赢。

3. 委托调解。在诉讼中，包括在一审、二审和再审审理程序中，法官可以根据需要中止诉讼，将案件委托给中立第三方（一般需由当事人认可）进行调解，他们既可以是法院附设ADR的调解员，也可以是某一领域的法律专家、技术专家或调解专家。例如美国联邦司法部诉微软公司案，在一审和二审中，法官都曾中止案件审理，委托其他法官和专家进行调解，在二审阶段最终达成和解。委托调解是法院社会化的重要途径，可以直接将社会专业力量引入诉讼程序，特别是在某些特殊类型的案件中，如家事、医疗纠纷等，有利于实现更好的解纷效果。

4. 和解撤诉。在诉讼中，除法官主持或委托调解外，当事人在庭外亦可以通过各种方式达成和解，包括双方当事人或其代理人的协商和解、中立第三人的斡旋或调解（以及裁决）等。诉讼中的和解撤诉一般需要经法院审查批准，在法律允许的情况下，当事人可以请求法院将其和解协议制作成合意判决或调解书。

四、小额诉讼程序和专门程序

（一）小额诉讼程序

小额诉讼（程序或法院），指当代世界各国的小额诉讼程序和小额诉讼法院。20世纪后半叶以来，世界各国适应社会的发展变化，面对司法的压力和运作中的问题，都在积极进行司法改革，把简易、便利、快速、低廉作为改革民事诉讼程序的基本目标，简易程序普遍受到重视。小额诉讼程序的建立不仅是基于对民事案件进行分流处理，减轻法院负担的一种构想，也在于“通过简易化的努力使一般国民普遍能够得到具体的有程序保障的司法服务”[①]。我国2012年修改的《民事诉讼法》也增设了小额诉讼程序。与简易程序比较而言，小额诉讼程序

① ［日］棚濑孝雄著，王亚新译：《纠纷的解决与审判制度》，275页，北京，中国政法大学出版社，1994。

至少具有以下特征。

1. 适用范围单纯，基本上限于债权债务纠纷（也可以在一般侵权、邻里纠纷、租借纠纷、交通事故纠纷中采用），通常被设立为独立于一般简易程序的特别程序。美国各州的具体标准有所不同，但一般最高不超过 25 000 美元。日本在 1998 年实施的《民事诉讼法》中专门规定了区别于简易程序的小额（少额）诉讼程序，处理金额限度为 30 万日元以下的金钱支付请求案件，该程序在简易裁判所进行，根据当事人提出的申请而启动。《德国民事诉讼法》第 495 条 a 款规定的小额程序是：1 200 德国马克以下的诉讼请求，法官可根据其自由裁量决定适用的程序，如直接作出书面判决、不经口头辩论或无原因判决（即直接作出判决，不需详细写明理由，因为理由已记录在案卷中）。

2. 程序简便，完全按照常识化的方式进行运作。起诉状和答辩状可以采用法院印制好的表格，也可以口头进行；可以在休息日甚至晚间开庭；不进行证据开示；不设陪审团；简化证据调查；甚至无须法庭记录；判决也只是宣布结果，而不必说明理由。因为整个程序都是在非正规的方式中进行的，所以当事人一般不需要律师即可操作。此外，小额诉讼程序一般不允许反诉，不准许上诉（或在三审制情况下不得就二审判决上诉），更增加了程序的简便性。

3. 注重调解。小额诉讼程序一般采取调解与审判一体化，在审理过程中可让原、被告直接对话，法官也不使用晦涩难懂的"法言法语"，而是积极规劝，促成当事人的和解，在听取了双方当事人的主张之后，往往会在他们争执不下时，直接提出解决方案建议。还有一些小额诉讼法院则专门设置独立的调解程序或采取调解前置。

4. 低成本、高效率。小额诉讼程序诉讼费低廉，一般无须律师费和鉴定等费用，不仅原告从中受益，也使被告的负担得以减轻。

5. 非正式性。小额诉讼虽然属于司法体系的组成部分，但其程序本身具有多元化和非正式性的特征。无论是起诉方式、审理方式、费用、管辖、律师的作用，还是法官的构成，世界各国乃至一国的各个地区（如美国各州）之间，都存在着极大的差异性和多样性。大陆法系国家的小额诉讼程序原则上由简易法院的职业法官主持，而在美国和英国，小额诉讼通常不是由职业法官审理，而是由治安法官、法院专职人员或资深律师等审理。近年来，各国都在积极尝试小额诉讼的电子化在线处理。

小额诉讼程序不仅明显区别于普通诉讼程序，而且逐渐开始与非诉讼程序（行政化处理或调解）接近和融合，而与传统司法模式日益背离。然而，尽管其已经取得了一些令人鼓舞的效果，但实践效果并不都尽如人意。研究者认为："城市中诉讼案件的大量发生使得小额裁判制度理想中那种积极性、个别性照顾的，与实体正义相适应的裁判运作益发显得困难。解决这一难题较好的办法就是运用调解与仲裁。……但若是期待调解能在小额诉讼中发挥其合理的机能则是比较勉强的。"① 律师们也根据经验指出："到小额法庭上告，所得到的结果未必会比和解的结果好。"② 除了执行难外，小额程序很容易被大企业用作最便捷的收费途径，对消费者不利。因此，一些国家，如日本，为了避免小额程序被大企业等滥用，对原告起诉的数量和频次

---

① ［日］小岛武司著，林剑锋译：《美国小额法院的现状》，载陈刚主编：《比较民事诉讼法》，第一卷，70 页，重庆，比较民事诉讼法研究所，1999。

② 邓洪：《美国小额法庭 DIY（American Small Claim Courts—Do It Yourself Guide)》，53 页，台北，美国瀛舟出版社，2003。

都作出了明确限制。相比之下，当代强制调解和新型 ADR 显然比小额程序更具优势。[①] 因此，一些国家的小额诉讼程序已经转变为调解为主、裁判为辅的非讼程序。

（二）专门法院及专门程序

当代许多国家在普通法院之外另行设立了各种处理特殊类型纠纷的专门法院，主要集中在商事、劳动、社会保障等方面，其中既有以行政法庭为基本结构的英国模式，也有设立各种专门法院的欧洲大陆国家模式。各类专门法院在所处理案件的性质、"法官"构成、纠纷解决方式、功能和规范适用等方面，实际上与制度化的 ADR 并无二致。例如，劳动法院通常由一名职业法官（指劳动法院的专职法官，并非普通法院的职业法官）与分别代表雇主与劳动者的非职业法官共同组成审判组织（合议庭），对案件进行审理。其纠纷解决过程注重协商调解与裁决并用，并特别强调法律、行业惯例、弱势群体的保护、劳动关系与社会公共利益的协调，其原理及运作方式与司法诉讼程序迥然不同，而更接近 ADR。

除专门的行政性 ADR（行政投诉、行政调解、行政协调和申诉专员等）之外，各国的行政法庭越来越多地接近 ADR，通过调解等方式处理的案件数量远远超过了裁决方式处理的。例如，美国的行政裁决院传统上采用标准的法庭对抗裁决模式，1996 年行政程序法修改后，行政法法官有权在听证前使用或鼓励使用诸如和解、调解、仲裁、和解法官以及监察专员等替代性纠纷解决方式解决争议，并且双方当事人都必须出席和解会议。同时，行政法法官开始越来越多扮演协调员的角色。以劳工部为例，劳工部的"和解法官"是行政法法官办公室任命的调解人，他们经过了替代性纠纷解决技巧训练，是纠纷所涉事项领域的专家，被授权与当事人磋商，帮助当事人解决纠纷而无须诉诸正式听证程序。一些州的环保听证程序在听证开始前，要求当事人参加和解会议。除非违法行为严重危及公共健康和安全，环保局将力求无须听证而解决纠纷。违法者和环保局可以自行谈判和解，也可以请求一名听证官担任调解员进行调解。调解是一种非正式的保密程序，调解人可以同时会见双方当事人或单独会见一方当事人，帮助双方进行谈判并达成共识。调解中的任何言语不得在此后的听证中用来针对任何当事人。如果调解成功，双方须签订和解协议并经指定审理该上诉案的听证官批准。至此，违法者的上诉案得到解决。此后，任何一方均不得反悔。如果调解无效，则进行听证。此前的调解将继续保密，只可通知听证官调解无效。主持听证的听证官根据有关证据和法律，以环保局局长的名义作出最终决定。[②] 法国的申诉专员机制更侧重于救济功能，直接被称为调解员（协调专员）。

凡已经建立专门性纠纷解纷机制的领域，原则上应以非诉讼程序为主，尽可能避免纠纷向法院集中。司法机关应积极鼓励和支持这些专门性程序，尊重其作出的处理，以减少司法资源的浪费，其基本流程一般如图 4-3 所示。

五、我国非诉讼程序与司法的衔接

（一）非诉讼程序与司法衔接的基本方式

进入 21 世纪之后，我国法院开始积极与其他相关机构展开协作，以推进多元化纠纷解决

① 参见范愉：《司法资源供求失衡的悖论与对策——以小额诉讼为切入点》，载《法律适用》，2011（3）。

② 参见张迎涛：《"行政争议协调解决制度国际研讨会"综述》，见中国民商法网，2007-12-07。

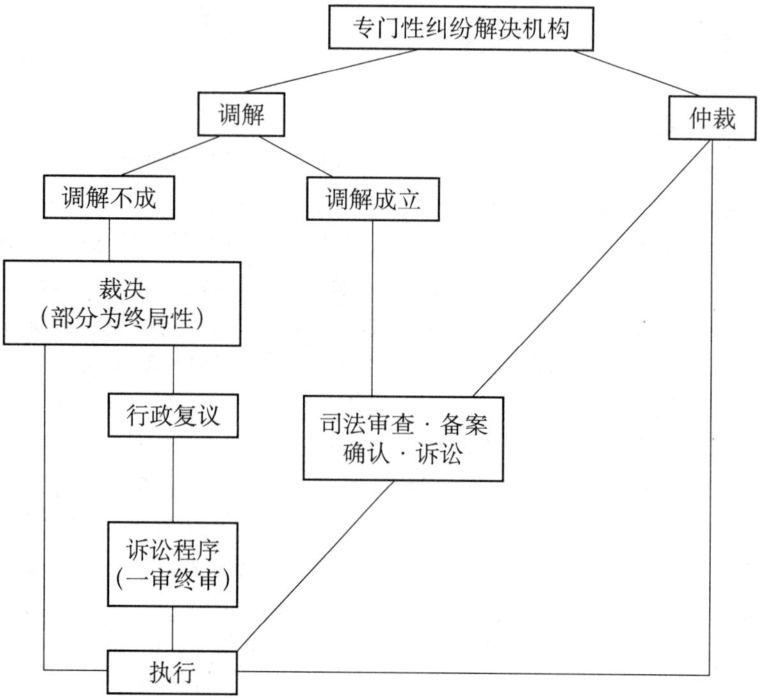

图 4-3　专门性、行政性程序与诉讼程序衔接流程

机制的建构。目前已有的非诉讼程序与司法衔接的模式主要包括以下几种。

1. 法院附设型，包括法院人民调解窗口、特邀调解、协助调解、诉前调解等。调解协议可通过确认、转化为法院调解书等方式产生强制执行效力。

2. 前置型，如劳动仲裁、特定行政前置程序（如土地、林木权属、知识产权）等。

3. 司法审查型，包括：（1）对仲裁裁决的司法审查；（2）对各类调解协议的司法确认；（3）通过撤销、无效之诉和再审等对调解协议合法性和效力的司法审查救济。

（二）调解协议的司法确认

2009 年，最高人民法院发布的《关于建立健全诉讼与非诉讼相衔接的矛盾纠纷解决机制的若干意见》确立了司法确认制度，之后被《人民调解法》上升为法律制度。2012 年修改后的《民事诉讼法》对调解协议的司法确认程序作出了明确规定，自 2015 年 2 月起实施的最高人民法院《关于适用〈中华人民共和国民事诉讼法〉的解释》（以下简称《民诉解释》）使其进一步细化完善。2016 年最高人民法院《关于人民法院进一步深化多元化纠纷解决机制改革的意见》提出：经行政机关、人民调解组织、商事调解组织、行业调解组织或者其他具有调解职能的组织调解达成的具有民事合同性质的协议，当事人可以向调解组织所在地基层人民法院或者人民法庭依法申请确认其效力。登记立案前委派给特邀调解组织或者特邀调解员调解达成的协议，当事人申请司法确认的，由调解组织所在地或者委派调解的基层人民法院管辖。司法确认是通过司法审查使调解协议产生执行力的法律程序。（参见图 4-4）。2019 年 12 月第十三届全国人大第十五次会议授权在部分地区开展民事诉讼繁简分流改革试点工作，其中包括优化司法确认制度，符合级别管辖和专门管辖标准的，由对应的中级人民法院或专门人民法院受理。此外，调解协议还可以通过公证、转化为仲裁裁决或行政裁决的方式获得执行力。

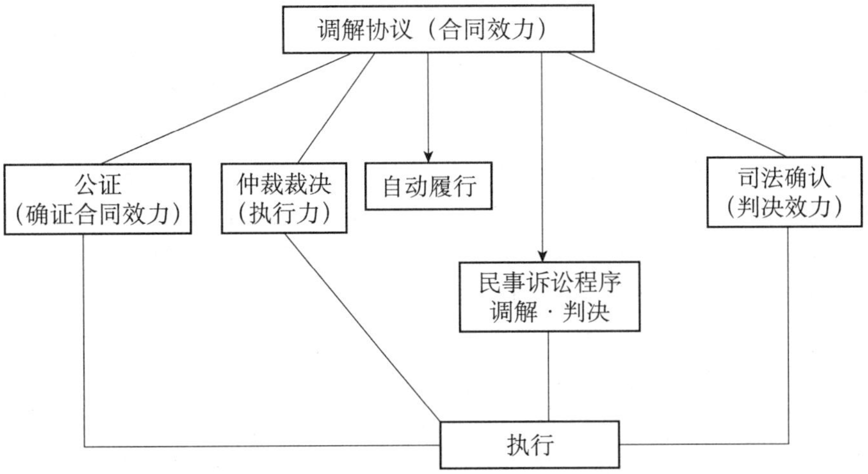

图 4-4 民间、行政调解协议与民事诉讼程序衔接流程

1. 性质。司法确认属于司法审查，经审查的调解协议产生强制执行力。确认并非一种诉讼程序，不属于确认之诉，而是一种非讼特别程序。其任务是对调解协议的内容和程序进行形式审查和有条件的实质审查。在确认之后，如果当事人或案外人确有法定事由，仍可以对裁定提起审判监督程序。

2. 范围。司法确认并不限于狭义人民调解组织的调解协议。近年来，在《民事诉讼法》及其司法解释的基础上，适应我国多元化纠纷解决机制的发展和社会需求，在实践中，调解协议司法确认的范围已大大扩展，原则上，凡是依法成立，在人民法院、司法行政机构及其他相关国家机关进行登录、备案或登记的调解机构（或类似组织程序），包括各种民间性、行政性、行业性和专门性机制，其调解协议均可以纳入司法确认的范围。

3. 申请与管辖。《民诉解释》规定，申请司法确认调解协议的，双方当事人应当本人或者由符合《民事诉讼法》第 58 条规定的代理人向调解组织所在地基层人民法院或者人民法庭提出申请（第 353 条）。两个以上调解组织参与调解的，各调解组织所在地基层人民法院均有管辖权。双方当事人可以共同向其中一个调解组织所在地基层人民法院提出申请；双方当事人共同向两个以上调解组织所在地基层人民法院提出申请的，由最先立案的人民法院管辖（第 354 条）。随着司法确认范围的扩大，司法确认的管辖权也需要适当调整，以便根据调解的具体情况（标的额、当事人和纠纷类型等）由相应的法院（包括中级或高级法院）进行确认。当事人申请司法确认调解协议，可以采用书面形式或者口头形式。当事人口头申请的，人民法院应当记入笔录，并由当事人签名、捺印或者盖章（第 355 条）。当事人申请司法确认调解协议，应当向人民法院提交调解协议、调解组织主持调解的证明，以及与调解协议相关的财产权利证明等材料，并提供双方当事人的身份、住所、联系方式等基本信息。当事人未提交上述材料的，人民法院应当要求当事人限期补交（第 356 条）。

当事人申请司法确认调解协议，有下列情形之一的，人民法院裁定不予受理：（1）不属于人民法院受理范围的；（2）不属于收到申请的人民法院管辖的；（3）申请确认婚姻关系、亲子关系、收养关系等身份关系无效、有效或者解除的；(4) 涉及适用其他特别程序、公示催告程序、破产程序审理的；(5) 调解协议内容涉及物权、知识产权确权的。人民法院受理申请后，发现有上述不予受理情形的，应当裁定驳回当事人的申请（第 357 条）。

4. 司法确认的目标与原则。司法确认的目的是对法院外的各种调解进行司法监督和审查，在支持规范调解的同时，加强调解协议的效力，但不意味着鼓励将所有调解协议都提交司法确认。其基本原则是：(1) 将合法正规的调解组织主持达成的调解协议纳入司法确认范围以给予支持和保障；(2) 严格审查调解程序的合法性，即当事人在调解中意思表达、自愿的真实性，有无胁迫、欺骗等情节；(3) 适度进行调解协议内容实质合法性的审查，避免当事人滥用调解达到违法目的或侵害他人合法权益，防止出现重大误解或显失公平等情况；(4) 提供履行保障，充分考虑强制执行的可能性、合理性及效果等问题。

5. 确认、不予确认、撤回申请。《民诉解释》规定：人民法院审查相关情况时，应当通知双方当事人共同到场对案件进行核实。人民法院经审查，认为当事人的陈述或者提供的证明材料不充分、不完备或者有疑义的，可以要求当事人限期补充陈述或者补充证明材料。必要时，人民法院可以向调解组织核实有关情况（第 358 条）。司法确认可以以三种方式结案：(1) 给予确认。人民法院经审查认为调解协议符合确认条件的，应当作出确认决定书；决定不予确认调解协议效力的，应当作出不予确认决定书。(2) 撤回申请。《民诉解释》规定：确认调解协议的裁定作出前，当事人撤回申请的，人民法院可以裁定准许。当事人无正当理由未在限期内补充陈述、补充证明材料或者拒不接受询问的，人民法院可以按撤回申请处理（第 359 条）。有些调解协议并不违法但其内容或依据并没有法律意义，有些调解协议无法强制执行，有些无须司法介入，有些则难以履行，如情感问题、各种社会关系问题、特殊解决方式，以及前述有关精神赡养、探视权方式、共同监护、赔礼道歉等，并不违反法律和公序良俗，体现了调解的灵活性、创造性，虽然受执行可能性或法院受理范围所限，无法给予确认，但仍可以并应当鼓励当事人继续履行。针对这种情况，法官可以通过释明，告知当事人不予确认的后果和原因，允许其“撤回”申请程序，继续履行，而不作出裁定驳回。(3) 裁定驳回。经审查，调解协议有下列情形之一的，人民法院应当裁定驳回申请：1) 违反法律强制性规定的；2) 损害国家利益、社会公共利益、他人合法权益的；3) 违背公序良俗的；4) 违反自愿原则的；5) 内容不明确的；6) 其他不能进行司法确认的情形（第 360 条）。

(三) 对非诉讼程序的司法审查与救济

对非诉讼程序的司法救济是指当事人针对管辖、解纷程序以及处理结果的合法性和效力等问题发生争议时的法定救济程序，是法律规定的对于非诉讼程序的最终司法救济。[①] 主要包括以下内容。

1. 针对商事仲裁的管辖异议、执行异议等司法救济程序。

2. 针对行政程序和专门程序如行政复议、行政裁决、劳动仲裁不服的诉讼程序，包括行政诉讼和民事诉讼相关程序。

---

① 民事诉讼法设立的第三人撤销之诉和调解再审，属于针对诉讼调解的审判监督程序。此处仅简要列举针对法院外非诉讼程序的司法救济。

3. 因调解协议履行或反悔提起的诉讼。《人民调解法》规定，经人民调解委员会调解达成调解协议后，当事人之间就调解协议的履行或者调解协议的内容发生争议的，一方当事人可以向人民法院提起诉讼（第 32 条）。《民诉解释》规定：当事人之间的纠纷经人民调解委员会调解达成协议后，一方当事人不履行调解协议，另一方当事人向人民法院提起诉讼的，应以对方当事人为被告（第 61 条）。人民法院对调解协议的合法性进行审查，如无法定缘由，应确认调解协议有效和当事人的履行义务。依法确认调解协议无效的，当事人可以通过人民调解方式变更原调解协议或者达成新的调解协议，也可以向人民法院提起诉讼。

4. 针对调解协议司法确认异议的审判监督程序。在符合法定事由的前提下，当事人及利害关系人，可针对法院对调解协议确认的裁定，提出再审申请。《民诉解释》规定：适用特别程序作出的判决、裁定，当事人、利害关系人认为有错误的，可以向作出该判决、裁定的人民法院提出异议。人民法院经审查，异议成立或者部分成立的，作出新的判决、裁定撤销或者改变原判决、裁定；异议不成立的，裁定驳回。对人民法院作出的确认调解协议、准许实现担保物权的裁定，当事人有异议的，应当自收到裁定之日起 15 日内提出；利害关系人有异议的，自知道或者应当知道其民事权益受到侵害之日起 6 个月内提出（第 374 条）。原判决、裁定认定事实或者适用法律虽有瑕疵，但裁判结果正确的，第二审人民法院可以在判决、裁定中纠正瑕疵后，依照《民事诉讼法》第 170 条第 1 款第 1 项规定予以维持（第 334 条）。有下列情形之一，导致判决、裁定结果错误的，应当认定为《民事诉讼法》第 200 条第 6 项规定的原判决、裁定适用法律确有错误：（1）适用的法律与案件性质明显不符的；（2）确定民事责任明显违背当事人约定或者法律规定的；（3）适用已经失效或者尚未施行的法律的；（4）违反法律溯及力规定的；（5）违反法律适用规则的；（6）明显违背立法原意的（第 390 条）。在这种情况下，法院应进行再审。

案例分析

多方参与，共同解决复杂纠纷

事实：

2009 年 11 月，某小区业主大会通过公开招标，选聘了新物业公司。原物业公司是开发商聘请的前期物业服务企业，其认为业主委员会选聘新物业公司有不合法之处，同时，业主拖欠其物业费和电费达五百多万元，因此拒不撤出，导致新物业公司无法入驻。2010 年 2 月，原物业公司将小区业主委员会诉至法院，要求法院确认业主委员会解除物业服务合同、解聘原告的行为无效。案件经几次开庭审理，原、被告双方针对业主委员会资格、选聘新物业公司的程序等问题展开激烈的争执，特别是对百余选票的真实性及部分业主签字的真实性各执一词，双方共提交了五十多份证据，并分别请证人出庭作证。由于庭审陷入僵持，原物业公司几乎处于管理停滞状态，而新物业公司又无法入驻，小区内陷入一片混乱，入室盗窃等案件频发、环境卫生持续恶化，业主们怨声载道。

2010 年 5 月，政府职能部门对原物业公司作出行政处罚决定，责令其限期改正。同年 6 月，该物业公司提起行政诉讼，要求区建委履行职责，确认业主委员会解除物业服务合同、解聘原告的行为无效。与此同时，业主委员会又以原物业公司为被告提起诉讼，要求判令该公司撤出物业服务区域，移交小区物业服务设施及相关资料等。至此，共有三个诉讼同时进行，包括两个民事诉讼和一个行政诉讼。

为避免双方矛盾激化，影响小区居民生活和社会稳定，法院适时展开审前调解工作，成立了由分管院长牵头，三案合议庭法官参与的调解小组，拟定了周密的调解计划和方案。

在第一轮调解中，法官们分头与纠纷各方接触，耐心听取各方倾诉，调查核实案件基本事实，而后，法官们召开碰头会，汇总各方了解到的案情和当事人目前的情绪、心态及对纠纷解决的意见。经过信息沟通交流，法官们对本案纠纷形成的原因、问题的焦点和各方的是非曲直等有了基本的认识，就深入调解的思路、方式方法、技巧等达成了共识。

在第二轮调解中，法官根据先调解民事争议，后协调行政争议的思路，集中时间、精力，采用"背靠背"与"面对面"分合交替、"释法解疑"与"情理疏导"并重等方法，指明各方当事人在纠纷中的过错及责任，请他们站在维护小区广大业主正常生活、和谐秩序、社会稳定的角度对待和处理纠纷，认识调解解决的好处、诉讼风险及其他后果。在法官耐心细致的说服劝导下，各方对立情绪消减，同意积极协商，尽快拿出解决问题的方案。

由于各方分歧较大，一时拿不出调解方案。法官们经协商后启动了第三轮调解，通知各方当事人到社区居委会会议室参加调解，邀请居委会主任等协助调解，并主动提出两套调解方案供当事人选择。在调解中，调解小组法官全部参与，与社区主任等一起，团队协作、分头调解，最后各方当事人接受了法官提出的调解方案之一。达成如下协议：原物业公司同意将小区的物业管理权交给业主委员会，撤回对业主委员会的起诉；业主委员会成员同意带头补交物业费，并帮助原物业公司追缴业主欠交的物业费，同时撤回对原物业公司的起诉。在民事案件调解结案的基础上，法官及时启动了第四轮调解，经过行政庭法官与区建委的协调，有关该案的行政诉讼也以撤诉结案。一场有关物业移交的混战终于烟消云散。

分析：

1. 以往人们对调解有一种误解，认为只有简单的纠纷才适于调解，实际上，调解在解决复杂、多边纠纷中具有更大的优势。本案涉及三个诉讼，每一方当事人背后都有众多利益相关者，法院成立专案调解小组，拟定调解方案，有计划、按步骤推进调解；每一轮调解都有重点问题和解决方案，灵活运用了多种调解方法、技巧，并注意利用社区调解力量，合理选定调解场所，把握时机，适时提出调解方案，充分体现了本案调解法官良好的职业素养和高超的调解技巧。最终，一次性彻底解决了三个民事、行政诉讼案件，显示出效益和效果的最大化。

2. 我国法院在多元化纠纷解决机制的建构、促进诉讼与非诉讼程序的衔接方面起着积极和主导作用。不仅可以通过调解协议的司法确认，委托调解、立案调解、诉前调解、协助调解等多种方式实现二者的衔接，还可以通过指导法院外解纷机构的工作，或深入法院外的社区或纠纷发生地，与各种解纷组织或政府机构、社会组织协作，共同解决复杂案件、维护社会稳定、参与社区（行业、地方及更大范围）治理。尤其在法院外非诉讼解纷机制尚未充分发挥作用的情况下，法院的推动和协调更为重要。

3. 此类案件的类似情况在我国屡见不鲜，反映出治理体系和解纷机制中存在的问题急需解决。包括：(1) 地方政府和主管部门应加强业主大会和业主委员会的组建指导，使其能真正发挥自治和预防纠纷的作用。(2) 物业纠纷属于与社区居民生活息息相关的民生问题，容易形成群体性事件，不适合用普通诉讼程序解决。应建立专门解纷机制和应急方案，注重预防，在纠纷发生后应及时处置、避免影响居民生活；尽可能在法院外设立法定前置调解程序，及时妥善解决；兼顾解纷成本、效果和风险控制。(3) 在物业纠纷处理中应综合考虑各相关当事人、第三人以及公共利益的协调，尽可能处理好其中各种法律关系和利益冲突，避免简单化处理带来的遗留问题。在民生优先前提下，同时兼顾行业利益、制度规则的稳定性合理性以及业主自治。

错价门

事实：

2011 年 8 月 9 日，某电子商务网站推出“亲子团好书好礼 72 小时抢购”少儿图书的促销活动，但在活动中，网站人工录入失误，错将图书折扣数据录入价格一栏，导致促销商品价格有误。很多网友发现价格低廉，连夜抢购，有的消费者下单量达到二十多单，但第二天，许多成功下单的网友却发现自己的订单被单方面取消。该网站随即发布了《取消错价商品订单的声明》，表示人工录入错误导致订单取消，客服人员正在逐一与消费者进行短信、电话致歉，愿意给予消费者 30 元购物券作为补偿。但补偿方案并没有得到消费者的认可。随后，全国各地一千七百多名消费者达成共同维权协议，最终，将近 60 名消费者向北京市某区法院提交了诉状，其中有 6 人进入诉讼程序，该案被称为“中国网络购物维权第一案”。

原告之一钱女士称，自己提交的三个订单中，两个被该网站以缺货为由取消，另一个已确认发货的订单被中途拦截。她要求网站履行网络购物合同，交付原告所购订单书籍，并赔偿损失 200 元，以及承担本案公证费 1 200 元及诉讼费。其代理律师认为，网站向其发出收到订单通知，并将订单审核通过，那么双方的网络购物合同就已经成立了。

网站方面辩称，根据《网站交易条款》中关于合同缔结条款的相关规定，网站只有通知消费者已将商品发出时，才算合同成立。对于已经确认发货的第三张订单，认可该合同成立。但是，此合同中书籍的价格经过工商管理部门调查，因人工录入失误将折扣标成价格，属于标价错误，所以，该合同构成重大误解，可以予以撤销。

该网站发生错价门之后，同类事件在各网站上先后多次发生。如，2011 年 9 月，淘宝网上大量商品标价 1 元，引发网民争先恐后哄抢，但之后许多订单被淘宝网取消。随后，淘宝网发布公告称，此次事件为第三方软件“团购宝”交易异常所致，取消所有秒杀订单，并赔偿 10 元淘宝券。

根据消费者丁先生提供的材料，丁先生下了十多份订单，购买的商品包括服装、数码产品等，这些商品的价格超低，比如：原价 419 元的 MP4 标价 41 元，原价 428 元的羽绒服标价 6 元，原价 369 元的毛绒皮外套标价 1 元。出售这些商品的商户来自很多省市，包括上海、广东、浙江、湖北、江西等。记者联系到其中四五个商户，这些商户也向记者大吐苦水：超低价商品并非商家搞促销活动，而是商品价格被莫名其妙地更改，这给商户经营带来很大麻烦。记者注意到，多数商户与网民之间的交易已经被强制关闭，少数商户虽然没有关闭交易，但是也拒绝发货。商户普遍表示忧虑：电子商务网站的安全缺乏保障，势必影响到商户们的日常经营。商务部电子商务中心 BCP 信用投诉中心连续收到一百多人的投诉。这表明我国电子商务安全和纠纷问题已经带有普遍性，而错价门一案的诉讼结果更受到公众关注。

2011年12月，一审法院经过审理后认定，前两个订单所构成的合同，由于网站没有确认发货，所以这两份合同视为不成立。已确认发货的订单所构成的合同，经双方当事人确认已经成立，而网站提供其出现标错价格的失误的理由并不充分，因此要求以重大误解为由撤销合同的请求，法院不予支持。判决网站向钱女士交付发货订单中的书籍，钱女士向网站支付价款50元，公证费由网站支付。驳回钱女士其他诉求。对其他5位消费者的判决结果基本一致。

宣判后，原告方代理律师认为，本次判决“没有对今后的网络购物起到一个很好的法律宣传效果”，“到底是依网站的交易条款确认订单时合同成立，还是网站发出确认发货时合同才成立，在这个问题上我们还是有异议”。其表示将征求消费者意见决定是否上诉。被告方对判决结果同样存在异议，认为从证据看，出现错误的价格“肯定是输入人员标错了”，如果按错误价格履行合同不公平，表示不排除对消费者反诉的可能性。

分析：

1. 电子商务合同的成立。本案的第一个争点是电子交易合同的成立。本案的判决将“确认发货”作为合同成立的标志，在订单和发货之间确定了一个中间点，尽可能避免单方利益最大化的结果：一方面维护了消费者的权益，另一方面，也给电商网站保留了一定纠错空间。今后，一旦出现错误价格，网站不能全部以操作失误为由取消订单，只能通过控制“确认发货”以减少损失。这种利益的平衡显示出法官的用心良苦。

2. 本案更大的争点是网站能否在发生操作错误后，以重大误解或显失公平为由撤销已经确认的合同。法院判决并没有完全否认重大误解可以作为撤销合同的法定事由，但认为网站提供的证据不足以证明其出现标错价格的失误的理由，因此未支持其以重大误解为由撤销合同的主张。这说明法院原则上不认可以成本来衡量低标价是否构成重大误解，这主要是出于维护消费者权益和交易安全及诚信的需要。但是，对于电子商务纠纷更为重要的问题是：何种情况属于重大误解和显失公平的交易。这一点本案判决并没有提供明确的指引。

问题：

以淘宝网的情况为例，原价428元的羽绒服标价6元，原价369元的毛绒皮外套标价1元是否属于重大误解或显失公平？如果网站已经确认合同，是否可以撤销？分析本案纠纷调解的可能性，由哪个机构组织调解更为合理，调解的重点和利弊如何？能否尝试ODR解决？

深度阅读

1. 范愉．非诉讼纠纷解决机制研究．北京：中国人民大学出版社，2000

2. 范愉．纠纷解决的理论与实践．北京：清华大学出版社，2007

3. 胡仕浩、龙飞编．多元化纠纷解决机制改革精要．北京：中国法制出版社，2019

4. ［日］谷口安平著，王亚新译．程序的正义与诉讼．北京：中国政法大学出版社，1996

5. ［日］染野义信著，林剑锋译．转变时期的民事裁判制度．北京：中国政法大学出版社，2004

6. ［日］小岛武司著，陈刚等译．诉讼制度改革的法理与实证．北京：法律出版社，2001

问题与思考

1. 非诉讼程序法制化的目标是什么?
2. 非诉讼程序设计中应特别重视哪些价值的协调与平衡?
3. 非诉讼程序法律体系的基本构成是什么?
4. 非诉讼程序法的概念、法律渊源是什么?
5. 非诉讼程序与诉讼的衔接方式如何?
6. 强制性 ADR 及法院附设 ADR 的区别与联系是什么?
7. 简述和解及其与调解的关系。
8. 简述对非诉讼程序进行司法审查的方式。
9. 简述小额诉讼程序的特点与局限性。
10. 简述调解协议的确认程序。
11. 简述调研基层法院“诉调对接”和“诉源治理”的情况。

第五章

我国主要非诉讼程序

本章重点知识

- 我国多元化纠纷解决机制的建构
- 民间性非诉讼程序
- 行政性非诉讼程序
- 人民调解制度
- 仲裁制度
- 信访制度

第一节　我国非诉讼程序的沿革与现状

一、非诉讼程序的沿革

（一）现代非诉讼程序的形成

中国自古以来就有重视调解的传统，无论是在国家正式司法活动中，还是在民间纠纷解决中，协商、调解等方式都被广泛应用。近现代以后，在中国共产党领导的革命根据地，逐步形成了传统资源、现实解纷功能和革命的政治理念相结合的人民司法模式和以调解为主的非诉讼纠纷解决机制，成为社会治理的重要手段。（参见本书第二章）

（二）改革开放之前

中华人民共和国成立初期，为适应纠纷解决和社会调整的需求，人民政府决定把解放区的经验应用于全国。1950 年 11 月 3 日，中央人民政府政务院在《关于加强人民司法工作的指示》中指出：人民司法工作必须处理人民间的纠纷，对这类民事案件亦须予以足够的重视，应尽量采取群众调解的办法以减少人民讼争。在计划经济体制下，社会关系相对简单，纠纷的型比较单一，争议标的额一般不大，纠纷数量不大，对抗性不高，因此纠纷解决机制相对简单，其基本构成如下。

1. 人民法院。1950 年，最高人民法院制定了《中华人民共和国诉讼程序试行通则（草案）》，其中第 2 条宣告：根除反动司法机关压迫人民的、烦琐迟缓的、形式主义的诉讼程序；实行便利人民的、简易迅速的、实事求是的诉讼程序。此后，在解放区形成的马锡五审判方式的基础上，逐渐形成了以简易、便利、重视法院调解和职权主义为特征的民事审判模式。

2. 人民调解。1953 年 4 月，第二届全国司法会议决定，在全国范围内有领导、有步骤地建立健全农村人民调解委员会。1954 年 3 月 22 日，中央人民政府政务院颁布了《人民调解委员会暂行组织通则》，以法律形式确立了人民调解委员会的性质、任务、组织、活动原则、工作方法和工作制度，形成了遍布城乡及各单位团体的人民调解组织，其连接着纵横交错的人际关系以及地缘、行政和经济联系，具有重要的组织力量和社会功能。

3. 行政性和专门机制，主要包括：（1）经济纠纷仲裁制度。从 20 世纪 60 年代起，为了解决企业之间的经济合同纠纷，我国建立了行政性的经济合同仲裁。纠纷发生后首先由当事人协商解决，如仍无法解决则由主管部门仲裁。仲裁一般为专区和省级两级，个别重大纠纷可以在不服省一级裁决时，向国家经济委员会申请仲裁。仲裁裁决生效后，不得向人民法院起诉。（2）专门性纠纷解决机制，由主管行政机关负责处理其管理权限下的纠纷，如对交通事故、治安事件、医疗事故及其他责任事故造成的损害赔偿等，采用调解加裁决的方式，其处理结果一般具有终局性。各级政府也负有解决民间纠纷的责任。（3）“单位”内部的工会等自治性组织与行政管理相互配合，主要解决单位内部成员之间及其成员与外界的纠纷以及企业内部的劳动争议。

在当时经济发展较缓慢、司法资源匮乏的背景下，各种形式的调解，为减少社会的讼累，提供了最经济和有效的纠纷解决途径。然而，由于社会法制化程度相对较低，司法的功能实际上被非正式和行政性机制所替代，纠纷解决机制处于一种规范性较低的简单形态。因此，在建设市场经济和法治国家的进程中，纠纷解决机制的重构势在必行。[①]

（三）20 世纪 80 年代末至世纪之交

20 世纪 80 年代以后，中国进入改革开放和社会转型期。该阶段初期，国家恢复重构了人民调解等制度认，延续了传统的民间、行政和司法构成的多元化纠纷解决机制。但随着社会转型的发展，纠纷解决机制逐步发生了全方位的变化。

市场经济体制的建立使越来越多的社会关系进入法律调整范围，纠纷数量和类型与日俱增。在社会转型期，利益和价值观的分化导致纠纷多发，社会主体为了实现自己的权利，越来越多地诉诸司法。另外，社会成员收入差距增大、从改革中获益不均，导致一部分社会成员心理不平衡，纠纷和冲突的对抗性强、容易激化。与此同时，随着城市化进程的持续，社会结构也随之发生变化：熟人社会、单位人开始向陌生人社会和个体人转变，共同体凝聚力降低和道

---

① 西方学者对中国改革开放前后调解的社会功能进行过分析研究，参见陆思礼：《毛泽东与调解：共产主义中国的政治和纠纷解决》；陆思礼：《邓小平之后的中国纠纷解决：再谈“毛泽东与调解”》；以及傅华伶：《后毛泽东时代中国的人民调解制度》。三篇论文均收入强世功编：《调解、法制与现代性：中国调解制度研究》，北京，中国法制出版社，2001。

德失范，原有的治理方式逐渐失效；国家对司法的作用期待过高，对非诉讼程序的重视和资源投入不足；法院在追求司法现代化和程序公正的过程中对公众与当事人的需求关照不够，导致诉讼成本与风险日益攀升，纠纷解决效果不佳。司法腐败现象和追求实质公正的传统，使当事人往往对法院和诉讼程序缺乏信任，甚至在判决生效后继续通过上访等寻求救济。总之，纠纷多发、激烈对抗和积聚的状况，一度影响到社会的稳定与发展。

（四）新世纪多元化纠纷解决机制的构建

进入21世纪之后，尽管各种制度和观念障碍仍未完全消除，但面对社会纠纷解决的实际需求和严峻局面，国家开始调整社会治理战略，由此进行了一系列政策调整。主要包括以下内容。

1. 综合治理。综合治理政策注重从纠纷解决和社会治理的实际需要出发，将传统执政方式与现代法治理念相融合，调动各种国家权力和社会力量参与纠纷的预防、处理，维护社会稳定，以克服转型危机、优先解决社会治安和各种社会矛盾。

2000年8月，中共中央办公厅、国务院办公厅转发了《中央社会治安综合治理委员会关于进一步加强矛盾纠纷排查调处工作的意见》，要求各级党委、政府提高认识，加强领导，把矛盾纠纷排查调处工作摆上重要位置，纳入社会治安综合治理领导责任制。要坚持从人民群众利益出发，把解决涉及人民群众切身利益的实际问题作为排查调处矛盾纠纷的重点，坚持“预防为主、教育疏导、依法处理、防止激化”的原则，努力把矛盾纠纷化解在基层，化解在萌芽状态。此后，综合治理成为发展多元化纠纷解决机制的一个切入点，并从社会治安综合治理转化为社会管理综合治理。

2. 司法观念与政策的转变。2002年7月，时任最高人民法院副院长刘家琛在全国法院思想宣传工作会议上指出：目前在社会上出现了滥用诉讼手段的倾向。增加了更多的潜在社会矛盾，而且增加了诉讼成本，浪费了大量的诉讼资源。在法院内部也出现了包揽一切矛盾纠纷、解决一切社会问题的倾向……造成的结果是，少数案件审判质量不高，法院不堪重负，又不可避免地成为社会关注的焦点，司法应有的权威也受到损害。[①] 由此，法院开始反思此前的司法政策，成为推动多元化纠纷解决机制建构的核心力量。

2002年9月，中共中央办公厅、国务院办公厅转发了最高人民法院、司法部《关于进一步加强新时期人民调解工作的意见》；司法部制定公布了《人民调解工作若干规定》；最高人民法院则通过了《关于审理涉及人民调解协议的民事案件的若干规定》，以司法解释的形式明确了人民调解协议的性质和效力。此后，最高人民法院于2003年通过的《关于适用简易程序审理民事案件的若干规定》，2004年通过的《关于人民法院民事调解工作若干问题的规定》，2007年通过的《关于进一步发挥诉讼调解在构建社会主义和谐社会中积极作用的若干意见》，2009年7月通过的《关于建立健全诉讼与非诉讼相衔接的矛盾纠纷解决机制的若干意见》，都对多元化纠纷解决机制的发展起到了重要推动作用。

3. 和谐社会的构建。2006年中国共产党第十六届六中全会通过的中共中央《关于构建社

---

① 参见《最高人民法院副院长刘家琛在全国法院思想宣传工作会议上的报告》，载《人民法院报》，2002-07-12。

会主义和谐社会若干重大问题的决定》提出：统筹协调各方面利益关系，妥善处理社会矛盾。适应我国社会结构和利益格局的发展变化，形成科学有效的利益协调机制、诉求表达机制、矛盾调处机制、权益保障机制……健全社会舆情汇集和分析机制，完善矛盾纠纷排查调处工作制度，建立党和政府主导的维护群众权益机制，实现人民调解、行政调解、司法调解有机结合，更多采用调解方法，综合运用法律、政策、经济、行政等手段和教育、协商、疏导等办法，把矛盾化解在基层、解决在萌芽状态。这一表述非常清晰地勾画出一个多元化纠纷解决机制的蓝图。此后，法院、司法行政机关、各级政府和行政机关及社会团体等都积极参与到建构多元化纠纷解决机制的事业中；法学界的各种有关研究也形成了学术热点。

随着社会需求和实践的发展，非诉讼程序也进入了一个新的发展期。对一些传统机制开始进行重构及现代转型，信访、行政性解纷机制、仲裁、劳动争议处理等专门性机制等都先后进行了改革或重构，修订了《信访条例》《行政复议条例》，制定了《劳动争议调解仲裁法》《农村土地承包经营纠纷调解仲裁法》《人民调解法》等一系列法律、法规。

（五）新时期完善多元化纠纷解决机制的政策与目标

中共十八大之后，国家提出社会治理能力和治理方式的现代化，法治与社会建设并重。综合治理部门、司法机关、各地和政府相关部门在社会管理创新、提高治理能力等方面加大了投入。十八届四中全会发布的中共中央《关于全面推进依法治国若干重大问题的决定》，首次以中央文件形式确认了多元化纠纷解决机制的概念，提出：健全社会矛盾纠纷预防化解机制，完善调解、仲裁、行政裁决、行政复议、诉讼等有机衔接、相互协调的多元化纠纷解决机制。加强行业性、专业性人民调解组织建设，完善人民调解、行政调解、司法调解联动工作体系。完善仲裁制度，提高仲裁公信力。健全行政裁决制度，强化行政机关解决同行政管理活动密切相关的民事纠纷功能。

2015年10月13日，中央全面深化改革领导小组第十七次会议审议通过了《关于完善矛盾纠纷多元化解机制的意见》，提出：完善矛盾纠纷多元化解机制，对于保障群众合法权益、促进社会公平正义具有重要意义。要坚持党委领导、政府主导、综治协调，充分发挥各部门职能作用，引导社会各方面力量积极参与矛盾纠纷化解；坚持源头治理、预防为主，将预防矛盾纠纷贯穿重大决策、行政执法、司法诉讼等全过程；坚持人民调解、行政调解、司法调解联动，鼓励通过先行调解等方式解决问题；坚持依法治理，运用法治思维和法治方式化解各类矛盾纠纷。要着力完善制度、健全机制、搭建平台、强化保障，推动各种矛盾纠纷化解方式的衔接配合，建立健全有机衔接、协调联动、高效便捷的矛盾纠纷多元化解机制。此后，十八届五中全会作出的中共中央《关于制定国民经济和社会发展第十三个五年规划的建议》，也提出了相关规划和目标。

2017年，中共中央、国务院提出《关于加强和完善城乡社区治理的意见》，2018年，提出《乡村振兴战略规划（2018—2022年）》；同年，以纪念毛泽东同志批示学习推广“枫桥经验”55周年暨习近平同志指示坚持发展“枫桥经验”15周年为契机，总结提升“枫桥经验”在新时代的价值、理念和创新发展，将“枫桥经验”的“党政动手，各负其责，依靠群众，化解矛盾，维护稳定，促进发展”以及“小事不出村，大事不出镇，矛盾不上交”提升为自治、法治、德治融合的城乡治理体系，完善多元化纠纷解决机制也因成为国家治理体系中基础性的环节而备受重视。

2019 年年初的中央政法工作会议上，习近平总书记提出，要“坚持把非诉讼纠纷解决机制挺在前面”。同年 10 月中国共产党第十九届四中全会通过中共中央《关于坚持和完善中国特色社会主义制度、推进国家治理体系和治理能力现代化若干重大问题的决定》，提出要完善正确处理新形势下人民内部矛盾有效机制，建设人人有责、人人尽责、人人享有的社会治理共同体和充满活力的基层群众自治制度。新时期社会治理理念作为我国多元化纠纷解决机制的指导思想，必将促进非诉讼解纷机制的建构和改革完善。

二、多元化纠纷解决机制的基本框架

（一）多元化纠纷解决机制的基本框架

近年来，为适应社会发展的需要，我国在完善司法制度的同时，先后建立了多种非诉讼程序，初步形成了多元化纠纷解决机制框架。现行非诉讼程序包括民间性、专门性和行政性非诉讼程序，其中一部分已经实现了与司法诉讼程序的有机衔接。目前，这种多元化纠纷解决机制仍处在建构、改革和完善过程中（见图 5－1）。

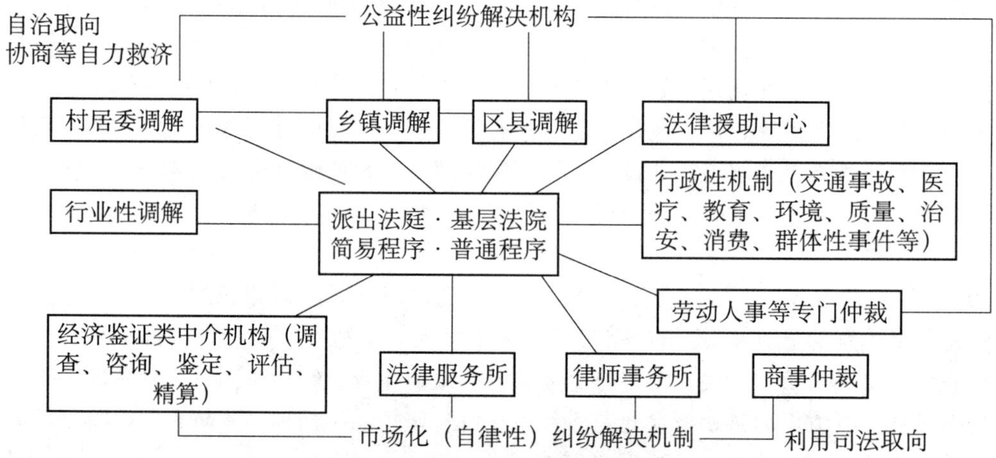

图 5－1　多元化纠纷解决机制

（二）特点与经验

我国社会转型期的多元化纠纷解决机制的发展具有以下特点。

1. 主要不是依靠立法进行建构，而是根据社会治理需求，通过各地和实务部门“摸着石头过河”，在实践中创新发展起来的。

2. 采用政策推动的“大调解”模式。2011 年 4 月，中央社会治安综合治理委员会、最高人民法院、最高人民检察院、国务院法制办公室、公安部等 16 家单位印发《关于深入推进矛盾纠纷大调解工作的指导意见》，旨在协调各相关部门共同推进大调解并实现各种机制间的衔接与协作。“大调解”指人民调解、行政调解与司法调解，一方面，这种模式难以将人民调解以外的其他民间解纷机制纳入其中；另一方面，在“大调解”格局中，行政调解、专门性纠纷调解、行业性调解乃至法院诉前调解，往往并非科学设计和独立运行的，甚至都以人民调解的组织形式运作。这种“大调解”或多或少地存在运动化、形式化的问题，且很难具有可持续性。但不可否认的是，在司法资源匮乏、社会矛盾复杂的背景下，“大调解”模式的意义在于以解决纠纷和社会稳定为出发点和目标，整合各种解纷资源：以信访为窗口，以人民调解为组织形式，以行政机构为中坚力量，以法院作为司法保障，由政府提供资源和资金，力求为当事人提供服务和救济，其有效处理了很多历史遗留问题和新的社会矛盾。

3. 法院的积极参与及核心作用。从 2004 年开始，最高人民法院的连续三个司法改革五年纲要都将促进多元化纠纷解决机制作为重要目标，并注重与各相关行政部门和社会组织协作，推动建立了调解协议的司法确认制度。各地法院通过指导建立人民调解组织，培训人民调解员，委托调解、诉前调解、调解协议的司法审查确认等方式形成了非诉讼程序与诉讼的衔接。

4. 因地制宜、尊重地方差异，利用传统资源。在并无明确统一的法律依据的背景下，各地“大调解”往往根据地方的社会需求和具体条件创立，其适应性和灵活性很强，部分还制定了地方法规。同时，在创新中注重充分利用各种传统制度资源，在既有制度空间中进行改革创新。将“枫桥经验”、马锡五审判方式、法院调解、人民调解等传统资源发扬光大，适应当代社会发展的需要加以改革和转型。

5. 注重研究世界纠纷解决和司法改革潮流，借鉴其他国家地区的经验。西方国家在 ADR 和司法改革潮流中对非诉讼解纷机制的重视和制度设计，以及成功经验和技术都可以为我们提供重要的参考。我国司法行政机关、司法机关、仲裁机构和各行业主管部门始终注重在开放中学习，借鉴其他国家多元化纠纷解决机制的制度和经验，如法院附设调解，人民调解协议的司法确认，刑事和解，商事调解，ODR，申诉专员制度等。

（三）发展中的问题

我国确立依法治国方略以来，宪法和法律的权威不断提高，一个现代的司法体系已基本确立。政府和行政机关在依法行政的同时，更加注重关注民生、社会治理和纠纷解决。国家在不断加大司法投入的同时，开始重视非诉讼程序的建构，公民社会的理性协商能力和诚信度以及社会对非诉讼程序的认同也有所提高。因此，可以说，我国多元化纠纷解决机制正处在良性发展中。

然而，也应看到，非诉讼程序在建构、发展和利用方面仍存在诸多问题和不利因素。

1. 社会因素，主要表现在：(1) 媒体、公共舆论及法律职业群体往往过高地评价诉讼的价值，而对诉讼的固有局限性、实际存在的滥诉现象（包括轻率诉讼、恶意虚假诉讼和滥用诉权等）和司法困境缺乏客观评价，不能以积极的态度倡导民众和当事人通过协商对话和非诉讼方式解决纠纷。(2) 片面强调纠纷解决的“合法性”，对非诉讼程序及民间社会规范（习惯、乡规民约、行业规范等）的合法性和正当性持否定或质疑态度。(3) 社会主体道德、亲情和价值观的失落，对公序良俗和社会规范缺少认同，缺乏诚实信用、责任感和协商精神，不仅导致纠纷多发，而且使协商和解难以奏效。(4) 公众在纠纷解决中对国家权力有较强的依赖，自治和民间性机制发展困难。

2. 顶层设计理性和能力不足，在制度和程序设计中缺乏系统性、科学性、合理性和前瞻性，多数机制缺乏立法和制度保障，主要依靠各地和各部门“摸着石头过河”，在实践中创新探索，导致很多机制和制度不统一、不规范。国家对非诉讼程序重视不够、资源投入不足，导致各种纠纷持续向法院集中，司法资源耗费和法院压力过大。很多制度已经落后于世界整体发展，如诉讼前置调解、消费者保护机制，以及家事、交通、劳动等专门类型纠纷处理机制。

3. 人民司法的便利、非正式化和低成本，使非诉讼程序的比较优势不突出；而有些非诉讼程序一味追求正规化、职业化，甚至比诉讼更为复杂，导致成本增加、便利性下降、利用率不高，难以形成有效分流。非诉讼程序并非必经程序、启动困难，当事人对其功能和优势不够了解，难以利用。立案登记制在激励诉讼的同时，也对非诉讼程序形成了一定反作用。

4. 解纷人员素质存在一定问题，责任心、道德规范和能力不足，缺乏行为规范、当事人心理及纠纷解决技巧等方面的专门训练，纠纷解决的实际效果和权威性、公信力欠佳。

三、新时期多元化纠纷解决机制的发展战略

当前，我国进入了多元化纠纷解决机制发展的新阶段，根据中共十九届四中全会有关完善正确处理新形势下人民内部矛盾有效机制，以及习近平主席关于“坚持把非诉讼纠纷解决机制挺在前面”的精神，当前的主要目标包括以下内容。

1. 确立国家有关多元化纠纷解决机制的发展战略。其核心如下。

（1）国家、政府主导、社会参与。多元化纠纷解决机制的发展重点是建立健全非诉讼纠纷解决机制，把非诉讼纠纷解决机制挺在前面。为此，首先需要国家通过发展战略、政策、宏观规划和立法等加以理念倡导及制度保障，在政府主导下，明确行政、司法机关的相关责任和权限，共同推动。社会的广泛参与，包括社会团体、志愿者、民众和纠纷当事人，也包括社会服务和市场等不同方式。目标是实现国家与社会的互动，调动民众、社会舆论及当事人的支持、认同和积极参与，人人有责、人人尽责、人人享有。继续鼓励地方政府、行政机关、司法机关和社会组织进行创新。各级政府应根据社会治理需要，不断提高其服务职能和治理能力，参与公共事件处理，发挥行政救济的优势，加强对社会机制的资源投入、保障和管理。

（2）优化资源、多元并举。在制度建构中应对纠纷解决资源进行合理配置，优先考虑非诉讼机制的作用，最大限度地节约司法及其他公共资源，降低社会的解纷成本和风险。根据不同类型纠纷解决的规律和特点，建立民间调解及仲裁、行政调解与裁决、专门性程序及司法程序的分工、协作与衔接。非诉讼程序应以便利当事人为原则，强调及时、就地、灵活解决纠纷，并注重发挥预防纠纷的作用；加强效益评估，严格控制行政成本、社会成本和当事人成本。

（3）顶层设计与实践创新相结合。在实践创新的基础上，通过地方法规、司法政策等及时总结经验，为立法和制度建构做准备。加强顶层设计，根据需求和条件，循序渐进地进行国家统一立法和制度建构，包括专门性机制、民间调解仲裁、行政性机制、法定调解前置程序等。

2. 确定非诉讼程序的发展重点。这包括以下方面。

（1）民间性非诉讼纠纷解决机制的完善。随着国家对社会建设的重视，各种社会组织（包括行业协会和部分事业单位的民间化）和民间性解纷机制将会有更大的发展，除人民调解外，各种新型多元的民间调解、商事调解发展迅速，公益性与市场化机制并存，为此需要建立相应的管理制度加强规制。商事仲裁制度也面临着改革。

（2）行业性、专业性解纷机制。改革完善劳动争议、交通事故、医疗纠纷等专门性解纷机制；通过制定或修改专门法，逐步建立一些新型解纷机制，如金融消费争议处理机制，实现特定纠纷的专门化处理，并作为法定前置程序。

（3）行政性解纷机制的改革完善。当代社会治理对于行政性解纷机制的建构和发展提出了新的要求和目标。为此，需要树立服务型政府的理念，行政主体应转变观念，承担责任、发挥应有的职能。无论是基层政府、行政主管部门、执法机关还是信访机构，都应承担起相应的责任，处理好同行政管理活动密切相关的民事纠纷，并参与指导行业性、专业性解纷机制的建构和运行，以行政救济（包括行政协调、行政和解、行政调解和行政裁决以及政府主导或购买的服务机制）更多、更好地替代诉讼。

（4）加强司法改革与非诉讼程序发展的联动。继续发挥人民法院在多元化纠纷解决机制发展中的重要引领作用，通过对非诉讼机制的支持、对当事人的引导及司法审查、确认和救济等保障作用，进一步推动先行调解、行政协调和刑事和解等方面的创新完善。通过全国人大授权，在法院进行更加深入的相关试点，为制度建构提供经验和方案。

3. 适应网络化、大数据时代的需要，创新纠纷解决方式，加强对多元化纠纷解决机制的技术支撑和保证。在当今网络化和大数据时代，各种媒介和电子、网络技术在社会中的作用日益重要，与网络共生的社会群体也在与日俱增。其中一些技术催生和促进了在线纠纷解决的发展，扩大了多元化纠纷解决机制的作用。政府和司法机关应善于运用信息化手段和互联网思维，注重探索网络信息技术在多元化纠纷解决中的运用，实现网络化治理、专业化服务；应充分利用网络、大数据进行舆情监控、纠纷预警、信息公开；在出现问题时及时采用新媒体进行信息发布、解释和疏导；利用新媒体平台宣传法律、政策、主流价值观和公共道德，引导公众理性处理纠纷，普及非诉讼纠纷解决方式、倡导协商、文明、和谐的解纷文化。大力发展鼓励各种纠纷解决机构采用在线方式进行纠纷解决（ODR），如网上调解、网上仲裁、网上协商、网上谈判、网上咨询、网上鉴定评估等。同时，可以将在线方式与电话投诉、信访等传统方式相结合、进行创新，满足网络时代纠纷解决的需要，提供更加便利、高效、经济的解纷方式。将互联网技术、大数据、区块链等技术与在线解纷以及智慧法院、智慧调解、智慧社区建设相结合，利用各种新技术提高各种解纷机制的效率、质量、便利性、亲和力和公信力。

4. 加强多元化纠纷解决机制之间的衔接与协调，做到各种机制和程序，包括民间、行政和司法机制、诉讼与非诉讼程序之间的有机衔接、相互协调。（1）各司其职、功能互补。保证各种机制之间的“生态平衡”，避免单一化（司法化或行政化）、过度集中和恶性竞争。在加强非诉讼机制司法辅助功能的同时，不应忽略基层人民调解和社会组织的自治功能以及社会矛盾预防和排查等方面的作用，避免以职业化、法律化作为唯一追求。（2）机制联动和程序衔接，联合发挥各种机制的作用，形成合力，及时、有效地处理纠纷。如交通事故责任认定、调解、保险理赔（交强险和救助基金）和诉讼程序的联动，公安机关与人民调解的联动（治安、交通事故处理），法院的诉调对接，劳动争议调解、仲裁和司法程序的联动，专业解纷机制中各相关机构的联动、调解与保险的衔接等。（3）委托调解、联合调解、购买服务。法院和行政机关都可以通过委托、移送等方式将自己受理或管辖的案件转交调解组织或调解员处理。（4）重大事件联合处理。当出现自然灾害、社会群体事件、涉及弱势群体事件、突发公共安全事件、大规模侵权事件等情况时，政府需要立即直接介入。专门机构，包括专业技术部门、医疗、行业组织及调解组织等在政府的统一部署下分工协作。司法机关应对涉及的法律问题和程序问题提出法律意见和建议，在支持非诉讼方式解决的同时，畅通司法渠道，保障司法救济。

第二节　民间性非诉讼程序

一、民间性非诉讼程序的定位和类型

（一）概念与特征

民间性非诉讼程序，即民间性 ADR，指由民间团体、社会组织（或人士）、社区及其他自治共同体建立或主持的非诉讼程序或机制。主要特征如下。

1. 民间性。民间性非诉讼程序属于民间社会组织的自治性或自律性机制，不具有公权力性质，但又与公权力之间存在一定的交错。不同的民间性非诉讼程序在宗旨、目标、价值取向、纠纷解决所适用的基准和方式等方面存在较大差别。

2. 非正式性。绝大多数民间性非诉讼程序不受政府的直接领导，不以模仿司法为目标，不需要为法律职业垄断，以便利、灵活、低成本为宗旨，最大限度地便于当事人利用。

3. 纠纷解决功能与社会功能的交融。民间性解纷机制发源于基层社会，或依存于传统自治共同体，或作为当代公民社会的基础而存在，在纠纷解决的同时，承载着维系社会和共同体的凝聚力与自治、维护道德秩序、改善人际关系等社会功能，并蕴涵着基层民主生成的契机和条件，已成为当代社区治理的重要因素。

4. 在选择解纷依据方面具有高度的灵活性和开放性。在法律的基本框架下（不违反法律的强制性或禁止性规定），可广泛应用情理、道德、宗教、传统文化、习俗等民间社会规范，以获得纠纷解决的良好效果和当事人及其社区的认同。

（二）民间性解纷机制的形式

1. 制度化和非制度化的民间性解纷机制

制度化的民间性解纷机制，是指国家通过立法建立或授权民间社会团体自行建立的非诉讼程序，如人民调解和商事仲裁制度。

非制度化的民间性解纷机制主要是指并无明确的法律地位和制度，但法律并不禁止的由机构、组织和个人进行的临时性或经常性解纷活动，如社会团体、个人（私人）主持的纠纷解决，包括退休法官、私人仲裁、中介讨债公司等。一些并非以纠纷解决为主要职能的社会组织（如经济合作社，互助团体等）提供的解纷服务也属于此类。

2. 公益性（非营利性）与营利性（市场化）的民间性非诉讼程序（参见第一章第二节）。公益性民间解纷机制属于公共服务体系或自治体系，而市场化机制则按照市场规律提供有偿服务。

3. 根据功能、组织形式等可分为社区调解，商事调解，专业、行业调解，消费组织调解，社团调解等。

（三）民间性非诉讼程序的法律地位

制度化的非诉讼程序的法律地位一般由法律确立，如人民调解和仲裁；其他民间性非诉讼程序则可参照相关法律、法规或法律原则、政策运作，也可以通过章程确立其职能及权利、义务，受主管行政机关的指导、管理或监督。

二、我国主要民间性非诉讼程序

（一）社区人民调解与社团调解

1. 地域性、社区性调解。这包括基层人民调解组织，政府购买服务的社区调解、以及各种志愿者群体、社会组织、“民间调解人”等提供的调解服务，属于公益性的，不向当事人收取费用。

2. 社会团体和部分事业单位的纠纷解决活动。其主体包括工青妇组织、消费者协会以及仲裁、公证机关等。这类活动既包括它们独立进行的解纷活动，也包括它们参与的解纷活动，如工会代表劳动者参与集体谈判，解决企业内部的民事纠纷，参与劳动争议调解、仲裁，反映劳动者群体的诉求等。妇联参与法院调解或家事少年审判，以及保护妇女、儿童和老年人权益、处理家庭纠纷和反对家庭暴力等方面的活动等，形式包括法律咨询、法律援助、支持起诉、调解、社区矫正等。这属于公益性机制。

3. NGO组织、公益组织的纠纷解决。这包括根据相关法律、法规注册登记成立的社团组织、自发生成的民间组织、国外基金和非政府组织援助的NGO组织、经济合作组织等，其中一些以法律援助等为基本宗旨和活动方式，在支持弱势群体维权（如农民工、残疾人、青少年等）或其他公益事业（如社区活动、脱贫、心理关爱等）的同时参与纠纷解决活动。

（二）行业性、专业性调解及商事调解

行业性调解主要指在行政主管部门指导下，依托行业组织，在解决本行业的相关纠纷的同时，注重向消费者或社会公众提供投诉处理、调解等服务。专业性调解是指针对特定类型纠纷设立的专门程序，如交通事故、医疗纠纷等，往往涉及多个行业、主管部门甚至地域，如交通事故涉及交管、保险，环境污染涉及主体众多。行业性和专业性调解既有重合又有区别。其中既有公益性服务，也有部分属于市场化机制。

我国商事调解的形式多样。狭义商事调解主要是解决商事主体之间的契约型纠纷，不包括消费争议处理。一般可以分为国际商事调解和国内商事调解。广义商事调解则包括消费争议等专门性解纷机制。行业性、专业性调解及商事调解主要包括以下内容。

1. 行业性调解。我国各种行业基本都有行业组织，其中很多建立了调解机制。行业性调解的职能一般包括：处理消费者或用户关于产品或服务质量等方面的投诉和纠纷；处理行业成员内部的各种纠纷；承担本行业范围的质量评估、鉴定、技术认证、咨询、调查等专业服务；促进行业责任保险的建立；参与解决劳动争议。行业协会作为具有管理职能的自治组织，部分由行政权转化而来，部分则是市场的产物。各行业的特点和运营方式不同，调解组织形式多样，既有事业单位、社团，也有以企业法人注册登记的；多数行业性调解属于行业协会内设机

构，但有些行业涉及消费者或客户较多，为了保证公正，建立独立的解纷机制，聘请法律专家（以及消费者或用户代表、企业代表等）作为中立第三方，注重采用协商、调解与裁决（评议）相结合的方式解决纠纷。一些具有公共服务性和垄断性的企业，如电力系统、金融系统，可以由行政主管部门委托建立行业性解纷机制，处理用户、消费者和内部成员间纠纷。如电力系统根据《电力争议纠纷调解规定》，由电力监管机构调解电力相关纠纷。

我国迄今没有通过立法建立系统的金融消费者保护性解纷机制。但近年来，银行、保险及证券期货等金融行业均建立了本行业的纠纷解决机制，并通过与最高人民法院会签文件的方式与司法程序形成衔接。2012 年，最高人民法院与保监会联合下发《关于在全国部分地区开展建立保险纠纷诉讼与调解对接机制试点工作的通知》，开始推进保险行业调解及其与诉讼的对接。保险业在非诉讼交通事故处理机制中也发挥了积极作用。2016 年 5 月，最高人民法院与证监会联合印发《关于在全国部分地区开展证券期货纠纷多元化解机制试点工作的通知》，确定在全国 36 个地区，相应级别人民法院和 8 家证券期货纠纷调解组织试点开展证券期货纠纷多元化解试点工作。建立了证券期货纠纷调解组织 55 家，覆盖全国 31 个省（市、自治区），调解业务涵盖证券、期货、基金、上市公司等资本市场各业务领域。组织形式包括五种：行业协会内设调解委员会或者调解部门，专业人民调解委员会，事业单位，民办非企业单位，公益性质的非盈利公司。证监会指导下建立的中证中小投资者服务中心即属于独立法人机构，能独立承担民事责任，其调解职能和方法与国际上通行的申诉专员制度类似。2019 年 11 月 21 日，最高人民法院、中国人民银行、中国银行保险监督管理委员会联合印发《关于全面推进金融纠纷多元化解机制建设的意见》，对规范金融纠纷多元化解机制工作流程作出规定，提出共同提升金融纠纷当事人及社会公众对金融纠纷多元化解机制的知晓度和信任度，积极引导当事人通过调解方式解决金融纠纷，依法理性维权。

2. 商会调解。我国商会包括民间商会和工商联系统的商会组织，独立的民间商会既有以行业划分的，也有以地域和主体划分的，如温州商会、浙江商会等。

民间商会组织建立的调解，部分采用人民调解组织的形式，部分则保持商事调解特色。商会调解得到政府的支持，同时具有较强的自治性功能，调解员多从企业（商人）中选任，了解市场规则和地方风俗习惯，在处理纠纷时更注重市场规律、协商互利、长远关系和诚信双赢，有利于形成具有普遍约束力的内部规则，减少行业内部的无序竞争，提高行业的整体的形象和公信力，在保护本行业或本地商界共同利益的同时，维护消费者和公共利益，同时也在劳动争议的预防和解决方面发挥了积极作用。

3. 国际商事调解。我国国际商事调解起步较早。早在 1987 年中国贸促会/中国国际商会（CCPIT/CCOIC）总会调解中心即已成立，目前已形成包括总会在内的约 50 家调解中心，形成遍布全国的网络。调解中心适用统一的调解规则，根据国际通行的标准招聘调解员，进行调解技能培训，建立起具有国际水准的商事调解员队伍。2006 年以后，国内一些仲裁委也开始建立调解中心，制定独立的调解规则，建立高素质的调解员队伍，其原则、程序等与中国贸促会/中国国际商会调解中心的相似。调解中心的性质属于民间调解，其特点是：1）高端性，旨在为未订立仲裁协议的当事人提供高水准的专业化商事调解，当事人主要为高端客户。2）市场化运作，收取一定的中介服务费，费用相对于仲裁和诉讼而言更加低廉。3）专业化或职业化程度较高，调解员均经过较高规格的培训和资质审核，并兼有特定专业资质或商务经验。

4）国际性，调解中心的规则、组织形式、调解方式等均注意与国际标准接轨，受到国际贸易当事人的认可。5）调解与仲裁及司法确认相结合，调解协议可以转化为仲裁裁决，也可以申请司法确认。此外，近年来一些自贸区也建立了高端涉外商事调解，如上海自贸区商事调解中心。它们采用国际通行的调解规则和程序以及中立（独立）、专业和市场化模式，聘请资深专家和法律人士担任调解员，经费来自调解收费和社会捐赠。这些国际商事调解组织主持达成的调解协议属于《新加坡公约》涉及的国际商事和解协议。

4. 国内商事调解，包括各种地方性商事调解中心和部分行业、商会调解。以往部分商事调解与人民调解之间、传统商事调解与消费争议之间并没有明确区分。但实际上商事调解始终有着自己独特的地位和作用。值得注意的是，近年来一些企业自主设立的市场服务性解纷机制有了很大发展。例如，中国最大的电商企业之一淘宝网，建立了作为其市场运作重要组成部分的在线纠纷解决机制，服务于消费者和电商企业，采用双方自行协商解决、纠纷解决专业团队调解和公众（会员）判定相结合的机制。该网站制定了详尽的争议解决规则和程序，其四百多人的争议处理专业团队一年调解处理 400 万～500 万起案件；每年有数十万人次公众（会员）参与判定争议（类似陪审团）十多万件。该机制规则和程序严谨、中立、便利，不向使用者（纠纷双方当事人）收费。

5. 专业性调解。如前所述，行业调解部分与专业性调解重合，如电力纠纷、金融纠纷、保险纠纷，通常由行政主管部门负责建立、推动，形成民间性机制与行政机制的互动衔接，并进而与司法诉讼衔接。而一些专业性调解如交通事故、医疗纠纷等，往往涉及多个行业、主管部门甚至地域，如交通事故涉及交管、保险，环境污染涉及主体众多，劳动争议则需要劳资双方的参与等。处理这些专门纠纷需要多个部门协作及各种专家的参与，并需要建立鉴定、责任认定和保险理赔等多种制度，因此需要更精细的制度设计。

（三）律师调解

根据法律援助条例等相关规定，律师可以作为政府代理人参与信访、纠纷协调，作为专门性纠纷解决机构聘请的专业调解员，或作为法律援助机构的工作人员为当事人提供公益性法律服务。以往由于我国《律师法》对于律师担任中立调解人和建立调解律师事务所没有明确规定，律师参与调解较少。2017 年 10 月，最高人民法院和司法部共同发布《关于开展律师调解试点工作的意见》，目前，律师调解试点的主要形式包括：（1）在人民法院设立律师调解工作室。（2）在公共法律服务中心（站）设立律师调解工作室。（3）在律师协会设立律师调解中心。（4）律师事务所设立调解工作室。鼓励和支持有条件的律师事务所设立调解工作室，组成调解团队，可以将接受当事人申请调解作为一项律师业务开展，同时可以承接人民法院、行政机关移送的调解案件。这几类形式包括公益性和市场化等不同模式，采用市场化机制的可以向当事人收取适当的服务费。但各种形式目前均在探索实践中，并未形成法律制度和严格的行为规范体系。

（四）营利性中介服务

主要包括专业咨询、鉴定、评估、债务清偿、调查等中介机构组织，以及各种临时性、非制度化的纠纷解决机制，提供有偿专业的纠纷解决服务。

（五）广义人民调解

以往我国习惯将各种民间社会调解统称为人民调解，然而近年来，越来越多的民间社会调解应运而生，其组织形式呈现出多样化特点：既有传统群众团体和公益组织，也有企业法人和社团法人；既有政府购买，也有依靠行业协会或社会援助建立的。目前，我国并无调整所有民间社会调解组织的统一法律，也没有统摄各种商事、行业性和专门性调解组织的专门法，各种非诉讼解纷机构一般通过自身的章程或行业监管进行规范和程序设计。为了协调各种调解组织，一些地方建立了调解员的调解协会、多元调解促进会以及一站式解纷服务等。为了准确把握这种发展，应逐步将狭义或社区人民调解与其他类型（广义人民调解）加以区别。

20 世纪 90 年代之前，人民调解几乎代表了我国所有的民间调解，当时人民调解与法院诉讼的统计数据之比大致可反映出非诉讼与诉讼机制的作用及相互关系。随着民间调解形式和作用的扩大，狭义人民调解已经不能等同于或涵盖所有的民间调解，一方面，民间性非诉讼机制的统计数据不能仅以人民调解作为基准，另一方面，人民调解的社会功能也无法通过这些数据得到准确反映，因此，这种数据比较已经失去实际意义。此外，《人民调解法》主要是针对基层社区人民调解而制定的单行法，其中的很多规定，如调解组织、调解员的产生及基本要求，调解程序和公益模式等并不适用于其他民间社会调解，尤其是与商事调解和各种专业性调解存在诸多区别。

为了规范现有的调解组织，进一步促进调解事业的发展，在缺乏统一或专门法律的情况下，司法部或地方政府可以先行制定管理条例，建立调解组织的登记备案和监管、考核等制度。2019 年 11 月，上海市政法委、市司法局、市民政局、市市场监督管理局、市财政局印发《关于促进本市调解组织发展的若干意见》；市司法局、市民政局、市财政局印发《关于规范本市调解组织发展的规定》；市司法局、市财政局印发《关于政府购买人民调解服务的实施细则》；上海市高级人民法院、市司法局印发《关于进一步加强诉调对接工作的若干意见》，制定了系统的鼓励各类调解组织成立、运行和与行政、诉讼衔接的政策措施，为全国性政策法规的制定提供了经验。

在各种非诉讼程序中，本教程仅选择最具代表性的人民调解和商事仲裁加以介绍。

三、人民调解制度

（一）人民调解制度的沿革与《人民调解法》

1954 年 3 月，在革命根据地调解的基础上，政务院颁布了《人民调解委员会暂行组织通则》，规定“调解委员会是群众性的调解组织”。1954 年 12 月，公布《城市居民委员会组织条例》，规定在居民委员会中设立人民调解委员会。刘少奇主席曾指出“人民调解委员会是政法工作的第一道防线”，毛泽东主席也曾对浙江省枫桥镇依靠基层调解组织进行综合治理的经验作出过批示。

20 世纪 80 年代，人民调解进入了恢复和发展期。1980 年，经全国人大常委会批准重新公布了《人民调解委员会暂行组织通则》。1982 年 3 月通过的《民事诉讼法（试行）》确认了人民调解的法律地位。同年 12 月制定的《宪法》第 111 条明确规定了建立在村委会、居委会中的人民调解，使人民调解成为我国一项为宪法所确认的基本制度。1989 年 6 月，国务院颁布了《人民调解委员会组织条例》。该条例对人民调解委员会的性质、设置，担任人民调解员的条件、人民调解的工作原则等作出了规定。在调解范围上去除了 1954 年《人民调解委员会暂行组织通则》中规定的轻微刑事案件，并限制调解法人间的经济纠纷，由此，人民调解的范围被明显限缩。

20 世纪 90 年代，人民调解组织调解解决的纠纷总量从高峰开始呈下降趋势，这一方面是社会转型和法治建设的必然结果，另一方面也存在制度和社会等方面的原因。

2002 年 9 月，中共中央办公厅、国务院办公厅批转的《关于进一步加强新时期人民调解工作的意见》，司法部的《人民调解工作若干规定》，最高人民法院的《关于审理涉及人民调解协议的民事案件的若干规定》及全国人民调解工作会议相继出台，在中央和各地政府、法院的支持推动下，人民调解进入稳定发展阶段。2006 年 10 月，中共十六届六中全会通过中共中央《关于构建社会主义和谐社会若干重大问题的决定》，进一步给予人民调解政治和理念上的支持。

进入 21 世纪之后，为了完善人民调解制度，规范人民调解活动，及时解决民间纠纷，维护社会和谐稳定，人民调解立法进入日程。根据全国人大常委会和国务院立法工作计划，司法部经过几年的调研、论证，几易其稿，起草了《人民调解法（草案送审稿)》，于 2009 年 4 月报请国务院审议。国务院法制办在广泛征求意见的基础上，会同司法部反复研究修改，形成了《人民调解法（草案)》。草案于 2010 年 5 月 5 日国务院第 110 次常务会议讨论通过，向社会公布，征求各界的意见。在此基础上，经过再次修改，十一届全国人大常委会第十六次会议于 2010 年 8 月 28 日审议通过《中华人民共和国人民调解法》。

《人民调解法》最主要的成就可概括为以下几点。

1. 强调了国家和地方政府对人民调解的责任。所谓国家责任，包括通过立法明确人民调解的正当性及各相关机构的指导职责，引导公众利用人民调解解决纠纷，倡导社会协商、诚信、自主、和谐解决纠纷的文化，以及对人民调解员及其工作的支持、激励、保障等。地方政府的责任，则包括财政保障，对人民调解的组织、人员、工作的支持、指导及监督等工作。《人民调解法》明确规定，国家鼓励和支持人民调解工作。县级以上地方人民政府对人民调解工作所需经费应当给予必要的支持和保障，对有突出贡献的人民调解委员会和人民调解员按照国家规定给予表彰奖励。这必将对人民调解的发展产生巨大的推动作用。

2. 坚持了宪法对人民调解的基本定位，即以村（居）委人民调解组织作为基础和主体，保持其群众性，以充分发挥其在纠纷的预防、社区治理、民众的组织动员、道德弘扬、法制宣传等方面的社会功能，维护了人民调解的特色和价值。

3. 通过开放性的制度设计，允许社会团体或者其他组织根据需要“参照本法有关规定设立人民调解委员会，调解民间纠纷”，为今后人民调解的多元化发展提供了空间。

4. 明确规定人民调解协议具有法律约束力。

5. 确立了调解协议司法确认程序。形成人民调解与行政程序及司法程序的合理衔接。

6. 明确了人民调解员的任职条件、选任方式、行为规范和保障措施。规定了人民调解员应接受业务培训；从事调解工作应当给予适当的误工补贴；在人民调解工作岗位上致伤、致残或牺牲的人民调解员及其家属可以享受国家救助和抚恤。

7. 坚持适宜程序原则，以体现人民调解的便利性和灵活性，避免司法化的倾向。同时，规定了当事人的权利、特别是不公开调解的权利，有利于实现人民调解的现代转型。

8. 加强了对人民调解工作的指导和保障。《人民调解法》规定，国务院司法行政部门负责指导全国的人民调解工作，县级以上地方人民政府司法行政部门负责指导本行政区域的人民调解工作。基层人民法院对人民调解委员会调解民间纠纷进行业务指导（第5条）。

《人民调解法》在保障和促进人民调解发展的同时，保留了人民调解本身的多元化格局。然而，该法整体上是粗放和框架式的，存在大量不确定因素，未能实现民间性纠纷解决机制整合与系统建构，对很多重要问题也没有给出具体解决方案，如人民调解的行政化，乡镇一级和专业化调解组织的成立和运作方式，非公益性民间调解组织的法律地位等。

（二）人民调解的性质、组织及功能

1. 人民调解的性质

《宪法》第111条规定：城市和农村按居民居住地区设立的居民委员会或者村民委员会是基层群众性自治组织。根据这一规定，人民调解组织是建立于基层群众性自治组织村居委会中的附属性纠纷解决机制。《村民委员会组织法》和《城市居民委员会组织法》中，也都有相同内容的规定。

在《人民调解法》立法的过程中，曾有一种意见主张超越宪法的定位，将人民调解组织改造为一种司法化、专业化机构，使其脱离对基层自治组织的依附，吸纳大量法律职业者参与，同时通过加强司法行政机关对人民调解的管理，提高调解程序的正规化和调解协议的法律效力。但《人民调解法》最终坚持了宪法对人民调解的基本定位，规定：人民调解委员会是依法设立的调解民间纠纷的群众性组织（第7条）。这明确了人民调解组织建立在基层自治的基础上，其基本功能是解决民间纠纷，其性质为群众性、自治性和公益性。

（1）群众性，是指人民调解组织属于群众自治性质组织，不隶属于行政和司法机关；人民调解委员来源于人民群众；调解员以兼职者（包括村两委成员）、志愿者为主体，不谋求职业化或专业化。

（2）自治性，是指人民调解活动植根于城乡基层社会，可以随时随地以灵活的方式解决民间纠纷；调解活动基于群众的自我管理、自我教育和自我约束；调解组织之间不存在行政层级关系；调解协议并无国家强制力，主要依靠当事人自觉履行。

（3）公益性，是指人民调解委员会调解民间纠纷，不收取任何费用（第4条），属于一种公共服务，不以营利为目的。村民委员会、居民委员会和企业事业单位应当为人民调解委员会开展工作提供办公条件和必要的工作经费（第12条）；县级以上地方人民政府对人民调解工作所需经费应当给予必要的支持和保障（第6条）。基层人民调解组织和活动本身不需要较高的运营成本。

2. 人民调解的组织形式

人民调解的组织形式是人民调解委员会，包括以下几种形式。

（1）村民委员会、居民委员会设立人民调解委员会。这是人民调解组织的主体和基本形态，基层自治组织都应当设立人民调解委员会。

（2）企业事业单位根据需要设立人民调解委员会。近年来，企事业单位的社会功能不断弱

化，多数已不再设立人民调解组织。立法中有意见认为，无须在企业内部设立人民调解组织，解决企业内部纠纷可以依靠工会。然而，工会在处理企业内部民事纠纷方面的作用十分有限，而人民调解组织则可以通过企业员工的广泛参与，助成企业凝聚力和企业文化，发挥纠纷预防、及时解决、人文关怀、道德教育、心理疏导等治理功能。因此，人民调解法规定企业事业单位“根据需要”决定是否设立人民调解委员会，成为一种选择性设置。

(3) 乡镇、街道以及社会团体或者其他组织根据需要可以参照《人民调解法》有关规定设立人民调解委员会，调解民间纠纷（第 34 条)。据此，乡镇街道可设立相对正式的调解机构，政府亦可通过购买人民调解方式加强基层社区建设；同时公益性民间社会调解也可以采用人民调解组织的形式，由此赋予新型专业性调解组织发展机会。但是，人民调解并不是垄断性的，不能排除其他民间社会和专业性、行业性调解以及商事调解等市场化、非营利性调解的存在。

3. 调解委员会和人民调解员

《人民调解法》规定，人民调解委员会由委员 3 至 9 人组成，设主任一人，必要时，可以设副主任若干人。人民调解委员会应当有妇女成员，多民族居住的地区应当有人数较少民族的成员（第 8 条)。人民调解委员会委员每届任期 3 年，可以连选连任（第 9 条)。人民调解员由人民调解委员会委员和人民调解委员会聘任的人员担任（第 13 条)。

人民调解员的构成和产生方式包括：(1) 村（居）委会调解委员会成员选举产生，可以由村（居）委会成员兼任；企业事业单位设立的人民调解委员会委员由职工大会、职工代表大会或者工会组织推选产生。(2) 调委会聘任调解员，调解员可以由不同身份的人员（包括专家、学者、法律职业等）兼任，也可以是专职调解员。司法部曾规定乡镇、街道的司法助理员作为本级调解委员会委员，即法定的调解员。但人民调解法对此未予规定。

《人民调解法》还以参与调解的方式，扩大了公众参与的机会：“人民调解员根据调解纠纷的需要，在征得当事人的同意后，可以邀请当事人的亲属、邻里、同事等参与调解，也可以邀请具有专门知识、特定经验的人员或者有关社会组织的人员参与调解。人民调解委员会支持当地公道正派、热心调解、群众认可的社会人士参与调解。”（第 20 条）这一规定为民间团体、社会人士、志愿者参与调解提供了合法依据，有利于保证人民调解的民主性和开放性，促使人民调解转型为现代社会治理的重要力量，成为连接传统社会共同体与当代公民社会、社区以及志愿者文化的纽带，推动公众参与社会治理。

《人民调解法》规定：人民调解员应当由公道正派、热心人民调解工作，并具有一定文化水平、政策水平和法律知识的成年公民担任。县级人民政府司法行政部门应当定期对人民调解员进行业务培训（第 14 条)。从人民调解发展的多元化趋势看，基层人民调解员主体仍以非职业化为特点，并大量吸收志愿者和社区民众参与；但法院附设人民调解窗口、委托调解、高端专业化调解等可根据需要制定相应的调解员资格标准和要求，保证其人员具有较高的专业和法律知识水准，并培养部分职业调解员。2018 年 4 月，中央政法委、最高人民法院、司法部、民政部、财政部、人力资源和社会保障部联合印发了《关于加强人民调解员队伍建设的意见》，强调人民调解员队伍建设着力提高素质，完善管理制度，强化工作保障，努力建设一支政治合格、熟悉业务、热心公益、公道正派、秉持中立的人民调解员队伍。

4. 人民调解的社会功能

人民调解属于基层群众民主自治的重要组成部分，历来强调“调防结合、以防为主”，因此其作用和意义超出了一般非诉讼程序的范畴，承载着三种相互关联的社会功能。

（1）社会治理功能。人民调解依托于村（居）委会组织，具有群众性和自治性，是社会治理系统的基本环节，也是基层民主的实现方式。但这种功能能否正常发挥，取决于基层组织的具体情况、社会环境、社区民众的素质和地方政府的重视等多种因素，存在极大的地方差异。

（2）传承文化、道德和社会组织（自治）功能。人民调解在解决纠纷过程中，不仅宣传普及法律与政策，而且会大量依据公共道德、习俗、情理等社会规范，从而发挥传承与维系传统文化及和谐价值观、维护公共道德和公共利益、培养社区凝聚力及良好人际关系的功能。近年来，社会治理越来越依赖国家权力和法律强制，社会道德失范、信仰缺失，因此应注意发挥人民调解在重建主流价值观和民族精神、复兴传统文化和公共道德中的特有功能。

（3）纠纷预防和解决功能。这是人民调解制度最重要的功能。在基层社区，人民调解组织和人员与治保、维稳、应急等工作不可分割，能有效发挥防范、预警和早期介入的作用。人民调解与一般民事解纷机制不告不理的原理和程序不同，可主动、即时介入，是一种平等、自愿、参与、自主选择和灵活便利经济的解纷方式，具有不可替代的作用。很多人民调解工作卓有成效的乡村，完全可以做到“小事不出村、大事不出乡镇”，成为善治的基础要素。

实际上，上述三种功能不可分割地并存于人民调解制度，蕴涵于调解组织及人员的日常工作和具体的解纷实践中。人民调解就其原有的制度设计、性质及功能而言，属于一种社区调解，在纠纷解决的同时，其社会治理和文化功能以及维持社区的凝聚力与和谐、预防和减少纠纷、避免纠纷升级激化等功能，也得以充分实现。相比之下，新型的高端专业化、职业化调解的功能更加单纯。

5. *人民调解的政治功能*

基层人民调解组织在实现自我管理功能的同时，承担着一些重要的政治功能，主要包括：（1）作为基层自治的组成部分，与基层自治组织共同发挥基层民主政治的作用。（2）作为综合治理系统工程中的重要一环或“政法工作的第一道防线”，成为基层政府行使行政权的辅助力量，可以促进基层民众与政府之间的沟通，对于基层社会秩序和经济社会的发展具有重要的保障功能。（3）作为普法乃至基层司法的重要基础力量，能起到沟通国家法与民间社会规范，提高基层民众法律意识的作用，同时可以承担分流诉讼、参与（委托或协助）诉讼调解、协助司法裁判的执行、协助公安机关进行社区矫正等工作，具有重要的辅助性司法功能。

（三）人民调解的任务、范围与原则

1. 人民调解的任务，是人民调解委员会通过说服、疏导等方法，促使当事人在平等协商基础上自愿达成调解协议，解决民间纠纷。此外，人民调解还承担着纠纷预防、排查、法治宣传、教育、组织等工作。

2. 人民调解法对人民调解的范围未作列举或限制性的规定，这意味着：（1）在法律、法规没有作出明确禁止性规定的范围内，人民调解可以调解各种当事人之间的各类民间纠纷；（2）当事人不限于自然人，也包括法人及其他组织；（3）民间纠纷比民事纠纷的范围更广，既包括法律意义上的民事、家事、商事及侵权、违约等各类纠纷，也包括情感、人情、传统、宗教、风俗习惯等方面的纠纷；（4）法律明确规定由司法机关、行政机关专属管辖的特定纠纷，人民调解不能直接处理，但可以参与协商和调解，例如，不能调解双方当事人离婚（无效），

但可以协助当事人达成离婚协议，经行政登记或诉讼生效；（5）人民调解组织和调解员可以接受司法机关、行政机关或相关组织、机构委托，参与诉讼调解、治安调解、刑事和解、行政协调等，但不可以自己的名义直接受理此类案件。

3. 原则。人民调解委员会调解民间纠纷，应当遵循下列原则：（1）在当事人自愿、平等的基础上进行调解；（2）不违背法律、法规和国家政策；（3）尊重当事人的权利，不得因调解而阻止当事人依法通过仲裁、行政、司法等途径维护自己的权利。延续了原有的自愿、合法和不妨碍诉权原则。

在以往的规定中，"依法调解"原则一直是以"严格适用法律"的形式体现的，即规定："依据法律、法规、规章和政策进行调解，也可以在不违背法律、法规、规章和政策的前提下，遵循社会公德或者参考村规民约、社区公约、企事业单位规章制度和社会善良习俗进行调解。"① 这种表述在强调法律优先的同时，无法穷尽列举各种民间社会规范，如行业标准、宗教规范等，容易引起混乱和误解。而《人民调解法》则将"合法原则"表述为"不违背法律、法规和国家政策"，实际上将合法性定位为"不违法"，而不是简单适用法律条文。这种规定：有利于纠正以往对"依法调解"的错误理解，鼓励在调解中采用各种民间社会规范作为依据，发挥其变通、协商和选择的价值和作用空间，更符合人民调解的需要和规律。

（四）人民调解的程序

《人民调解法》规定："人民调解员根据纠纷的不同情况，可以采取多种方式调解民间纠纷。"（第 22 条）这一规定体现了对调解适宜程序原则的认同，即根据纠纷的实际情况和调解的需要，选择最适宜的方式，尽可能及时、就地解决纠纷；取消或弱化了 2002 年司法部《人民调解若干工作规定》的强烈职权色彩，例如对专门场所，公开调解，查明事实、分清责任的要求等，有利于转变司法化倾向，更符合人民调解的实际。基于人民调解组织的多元化特点，基层村（居）委会调解更适合采用非正式和灵活的方式；相比之下，乡镇、街道和社区及专业性调解则需要更为正规的程序，这些调解组织可以通过制定细则和章程建立符合需要的专门程序。

根据人民调解法和实践经验，调解可以采用以下基本程序。

1. 调解的启动。人民调解既可基于当事人申请而启动调解程序，也可以主动调解，即根据群众报告、有关单位转告或人民调解人员亲自得知发生了纠纷，便主动、及时前往纠纷当事人中间或纠纷现场去进行调查、斡旋……使纠纷在初发阶段得到及时的解决，不致扩大、激化或转化。② 就地调解、主动介入是调解员的责任。此外，基层人民法院、公安机关对适宜通过

---

① 根据 2010 年 8 月 23 日李重庵在第十一届全国人民代表大会常务委员会第十六次会议上所作关于《中华人民共和国人民调解法（草案）》修改情况的汇报，该草案第 3 条第 1 款第 2 项规定："依据法律、法规、规章和政策进行调解，也可以在不违背法律、法规、规章和政策规定的前提下，遵循社会公德或者参考村规民约、社区公约、企业事业单位规章制度和社会善良习俗进行调解。"有些常委委员提出，本条规定的是人民调解委员会调解应遵循的原则，调解原则应当体现调解特点，简明扼要，便于操作，有利于化解纠纷，建议作出修改。法律委员会经同内务司法委员会和国务院法制办、司法部研究，建议将这一项修改为："不违背法律、法规的强制性规定"。参见王胜明、郝赤勇主编：《中华人民共和国人民调解法释义》，北京，法律出版社，2010。

② 参见江伟、杨荣新主编：《人民调解学概论》，147 页，北京，法律出版社，1994。

人民调解方式解决的纠纷，可以在受理前告知当事人向人民调解委员会申请调解（第 18 条）。

2. 准备程序。（1）人民调解委员会根据调解纠纷的需要，可以指定一名或者数名人民调解员进行调解，也可以由当事人选择一名或者数名人民调解员进行调解（第 19 条）。（2）人民调解员根据调解纠纷的需要，在征得当事人的同意后，可以邀请当事人的亲属、邻里、同事等参与调解，也可以邀请具有专门知识、特定经验的人员或者有关社会组织的人员参与调解（第 20 条）。（3）协商确定调解的时间、地点、场所等。（4）调解员根据需要，可进行必要的调查核实。

3. 进行调解。（1）调解民间纠纷，应当及时、就地进行，防止矛盾激化。发生纠纷后，调解员应尽可能快速到达现场，就地进行调解。（2）调解员根据纠纷的不同情况，可以采取多种方式调解民间纠纷，程序可以不拘一格，但应尽可能包括以下环节或步骤：1）在调解开始阶段向当事人说明调解的意义和要求，告知其权利、义务，以保证当事人诚实、认真地参与调解过程，顺利达成调解协议。2）充分听取当事人的陈述，保证当事人有充分倾诉、表白和讨论的机会，以全面了解争点与和解的关键点。基于民间纠纷的特点，调解不要求所有情况下都必须查明事实、分清责任，而应因案而异。例如，一些基于家庭琐事引发的纠纷，客观事实并不重要，更重要的是情感的治疗；在有关是非的道德判断与法律判断不一致的情况下，调解更重视情、理、法的平衡；而交通事故赔偿中，调解则需要依据责任认定和法律标准进行。3）向当事人讲解有关法律、法规和国家政策，耐心疏导。根据实际需要，向当事人提供法律信息，事实和证据的客观分析，心理疏导，道德、习惯、效益、风险、利益等方面的衡量，等等。4）在当事人平等协商、互谅互让的基础上提出纠纷解决方案。调解员应根据当事人的实际需要选择解纷依据，提出各方可能接受的方案。5）帮助当事人自愿达成调解协议。让当事人充分理解自己的权利、义务和各种选择的后果，保证其在理性、意思表示真实、自愿的前提下达成调解协议。

4. 制作调解协议。调解达成后，当事人认为无须制作调解协议书的，可以采取口头协议方式，人民调解员应当记录协议内容（第 28 条）。一般情况下，可以即时履行的、微小或不会反复的纠纷无须制作调解协议书，达成口头协议后立即生效。较为正式和无法即时履行完毕的处理结果，一般应制作调解协议书，其中可以载明下列事项：（1）当事人的基本情况；（2）纠纷的主要事实、争议事项以及各方当事人的责任；（3）当事人达成调解协议的内容，履行的方式、期限。调解协议书自各方当事人签名、盖章或者按指印，人民调解员签名并加盖人民调解委员会印章之日起生效。调解协议书由当事人各执一份，人民调解委员会留存一份（第 29 条）。

5. 调解终结。（1）调解协议达成后，调解程序即告终结。（2）调解不成的，应当终止调解，并依据有关法律、法规的规定，告知当事人可以依法通过仲裁、行政、司法等途径维护自己的权利（第 26 条）。

（五）调解人和当事人行为规范

1. 调解员行为规范，包括禁止性规范和义务性规范。

人民调解员在调解工作中有下列行为之一的，由其所在的人民调解委员会给予批评教育、责令改正，情节严重的，由推选或者聘任单位予以罢免或者解聘：（1）偏袒一方当事人的；

(2) 侮辱当事人的；(3) 索取、收受财物或者牟取其他不正当利益的；(4) 泄露当事人的个人隐私、商业秘密的（第 15 条）。

人民调解员调解民间纠纷，应当坚持原则，明法析理，主持公道。调解民间纠纷，应当及时、就地进行，防止矛盾激化（第 21 条）。

人民调解员在调解纠纷过程中，发现纠纷有可能激化的，应当采取有针对性的预防措施；对有可能引起治安案件、刑事案件的纠纷，应当及时向当地公安机关或者其他有关部门报告（第 25 条）。

2. 当事人的权利和义务。

当事人在人民调解活动中享有下列权利：(1) 选择或者接受人民调解员；(2) 接受调解、拒绝调解或者要求终止调解；(3) 要求调解公开进行或者不公开进行；(4) 自主表达意愿、自愿达成调解协议（第 23 条）。

当事人在人民调解活动中履行下列义务：(1) 如实陈述纠纷事实；(2) 遵守调解现场秩序，尊重人民调解员；(3) 尊重对方当事人行使权利（第 24 条）。

当代世界各国的调解都将保密作为基本原则，但我国的调解历来追求公开调解，强调调解的教育、普法宣传作用。《人民调解法》尽管并未明确确立保密原则，但在当事人的权利中增加了“要求调解公开进行或者不公开进行”条款，表明传统的“公开调解”惯行已开始被废弃，保密作为当事人的权利正式得到了法律确认。这不仅有利于保护当事人的权利，还更容易促成调解协议的达成，使调解的优势和利益能得到更好的体现。保密性的正式引入及与调解员的保密义务相结合，标志着人民调解向现代转型迈出了重要的一步。同时，立法的安排考虑到国情和实际，允许公开调解与不同开调解同时存在。

(六) 人民调解协议的效力及履行

1. 人民调解协议的效力，经人民调解委员会调解达成的调解协议，具有法律约束力（第 31 条）。表明国家对自愿、合法的调解协议予以法律上的认可和保护。这种法律约束力相当于合同效力[①]，尽管由于调解人的参与和作用，调解协议有别于一般合同，在诉讼中可作为双方意思表示的证据，并具有时效中断效力，但其本质上仍属于“私法上的和解”，不能直接作为强制执行的依据，也不能限制当事人另行起诉。

2. 调解协议的履行。当事人应当按照约定履行调解协议。调解的本质是当事人的合意，而不是公权力行为和调解组织的决定，其效果应是有利于自觉履行，因此调解协议的法律约束力重在维护私法自治，强调当事人诚信和自动履行，尽量减少调解协议进入强制执行的比例。

人民调解委员会应当对调解协议的履行情况进行监督，督促当事人履行约定的义务（第 31 条）。这属于调解组织的责任或义务，一般可采用提示、劝告、公示、单位协助、社会监督等方法，但不具有强制性。

3. 公证，当事人可以对具有债权内容的调解协议进行公证。由此可产生强制执行效力，

---

① 合同本身就具有法律约束力，违约需承担法律责任。世界各国的诉讼外调解，除经过司法审核，或者有法官参与的法院附设调解可产生“诉讼上的和解”即生效判决效力外，都只具有“私法上的和解”，即合同效力。但当事人可以在调解协议中约定履行义务、违约责任和放弃诉权。

债权人可以向被执行人住所地或者被执行人的财产所在地人民法院申请执行。

4. 调解协议的司法确认。经人民调解委员会调解达成调解协议后，双方当事人认为有必要的，可以自调解协议生效之日起30日内共同向人民法院申请司法确认，人民法院应当及时对调解协议进行审查，依法确认调解协议的效力。人民法院依法确认调解协议有效，一方当事人拒绝履行或者未全部履行的，对方当事人可以向人民法院申请强制执行（第33条）。（参见本书第四章第三节“五”）。

5. 无效或撤销之诉，经人民调解委员会调解达成调解协议后，当事人之间就调解协议的履行或者调解协议的内容发生争议的，一方当事人可以向人民法院提起诉讼（第32条）。人民法院依法确认调解协议无效的，当事人可以通过人民调解方式变更原调解协议或者达成新的调解协议，也可以向人民法院提起诉讼（第33条）。由此，为当事人提供了司法救济渠道。

（七）对人民调解的指导及工作制度

《人民调解法》规定：国务院司法行政部门负责指导全国的人民调解工作，县级以上地方人民政府司法行政部门负责指导本行政区域的人民调解工作。基层人民法院对人民调解委员会调解民间纠纷进行业务指导（第5条）。

人民调解本质上是独立的自治组织，不受行政机关和司法机关的领导。司法行政系统对人民调解的指导带有行政主管机关管理、监督和规制的性质。具体包括：指导本地区人民调解委员会的组织建设、队伍建设、业务建设和制度建设，规范人民调解工作，提高人民调解工作的质量和水平；培训、表彰人民调解委员会和人民调解员；争取同级人民政府的支持，保障人民调解工作的指导和表彰经费；协调和督促村民委员会、居民委员会和企业事业单位，落实人民调解委员会的工作经费和人民调解员的补贴经费；总结交流人民调解工作经验，调查研究民间纠纷的特点和规律，指导人民调解委员会改进工作等。

基层人民法院的业务指导，主要是根据各地实际情况，可直接参与组建人民调解组织、培训人民调解员，或配合司法行政部门进行此项工作。最高人民法院则定期对全国指导人民调解的先进单位和个人进行表彰。同时，通过调解协议的司法确认和审查发挥对人民调解的监督功能。

四、商事仲裁制度

（一）仲裁制度的沿革

我国仲裁制度始建于20世纪初，1912年国民政府颁布了《商事公断处章程》，在中国共产党领导的革命根据地，也曾建立仲裁机构。中华人民共和国成立后，我国设立了各类仲裁机构，制定了相应的法律规范和仲裁规则，其中比较完备、正规的是国内经济合同仲裁和涉外仲裁。1994年8月31日制定公布、自次年9月1日起施行的《中华人民共和国仲裁法》，标志着我国现代仲裁制度的正式确立。这一制度体现了国际通行的商事纠纷解决的特点，并继承了以往我国经济纠纷解决的经验。除《仲裁法》外，《民事诉讼法》对仲裁也作了相关规定，并对涉外仲裁作了特别规定。不过，仲裁制度的实际运作情况与立法预期不尽一致，显示出程序设计中的一些不足。

（二）仲裁的机构、原则及范围

1. 仲裁的定义

在我国，仲裁主要是指仲裁法调整的商事仲裁制度，其特点是：（1）根据《仲裁法》建立独立的仲裁机构，即仲裁委员会；（2）根据当事人双方的仲裁协议启动仲裁程序；（3）当事人可自行选择具有特定资质的仲裁员；（4）仲裁员按照法定程序对仲裁事项（案件）独立作出裁决（调解）；（5）一裁终局，但可以依法提起司法审查。

除商事仲裁外，我国还存在一些强制（前置性）仲裁，直接源于法律规定，无须当事人之间订立仲裁协议，如劳动人事争议仲裁、土地承包纠纷仲裁等。其性质、属性和特点等均与传统商事仲裁不同，不属于本节讨论的范围。

2. 仲裁机构的性质

我国法学界一般认为，仲裁具有民间性和司法性的双重属性，即仲裁机构的设立和组成具有民间性质，而仲裁的程序和裁决的效力具有司法性质，二者结合，称为民间司法。①也就是说，仲裁机构具有民间机构的地位，而裁决本身属于一种司法功能，因此仲裁可以被视为一种准司法制度。我国仲裁机构和程序，都与司法诉讼程序具有一定的相似性；但仲裁不具有国家权力机关的属性和强制性，不仅在范围和管辖权上与诉讼存在本质的区别，不能动用国家强制力对当事人和证人等实行强制措施，而且不能完全排除司法审查。受到国际通行的仲裁理念的影响，仲裁的民间性、自主性和国际化已经成为法学界的共识。

然而，《仲裁法》第 14 条规定："仲裁委员会独立于行政机关，与行政机关没有隶属关系。"尽管这通常被解释为仲裁机构不属于行政机构，但并未明确其民间属性，因此也被认为是一种模糊化的表述，隐藏着仲裁机构可能走向民间化或行政化（准行政化）的两种不同倾向。② 仲裁机构是在国家的支持（包括人、财、物及组织、工作上的支持）下建立和运行的。目前全国各地建立的仲裁机构已经明显分化：一部分具有明显的民间组织的特点，实行自负盈亏的经营模式和行业自律管理，例如北京市仲裁委；而另一部分仲裁机构和人员编制定位于事业单位，其运作主要依靠行政拨款或采取收支两条线的方式，不依靠市场生存，在维持公益性、司法性和权威性的同时，弱化了民间性和中立性；同时，还有很多仲裁机构介于二者之间。这导致目前对有关仲裁机构的性质及走向存在较大的争议和不确定性。

3. 仲裁机构的组织形式

仲裁机构包括仲裁委员会和仲裁协会。仲裁委员会可以在直辖市和省、自治区人民政府所在地的市设立，也可以根据需要在其他设区的市设立，不按行政区划层层设立。仲裁委员会由市人民政府组织有关部门和商会统一组建。中国国际贸易促进会（中国国际商会）负责组建国际贸易仲裁；国内仲裁机构一般均由市人民政府负责组建。仲裁委员会成立之后，在组织上、经济上和工作上应是独立的，与政府无隶属关系。仲裁委员会应依法设立和经省一级司法行政部门登记。仲裁委员会由主任 1 人、副主任 2 人至 4 人和委员 7 至 11 人组成。主任、副主任和委员由法律、经济贸易专家和有实际工作经验的人员担任，其中法律、经济贸易专家不得少于

---

① 参见熊先觉：《中国司法制度新论》，232 页，北京，中国法律出版社，1999。

② 参见陈福勇：《模糊化还是明确化——也谈仲裁机构的性质问题》，载《北京仲裁》，第 62 辑，2007。

1/3。

《仲裁法》第13条规定：仲裁委员会应当从公道正派的人员中聘任仲裁员。仲裁员应当符合下列条件之一：通过国家统一法律职业资格考试取得法律职业资格，从事仲裁工作满8年的；从事律师工作满8年的；曾任审判员满8年的；从事法律研究、教学工作并具有高级职称的；具有法律知识、从事经济贸易等专业工作并具有高级职称或者具有同等专业水平的。仲裁委员会按照不同专业设仲裁员名册。

由于仲裁所具有的民间性和独立性，其运作及活动具有自治性，主要依靠仲裁协会的实现自治和自律。《仲裁法》第15条规定：中国仲裁协会是社会团体法人。仲裁委员会是中国仲裁协会的会员。中国仲裁协会的章程由全国会员大会制定。中国仲裁协会是仲裁委员会的自律性组织，根据章程对仲裁委员会及其组成人员、仲裁员的违纪行为进行监督。中国仲裁协会依照本法和民事诉讼法的有关规定制定仲裁规则。

4. 仲裁的基本原则

（1）自愿原则。仲裁是基于当事人意思自治的非诉讼程序，当事人通过仲裁协议自愿选择仲裁解决纠纷。

（2）独立原则。仲裁机关具有独立性，不仅独立于行政机关，而且独立于法院，同时，其内部的仲裁协会、仲裁委员会和仲裁庭之间也相对独立，仲裁庭的审理过程是完全独立的。

（3）合法、公平原则。《仲裁法》第7条规定："仲裁应当根据事实，符合法律规定，公平合理地解决纠纷。"仲裁所适用的基本规范是法律，合法原则既是对仲裁的独立原则的制约，也是仲裁独立的正当性保证。实际上，商事仲裁应更加注重适用商事惯例和市场规制。

5. 仲裁的范围和协议仲裁制度

仲裁的范围是：平等主体的公民、法人和其他组织之间发生的合同纠纷和其他财产权益纠纷（第2条）。婚姻、收养、监护、扶养、继承纠纷，以及依法应当由行政机关处理的行政争议不能仲裁（第3条）。

作为商事仲裁，仲裁主要解决市场经济主体的经济纠纷，包括合同纠纷及非合同经济纠纷。涉及人身关系的传统民事纠纷不属于仲裁的范围，这体现了国家对仲裁管辖权的限制，说明通过仲裁解决一般民事纠纷、消费争议和行政争议，仍存在一定障碍。

仲裁采用协议仲裁制度。当事人采用仲裁方式解决纠纷，应当双方自愿，达成仲裁协议。没有仲裁协议，一方申请仲裁的，仲裁委员会不予受理（第4条）。当事人达成仲裁协议，一方向人民法院起诉的，人民法院不予受理，但仲裁协议无效的除外（第5条）。仲裁协议是指双方当事人所达成的关于请求通过仲裁解决其纠纷的意思表示，是启动仲裁程序的前提条件，它既是自愿原则的体现，也是仲裁程序顺利实施的条件，同时为裁决的履行提供了保证。仲裁协议一般要求采用书面协议方式，包括：合同中事先订立的"仲裁条款"，属于合同的组成部分；在纠纷发生前或纠纷发生后，双方当事人以书面形式单独签订的同意通过仲裁解决纠纷的"仲裁协议书"。《仲裁法》第19条规定，仲裁协议独立存在，合同的变更、解除、终止或者无效，不影响仲裁协议的效力，即主合同的无效并不导致仲裁协议的无效。

仲裁协议应当具有下列内容：（1）请求仲裁的意思表示；（2）仲裁事项；（3）选定的仲裁委员会。

有下列情形之一的，仲裁协议无效：（1）约定的仲裁事项超出法律规定的仲裁范围的；

(2) 无民事行为能力人或者限制民事行为能力人订立的仲裁协议；(3) 一方采取胁迫手段，迫使对方订立仲裁协议的。此外，仲裁协议对仲裁事项或者仲裁委员会没有约定或者约定不明确的，当事人可以补充协议；达不成补充协议的，仲裁协议无效（第 18 条）。此外，双方当事人订立的口头仲裁协议无效。在当事人对仲裁协议的效力有异议时，应当在仲裁庭首次开庭前提出，可以请求仲裁委员会作出决定或请求人民法院作出裁定。

（三）仲裁程序

《仲裁法》第四章规定了仲裁程序，其基本流程如图 5－2 所示。

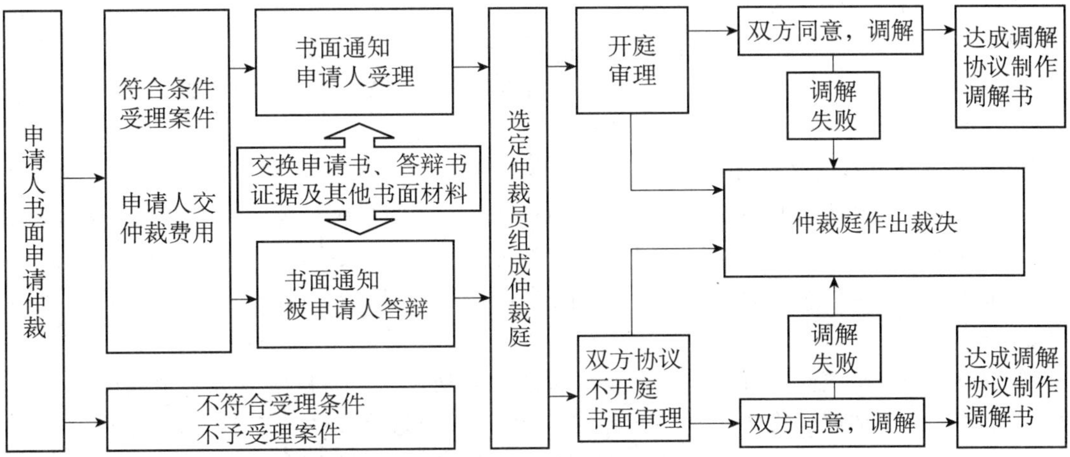

图 5－2　仲裁程序

1. 申请和受理

当事人申请仲裁应当符合下列条件：(1) 有仲裁协议；(2) 有具体的仲裁请求和事实、理由；(3) 属于仲裁委员会的受理范围（第 21 条）。当事人申请仲裁，应当向仲裁委员会递交仲裁协议、仲裁申请书及副本（第 22 条）。仲裁委员会收到仲裁申请书之日起 5 日内，认为符合受理条件的，应当受理，并通知当事人；认为不符合受理条件的，应当书面通知当事人不予受理，并说明理由（第 24 条）。

仲裁委员会受理仲裁申请后，应将仲裁规则和仲裁员名册送达申请人，并将仲裁申请书副本和仲裁规则、仲裁员名册送达被申请人。被申请人收到仲裁申请书副本后，应当在规定的期限内向仲裁委员会提交答辩书。仲裁委员会收到答辩书后，应当在仲裁规则规定的期限内将答辩书副本送达申请人。被申请人未提交答辩书的，不影响仲裁程序的进行。

当事人虽然已经达成仲裁协议，但一方当事人直接向人民法院起诉的，人民法院受理后，另一方当事人在首次开庭前提交仲裁协议的，法院应当驳回起诉；另一方当事人在首次开庭前未对人民法院受理该案提出异议的，视为放弃仲裁协议，法院应当继续审理。也就是说，仲裁管辖具有优先权，但如果当事人双方均未在法院第一次开庭审理前提出管辖异议，则视为放弃仲裁协议，承认法院的管辖。

2. 仲裁庭的组成

仲裁庭可以由 3 名仲裁员或者 1 名仲裁员组成。由 3 名仲裁员组成的，设首席仲裁员。当事人约定由 3 名仲裁员组成仲裁庭的，应当各自选定或者各自委托仲裁委员会主任指定 1 名仲裁员，再由当事人共同选定或者共同委托仲裁委员会主任指定 1 名为首席仲裁员。当事人约定由 1 名仲裁员成立仲裁庭的，应当由当事人共同选定，或者共同委托仲裁委员会主任指定仲裁员。当事人没有在仲裁规则规定的期限内约定仲裁庭的组成方式或者选定仲裁员的，由仲裁委员会主任指定（第 30～32 条）。

3. 开庭和裁决

仲裁程序相对灵活，可以根据当事人的协议进行变通。原则上仲裁应当开庭进行。当事人协议不开庭的，仲裁庭可以根据仲裁申请书、答辩书以及其他材料作出裁决（第 39 条）。仲裁不公开进行。当事人协议公开的，可以公开进行，但涉及国家秘密的除外（第 40 条）。当事人应当对自己的主张提供证据。仲裁庭认为有必要收集的证据，可以自行收集（第 43 条）。在仲裁开庭过程中，当事人可以相互质证，有权进行辩论。辩论终结时，首席仲裁员或者独任仲裁员应当征询当事人的最后意见。

4. 和解及仲裁与调解的结合

我国仲裁重视和解、调解及其与仲裁裁决的衔接。《仲裁法》规定，当事人申请仲裁后，可以自行和解。达成和解协议的，可以请求仲裁庭根据和解协议作出裁决书，也可以撤回仲裁申请（第 49 条）。当事人达成和解协议，撤回仲裁申请后反悔的，可以根据仲裁协议申请仲裁（第 50 条）。

仲裁庭在作出裁决前，可以先行调解。调解的启动包括：一是应双方当事人的申请而启动；二是在一方申请调解的情况下，仲裁员征得另一方同意后启动；三是仲裁庭征询双方当事人意见，取得双方同意后启动。调解达成协议后，仲裁庭应当制作调解书或者根据调解协议的结果制作裁决书，调解书应当写明仲裁请求和当事人协议的结果。调解书与裁决书具有同等的法律效力，调解书经双方当事人签收后即发生法律效力。

仲裁中调解的特点是：(1) 调解是仲裁程序中的调解，而非单独程序。调解是依附于仲裁而存在的，当事人不愿调解或调解不成，即可直接进行裁决。(2) 仲裁庭的仲裁员既是仲裁员又是调解员，在调解中，以调解人的身份对当事人进行评估、解释、劝说、引导，当调解不成回到仲裁程序后，则以裁决者的身份主持庭审、作出裁决。由此可以避免程序转换造成的延误，充分利用每一个可能的机会促成当事人的和解，最大限度地发挥调解的灵活性。(3) 实行仲裁与调解相结合解决纠纷，必须当事人自愿，事实基本清楚。

（四）对仲裁的司法审查

1. 管辖异议

仲裁协议的达成标志着双方当事人就排除法院对纠纷的管辖权、放弃诉讼权利达成了合意，但在当事人对仲裁协议的效力发生争议，如一方请求仲裁委员会作出决定、另一方请求人民法院作出裁定的或主张仲裁协议无效等特定情况下，需要由人民法院裁定。在特定情况下，法院对所受理的已有仲裁协议的纠纷拥有管辖权，包括：(1) 仲裁协议无效或失效的；(2) 一方当事人起诉后，另一方应诉，进行了实质性答辩，并未就管辖权问题提出异议的，可视为放弃了原有的仲裁协议，对案件继续审理。这些制度被称为或裁或审制度，体现了司法权的优先和对当事人自治的尊重，同时符合节约资源和成本的效益原则。

2. 申请撤销裁决程序

《仲裁法》第58条规定，当事人提出证据证明裁决有下列情形之一的，可以向仲裁委员会所在地的中级人民法院申请撤销裁决：(1) 没有仲裁协议的；(2) 裁决的事项不属于仲裁协议的范围或者仲裁委员会无权仲裁的；(3) 仲裁庭的组成或者仲裁的程序违反法定程序的；(4) 裁决所根据的证据是伪造的；(5) 对方当事人隐瞒了足以影响公正裁决的证据的；(6) 仲裁员在仲裁该案时有索贿受贿，徇私舞弊，枉法裁决行为的。人民法院经组成合议庭审查核实裁决有上述规定情形之一的，应当裁定撤销。人民法院认定该裁决违背社会公共利益的，应当裁定撤销。

第61条规定：人民法院受理撤销裁决的申请后，认为可以由仲裁庭重新仲裁的，通知仲裁庭在一定期限内重新仲裁，并裁定中止撤销程序。仲裁庭拒绝重新仲裁的，人民法院应当裁定恢复撤销程序。

3. 不予执行仲裁裁决

《民事诉讼法》第237条规定：对依法设立的仲裁机构的裁决，一方当事人不履行的，对方当事人可以向有管辖权的人民法院申请执行。受申请的人民法院应当执行。被申请人提出证据证明仲裁裁决有下列情形之一的，经人民法院组成合议庭审查核实，裁定不予执行：(1) 当事人在合同中没有订有仲裁条款或者事后没有达成书面仲裁协议的；(2) 裁决的事项不属于仲裁协议的范围或者仲裁机构无权仲裁的；(3) 仲裁庭的组成或者仲裁的程序违反法定程序的；(4) 裁决所根据的证据是伪造的；(5) 对方当事人向仲裁机构隐瞒了足以影响公正裁决的证据的；(6) 仲裁员在仲裁该案时有贪污受贿，徇私舞弊，枉法裁决行为的。人民法院认定执行该裁决违背社会公共利益的，裁定不予执行。裁定书应当送达双方当事人和仲裁机构。仲裁裁决被人民法院裁定不予执行的，当事人可以根据双方达成的书面仲裁协议重新申请仲裁，也可以向人民法院起诉。

(五) 仲裁的现状、问题及发展趋势

1. 自《仲裁法》实施以来，截至2018年年底，全国共设立255家仲裁委员会，工作人员6万余人，累计处理各类民商事案件260万余件，标的额4万多亿元，案件当事人涉及70多个国家和地区。仲裁裁决的自动履行率达到50%以上，作出的裁决被人民法院撤销和不予执行的比例始终在1%以下（司法部统计）。

2. 与民商事纠纷的总量和法院民商事案件收案数量相比，仲裁所解决的纠纷仍然有限，主要原因如下。

(1) 应用范围主要限定于经济纠纷，大量民事纠纷不属于仲裁的范围，因此商事仲裁的作用主要在于解决高端及国际商事纠纷，难以大规模分流诉讼。

(2) 程序利益不明显。仲裁程序的启动受到当事人所订立的仲裁协议的限制，要求当事人对仲裁的程序利益有高度的认同，相比较而言，仲裁的便利性甚至远不如去基层法院起诉；仲裁费用相对较高①，限制了低端用户，虽然一裁终局可以节约二审费用，但风险较大，一旦进

---

① 仲裁收费由各仲裁机构自行确立标准，通常是根据争议标的额按比例收取，并分别收取案件受理费和案件处理费。一般而言，其收费并不比法院的诉讼收费更低。

入司法审查则可能失去所有程序利益。因此影响了部分当事人的选择。

（3）限制竞争。仲裁法规定一个地区只能设立一个仲裁机构，在地方形成垄断的同时，限制了仲裁机构间的竞争，也不承认临时性仲裁，影响了仲裁的发展。

（4）体制因素。我国仲裁机构的设立是在特殊的时代和社会背景下开始的，不可避免地带有强烈的行政色彩：一方面，只有依靠政府的支持和资源才可能建立和发展；另一方面，当事人对政府和行政权的传统依赖是其自愿选择仲裁的动机之一。因此，仲裁机构始终在“民间性”（市场机制、自负盈亏）和行政化（事业单位、收支两条线）两者之间徘徊不定。

3. 随着国家体制的改革和调整，仲裁的主管部门已经从国务院原法制办公室转变为司法部，这一背景将对《仲裁法》的修改及仲裁体制改革带来一定影响。目前仲裁业内改革发展的核心问题主要包括以下内容。

（1）明确商事仲裁的民间化定位及性质，解决定位模糊化的问题。目前多数仲裁委仍属于事业单位，受政府法制办管理。从仲裁界和法学界的主流意见及今后的发展趋势看，仲裁机构的脱行政化和民间化已是大势所趋。民间性仲裁属于提供有偿服务的非营利性机构，其生存和发展依赖于市场机制。但民间化并不必然导致仲裁利用及可接近程度的大幅提高，能否将其作为公益性或非营利性组织给予税收优惠也是需要解决的问题。

（2）引进临时仲裁制度。临时仲裁，又称特别仲裁，是一种非常设性仲裁方式，即双方当事人在纠纷发生后共同选择仲裁员，组成临时仲裁庭，裁决作出后即告解散。这种机制具有非正式性以及低成本和便利性，是普及仲裁的最佳途径。我国《仲裁法》仅确认了机构仲裁的合法性，但未规定临时仲裁制度。如果准备引进临时仲裁制度，则需要建立配套的制度和程序，我国当事人对其了解和认同亦尚需时日。

（3）仲裁的去地方化和竞争机制。目前，仲裁机构的垄断性是其地位和权威的保障，但缺乏竞争也构成了仲裁行业整体发展的障碍。一旦实现民间化和市场化，竞争在所难免，由此，一部分中小城市的仲裁机构可能会萎缩或消亡，而部分实力较强的仲裁委员会则可能通过兼并占有较大的市场份额，分割仲裁市场。

目前国家在有关多元化纠纷解决机制的发展战略中多次强调发挥仲裁的作用，今后，仲裁在解决商事和经济纠纷方面的作用仍会进一步提高，特别是作为国际通行的商事争议解决途径，仲裁将会在我国自由贸易区建设和“一带一路”倡议实施中发挥重要功能，而调解与仲裁的结合，也将会使仲裁具有更大的发展空间。

第三节　行政性非诉讼程序

一、行政性非诉讼程序

（一）概念

行政性非诉讼程序（行政性 ADR），即行政主体（包括国家行政机关、地方政府或准行政机关）所设立或附设的非诉讼纠纷解决程序，包括行政和解、调解、听证、仲裁、申诉（信访）、行政法庭（院）等基本形式。

行政性非诉讼程序是否属于 ADR，在理论上存在一定争议。有的国家将其列为行政司法的组成部分，有的国家将其作为准司法系统或委任司法。由于其在性质上与正式的司法制度及诉讼程序存在明显差别，运行机制及原理更接近于 ADR 的，所以，目前纠纷解决研究和实务倾向于将其视为 ADR 的组成部分，即行政性 ADR。行政性 ADR 的广泛应用，亦增加了 ADR 的多元化特点。

（二）功能与特点

1. 兼有行政和司法的功能。行政性非诉讼程序的法律地位一般是通过立法或行政法规确立的，解纷主体及其管辖权具有专属性，程序和职权具有法定性、权威性，处理结果具有合法性、正当性及相应法律效力。既可作为专门性法定前置程序，也可设置为一种终局性机制。

2. 处理高效、及时、直接。行政机关拥有一定的自由裁量权和调查权，有较强的查明事实、进行专业判断和适用法律的能力，比法院更适于处理一些常规性、多发性、社会性和群体性的新型纠纷；可将行政权力的能动性、直接性和高效率与协商性、衡平性及专门性相结合，在维护弱势群体利益方面的作用更为明显和直接。例如，在处理环境争议、劳动争议、消费争议或申诉案件中，可以直接行使调查权，减轻弱势当事人的举证责任，亦可能通过行政裁量进行个别衡平和救济，以达到公平处理和实质公正。因此，很多国家都将对各种新型的社会性纠纷的处理付诸行政性机制。

3. 具有专门性、针对性和专家优势。行政性解纷机制处理的大多数与行政主管部门的权限相关，各职能部门出于管理和治理的需要，对特定类型纠纷的处理负有责任和权限，需由执法人员或配备专职人员参与纠纷解决。这些人员通常具有一定权限和相关资质，兼有专业知识和纠纷解决经验，在缺乏明确法律规则和原则的情况下，也可通过协调寻求社会公共利益以及各方当事人或群体利益之间的平衡，取得较好的解决结果；维护社会和市场秩序的稳定与健康发展。正式的解纷机制也可以采用社会化形式，如申诉专业、行政委员会等。

4. 行政主管机关不仅可以进行事后救济，还可以通过自己的管理权限，如通过听证程序和对话商谈等渠道了解公众意见，在纠纷解决中发现问题、积累经验，及时进行政策调整，形成更为快速的反馈和治理机制，从而预防或减少此后同类纠纷的发生。

5. 处理方式、手段和结果的综合性。在当代社会，由于公与私的界限逐步被打破，行政争议与民事纠纷往往相互交错，一个纠纷案件有时会涉及多种错综复杂的法律关系。如当事人在提起行政争议诉求的同时，会追究行政过失所导致的民事侵权赔偿，也可能质疑行政机关处理民事纠纷的权限及不作为；政府在处理基层行政管理活动引发的纠纷时，可以在追究行政官员的行政责任的同时对受害者进行民事赔偿或补偿；等等。如果采用常规司法程序，常常不得不提起若干关联诉讼；行政性纠纷解决机制则有可能对其进行综合处理，不仅可以节约公共资源，而且可以在民事责任与行政责任之间进行适当调适，从而促进纠纷的全面、妥善解决。例如，在治安事件导致的人身伤害赔偿案件中，加害人为避免行政处罚而积极、主动地回应受害人的民事赔偿请求，受害人在获得满意的赔偿后，可以合法地撤回控告，从而使纠纷一次性得以解决。同样，商标权属争议既涉及双方当事人的民事争议，也涉及行政机关审批行为的合法性与合理性，在行政裁决中可以一并处理。再如，医疗事故纠纷通常会涉及医疗事故鉴定、医疗管理责任、民事赔偿责任或补偿等问题，以及患者、医方和相关各方，在行政处理程序中，从是否需要进行医疗事故鉴定到确定赔偿或补偿数额，从医方的民事责任到具体承担方式，都可以通过协商和调解解决。而一个综合性处理最终可能形成若干不同性质的结果，例如行政处罚决定、民事赔偿协议、内部纪律处分甚至刑事和解，等等。因此，行政性纠纷解决机制可以通过多种方法，特别是调解与协商，更好地衡平个案公正与普遍正义以及实质公正与程序公正之间的关系。

（三）形式与应用范围

基于以上特点和优势，当代世界各国对一部分特定的纠纷历来以行政处理为主。近年来，行政性 ADR 在处理现代新型纠纷（如公害、产品责任等）中承担起越来越重要的责任，其管辖范围不断扩大，在社会治理中的作用也日益提高。在美国，一年向社会保障署提起的请求或者申诉共有 400 万件，经过各种 ADR 方式处理，真正由行政法法官裁决的有 50 万件，最终进入法院的只有 1.2 万件，超过 99%的案件在行政机关内部得到了解决。我国行政调解的数量也很多，但缺乏全面详细的统计和发布。目前其应用范围主要包括以下领域。

1. 处理一般民事纠纷，包括执法附带性纠纷解决，如社区警察、工商管理、城管执法中的调解；专门性行政调解、行政裁决、咨询、信访机构的解纷活动。

2. 处理特定类型的纠纷，如治安事件、劳动争议、土地林木权属争议、交通事故赔偿、医疗纠纷、环境纠纷、税收争议等。

3. 处理行政机关与公民之间的纠纷，如行政投诉、行政复议和一般行政相对人与行政执法机关之间的纠纷。包括一些政策性历史遗留问题。

4. 处理行政机关内部（包括本系统内部、下属及其他行政机关）的纠纷，包括人事争议、行政机关之间的权属争议、行政责任争议等。

（四）基本模式

各国的行政性纠纷解决机制一般是通过相关立法建立的，在制度设计中须考虑行政权限的范围、行使方式、法律效力及与司法程序的衔接，包括与民事诉讼和行政诉讼之间的衔接，乃至与违宪审查程序的衔接。目前大致有以下几种模式。①

1. 选择性程序。此即行政性解纷程序不是法定必经程序，允许当事人根据需要和偏好加以选择，如一些行政调解以及“或裁或审”“或议或审”程序。选择性程序一般不收费，也不具强制性，由此既可能与诉讼的高成本形成对照而受到欢迎，也可能会因当事人偏好诉讼而受到冷落。

2. 法定前置性程序。此即由法律将行政性程序规定为法定必经程序，以取代司法成为第一审程序。例如，劳动、商标、专利、治安、土地、林木权属等争议处理。其处理结果（一般为裁定）一般不具有终局性，当事人既可以选择司法途径（上诉或行政诉讼），也可以选择上

---

① 参见王名扬：《英国行政法》，北京，中国政法大学出版社，1996；王名扬：《美国行政法》，北京，中国法制出版社，1994；龚祥瑞：《比较宪法与行政法》，北京，法律出版社，2003；张越编：《英国行政法》，北京，中国政法大学出版社，2004；周汉华主编：《行政复议司法化：理论、实践与改革》，北京，北京大学出版社，2005；张树义主编：《纠纷的行政解决机制研究——以行政裁决为中心》，北京，中国政法大学出版社，2006；等等。

一级行政机关进行复议。

3. 司法审查程序。行政裁决（裁定）通常在法定期限内自然生效，在此期限内，当事人如果对裁决不服，则可以依法提起司法审查。各国法院对行政裁决的支持率通常较高。当事人如果对行政性机制的管辖或处理（裁定）不服，也可以另行提起诉讼、申诉、复审，寻求司法审查和救济。针对行政机关对民事纠纷作出的裁决，应提起民事诉讼还是行政诉讼，不同国家的制度各有不同，我国对行政裁决提出异议通常以行政诉讼方式进入司法程序。①

4. 独立或专属性程序。部分国家出于对国家行政权的信任及对其独立性的维护，允许行政性纠纷解决机制自成系统，建立独立的行政法院，与司法程序不相互衔接。最为典型的是法国的行政法院，它与普通法院系统各司其职、互不干预，各自独立行使审判权，互不隶属，亦无审级关系，它们之间的管辖权争议，由专门设立的权属争议法院处理。这种机制采用了司法程序的基本形式，原则上依法独立审判，但在裁判依据、审理方式和基本理念上与普通司法程序存在一些差异。

行政性纠纷解决机制处理结果的效力在调解和裁决两类基本程序中有所不同。行政调解可以是选择性的，也可以是前置性的，但调解协议的达成必须以当事人自愿为原则，其效力一般仍相当于契约效力，亦可规定法定生效期间，在期限内当事人可以提请司法审查或另行诉讼，否则期满后即自行生效，产生强制执行效力。行政裁决是具体行政行为，当事人如果不服，可以通过行政诉讼寻求司法救济，对裁决的合法性与合理性进行司法审查。我国加入世界贸易组织后，对商标法等知识产权法进行了修改，取消了行政机关的终局决定权，理顺了行政处理与司法审查的关系，法院通过司法审查，不仅可以对当事人进行司法救济，也可以有效维护行政性纠纷解决机制的正常运作。

（五）发展趋势

根据现代分权理念，行政机关的主要职能是执法和管理，对于行政性纠纷解决在理论上缺少正当性论证，并主张对其加以限制，其依据主要包括：（1）依法行政，行政机关和公权力不应随意介入私权争议；（2）司法至上，纠纷解决应由司法机关独立承担；（3）公权力不能让渡，行政机关不能在协商中作出妥协让步；（4）诉权不能限制，行政程序不应成为截流诉讼的阀门；（5）对行政裁量权的限制；（6）公众知情权和监督权的需要等。这些理论在不同程度上影响到行政性纠纷解决机制的设计及作用。随着当代社会的发展，这些传统理念多数已经被突破，在服务型政府、国家治理理念和 ADR 潮流推动下，世界各国行政性纠纷解决机制都出现了新的发展态势和多元化格局。

1. 随着社会发展和治理的需要，国家权力在某些领域的介入持续加强，特别是涉及弱势群体权益、环境、市场秩序、公共安全等方面；而社会出于对纠纷解决的快速化、简易化、专门化的要求，对行政性机制也寄予了越来越大的期待，更多地将其设定为法定前置程序或专属管辖，要求在诉讼前必须穷尽行政救济方式。

2. 行政性纠纷解决机制的管辖范围继续扩大，处理的纠纷既有专业性极强的特殊类型纠

---

① 我国对此有三种不同意见：民事诉讼说，行政附带民事诉讼说，行政诉讼说。参见张树义主编：《纠纷的行政解决机制研究——以行政裁决为中心》，49 页以下，北京，中国政法大学出版社，2006。

纷，也有琐碎、多发的日常民事争议；既有突发的群体性事件，也有大量并无既定规则的新型利益冲突。形式将更加多样化，进一步发挥行政干预的能动性和特点，如采用类似“信访”的申诉（监察）专员模式对个案进行衡平处理，以及针对群体事件或突发公共安全事件（包括矿难、重大交通事故、自然灾害等）建立专门的应急处理机制等。①

3. 更加重视调解的作用，注重调解与裁决之间的衔接，提高纠纷解决功能和社会效果。

4. 采用社会化方式、与民间性 ADR 协调互动。为了保证行政处理机制的中立性、独立性和专业性，行政主体也可以采用聘请、购买服务等方式建立社会化中立第三方机构。如申诉专员由行政机构聘任资深法官、律师或专家担任，独立进行调查、调解和裁决；行政委员会则根据个案处理需要，从社会上选任专家、法学家、律师、社会代表等组成处理机构，独立进行调查、调解和裁决。“购买服务”、委托调解等可将部分案件委托民间解纷机构处理，而独立赔偿基金则被赋予独立处理理赔的工作。这些机制由主管部门负责组建、有公共财政支持，在行政主管部门指导下独立行使纠纷解决职能，兼有行政性（准司法性）和社会性。既可保证政府主导、避免行政机关推卸责任，又可保障其权威性和公信力。

在社会治理纠纷解决中，行政与民间机制亦可以互动乃至相互转化。当民间社会机制能够有效地发挥作用，并得到社会公众和当事人认同的情况下，国家权力可以逐步退出，将行政性机制逐步转化为民间社会性机制。反之，在民间社会机制尚未形成或不能有效发挥作用、纠纷积聚之际（例如物业纠纷），或涉及公共利益的行业（如金融业），则需要加强政府或行政机关的介入。

二、我国行政性纠纷解决机制

（一）作用和意义

相比较而言，我国的政治体制和社会治理传统决定了行政性纠纷解决机制的特殊性。

1. 转型期的特点。我国社会转型期，管理体制尚未建立健全，合理的治理模式需要探索和磨合，利益的多元化、社会关系的复杂化及法律规则与制度的缺漏和滞后导致纠纷多发、对抗性强，处理困难，行政主体在构建和谐社会、维护稳定和综合治理中的作用不可或缺。

2. 当事人的需求。基于文化传统、行为习惯和实际需要，我国社会公众和纠纷当事人习惯在纠纷发生之后向政府或行政主管机关求助，特别是农民工、企业下岗工人、农民和少数民族等弱势群体，他们对政府及行政机关的依赖性在一定程度上体现了其行为惯性和对行政纠纷解决机制的合理认知。例如，在解决拖欠农民工工资等问题上，政府和劳动监察部门的积极介入确实比诉诸司法更为高效、经济，对农民工权益的维护效果更好。

3. 行政改革及社会治理的需要。当代行政理念的转变为行政性解纷机制的发展提供了新的

---

① 例如，在美国，随着立法鼓励使用 ADR 解决纠纷，行政法法官开始越来越多扮演协调者的角色。如劳工部的“和解法官”是行政法法官办公室任命的调解人，他们经过了 ADR 技巧训练，是纠纷所涉事项领域的专家，被授权与当事人磋商，帮助当事人解决纠纷而无须诉诸正式听证程序。和解法官有以下几个特征：（1）当事人自愿；（2）不载入记录，较非正式；（3）当事人无须缴费；（4）保密；（5）和解有时限要求，一般为 60～90 天不等；（6）如果和解不成功，和解法官不能作为主持此案审理的法官；（7）和解法官可以同时会见双方律师或者单独会见一方律师；（8）保持中立，应该尽力促成双方达成和解。

契机。以往，行政性纠纷解决单纯被理解为公权力的管理行为，依法行政理论旨在对其进行制约和限制；尽管行政机构通过调解处理私权争议并不存在实质性障碍，但行政机构往往怠于干预私权、介入民间纠纷，加之学术界的反对，故以行政限权、资源匮乏、执法能力低等种种理由极力推诿。而当代服务型政府的理念，则将政府参与纠纷解决视为一种公共服务、法定职责和福利资源。政府应将稳定与和谐作为基本目标，从社会治理的需要出发，积极参与纠纷的预防和解决，并不断调节、创新其介入的范围、程度和方式，采用更为合理、中立、公正的程序。

中共十八届四中全会《关于全面推进依法治国若干重大问题的决定》提出："健全行政裁决制度，强化行政机关解决同行政管理活动密切相关的民事纠纷功能"，对于行政性非诉讼纠纷解决机制的建构和发展提出了新的要求和目标。为此，需要树立服务型政府的理念，注重发挥行政主体在社会治理和纠纷解决中的作用，以行政救济更多、更好地替代诉讼。同时，行政主体应转变观念，承担责任、发挥应有的职能，解决不作为和推卸责任的问题。无论是基层政府、行政主管部门、执法机关还是信访机构，都应承担起相应的责任，处理好同行政管理活动密切相关的民事纠纷。

（二）特点与问题

1. 我国并没有建立独立的行政法院体系，大多数行政性非诉讼程序都属于专门性程序或附属性程序。部分是历史延续下来的，例如政府对土地林木权属争议的处理、对水权争议的处理等；部分则具有明显的移植特征，如知识产权类的行政裁决。其中多数为选择性程序，不排除直接诉诸司法救济；少数前置性程序也不具有终局性，不排除司法审查。

2. 正式的行政裁决制度与非正式机制，特别是各种行政调解相互结合。行政性非诉讼程序的法律地位不统一，行政调解的法律地位和效力不明确，缺少制度保障。

3. 制度和程序设计上存在许多问题。一个时期以来，行政性解纷机制不断弱化，一些行之有效的前置性行政非诉讼程序逐步被司法程序所取代，或者转化为选择性程序，行政裁决的适用范围持续萎缩，难以起到替代诉讼的作用，增加了解纷成本；行政调解方式落后，常常采用法庭方式，影响了调解的达成和解纷效果；一些行政机关以"依法行政"和"小政府、大社会"为由推卸解决纠纷的职责，不作为的问题非常普遍、严重；行政机关人力和资源匮乏，解纷能力低、效果差，无力应对实际需要；信访机制缺乏调查权和裁量权，无法满足民众对申诉和行政救济的需求，成为制度瓶颈。

4. 在"大调解"实践中，行政调解往往与人民调解不加区别，导致行政性与民间性非诉讼程序的混淆。行政机关倾向于使用"政府购买"或委托方式将行政调解转化为民间调解。

（三）基本形式

1. 行政调解

行政调解是行政主体在争议双方当事人自愿的基础上，主持双方进行协商、达成和解协议从而解决争议的活动。我国实务中的行政调解一般包括对专业技术性及政策性较强的民事争议，与行政行为相关联的民事案件，以及历史上一直由行政机关处理的民事争议的处理。2010年10月，国务院发布的《关于加强法治政府建设的意见》（现已失效）提出："要把行政调解作为地方各级人民政府和有关部门的重要职责，建立由地方各级人民政府负总责、政府法制机构牵头、各职能部门为主体的行政调解工作体制，充分发挥行政机关在化解行政争议和民事纠纷中的作用。完善行政调解制度，科学界定调解范围，规范调解程序。对资源开发、环境污染、公共安全事故等方面的民事纠纷，以及涉及人数较多、影响较大、可能影响社会稳定的纠纷，要主动进行调解。”这里提到的行政调解主要是指行政机关对民事纠纷的调解，主要包括以下内容。

（1）基层人民政府对民间纠纷的处理。20 世纪 90 年代曾建立基层政府民间纠纷处理制度，但实际上已被废弃，部分司法所的工作被纳入乡镇人民调解，导致民间调解与行政调解的混同，但一些地方的基层司法所和政府信访部门实际上仍承担着这类职能。

（2）行政机关对主管领域内民事纠纷的调解。例如，派出所的治安调解，市场监督管理部门对消费者争议的处理，交管部门对交通事故赔偿的调解，以及医疗卫生主管机关对医疗事故赔偿的处理等。[①] 在调解中，行政机关既是调解人和见证人，又是调解协议履行的监督者。调解协议具有合同性质，相当于私法上的和解。根据《行政复议法》第 8 条规定，当事人不服行政机关对民事纠纷作出的调解或者其他处理，可以依法申请仲裁或者向人民法院提起（民事）诉讼。

（3）行政裁决程序（包括行政复议）中的调解，即行政主体在作出裁决之前对争议双方先行调解，如果调解成功，可以终结裁决程序。2007 年 5 月发布的《行政复议法实施条例》第 40 条规定：公民、法人或者其他组织对行政机关行使法律、法规规定的自由裁量权作出的具体行政行为不服申请行政复议，申请人与被申请人在行政复议决定作出前自愿达成和解的，应当向行政复议机构提交书面和解协议；和解内容不损害社会公共利益和他人合法权益的，行政复议机构应当准许。第 50 条规定：有下列情形之一的，行政复议机关可以按照自愿、合法的原则进行调解：1）公民、法人或者其他组织对行政机关行使法律、法规规定的自由裁量权作出的具体行政行为不服申请行政复议的；2）当事人之间的行政赔偿或者行政补偿纠纷。当事人经调解达成协议的，行政复议机关应当制作行政复议调解书。调解书应当载明行政复议请求、事实、理由和调解结果，并加盖行政复议机关印章。行政复议调解书经双方当事人签字，即具有法律效力。调解未达成协议或者调解书生效前一方反悔的，行政复议机关应当及时作出行政复议决定。目前，多数行政性非诉讼程序都确立了调解与裁决相结合的原则，可以调解结案，如对知识产权纠纷、土地承包纠纷、房屋拆迁和土地征用等的裁决程序。所达成的行政调解协议与裁决具有同等效力，被视为非强制行政行为。

（4）个案处理。包括政府对特殊个案作出的一次性或应急处理以及信访机构对信访个案进行的调解处理，包括常规性和随机性的个案调处。在解决突发事件、群体性、政策性、复杂疑难和历史遗留等特殊问题中都需要灵活性和衡平性兼顾，解决实际问题。

2. 行政裁决

行政裁决指行政主体根据法定职权和程序，以裁决方式处理争议的制度和程序，属于行政机关的职权处理，具有准司法性质。广义的行政裁决，指行政机关（或行政主体）解决民事、

---

① 1998 年《汽车维修质量纠纷调解办法》和 2005 年《电力争议调解暂行办法》是我国仅有的以部门规章形式制定的有关行政调解的规范，显示出模仿诉讼的特点。而大多数行政部门均未制定类似规范。参见湛中乐等：《行政调解、和解制度研究》，76 页以下，北京，法律出版社，2009。

行政争议的活动，与行政立法、行政执法一起构成行政行为整体。狭义的行政裁决，仅指行政机关解决民事纠纷的活动。①

行政裁决是行政机关依据当事人申请，根据法律法规授权，居中对与行政管理活动密切相关的民事纠纷进行裁处的行为。其特点在于：(1) 主体的行政性。裁决主体是法律法规授权的行政机关，不同于作出民事仲裁的民间仲裁机构和受理民事诉讼案件的法院。(2) 对象的特定性。裁决的受理范围是与行政管理活动密切相关的民事纠纷，主要集中在自然资源权属争议、知识产权侵权纠纷和补偿争议、政府采购活动争议等方面，合同纠纷等一般民事争议不属于行政裁决的受理范围。(3) 行政裁决结果具有非终局性。当事人不服行政裁决的，可依法向法院提起诉讼，不同于民事仲裁的一裁终局、民事诉讼的两审终审。

迄今为止，我国法律没有对行政裁决作出统一规范，相关规定散见于多部法律法规中，如土地管理法、森林法、草原法、矿产资源法等法律规定了土地、林地、草原、矿区等自然资源权属民事纠纷的行政裁决事项，商标法、专利法、植物新品种保护条例、中药品种保护条例、集成电路布图设计保护条例等法律、行政法规对知识产权侵权纠纷和补偿争议的行政裁决事项作出了规定，政府采购法等法律对政府采购活动争议的裁决处理作出了规定。此外，一些地方法规也将行政裁决作为纠纷化解方式之一予以规范。

2018 年 12 月 31 日，中共中央办公厅、国务院办公厅印发了《关于健全行政裁决制度加强行政裁决工作的意见》，提出了健全行政裁决制度、加强行政裁决工作的指导思想、基本原则、主要目标。健全行政裁决制度、加强行政裁决工作的主要目标是：行政裁决职责得到切实履行，行政裁决工作积极推进；行政裁决制度不断健全，行政裁决、调解、仲裁、行政复议、诉讼等有机衔接、相互协调的多元化纠纷解决机制持续完善；行政机关在解决民事纠纷上的重要作用得到充分发挥，能够及时有效化解矛盾纠纷，保障人民群众合法权益。该文件针对行政裁决存在的问题，规定了 4 项制度和机制。

(1) 建立行政裁决告知制度。对于能够通过行政裁决解决纠纷的，人民法院在登记立案前应当向当事人提供通过行政裁决化解纠纷的建议。人民调解委员会、律师、基层法律服务工作者等参与矛盾纠纷化解时，应当告知行政裁决渠道供当事人选择。

(2) 健全行政裁决救济程序的衔接机制。当事人不服行政机关对民事纠纷作出的行政裁决的，在法定期限内，既可以以民事争议的对方当事人为被告提起民事诉讼，也可以对行政裁决行为提起行政诉讼，并申请法院一并解决相关民事争议。法律另有规定的，依照其规定。

(3) 加强行政裁决调解工作。行政机关裁决民事纠纷应当先行调解，当事人经调解达成协议的，由行政机关制作调解协议书；调解不能达成协议的，行政机关应当及时作出裁决。

(4) 搭建"一站式"纠纷解决服务平台。在自然资源权属、知识产权侵权和补偿、政府采购活动等行政裁决纠纷多发领域，行政机关、人民调解组织、行业调解组织、律师调解组织等可以整合资源，探索建立"一站式"纠纷解决服务平台，切实减轻人民群众在依法维权中的负担。

3. 行政复议

行政复议即行政相对人认为行政主体的具体行政行为侵犯其合法权益，依法向行政复议机

---

① 参见张树义主编：《纠纷的行政解决机制研究——以行政裁决为中心》，29 页，北京，中国政法大学出版社，2006。

关提出复查该具体行政行为的申请，行政复议机关依照法定程序对该申请的具体行政行为进行合法性、适当性审理，并作出行政复议决定的一种法律制度。[①] 行政复议是行政裁决的最高形式，对于行政机关来说，是行政机关系统内部自我监督的一种重要形式；对于行政相对人来说，是对其被侵犯的权益的一种救济手段或途径。行政复议的特点是：（1）程序简单、不收费、迅速及时，以便民为原则；（2）复议决定一经作出即可依行政权力履行或执行，有一定的权威性和效力；（3）在一般情况下，不具有终局性，不剥夺当事人的诉权。

4. 行政申诉

申诉制度是一种当事人向政府及行政主体提出意见、诉求或救济的制度，它同时能够承载多种功能，包括传递信息、意见或建议，请求行政救济、纠正行政违法、检举或投诉行政机关及官员和责任追究，等等。当代各国都存在类似的制度，但其形式各有不同。例如，西方国家的行政申诉专员（ombudsman）[②]、日本的苦情相谈制度、我国台湾地区的行政诉愿制度，我国大陆的信访制度也是其中较有特色的一种。近年来，申诉制度的纠纷处理功能，特别是解释、调查、调解和协调功能日益受到重视，并被纳入 ADR 体系（参见本章本节“六”）。

5. 行政仲裁

行政仲裁是行政主体以仲裁的方式解决当事人之间争议的方式。我国在计划经济时期实行的行政合同仲裁是行政仲裁的典型形式；目前仍存在一些类似制度。其特点是，仲裁机构由政府主导建立、设立在政府、由政府财政支持运作，原则上不收费，但仲裁委员会本身不是政府机构，其成员和仲裁员由主管机构行政人员、专家和相关各界人士担任。例如，《农村土地承包经营纠纷调解仲裁法》规定的农村土地承包仲裁委员会，由当地人民政府及其有关部门代表、有关人民团体代表、农村集体经济组织代表、农民代表和法律、经济等相关专业人员兼任组成。教育部《普通高等学校学生管理规定》要求各高校成立学生申诉处理委员会，负责受理学生对取消入学资格、退学处理或者违规、违纪处分的申诉。学生申诉处理委员会由学校负责人、职能部门负责人、教师代表、学生代表组成。二者都属于行政或准行政仲裁。行政仲裁属于政府指导下的中立第三方社会机制，与国外的行政委员会模式类似。然而，在现实的运作中其性质往往会出现异化，向行政机制回归。例如，劳动争议仲裁委员会本应是由行政部门和劳资双方组成的三方机制，但很多地区实际上并没有真正落实，很难保证三方力量的参与和均衡，实际上演变为一种行政仲裁。

6. 行政和解

行政和解并非明确的法律制度，而是近年来出现的新概念，指双方当事人之间通过协商达成和解的纠纷解决方式。主要包括：（1）行政诉讼和行政复议过程中的和解，指行政主体在行政争议处理中与行政相对人就争议事项和实体权利义务的处分达成谅解，所形成的一种具有公法上的契约性质的和解。实际上和解，多数情况下是调解的结果，但由于以撤诉或和解协议形

---

① 世界各国关于复议机构的定位有所不同，英美法系国家或地区倾向于将复议机构定位为一种司法性组织，如英国的行政裁判所、美国的独立管理机构、中国香港的行政上诉委员；而大陆法系国家则更多地强调其行政性，如大陆法系国家多以原行政机关或原行政机关的上级机关为复议机关，复议机关的独立性相对较弱，职权性较强。参见皮纯协主编：《行政程序法比较研究》，461～463 页，北京，中国人民公安大学出版社，2000。

② 又译为监察专员（ombudsman），其职责是接受公民的投诉，作为中立第三方进行调解处理（有时可作出裁决），参与调查，解决纠纷。

式出现，强调的是双方的合意，亦被称为撤诉模式。(2) 行政争议形成后，行政主体与对方当事人（行政相对人）自行协商达成的公法上的契约，例如变更、撤销或部分撤销行政决定、行政补偿、行政赔偿或其他行政救济等其他内容的协议。原则上必须是在行政相对人自愿和属于行政主体权限范围内的争议，被称为契约模式。[①] 实践中行政和解应用广泛，但由于缺乏法律规范，也存在一定模糊之处和风险，因而影响了其作用的发挥。

近年来，我国行政主体在上述各种形式中都不同程度地推行了社会化，如行政裁决中专家参与，律师参与行政调解和信访工作，人大代表和社会公众参与信访听证；委托调解；等等。一些地方的纠纷解决"一站式"服务也起到了分担行政解纷职能的作用。

(四) 主要类型

从启动方式看，我国行政性非诉讼程序可以分为四大类。

1. 法定前置必经程序。这属于行政主管机关的专属管辖，当事人不能直接向法院提起诉讼。包括土地林木权属争议、农村土地承包纠纷、征地纠纷、城市房屋拆迁纠纷、知识产权确权（商标、专利、版权争议）等裁决程序，可进行调解，对裁决决定不服可提起行政诉讼。

2. 选择性程序。当事人既可以选择行政解决程序，也可直接向人民法院提起诉讼，如交通事故、医疗纠纷等。

3. 执法附带性解纷程序。行政机关主要作为执法者参与纠纷解决，通常以调解方式解决，并可以与社会机构联合。

4. 应急处理机制。近年来，我国在应急处理方面逐步积累了丰富的经验，已经形成了一些常规性制度和程序。各级政府在发生公共安全事件、自然灾害、大规模侵权、群体性事件等突发、紧急事件，以及矿难、火灾、重大交通等安全事故后，根据预案进行应急处理，同时进行原因调查、责任认定、行政协调、法律责任追究，本着受害人救济优先的原则，由政府直接负责受害人的医疗救助、心理抚慰、家属安抚，采用统一的赔偿标准、政府先行赔付或建立赔偿基金的方式进行损害赔偿，多数情况下，无须诉讼就能够顺利解决处理，同时并不限制当事人的诉讼权利。

由于所涉纠纷性质不同，各种机制的具体运作程序也会表现出某种程度上的差异。以下将择要介绍一些代表性的机制和程序。

三、资源纠纷解决机制与农村土地承包经营纠纷调解仲裁制度

(一) 资源纠纷解决机制

资源是指在一定的技术经济条件下，自然界中对人类有用的一切物质和能量，包括水、土地、森林、草原、矿藏等。我国目前已制定的单项自然资源法律、法规有：《森林法》《草原法》《矿产资源法》《渔业法》《水法》《水土保持法》《土地管理法》等。[②] 资源类纠纷是围绕资

---

① 参见湛中乐等：《行政调解、和解制度研究》，第四章，北京，法律出版社，2009。

② 参见张树义主编：《纠纷的行政解决机制研究——以行政裁决为中心》，第十章，北京，中国政法大学出版社，2006。

源的所有权、使用权而发生的争议，其解决机制主要包括三类。

1. 资源权属纠纷处理机制，多属于行政主管部门的专属管辖和法定必经程序。例如：《土地管理法》第 14 条规定：土地所有权和使用权争议，由当事人协商解决；协商不成的，由人民政府处理。单位之间的争议，由县级以上人民政府处理。个人之间、个人与单位之间的争议，由乡级人民政府或者县级以上人民政府处理。当事人对有关人民政府的处理决定不服的，可以自接到处理决定通知之日起 30 日内，向人民法院起诉。政府对于土地权属争议的处理主要由国土资源行政主管部门负责。1995 年 12 月，国家土地管理局发布了《土地权属争议处理暂行办法》，对此类争议处理的管辖及程序作了具体规定。2003 年 1 月，国土资源部公布新的《土地权属争议调查处理办法》，替代了原处理办法，2010 年 11 月，国土资源部对其进行了部分修改。该办法规定县级以上国土资源行政主管部门负责土地权属争议案件的调查和调解工作；对需要依法作出处理决定的，拟定处理意见，报同级人民政府作出处理决定。当事人发生土地权属争议，经协商不能解决的，可以依法向县级以上人民政府或者乡级人民政府提出处理申请，也可以向有关的国土资源行政主管部门提出调查处理申请。国土资源行政主管部门对受理的争议案件，应当在查清事实、分清权属关系的基础上先行调解，促使当事人以协商方式达成协议。调解应当坚持自愿、合法的原则。调解书经双方当事人签名或者盖章，由承办人署名并加盖国土资源行政主管部门的印章后生效。生效的调解书具有法律效力，是土地登记的依据。调解未达成协议的，国土资源行政主管部门应当及时提出调查处理意见，报同级人民政府作出处理决定。当事人对人民政府作出的处理决定不服的，可以依法申请行政复议或者提起行政诉讼。在规定的时间内，当事人既不申请行政复议，也不提起行政诉讼，处理决定即发生法律效力。生效的处理决定是土地登记的依据。

2. 资源赔偿和补偿纠纷裁决。在国家对土地等资源进行征收、征用时，必须给予有关当事人合理的补偿，在当事人之间因资源权益补偿方面发生纠纷时，也应通过行政性程序加以解决。《土地管理法实施条例》第 25 条规定：市、县人民政府土地行政主管部门根据经批准的征用土地方案，会同有关部门拟订征地补偿、安置方案，在被征收土地所在地的乡（镇）、村予以公告，听取被征收土地的农村集体经济组织和农民的意见。征地补偿、安置方案报市、县人民政府批准后，由市、县人民政府土地行政主管部门组织实施。对补偿标准有争议的，由县级以上地方人民政府协调；协调不成的，由批准征收土地的人民政府裁决。征地补偿、安置争议不影响征收土地方案的实施。这类裁决与城市房屋拆迁的裁决相似，但不同于权属争议裁决。

3. 资源侵权纠纷裁决。这是指由于作为平等主体的一方当事人享有的涉及行政管理的资源权益受到他人侵犯，行政主体就此争议作出的裁决。行政主体可以在制止侵权行为的同时，对双方当事人的赔偿问题进行调解处理，部分领域也可以作出裁决，如责令侵权人停止侵害、赔偿损失，实际上是一种附带性的纠纷解决。例如，《草原法》第 66 条规定，非法开垦草原，构成犯罪的，依法追究刑事责任；尚不够刑事处罚的，由县级以上地方人民政府草原行政主管部门依据职权责令停止违法行为，限期恢复植被，没收非法财物和违法所得，并处违法所得一倍以上五倍以下的罚款；没有违法所得的，并处五万元以下的罚款；给草原所有者或者使用者造成损失的，依法承担赔偿责任。近年来，这种方式尽管在实践中仍然存在并具有很大作用，但在法律制度和实践中已经开始减少。

（二）农村土地承包经营纠纷调解仲裁制度

2009 年 6 月 27 日十一届全国人大常委会九次会议通过的《农村土地承包经营纠纷调解仲裁法》（自 2010 年 1 月 1 日起施行，以下简称《承包纠纷法》）。

1. 适用范围。农村土地承包经营纠纷包括：（1）因订立、履行、变更、解除和终止农村土地承包合同发生的纠纷；（2）因农村土地承包经营权转包、出租、互换、转让、入股等流转发生的纠纷；（3）因收回、调整承包地发生的纠纷；（4）因确认农村土地承包经营权发生的纠纷；（5）因侵害农村土地承包经营权发生的纠纷；（6）法律、法规规定的其他农村土地承包经营纠纷。因征收集体所有的土地及其补偿发生的纠纷，不属于农村土地承包仲裁委员会的受理范围，可以通过行政复议或者诉讼等方式解决（第 2 条）。

2. 调解。发生农村土地承包经营纠纷的，当事人可以自行和解，也可以请求村民委员会、乡（镇）人民政府等调解（第 3 条）。但调解并非必经程序。当事人和解、调解不成或者不愿和解、调解的，可以向农村土地承包仲裁委员会申请仲裁，也可以直接向人民法院起诉（第 4 条）。

调解机构为村民委员会、乡（镇）人民政府，当事人可以书面也可以口头申请调解。调解协议具有合同效力，可以申请法院确认。

3. 仲裁委员会。农村土地承包仲裁委员会是一种在地方政府指导下的独立的社会化、公益性仲裁机构，不得向当事人收取费用，仲裁工作经费纳入财政预算予以保障。仲裁委员会根据实际需要，可以在县、市或其市辖区设立，受当地人民政府指导，日常工作由当地农村土地承包管理部门承担；由当地人民政府及其有关部门代表、有关人民团体代表、农村集体经济组织代表、农民代表和法律、经济等相关专业人员兼任组成，其中农民代表和法律、经济等相关专业人员不得少于组成人员的 1/2（第 13 条）。其职责是：聘任、解聘仲裁员；受理仲裁申请；监督仲裁活动。

4. 仲裁的申请和受理。农村土地承包经营纠纷申请仲裁的时效期间为 2 年，自当事人知道或者应当知道其权利被侵害之日起计算（第 18 条）。仲裁的申请人、被申请人为当事人。家庭承包的，可以由农户代表人参加仲裁。当事人一方人数众多的，可以推选代表人参加仲裁。与案件处理结果有利害关系的，可以申请作为第三人参加仲裁，或者由农村土地承包仲裁委员会通知其参加仲裁。当事人、第三人可以委托代理人参加仲裁（第 19 条）。申请仲裁的条件是：（1）申请人与纠纷有直接的利害关系；（2）有明确的被申请人；（3）有具体的仲裁请求和事实、理由；（4）属于农村土地承包仲裁委员会的受理范围（第 20 条）。

当事人申请仲裁，应当向纠纷涉及的土地所在地的农村土地承包仲裁委员会递交仲裁申请书。

仲裁委员会应当对仲裁申请予以审查，符合规定的，应当受理。有下列情形之一的，不予受理；已受理的，终止仲裁程序：（1）不符合申请条件；（2）人民法院已受理该纠纷；（3）法律规定该纠纷应当由其他机构处理；（4）对该纠纷已有生效的判决、裁定、仲裁裁决、行政处理决定等（第 22 条）。

仲裁委员会应当自受理仲裁申请之日起 5 个工作日内，将受理通知书、仲裁申请书副本、仲裁规则和仲裁员名册送达被申请人（第 24 条）。被申请人应当自收到仲裁申请书副本之日起

10 日内向仲裁委员会提交答辩书；书面答辩确有困难的，可以口头答辩，由仲裁委员会记入笔录，经被申请人核实后由其签名、盖章或者按指印。仲裁委员会应当自收到答辩书之日起 5 个工作日内将答辩书副本送达申请人。被申请人未答辩的，不影响仲裁程序的进行（第 25 条）。

一方当事人因另一方当事人的行为或者其他原因，可能使裁决不能执行或者难以执行的，可以申请财产保全。当事人申请财产保全的，仲裁委员会应当将当事人的申请提交被申请人住所地或者财产所在地的基层人民法院。申请有错误的，申请人应当赔偿被申请人因财产保全所遭受的损失（第 26 条）。

5. 组成仲裁庭。仲裁庭由 3 名仲裁员组成，首席仲裁员由当事人共同选定，其他 2 名仲裁员由当事人各自选定；当事人不能选定的，由仲裁委员会主任指定。事实清楚、权利义务关系明确、争议不大的农村土地承包经营纠纷，经双方当事人同意，可以由 1 名仲裁员仲裁。仲裁员由当事人共同选定或者由农村土地承包仲裁委员会主任指定。仲裁委员会应当自仲裁庭组成之日起 2 个工作日内将仲裁庭组成情况通知当事人（第 27 条）。仲裁员基于特定原因必须回避，当事人可以申请其回避。仲裁庭依法独立履行职责，不受行政机关、社会团体和个人的干涉（第 46 条）。

6. 开庭。仲裁采用司法模式，开庭进行。开庭可以在纠纷涉及的土地所在地的乡（镇）或者村进行，也可以在仲裁委员会所在地进行。当事人双方要求在乡（镇）或者村开庭的，应当在该乡（镇）或者村开庭。开庭应当公开，但涉及国家秘密、商业秘密和个人隐私以及当事人约定不公开的除外（第 30 条）。

当事人申请仲裁后，可以自行和解。达成和解协议的，可以请求仲裁庭根据和解协议作出裁决书，也可以撤回仲裁申请（第 32 条）。申请人可以放弃或者变更仲裁请求。被申请人可以承认或者反驳仲裁请求，有权提出反请求（第 33 条）。仲裁庭作出裁决前，申请人撤回仲裁申请的，除被申请人提出反请求的外，仲裁庭应当终止仲裁（第 34 条）。申请人经书面通知，无正当理由不到庭或者未经仲裁庭许可中途退庭的，可以视为撤回仲裁申请。被申请人经书面通知，无正当理由不到庭或者未经仲裁庭许可中途退庭的，可以缺席裁决（第 35 条）。

当事人在开庭过程中有权发表意见、陈述事实和理由、提供证据、进行质证和辩论。对不通晓当地通用语言文字的当事人，仲裁委员会应当为其提供翻译（第 36 条）。当事人应承担举证责任，但仲裁庭认为有必要收集的证据，可以自行收集。《承包纠纷法》对鉴定、证据出示、质证、证据保全均作了细致的规定。对权利义务关系明确的纠纷，经当事人申请，仲裁庭可以先行裁定维持现状、恢复农业生产以及停止取土、占地等行为。一方当事人不履行先行裁定的，另一方当事人可以向人民法院申请执行，但应当提供相应的担保（第 42 条）。仲裁庭应当将开庭情况记入笔录，由仲裁员、记录人员、当事人和其他仲裁参与人签名、盖章或者按指印。当事人和其他仲裁参与人认为对自己陈述的记录有遗漏或者差错的，有权申请补正。如果不予补正，应当记录该申请（第 43 条）。

仲裁庭的裁决应当按照多数仲裁员的意见作出，少数仲裁员的不同意见可以记入笔录。仲裁庭不能形成多数意见时，裁决应当按照首席仲裁员的意见作出（第 44 条）。裁决书应当写明仲裁请求、争议事实、裁决理由、裁决结果、裁决日期以及当事人不服仲裁裁决的起诉权利、期限，由仲裁员签名，加盖仲裁委员会印章。仲裁委员会应当在裁决作出之日起 3 个工作日内将裁决书送达当事人，并告知当事人不服仲裁裁决的起诉权利、期限（第 45 条）。

仲裁应当自受理仲裁申请之日起 60 日内结束；案情复杂需要延长的，经仲裁委员会主任批准可以延长，并书面通知当事人，但延长期限不得超过 30 日（第 47 条）。当事人不服仲裁裁决的，可以自收到裁决书之日起 30 日内向人民法院起诉。逾期不起诉的，裁决书即发生法律效力（第 48 条）。当事人对发生法律效力的调解书、裁决书，应当依照规定的期限履行。一方当事人逾期不履行的，另一方当事人可以向被申请人住所地或者财产所在地的基层人民法院申请执行。受理申请的人民法院应当依法执行（第 49 条）。

《承包纠纷法》法律实施后，各地并未普遍建立并适用这一制度，由于并未将其设定为法定前置程序，农村土地承包纠纷当事人往往直接向人民法院提起诉讼。如何激活并充分发挥农村土地调解仲裁制度的作用，仍需要在今后的实践中进一步探索磨合。

四、执法附带性纠纷解决机制

（一）公安机关的治安调解

1. 概念。治安调解，是指对于因民间纠纷引起的打架斗殴或者损毁他人财物等违反治安管理、情节较轻的治安案件，在公安机关的主持下，以国家法律、法规和规章为依据，在查清事实、分清责任的基础上，劝说、教育并促使双方交换意见，达成协议，对治安案件作出处理的活动（《公安机关治安调解工作规范》第 2 条）。

当代世界很多国家高度重视“社区警务”，强调警察对社区公民的服务功能，警察在执法过程中经常参与社区纠纷的解决。我国公安机关历来强调人民警察服务于人民，依靠人民群众进行社会治安综合治理，面向基层、预防为主，其中治安调解具有重要意义。

2. 法律依据。根据《治安管理处罚法》，对于因民间纠纷引起的打架斗殴或者损毁他人财物等违反治安管理行为，情节较轻的，公安机关可以调解处理。经公安机关调解，当事人达成协议的，不予处罚。经调解未达成协议或者达成协议后不履行的，公安机关应当依照本法的规定对违反治安管理行为人给予处罚，并告知当事人可以就民事争议依法向人民法院提起民事诉讼。2006 年 8 月颁布实施的《公安机关办理行政案件程序规定》（以下简称《程序规定》，2018 年修正）第十章对治安调解作出了具体规定，2007 年公安部发布的《公安机关治安调解工作规范》（以下简称《工作规范》）又对治安调解的范围作了更为具体的规定。

3. 治安调解的范围。民间纠纷是指公民之间、公民和单位之间，在生活、工作、生产经营等活动中产生的纠纷。对于因民间纠纷引起的殴打他人、故意伤害、侮辱、诽谤、诬告陷害、故意损毁财物、干扰他人正常生活、侵犯隐私、非法侵入住宅等违反治安管理行为，情节较轻，且具有下列情形之一的，公安机关可以调解处理：（1）亲友、邻里、同事、在校学生之间因琐事发生纠纷引起的；（2）行为人的侵害行为系由被侵害人事前的过错行为引起的；（3）其他适用调解处理更易化解矛盾的。对不构成违反治安管理行为的民间纠纷，应当告知当事人向人民法院或者人民调解组织申请处理（《程序规定》第 178 条）。

不适用调解处理的：（1）雇凶伤害他人的；（2）结伙斗殴或者其他寻衅滋事的；（3）多次实施违反治安管理行为的；（4）当事人明确表示不愿意调解处理的；（5）当事人在治安调解过程中又针对对方实施违反治安管理行为的；（6）调解过程中，违法嫌疑人逃跑的；（7）其他不宜调解处理的（《程序规定》第 179 条）。

4. 基本原则：（1）合法原则。治安调解应当按照法律规定的程序进行，双方当事人达成的协议必须符合法律规定。（2）公正原则。治安调解应当分清责任，实事求是地提出调解意见，不得偏袒一方。（3）公开原则。治安调解应当公开进行，涉及国家机密、商业秘密或者个人隐私，以及双方当事人都要求不公开的除外。（4）自愿原则。治安调解应当在当事人双方自愿的基础上进行。达成协议的内容，必须是双方当事人真实意思表示。（5）及时原则。治安调解应当及时进行，使当事人尽快达成协议，解决纠纷。治安调解不成应当在法定的办案期限内及时依法处罚，不得久拖不决。（6）教育原则。治安调解应当通过查清事实，讲明道理，指出当事人的错误和违法之处，教育当事人自觉守法并通过合法途径解决纠纷（《工作规范》第 6 条）。

5. 程序。公安机关调解处理案件，应当首先查明事实，收集证据，并遵循合法、公正、自愿、及时的原则，注重教育和疏导，化解矛盾（《程序规定》第 180 条）。

（1）现场调解：公安机关对情节轻微，事实清楚，因果关系明确、不涉及医疗费用、物品损失或者双方当事人对医疗费用和物品损失的赔付无争议，符合治安调解条件，双方当事人同意现场调解并当场履行的治安案件，可以进行现场调解。达成协议的，应当制作《现场治安调解协议书》，由双方当事人签名（《工作规范》第 14 条）。

（2）派出所或指定场所调解。当事人中有不满 16 周岁未成年人的，调解时应当通知其父母或者其他监护人到场（《程序规定》第 181 条）。对因邻里纠纷引起的治安案件进行调解时，可以邀请当事人居住地的居（村）民委员会的人员或者双方当事人熟悉的人员参加帮助调解（《程序规定》第 182 条）。被侵害人可以亲自参加治安调解，也可以委托其他人参加治安调解。委托他人参加治安调解的，应当向公安机关提交委托书，并注明委托权限（《工作规范》第 7 条）。调解一般为一次，必要时可以增加一次。

6. 调解协议。调解达成协议的，在公安机关主持下制作调解协议书，双方当事人应当在调解协议书上签名，并履行调解协议。调解协议书应当包括双方当事人、调解人员、案件情况、协议内容、履行期限和方式等内容（《程序规定》第 184 条）。

调解达成协议并履行的，公安机关不再处罚。对调解未达成协议或者达成协议后不履行的，公安机关应当对违反治安管理行为人依法予以处罚；对违法行为造成的损害赔偿纠纷，公安机关可以进行调解，调解不成的，应当告知当事人向人民法院提起民事诉讼。调解案件的办案期限从调解未达成协议或者调解达成协议不履行之日起开始计算（《程序规定》第 185 条）。

派出所调解的范围并不限于狭义的治安纠纷，其在解决基层民事、家事、消费、劳动等纠纷争议、避免冲突升级和激化、维护基层社会治安和稳定方面的作用都是不可或缺的。与其他调解相比较而言，这种调解注重借助警察执法的国家强制力和现场情势的压力，更加快速直接；调解的依据主要是法律法规和事实；对当事人而言，调解是一种机会和选择，取决于其理性判断和利益取舍。为避免引起异议，现场调解以公开为原则，属于一种例外情形，但仍需尊重双方当事人的权利，在当事人要求下可以不公开。[①] 除了现场治安调解和行政调解外，很多地方的公安机关采用社会化方式，聘用人民调解员或专职调解员在派出所进行调解，作为治安

① 参见李植：《定纷止争——公安行政调解实务研究》，北京，中国公安大学出版社，2019。

调解和行政调解的延伸，调解成功后当事人即时履行比例很高。这类调解与警察的行政治安调解在工作机制、原则、程序等方面均有所不同，适用于一般民间、民事调解的原理，以合法、平等、保密和即时履行为特点，调解协议可以申请行司法确认。

（二）劳动监察制度及劳动争议解决（参见第六章第二节）

（三）交通事故赔偿调解（参见第六章第四节）

（四）环境执法中的行政调解

环境争议行政解决机制，是指环境保护主管行政部门参与或主持的环境纠纷解决机制。当代世界各国环境纠纷解决机制的特点之一是，重视环保行政主管机关的主导作用，发挥其及时、专业、有利于受害人保护和利益协调等方面的优势。在实践中，绝大多数环境争议都是由行政主管机构处理的，我国也不例外。

我国环境保护法，包括《中华人民共和国环境保护法》《中华人民共和国环境噪声污染防治法》《中华人民共和国大气污染防治法》《中华人民共和国固体废物污染环境防治法》等，都规定了环境保护行政主管部门的处理权限。但是，从制度设计上看，行政性纠纷解决机制并未被设置为前置性程序，也未赋予环境保护行政主管部门相应的裁决权限。

自 2015 年起实施的新《环境保护法》加强了政府环境保护部分的行政执法权限，同时要求：各级人民政府及其有关部门和企业事业单位，应当依照《中华人民共和国突发事件应对法》的规定，做好突发环境事件的风险控制、应急准备、应急处置和事后恢复等工作。县级以上人民政府应当建立环境污染公共监测预警机制，组织制定预警方案；环境受到污染，可能影响公众健康和环境安全时，依法及时公布预警信息，启动应急措施。企业事业单位应当按照国家有关规定制定突发环境事件应急预案，报环境保护主管部门和有关部门备案。在发生或者可能发生突发环境事件时，企业事业单位应当立即采取措施处理，及时通报可能受到危害的单位和居民，并向环境保护主管部门和有关部门报告。突发环境事件应急处置工作结束后，有关人民政府应当立即组织评估事件造成的环境影响和损失，并及时将评估结果向社会公布（第 47 条）。环境保护行政主管部门在履行这些职责时，可以并有义务根据需要和可能对当事人进行调解，成为环境纠纷处理机制中的重要一环（参见第六章第一节）。

五、信访制度

（一）信访的概念和功能

1. 信访的概念

信访，指人民群众来信（通信）、来访（走访），是我国特有的民众政治参与和权利救济制度。

狭义的信访，指行政机关受理的人民群众的来信来访，即《信访条例》规定的："公民、法人或者其他组织采用书信、电子邮件、传真、电话、走访等形式，向各级人民政府、县级以上人民政府工作部门反映情况，提出建议、意见或者投诉请求，依法由有关行政机关处理的活动。”这类信访活动由《信访条例》调整，属于一种行政申诉、协调、救济机制，其职能由各级政府和行政机关所设立的信访工作机构履行。本书主要介绍狭义的信访。

广义的信访，则不仅指由行政机关受理和处理的信访活动，而且包括向各级党组织、人民代表大会、司法机关、人民团体等相关机构组织及其信访机构提出的诉求。现行《信访条例》第 15 条规定：信访人对各级人民代表大会以及县级以上各级人民代表大会常务委员会、人民法院、人民检察院职权范围内的信访事项，应当分别向有关的人民代表大会及其常务委员会、人民法院、人民检察院提出。各类信访活动、信访机构及程序均可以参照《信访条例》。这些信访可能涉及不同的法律制度和程序，例如，向法院提出的信访申诉，既可能是申请再审，也可能涉及法官行为等，其中涉及诉讼的信访应严格按照司法程序处理。

当代世界各国尽管并没有与我国完全相同的信访制度，但大都建立了行政申诉机制。其特点是，设立专门机构受理民众对政府或行政、准行政主体的各种投诉、请愿、举报，根据具体情况分别进行调查、监察和调解、裁决等相应处理。申诉主要是针对执法机关或相关主体的不当行为以及与行政行为相关的利益诉求，处理依据包括法律和行政法规，以及行业标准、习惯、情理等社会规范，处理结果不限于撤销或纠正不当行政行为，更重要的是对申诉人的合理诉求进行救济。救济方式以协商性、综合性、非正式及衡平为特点，与司法程序有着明显的区别。当代申诉机制在承担监督功能的同时，救济功能不断加强，逐渐发展成为一种便利、灵活和有效的解纷机制。从功能角度而言，我国信访制度与这类申诉机制基本相同，可以相互借鉴。

2. 信访的功能

信访制度是我国政治体制的组成部分，承担着多种功能，主要包括：公民参与治理、监督和纠错、救济与纠纷解决三个方面，具体体现如下。

（1）公民参与治理功能。我国信访制度的正当性源于宪法赋予公民的批评建议权和申诉权，具有宪法意义。[①] 信访是公民参与社会治理的重要方式，也是我国治理体系的重要环节。信访作为一种公众参与国家治理和决策的途径，有利于保障国家权力的正当行使，实现执政党的执政理念，使国家权力机关及政府保持同民众的密切联系。民众通过信访向政府及相关机构提出意见和建议，反映情况，使其可以及时、深入地了解社会状况、政策执行情况、民众诉求、舆论反应等最直接的信息，不仅可以及时发现问题，采取相应措施解决，改进工作，纠正错误，而且可为决策提供依据，避免此后同类问题的反复发生。

（2）监督和纠错功能。信访人行使民主监督权利，向有关部门检举、揭发国家机关工作人员的违法失职行为、不正之风或其他问题（包括冤假错案），为查处违法乱纪和失职行为乃至犯罪行为提供追查线索，启动自上而下的监督机制，在监督各权力机关依法办事，纠正冤假错案和违法行政行为及治理腐败等方面具有重要作用。

（3）救济与纠纷解决功能。信访机构在受理当事人（信访人）申诉时，可以通过以下方式发挥纠纷解决和救济功能：1）咨询解释。倾听当事人的不满，加以说明和疏导；回答当事人的问题，提供权威性或专业性咨询意见或信息，使当事人能够借此对自己的权益作出准确的判

① 即《宪法》第 41 条规定的“中华人民共和国公民对于任何国家机关和国家工作人员，有提出批评和建议的权利；对于任何国家机关和国家工作人员的违法失职行为，有向有关国家机关提出申诉、控告或者检举的权利”。

断，从而消除疑问、化解纠纷或者选择合理的解决途径。2）处理。相关行政主体可以依职权直接对信访事项进行调查，对相关当事人进行协调、调解或处理，或者举行听证、进入行政处理程序，作出决定或裁决等。3）协调处理或转送其他机关处理。目前很多地区尝试统一受理信访，根据信访事项的类型和性质，分别由拥有管辖权的机构负责处理。在信访事项涉及若干单位时，信访机构可以进行协调或由其共同的上一级行政机关协调决定受理机关，如属应由其他机关或上级机关处理的，应转送处理。其中涉及司法机关或司法程序的纠纷，信访机构有义务向当事人说明应采取的途径或将案件转送司法机关。

早期的信访诉求以信息、沟通和行政纠错功能为主，改革开放之后，信访越来越多地涉及利益诉求，其解纷和救济功能不断加强，成为保障公民权益的一种特殊机制。一些地方把信访与人民调解、行政调解或法律援助工作结合起来，形成有效的解决处理机制，并注重对特殊信访事件和弱势群体信访人进行衡平和特殊救济，起到了很好的社会效果。

（二）信访制度的沿革

1. 信访制度的形成与发展

信访在我国的产生和发展具有一定的传统渊源，体现出我国解纷文化的特点。中国古代的诉讼制度中没有严格的终局性程序，当事人可以借助各种途径向中央机关和最高统治者（皇帝）提出“直诉”，争取最后的救济机会，这被称为“京控”或“告御状”，中央政府则借此对基层政权及其司法活动进行监督并纠正冤狱。

信访制度的历史可以追溯到建党初期，在革命根据地时期已经初具雏形，形成了特有传统。中华人民共和国成立后，从中共中央办公厅到政务院都建立了接待和处理人民群众来信来访的工作制度。1951 年，毛泽东主席对中共中央办公厅的报告作出批示：必须重视人民的通信，要给人民来信以恰当的处理，满足群众的正当要求，要把这件事看成是共产党和人民政府加强和人民联系的一种方法，不要采取掉以轻心、置之不理的官僚主义的态度。1951 年 6 月政务院颁发了《关于处理人民来信和接见人民工作的决定》，这是我国第一部关于信访工作的行政法规，确定了我国信访机构的性质、任务和作用。1951 年 7 月，中国人民政治协商会议全国委员会第 25 次会议通过了《关于处理人民意见的试行办法》，至此，完成了信访制度的初创。

此后，信访制度不断发展，1953 年 9 月召开了中央机关接见群众来访工作会议，1954 年进行了中央机关信访工作的总结，确立了“区别对待和归口交办”的原则。至 1955 年，信访制度基本形成。1957 年 5 月召开了第一次全国信访工作会议。会议讨论并通过了中共中央办公厅起草的《中国共产党各级党委机关处理人民来信、接待群众来访工作暂行办法（草案）》和国务院起草的《关于加强处理人民来信和接待人民来访工作的指示》。1960 年 11 月国务院秘书厅印发了《关于中央各机关人民来访归口交办问题的几项暂行规定》。

1963 年 3 月至 1966 年 5 月，为信访工作的活跃时期。1963 年，刘少奇和周恩来共同签发了中共中央、国务院发布的《关于加强人民来信来访工作的通知》，并同时发布了两个附件，即《关于人民来信来访工作的情况和改进意见的报告》和《关于中央机关接待和处理人民来访的几项规定》。正式确认了“多办少转”的原则，加强了信访的纠纷处理功能。自 1962 年起开始抓积案清理工作，1965 年 6 月建立了“中央机关人民来访联合接待室”。

粉碎“四人帮”之后，信访数量激增，涉及的政策问题复杂，处理难度极大。1978 年 9

月，第二次全国信访工作会议召开。从1979年到1982年年初，中共中央专门成立了处理上访问题领导小组，各级领导负责，健全信访机构，抽调干部、进行培训，由中共中央办公厅、全国人大常委会办公厅和国务院办公厅分别设立来访接待机构，实行归口分工，采取各种措施加快处理信访，集中解决了大量问题、落实政策、平反冤假错案。1982年2月召开了第三次全国信访工作会议，审议通过了《党政机关信访工作暂行条例（草案）》，以文件形式转发各地。

此后，信访工作进入了一个新阶段，在继续落实政策的同时，信访内容涉及的新情况、新问题增多，集体上访增加，信访的功能也发生了一些变化。为适应这种变化，信访工作及时进行了调整。1986年12月，中共中央办公厅信访局和国务院办公厅信访局合并，组成了中共中央办公厅国务院办公厅信访局。1991年5月首届全国信访工作理论研讨会召开。中共中央办公厅中办发1991年19号文件《信访问题归口分工处理办法》，对从中央到地方的各级党政部门、人大、政协、司法机关以及其他社会团体或有关单位的信访分工作出了具体规定。1995年10月，第四次全国信访工作会议召开，《信访条例》正式颁布，从1996年1月1日起施行。①

2.《信访条例》的修改

世纪之交，由于社会转型、体制改革和政策调整，利益冲突日益复杂、频发，加之腐败和权力滥用问题严重，地方政府权威下降，司法和其他正常的解纷机制不能满足社会需求，信访的作用被放大。进入21世纪之后，我国面临着信访激增的严峻局面。信访总量连续11年上升，在2003年形成了信访洪峰，并呈现倒金字塔型，向中央和国家机关越级信访的数量大幅增长。

信访洪峰体现了社会转型期利益冲突的复杂性、对抗性和多发性，严重地影响到社会秩序的和谐与稳定，同时反映出信访机制自身的问题，不仅对中央政府政治权威造成一定损害，对司法机制的运行产生了负面影响，同时，当事人对信访的倚重反映出纠纷解决机制的缺陷：当事人对政府的高期待与政府纠纷处理能力的不足形成鲜明反差。

2002年以后，国家开始进行信访制度的改革，各种意见和提案集中体现为两种针锋相对的结论：信访加强论和信访削弱取消论。

2005年1月5日，国务院第76次常务会议通过了修改后的《信访条例》，自同年5月1日起施行。此次修改主要明确了归口管理和属地管理的原则以及一系列规范化措施，在制度上并无重大的突破。此后，各地开始形成统合人大、司法机关和行政机关信访的“大信访”格局。

2007年3月，中共中央、国务院颁发《关于进一步加强新时期信访工作的意见》，指出信访工作是党和政府的一项重要工作，是构建社会主义和谐社会的基础性工作。提出新时期信访工作的目标任务是：切实维护群众合法权益、及时反映社情民意、着力促进社会和谐，构建统一领导、部门协调，统筹兼顾、标本兼治，各负其责、齐抓共管的信访工作新格局，建立畅通、有序、务实、高效的信访工作新秩序，形成与构建社会主义和谐社会目标任务相适应的信访工作新机制，推进信访工作的制度化、规范化和法制化。

---

① 参见刁杰成编著：《人民信访史略》，北京，北京经济学院出版社，1996。作者刁杰成认为：信访史也就是民情史。信访活动是我国民主制度的重要表现形式，参与的人数多，信访量大，内容丰富，且具有时效性、普遍性、差异性、客观性、群众性、长期性、复杂性、社会性和敏感性等特点。

由于当事人向法院提出的有关再审申请、申诉和执行督促等“涉诉信访”在信访案件中所占比例持续扩大，针对“再审立案难”的问题，2007年10月，全国人大常委会对《民事诉讼法》的相关制度和规则进行了修改。2009年，国家在继续加强对信访工作的督办和规范的同时，尝试通过法律制度和程序建立信访终结机制，加强对信访秩序的保障。中共中央办公厅、国务院办公厅转发了中央政法委员会《关于进一步加强和改进涉法涉诉信访工作的意见》，中央政法委办公室在2009年9月组织编写了《涉法涉诉信访问答》。[①]

3. 新时代信访制度改革

2012年，中共十八大明确提出，“建立健全党和政府主导的维护群众权益机制，完善信访制度”，2013年11月，十八届三中全会决定，“改革信访工作制度，实行网上受理信访制度，健全及时就地解决群众合理诉求机制，把涉法涉诉信访纳入法治轨道解决，建立涉法涉诉信访依法终结制度”。2014年10月，十八届四中全会《关于全面深化改革若干重大问题的决定》要求，“把信访纳入法治化轨道，保障合理合法诉求依照法律规定和程序就能得到合理合法的结果”。2015年10月，十八届五中全会提出，“加强和改进信访和调解工作，有效预防和化解矛盾纠纷”。中共中央办公厅、国务院办公厅先后下发《关于依法处理涉法涉诉信访问题的意见》《关于创新群众工作方法解决信访突出问题的意见》《关于完善党员干部直接联系群众制度的意见》《信访工作责任制实施办法》和进一步加强信访工作法治化建设的意见，进一步细化了信访工作制度改革的要求。这一阶段，全国信访系统围绕推动及时就地解决群众合理诉求问题开展了一系列建章立制工作。2014年4月22日，国家信访局出台《信访工作考核办法》。2016年10月，中共中央办公厅、国务院办公厅发布《信访工作责任制实施办法》。通过一系列制度措施的实施，信访工作更加规范、运转更加有效。2018年，全国信访总量比2012年的下降30.3%，初次信访下降56.8%，信访秩序趋于好转；全国信访部门和责任单位及时受理率均超过95%，及时就地解决问题成效明显。督查问责也发挥了重要作用，一批在信访工作中失职失责的责任单位和责任人受到了党纪政纪处分。一大批多年积累的矛盾和问题得到有效化解，一大批信访积案得到切实解决。[②]

与此同时，信访的法治化进程也在推进。2017年7月，国家信访局出台《依法分类处理信访诉求工作规则》。信访立法在2015年列入国务院立法工作计划研究项目，2016年列入预备项目，2017年列入全国人大常委会立法工作计划研究论证项目，2018年列入十三届全国人大常委会立法规划研究论证项目。

（三）信访制度及其程序

1. 信访机构及其任务

《信访条例》第6条规定：县级以上人民政府应当设立信访工作机构；县级以上人民政府工作部门及乡、镇人民政府应当按照有利工作、方便信访人的原则，确定负责信访工作的机构（以下简称信访工作机构）或者人员，具体负责信访工作。

---

① 信访与司法程序（包括再审等程序）的混同，使“涉诉涉法信访”成为一个非常复杂的问题，也超越了《信访条例》设计的制度，但为了避免叙述上的混乱，本节的内容仍以狭义信访为限，基本不涉及司法机关的信访。

② 参见舒晓琴主编：《中国信访制度研究》，51～52页，北京，中国法制出版社，2019。

县级以上人民政府信访工作机构是本级人民政府负责信访工作的行政机构，履行下列职责：(1) 受理、交办、转送信访人提出的信访事项；(2) 承办上级和本级人民政府交由处理的信访事项；(3) 协调处理重要信访事项；(4) 督促检查信访事项的处理；(5) 研究、分析信访情况，开展调查研究，及时向本级人民政府提出完善政策和改进工作的建议；(6) 对本级人民政府其他工作部门和下级人民政府信访工作机构的信访工作进行指导。

从中央到地方的各级党政部门、人大、政协、司法机关以及其他社会团体或有关单位，均可以参照《信访条例》的规定，建立相应的信访机构，负责处理本单位或本系统的信访事项。

2. 信访事项

信访事项包括：(1) 对行政机关及其工作人员的批评、建议和要求；(2) 检举、揭发行政机关工作人员的违法失职行为；(3) 控告侵害自己合法权益的行为；(4) 其他信访事项。除了《信访条例》所列举的由行政机关处理的信访外，属于人大或司法机关职权范围内的信访事项应分别向人大常委会、法院或检察院提出。

3. 信访制度的基本原则

信访制度的基本原则是：(1) 尊重当事人的信访权利。(2) 属地管理、分级负责。(3) 依法、及时、就地解决问题与疏导教育相结合。

4. 信访方式与网上信访

《信访条例》规定：信访人可以通过以下方式提出信访：(1) 采用书信、电子邮件、传真等书面形式。信访人应写明其投诉请求及姓名（名称）、住址和请求、事实、理由。(2) 采用口头形式提出投诉请求。有关机关应当记录信访人的姓名（名称）、住址和请求、事实、理由。(3) 采用走访形式提出信访事项。应当到有关机关设立或者指定的接待场所提出。

2015 年，国务院制定《关于积极推进“互联网＋”行动的指导意见》。2006 年 12 月，国家投诉受理办公室经中央批准正式成立。2009 年 1 月 1 日，开始对外试运行，受理“三农”问题专题，2010 年扩展到城乡建设、劳动和社会保障领域。2013 年 7 月 1 日，全面放开网上投诉受理内容。2015 年 1 月 1 日，依托互联网建设的国家信访信息系统正式投入使用，全国各级各部门接收的来信、来访和网上投诉事项受理办理全过程在信息系统流转，群众可以通过互联网进行投诉并在网上查询信访事项受理办理进展和结果，并进行满意度评价。上级机关可以对下级机关办理情况进行跟踪和督办。

截止到 2018 年 9 月，近 9 万个单位接入国家信访信息系统，覆盖了 31 个省（区、市）、新疆生产建设兵团的省、市、县 3 级信访工作机构和大部分职能部门、乡镇街道，44 个中央和国家机关也与国家信访信息系统实现了对接。2016 年 7 月 1 日，国家信访局开通手机信访 App，同年 9 月 1 日，正式开通运行官方微信公众号，群众可以随时随地通过手机在线进行投诉，实时查询信访事项办理情况并进行满意度评价。2018 年，开展信访业务智能辅助系统应用建设，运用信息化智能化手段，提高信访工作质量和效率。

自实行网上受理信访制度以来，网上信访已经成为公民反映诉求的主渠道。全国网上信访量在信访总量中的占比，从 2013 年的 36.6%上升到 2018 年的 51.4%；国家信访局网上信访量占比由 32.6%上升到 51.9%。①

① 相关数据来源，参见舒晓琴主编：《中国信访制度研究》，50 页，北京，中国法制出版社，2019。

5. 依法分类处理

信访处理以依法分类处理为基本原则。此即在信访与诉讼分离的基础上，对信访人提出的投诉请求，能够通过信访途径以外的法定途径解决的，导入这些途径，依法按程序处理；不能通过这些途径解决、符合《信访条例》规定的受理条件的，作为信访事项，按照《信访条例》的规定处理。国家信访局于 2017 年 7 月印发了《依法分类处理信访诉求工作规则》，进一步明确了分类处理的具体工作机制。大部分省份出台了分类处理工作规程，一些地方则将分类处理的成果纳入了相关地方性法规。

实行依法分类处理信访诉求的主要目的，一是在行政体系内厘清信访与其他法定途径的界限，合理划分解决主体和方式，避免出现对所有诉求，不分情况和性质，一律按照信访程序处理的情况。二是推动行政机关按照“法定职责必须为，法无授权不可为”的要求依法履职，避免以信访答复代替行政处理，以信访程序代替履职的情况，从而更为符合依法行政的要求。实行依法分类处理以来，改变了过去投诉请求一概作出信访答复的做法，受理甄别更精细，法律效力更明确，充分发挥了行政程序在处理信访诉求中的主渠道作用。

为了实现依法分类及时就地处理信访诉求信访的目标，信访工作制度也进行了一系列改革。其中包括：(1) 领导干部接访机制，各级领导干部按照属地管理、分级负责的原则，直接接待处理群众来访。(2) 机关干部下访机制，在听取群众意见、发现问题解决问题的同时，带案督办，即选择一定数量的重点疑难复杂信访案件，协调推动及时解决。(3) 便利信访的工作机制，为方便群众就地就近反映问题，很多地方搭建了视频接访平台，或整合各类热线电话资源，统一接入“12345”便民服务热线，对群众诉求“先行回应、限时办理、及时回访”。

(四) 信访制度在纠纷解决体系中的地位[①]

1. 信访制度在多元化纠纷解决机制中处于“补充性”地位，其原因是：首先，信访制度最初并不是作为一种独立和专门性纠纷解决程序而建立的，相对于诉讼、仲裁、行政复议等程序而言，信访并未被国家基本法律确认为一种统一的法律救济程序，也不是以纠纷解决机制和权利救济作为唯一功能，而是适应了社会和当事人的需求，实际承担着特殊的行政救济功能。在这个意义上，信访与其他正式和专门的纠纷解决制度程序相比较而言，具有非正式或补充性的特点，然而，这并不意味着其作用的低下，实际上，信访所起到的兜底保障作用是多元化纠纷解决机制中不可或缺的部分。

其次，信访程序可以独立处理解决部分诉求和问题，也可以通过解释、引导、移送或协调等方式，将信访人的诉求引导至更加适宜的法定程序，使其获致救济。在这种情况下，信访也具有开启正式纠纷解决程序的引导和补充作用。

最后，与单纯的行政复议、司法裁判和民事调解不同，信访对诉求案件的受理和处理往往并不是针对单一的法律关系或纠纷作出处理，可能一并对其中的多种诉求或争议作出一揽子处理或多个具体处理；其处理结果可能涉及多种法律关系，需要行使行政裁量权和特殊救济方式

---

① 本小节内容参考舒晓琴主编：《中国信访制度研究》，78 页以下，北京，中国法制出版社，2019。本教程作者范愉为该书副主编和执笔者之一。有关信访救济与其他纠纷解决程序的关系，亦可参考该书，有关当代世界申诉制度与我国信访之间的关系，参见范愉：《申诉机制的救济功能与信访制度的改革》，载《中国法学》，2014 (4)。

（包括应急处理）；其依据也更为多元。例如，一个信访事项可能涉及具体行政行为的合法性、政策的合理性、违法乱纪行为的追究和民事权益的救济。因此，信访与一般常规纠纷解决程序有所不同，属于一种特殊救济。

2. 信访制度在多元化纠纷解决机制中的作用不可替代。作为纠纷解决体系的一环，信访制度处理的纠纷问题往往具有特殊性或边缘性，很多属于尚未纳入法律调整、因而很难通过正规法律程序，特别是诉讼处理的问题，比如历史遗留问题、因政策调整产生的问题、诉求有合理性但缺乏明确法律规定的问题等。这些问题虽然属于法律规定的空白地带，但仍需要国家予以妥善处理，信访制度承接了这一功能，以其特有的灵活性和行政处理的优势，在法律权限和行政裁量权范围内，尽可能妥善合理地对这些矛盾纠纷加以处理解决，并可以对明显滞后过时的规则提出改革建议等。因此，信访制度具有弥补法律制度和规则之不足和缺陷的特殊意义。在这个意义上，信访制度在多元化纠纷解决机制中的作用是不可替代的。

3. 信访制度的处理方式显示出行政申诉处理机制特有的优势和灵活性。诉讼是法治社会终局性的纠纷解决机制，但也存在诸多局限性和弊端，例如高成本、对抗性强、零和结果、不利于维系关系和长远利益、缺乏变通等。为适应当代社会纠纷解决需求，各国都在努力发展协商调解等更加平和、便利和适宜的非诉讼程序；而行政性解纷机制，包括行政申诉制度，以其特有的直接、专业、高效快速、便利等诸多优势，在当代得到重视和快速发展。我国民众历来有向政府投诉、请求解决纠纷的传统，改革开放以来，涉及政策性、群体利益等各种复杂冲突多发，很多当事人选择信访解决其诉求，显示出社会对行政解纷机制的客观需求。在实践中，中国信访制度显现出的弹性和灵活性强、对抗性低、注重综合运用多种方法、关爱弱势群体、衡平救济等特有优势，与当代行政性解纷机制的优势和价值殊途同归，是社会治理体系中的重要环节。

4. 信访的救济功能和解纷效果。在我国，信访的权利救济和纠纷解决功能曾经受到质疑。但在信访实践中，权利救济类信访事项数量和比例始终居高不下（约占信访事项的80%），这说明公民对行政救济存在较大的需求，而司法程序及其他纠纷解决机制则存在功能障碍和制度短板，难以满足社会和当事人需求。认识和评价信访的救济功能，既需要对诉讼等法定程序的功能和局限有客观的认识，也需要对我国公民的纠纷解决需求和传统文化有深刻的理解。目前，信访制度的救济功能尚无法通过其他制度替代。一方面，随着社会的发展、法治的完善和社会主体文化、行为方式的改变，在越来越多的当事人习惯采用常规程序解决纠纷而这些程序也能够满足需求的情况下，信访诉求的数量或许会随之相应下降；但另一方面，申诉救济已经成为当代世界公认的正当权利和程序，新型申诉制度的快速发展，提供了将信访转型为行政申诉救济制度的可能性。因此，如何定位和发挥信访制度在纠纷解决中的特有作用，将是一个长期的重要课题，需要在政治体制改革和信访立法中深入研究和解决。

案例分析

“天价鱼事件”

事实：

2016年2月13日，网络上出现一个“青岛大虾弱爆了，哈尔滨神鱼火热来袭”的网帖，作者为江苏省常州市人陈某，称春节期间2月9日一家人在哈尔滨旅游，被导游带到一家名称为“北岸野生渔村”的饭店吃饭，两桌鱼花费一万多元，且店家“乱写斤两”，“明明10斤4两，结账14斤”。在与店方理论时，“店方冲出一大帮人打人”，逼其结账。报警后，店家仍“当着警察的面”打他的头，最终“被迫结账”。随帖另附有两张照片，一张为结账单，消费项目包括三种铁锅鱼、配菜和酒水，共付款10 302元。其中，鳇鱼中段为398元/斤，14.4斤，共5 731.20元。另一张为一名男子头部红肿的照片。陈某声称，因为该店的鱼是明码标价，他对价格没有异议，主要不满其缺斤短两。该网帖引起巨大反响。14日当晚，哈尔滨市松北区政府迅即作出反应，组成调查组进行调查。15日晚，调查组公布了初步调查情况通报：经查，饭店大堂内设有相关食材价格公示，属明码标价，并向消费者陈某告知了其所点食材价格，陈某并无异议。按照《价格法》相关规定，鳇鱼价格（398元/斤）不在政府指导价和政府定价范畴之内，属于经营者自主制定的市场调节价。发生纠纷后，经民警现场调解，饭店方在总消费金额10 302元基础上给予7折优惠，实收7 200元。由于陈某删除了网帖，且调查事实与其举报有出入，网上舆论一度发生反转，对陈某持批评态度。之后，陈某接受了媒体的采访，承认确实只支付了7 200元，但坚称重量有误，在饭店小票上确认的签字并非其本人所签，当时因为警察执法态度明显袒护对方，为了尽快脱离现场，不得不调解。他强调调查组并没有联系陈某本人，没有听取其意见和证言就得出结论。此后，大量媒体介入，对“北岸野生渔村”进行现场调查采访，有报道披露该店标榜“本店所有鱼类全部产自松花江活鱼”，“因为稀有，所以名贵；因为野生，所以健康”，并向记者出示了购货发票，显示其购买的鳇鱼进价为190元一斤。同时又有其他消费者相继举报该店价格欺诈；网上还出现了警察抽烟的现场照片，以及该饭店营业执照过期等信息。此时，舆论再次反转，开始谴责哈尔滨市松北区调查组调查过于草率，有地方保护主义之嫌。该区再次组成调查组深入调查，称此前曾用陈某留下的通信方式联系未果，此次调查组派出三人到常州与陈某见面，向其道歉并核实情况。2月21日，调查组正式发布结论，确认：“北岸野生渔村”把人工养殖鳇鱼当野生鳇鱼售卖，欺诈消费者（进货单为伪造，实际进价30元/斤）；《餐饮服务许可证》到期（2016年2月4日）未按时申请延续，无证经营；证照与牌匾名称不符，不以真实名称提供服务（注册名称为“北岸渔村”）；点菜单上签字系饭店服务员所签等。认定这是一起严重侵害消费者权益的恶劣事件，作出吊销涉事饭店营业执照、对店主罚款50万元等处罚决定，同时启动对相关部门负责人及工作人员的问责程序。调查组承认警察在调解过程中，没有形成调解协议书，在出警过程中有语言不规范和抽烟的行为，属于不规范执法，相应承担一部分责任。调查组还确认了以下事实：鳇鱼的重量为14.4斤，饭店老板确实打了陈某一下，饭店曾经存在过给导游回扣的行为，但此次并非导游故意诱导，并回答了媒体的质疑。3月2日，哈尔滨市松北区人民政府发布通告，针对在“天价鱼”事件中相关责任部门和责任人员存在的监管缺失、执法不规范等问题，依据相关法律法规分别对松北区市场监督管理局局长、松北区市场监督管理局副处级干部、松北区市场监督管理局松北所所长、松北区城市管理局副局长、市容科负责人、工作人员、松北区市场监督管理局、松北区城市管理局领导班子进行了行政问责。同时，松北公安分局对松北公安分局太阳岛派出所所长诫勉谈话；给予松北公安分局太阳岛派出所两民警行政警告处分。

分析：

1. 该案与2015年国庆节期间发生的“青岛天价虾事件”有相似之处，都属于价格欺诈行为，但此事件的商品鱼价为明码标价，属于市场调节，故欺诈行为主要指其“野生”鱼的虚假宣传，定性相对困难，一般消费者也很难判断。从纠纷本身的事实看，鱼的重量并不存在问题，是由消费者的误解而引发，冲突中店家虽然殴打了顾客，但并未造成严重后果。这类纠纷，当事人之间可以自行协商处理，消费者协会或相关行政主管机构以及公安机关都可以进行调解，消费者也可以提起诉讼。但由于纠纷涉及店家的其他违法行为，由行政主管部门进行调查处理是最为合理的。本次事件发生后，哈尔滨市松北区政府对网上舆情作出的快速反应和积极处理值得肯定，这也是当前政府适应社会需求和网络时代的特点应建立的工作模式。虽然在第一次调查中存在瑕疵，但马上再次深入调查快速处理，使问题很快得到了解决，显示出基层政府已经开始适应这种回应方式，有了明确的信息公开和服务意识，并且掌握了合理的处理、纠错与跟进等方法，在处理中能够分清事实、性质和不同问题的处理原则，分别采取向消费者道歉，吊销涉事饭店营业执照、对店主罚款 50 万元等处罚，对执法人员进行相应责任追究等。这种一揽子处理具有行政强制性和综合性，不仅比自行协商调解处理具有更高的合法性，也比通过诉讼处理更加直接、经济、彻底、快速，显示出行政处理的优势。

2. 此类事件频发，具有一定的社会普遍性，反映出我国市场不规范、市场主体不诚信的现实状况。经营者的这类欺诈行为屡见不鲜，价格往往是一个现象或导火索，一旦发生消费争议往往会揭露出经营者的其他违法行为和政府监管的缺失。政府对市场缺乏有效的监管，使消费者对于市场机制高度不信任，纠纷的隐患无处不在。这说明，行政执法和监管是建立良好消费环境和市场秩序、预防消费争议的前提和基础，相对于事后的处理，行政执法的主动性和常规性监管具有更为重要的、防患于未然的意义。

3. 此案及对“青岛天价虾事件”的处理的过程说明，行政执法及其纠纷处理机制需要适应社会的需求进行创新。在节假日，专业执法力量（包括消费者权益保护组织）往往并不在岗，在消费争议发生时，因投诉无门，多数情况下当事人只能报警，由派出所出警进行现场调查、调处。而警察的调处往往与其他主管部门的执法脱钩，不得不依靠事后地方政府进行调查和处理，这种情况已经不适应旅游消费市场发展的需求。为了转变这种被动局面，不仅应加强政府对市场的日常监管，而且需要建立节假日旅游消费市场的专门综合监管执法队伍，并加强执法者处理消费争议能力的培训。

4. 民警执法附带调解具有及时、权威的特点，可以避免纠纷升级；在当事人当面达成和解、即时履行之后，可以不制作正式的书面调解协议。但问题是，公安人员往往不具有价格、工商管理等方面的执法权和专门知识，无法深入进行调查、查处价格欺诈等违法行为，其作为本地执法者的身份容易引起当事人和公众的质疑，而治安调解与消费争议调解的重点、当事人和调解的依据、技能都存在很大差异。此次在公安人员的调解下，店家作出让步打折，双方握手言和，这种处理本无可厚非，通常当事人也不会计较调解人的态度或行为。但始料不及的是，事后消费者在网上重新引起纠纷，认为警察偏袒对方，这说明当事人对调解人缺乏信任，在调解中和调解后都没有充分理解调解的意义和自身的义务，虽然接受了对方的让步和折扣，但在没有书面签署和保密等承诺的情况下，事后单方面不真实地披露该事件的处理，成为事件爆发的导火索。虽然由此引发了政府对事件的调查和对商家的处理，但本身也反映出我国纠纷解决过程中当事人和社会环境的特点。调查认为公安人员在调解中行为不规范，在双方并未对事实、处理达成完全的共识和谅解下匆匆和解，没有形成签署正式书面的调解协议，有一定责任。但应该注意，不应由此否定警察在调解此类事件中的重要作用，避免导致此后同类事件处理中不作为的消极后果，而应在肯定其调解的正当性的同时，从中吸取教训，加强执法人员调解技能和行为规范方面的训练，并要求其及时将有关的市场监管方面的问题通报主管部门继续查处。

乡村调解

事实：

1. 打井

20 世纪 90 年代，在某世代缺水的山村，有一个在外打工赚钱回乡的农民许某出资 10 万元打了一口深井，其他村民不得不花钱向其买水灌溉，但水价很高。至 1998 年年末，该村第五、六组村民无法继续承受高额水费，决定集资另打一口深井。在井位已经勘定，开始施工时，许某家人出面阻止，理由是《水法》明确禁止在 500 米以内同时有两口深井。此说法得到有关部门证实。第五、六组村民因已集资并已请到打井队，坚持继续打井；而许某则以减少水费为许诺，动员第一组村民加以阻止。争执中双方展开械斗，被公安干警和地方领导制止。村干部为了使对峙的双方不发生械斗，求助上级政府解决，连续上访数百天，但政府对此无能为力。村干部转而求助法庭，法庭派了一位女庭长早出晚归在村里待了一个月，也未能解决。面对双方的激烈对抗，村干部不得不下跪恳求制止，并继续四处上访求助。2000 年 3 月，当又一次械斗发生时，该地区纪检委梁书记来到现场，他劝退了数百人的上访行动，承诺彻底解决问题。在做了大量的调解、提出几个方案均告无效后，他提出最后的解决方案：移动井位；为此增加的 16 万元引水费用由梁书记和纪委负责筹措。随后，梁书记亲自为村民选定新井位，主持开工，并通过各种募捐、赞助解决了引水费。最终，深井见水。

2. 调解员刘海天

广东省某村是在 2002 年撤镇后由 26 个自然村组成的大村，有村民三千多人。2002 年 6 月，刘海天（化名）当选为该村调解员，此后 3 年中，共解决了 214 宗纠纷，其中包括普通的乡里纷争，宗族积怨，以及因征地拆迁、城乡分化引起的利益冲突，而期间该村没有出现一例村民上访。

2003 年春，由于村民阿平在阿德家的坟地上建了自家的新坟，阿德家一怒之下掘了阿平家的新坟，还将其先人的骨灰瓶砸碎。在农村，祖坟被掘是天大的事，它直接关系到家族荣誉，而两家都是村中大族，早有积怨。一时间“新仇旧恨”都纠集在了一起，两个家族的二百多人持械对峙，械斗一触即发。刘海天闻讯立即赶到现场，他按住两家领头人，保证：“先别打，给我 3 天时间，3 天解决不了，你们找我！”话一落地，二百多人陆续放下家伙，械斗被制止了。但是，骨灰已无迹可寻，索赔又无相关法律依据，使刘海天倍感困难。第二天晚上，一个朋友无意中提到，从前村里有人找不到金骨（“金骨”是该村人对先人骸骨的称谓），就用银牌替代的老事。这让刘海天眼前一亮：族怨就按族规解决！第三天，刘海天登门拜访一位族中老人，确认了在银牌上刻上逝者名字可以代替骨灰的先例。为了说服阿平，刘海天甚至把风水先生带到阿平家。刘海天利用农村重祖先的风俗，最终说服阿平家放弃赔偿，接受了刘海天提出的用银牌替代的调解方案。一场大规模群体性事件有惊无险地收场，而刘海天控制局面的魄力令不少村民折服。

刘海天认为：“农村的事情有时候很复杂，我必须提醒自己只是个中间人，要让双方下得了台。”超脱的角色意识使他在处理纠纷过程中能公平拿捏。该村地处两市交界，跨界纠纷时有发生，每宗他都不偏不倚，因此赢得了“农民青天”的美誉。村民说，两个村民分猪肉，只要是刘海天操刀，即使切出来的是四六开，双方心里也会觉得是五五对半。如果出现光凭三寸不烂之舌难以服众的时候，就必须“做”给别人看。

2004年冬春之交，一个三十多人的大家族在拜祭先祖时，突然发现祖坟被淹了——一个水电站未通知坟主，便筑坝蓄水。但当他们找到水电站时，水电站根本不承认水下有坟。就在众人吵得不可开交之时，刘海天到了。他问明了原委后，就跳进了水中。湖水很冷，水下什么都看不见，只能靠手摸。水下水上六个来回后，刘海天终于摸到一块粗糙的墓碑，证明了祖坟的存在。他解决纠纷的诚意让人们动容，接下来的调解非常顺利，水电站赔偿了坟主8 000元。作为新时期的调解员，刘海天认为：“这几年农村纠纷已经出现多元化的趋势……合法并不一定合情，在农村，合情有时更能服人心。但合情必须以合法为前提，在这个基础上，做到让大家都满意。”

分析：

1. 上述两个案例反映了农村纠纷解决的特点。基层农村的纠纷经常显示出国家法与民间习惯及情理的冲突，无论是民间调解、行政调解和信访，还是诉讼都面临着相同的难题，因此，在处理中不能简单适用法律，而需要注重情、理、法的结合，尊重地方习俗，同时必须慎重对待和注重纠纷解决的实际效果和社会影响。

2. 随着法制与社会的发展，基层农村纠纷解决的规则、方式也会有所变化，但同样需要依靠多元化纠纷解决机制和综合治理。首先，基层人民调解在基层纠纷解决中具有基础性作用。人民调解员可以灵活、有效地将国家法的基本原则与地方民间规范及个案的具体实际结合起来，及时、快速和圆满地解决纠纷，并可以做到小事不出村、大事不出乡镇。其次，基层政府及行政机制的作用是不可或缺的。在纠纷情况较为复杂，如涉及村际纠纷或重大利益，村委会调解不能有效发挥作用的情况下，当事人往往会向地方政府求助，派出所、司法所、基层政府以及信访部门在纠纷解决中都具有重要作用。行政机构在纠纷解决中同样需要注意法律与民间规范及情理的协调，纠纷解决者的个人威望、能力等具有决定性的作用，而根据具体情况进行衡平、变通则是解纷的关键。最后，基层法院以其便利的程序和对基层人民调解的指导，在基层多元化纠纷解决机制中起着核心作用。在诉讼中，也需要充分考虑社会实际、当事人的诉讼能力、文化传统和纠纷解决的社会效果，尽量通过调解降低诉讼的负面效果，追求更好的解纷结果。

3. 各种不同的纠纷解决机制应保持自身的特点，而不应采用单一化的标准。基层人民调解、乡镇政府的调解、政府信访机构及法院的诉讼调解，在纠纷解决依据（法律和民间规范）、人员、工作方法、程序及效力等方面都各有不同，这种多样性本身是多元化纠纷解决机制必需的要素。因此，不能强求各种组织、程序采用统一的法律标准、程序标准和人员素质，特别是保证基层人民调解的乡土性、亲和力和便利性（可接近性）是至关重要的。

4. 由于我国各地之间存在着较大的差异，随着社会的发展，这种差异仍会继续存在，包括经济发展程度、文化传统、民俗习惯等，所以，在全国范围内完全采用相同的规则和程序解决具有地方特色的纠纷，必然难以达到预期的效果。因此，根据地方的需求，形成符合本地需要的地方性多元化纠纷解决机制，将国家法制与地方自治、司法与民间性机制、法律规则与民间习惯及情理更好地融会贯通，将是我国法制与社会发展的必要选择。

深度阅读

1. 王胜明，郝赤勇主编．中华人民共和国人民调解法释义．北京：法律出版社，2010

2. 陈福勇．未竟的转型——中国仲裁机构现状与发展趋势实证研究．北京：法律出版社，2010

3. 张树义主编．纠纷的行政解决机制研究——以行政裁决为中心．北京：中国政法大学出版社，2006

4. 左卫民等．变革时代的纠纷解决——法学与社会学的初步考察．北京：北京大学出版社，2007

5. 舒晓琴主编．中国信访制度研究．北京：中国法制出版社，2019

6. ［日］高见泽磨著，何勤华等译．现代中国的纠纷与法．北京：法律出版社，2003

问题与思考

1. 社会转型对纠纷解决机制有哪些影响？

2. 为什么应该把非诉讼纠纷解决机制挺在前面，应该怎样布局？

3. 我国现行非诉讼程序包括哪些组成部分？

4. 简述我国民间性非诉讼程序的类型和形式。

5. 简述我国行政性非诉讼程序的基本形式。

6. 人民调解的性质及功能是什么？

7. 简述我国仲裁制度的性质、特点。

8. 简述我国行政性非诉讼程序的特点、作用。

9. 简述行政调解的概念与类型。

10. 简述信访制度的功能与问题。

11. 选择调研“枫桥经验”“街乡吹哨、部门报到”“接诉即办”“最多跑一次”等基层治理的经验和典型案例，写出调研报告，分析梳理我国社会治理中各种与纠纷解决相关的部门、程序及其特点、优势和存在的问题。

第六章

专门性纠纷解决机制

本章重点知识

- 专门性纠纷解决机制
- 劳动争议处理机制
- 消费者纠纷解决机制
- 交通事故处理机制
- 医疗纠纷处理机制

第一节　专门性纠纷解决机制概述

一、专门性纠纷解决机制的概念与原理

(一) 概念

专门性纠纷解决机制，是指针对特定类型纠纷而专门建立的、由多种不同程序或制度构成的解纷机制。具体而言，就是将特定问题的法律调整和纠纷处理专门化，确立特殊的法律原则、实体规则、法律责任和专门性纠纷处理机制，形成非诉讼程序与诉讼程序的衔接。根据特别优先于一般的原则，一旦专门性机制建立，此类纠纷就形成专属性管辖，以适用专门性程序为优先，原则上不再受普通程序管辖。

(二) 必要性与特点

建立专门性纠纷解决机制的必要性一般基于以下因素。

1. 纠纷的性质、特点及解决方式具有明显的特殊性，需要专门的法律调整和处理程序。如家事纠纷、劳动争议等都属于特定的法律关系，纠纷主体的身份及关系具有特殊性，不宜混同于普通的民事纠纷而采用一般司法程序处理，而应有针对性地建立由专门实体规范、特别程

序及特定解纷主体构成的专门性解纷机制。

2. 同类纠纷总量形成了一定规模，有专门化和集中处理的社会需求。一般包括：(1) 某些类型的纠纷始终被专门化处理，如家事纠纷；有些类型的纠纷传统上就存在司法之外的专门处理机制，如商事仲裁。(2) 有些最初采用普通司法程序处理的纠纷类型，随着社会发展，日益多发、重复、规模化，已不再适于用固有机制处理，而法律技术、公共政策和治理理念的变化，已具备对这些纠纷进行专门处理的能力，如劳动争议、环境纠纷等。(3) 新型纠纷，如社会保障纠纷、消费争议、交通事故、医疗纠纷、物业纠纷、反不正当竞争、中小投资者保护争议等，其中一些具有群体性、类型化的特点，影响大，当事人双方实力不对等，涉及公共政策和市场秩序甚至社会稳定，需要及时快速和专门处理，一般采用实体规则与专门化处理并进的方式。

3. 专门性纠纷解决机制的特点是：(1) 注重采用非诉讼程序，建立专门的纠纷处理机构，由主管部门、该领域的专家以及利益相关方的代表共同参与，通过谈判、调解和仲裁等方式解决纠纷，尽可能不进入诉讼程序，但可以与司法程序形成衔接，并提供司法救济。(2) 实体规则（法律、惯例、市场、行业标准等）和专门化程序相互结合，形成一个区别于其他法律机制的独立系统。(3) 在纠纷处理中必须充分考虑公共利益和社会效果，需要国家权力积极介入、干预，通过特别原则、举证责任、解纷方式等对弱势一方加以特殊保护或帮助。

（三）主要模式

1. 专门法院模式。此即将特定类型的纠纷处理从普通法院管辖中予以部分（选择性）或全部（强制性）分离，建立劳动法院、家事法院、商事法院等专门法院加以处理。专门法院既有隶属于行政系统的，也有隶属于司法系统的。专门法院的法官除少量职业法官外，主要从专家、利益群体组织（如工会、行业协会）或普通公民中选任；其程序通常比较简便，注重协商，接近于仲裁或调解与仲裁的结合。普通法院中也可能通过专门程序（例如婚姻家事特别程序）实现这种功能。

2. 以非诉化处理为主的模式。此即将某类纠纷完全或大部分排除在司法管辖之外，将专门性非诉讼程序（包括民间性、行政性或准司法性）作为法定前置程序，通过调解和裁决（仲裁）处理；同时允许当事人就裁决到法院上诉，以司法审查权保证当事人的权益，但法院仅进行有限司法审查，例如，家事、劳动、交通事故、小额消费等纠纷的处理程序。也可以通过司法程序整体非诉化，去除或弱化对抗性和强制性要素的方式而实现这一模式。

3. 多元化机制。此即建立各种专门性和一体化的纠纷解决机制，既可以由当事人自行选择，也可以通过法定前置或半强制（单方义务）启动非诉讼程序，协商、调解和裁决机制相结合，并形成民间性（包括行业性、消费者团体）调解、行政调解、仲裁等非诉讼程序与诉讼程序的衔接。

二、当代主要专门性纠纷解决机制

当代世界各国采用的各种模式之间都在不断相互吸收和借鉴，呈现出多元化的状态；同时有更多的专门性机制在不断生成。以下仅择要介绍其中的几种。

（一）家事纠纷解决机制

1. 家事纠纷的概念及特征

家事纠纷，是指涉及婚姻家庭关系的纠纷，包括由婚约、离婚、家庭成员关系、赡养、监护、抚养、继承等人身关系和财产关系引发的纠纷。这类纠纷的特点如下。

（1）家事纠纷当事人之间存在某种特定身份关系（包括血缘和婚姻关系），涉及感情、亲情和道德，权利与义务关系相对复杂，很难简单作出是非分明的判断。纠纷涉及个人和家庭的隐私、子女抚养、家庭关系的维系以及当事人的生活、财产分割等问题，因此不宜简单地依据法律“分清是非”、进行处理，而必须把促成当事人的心理治疗、情感恢复、消除对立、实现和解作为解纷目标，尽可能采用协商和调解等方式加以解决，以平息怨恨、降低伤害、面向未来。

（2）家事纠纷虽属“私事”，但具有重要的公益性。家庭关系的稳定关乎社会的安定，家事纠纷如果得不到及时、合理的解决，往往会转化为暴力或刑事案件，酿成个人、家庭甚至社会的悲剧，尤其是家事纠纷中涉及未成年人、非婚生子女以及妇女、老年人等弱者权益保护的，必须由国家承担责任。因此，国家都将婚姻家庭关系视为最重要的社会关系加以保护，在处理此类纠纷时持慎重态度且干预较多，有时特定纠纷可能同时涉及多种法律关系，包括婚姻继承法、民法、关于妇女儿童权益保护的法律、老年人权益保障法、行政法和刑法等。自 2016 年 3 月 1 日起，《中华人民共和国反家庭暴力法》正式施行，成为我国处理家庭成员纠纷的重要法律依据。

（3）家事纠纷往往与特定社区、文化及传统相关，简单根据法律规则作出处理容易与社区或自治性规则、习惯、宗教等发生冲突，导致公众对法律和司法的不信任和规避。因此，家事纠纷处理中必须充分注意适用民间社会规范，针对个别情况作出妥善处理，既要满足纠纷当事人的特殊需要和利益，也要注重社会效果。

2. 家事纠纷解决机制

鉴于家事纠纷的特殊性，世界各国很早就注意将家事纠纷的解决机制建构为区别于一般民事纠纷的专门机制。具体包括以下内容。

（1）家事特别程序。此即建立专门的诉讼程序，把家事纠纷作为特殊问题处理。很多国家都建立了专门的家事法院或家事程序。如德国 1976 年正式确立了家事法庭制度，专门设立家事法庭审理家事案件。2008 年修订《家事事件及非讼事件程序法》（自 2009 年 9 月 1 日起施行），规定家庭事件不再由民事诉讼法调整，而是与非讼事件合成新的法律，以当事人申请而非起诉启动程序，以“裁定”而非判决结案，实现家事审判的非讼化。旨在发挥家事法庭调整、修复和治疗家庭关系的功能，改善传统民事诉讼对抗性的弊端。家庭事件包括涉及同居、分居及离婚，以及登记生活伴侣及父母子女等关系的案件。家事程序对儿童、家庭暴力受害人等弱者给予倾斜性保护，采取职权调查主义，法官可依职权调查。如涉及未成年人利益的案件，法官必须听取当地青少年管理局的意见，并可以指定其为诉讼参与人。在家庭暴力案件中，受害人可以申请法院发布临时保护令。家事法庭注重依靠调解、心理辅导以及治疗服务处理家事纠纷，委托民间社会专门机构和家事调解员参与处理。由此，家事法庭实际上成为一种司法性非诉讼专门程序。很多国家的家事司法程序也都出现了这种非讼化趋势。

(2) 行政处理。多数国家都可以通过婚姻登记机关处理协议离婚。由于双方当事人已经对有关离婚的各项事宜达成了合意，订立了离婚协议，因而婚姻登记机关主要对当事人的自愿和意思的真实性以及离婚协议的内容（特别是涉及未成年人和妇女权益方面的内容）进行合法性审查，同时可进行调解（例如设立调解期间，调解期过后当事人仍然坚持离婚的，才能核准离婚；或设立专职调解员进行调解等）。行政处理结果产生确定性法律效力。

(3) 调解优先。诉讼的固有弊端在家事纠纷中体现得最为深刻：法庭上，在唇枪舌剑的激烈对抗中，当事人之间的隐私和陈年琐事被淋漓尽致地展现出来，仅存的感情被愤怒甚至仇恨所代替，亲属因此变成了陌路人甚至仇人，双方针锋相对、锱铢必较，把亲子关系作为诉讼对象和标的进行交易。因此，世界各国都力图缓和这种对抗，把通过调解解决家事纠纷作为避免诉讼之弊害的有效途径。主要包括以下内容。①

1）法院外非诉讼调解，由民间组织、社会团体或基层司法、行政组织主持进行，其结果是当事人达成和解或双方同意以其他非诉讼的方式解决，如离婚登记、财产公证等，并就争议内容达成协议。例如在丹麦，离婚案件的调解是由郡县长官办公室进行的，调解员由受过法律训练的长官办公室工作人员担任。

2）法院附设家事调解程序，如日本建立的家事调停制度，以及美国的法院附设调解等。很多国家离婚案件的司法程序已经实现非诉化，当事人通过调解达成和解协议，经法院确认即可产生法律效力，调解已成为一种前置程序。

3）法院调解，即通过法律将调解设定为家事案件诉讼的前置必经程序，或者规定法官有义务进行调解（和解促成义务）。目前，越来越多的国家实行家事案件的调解前置（强制调解）。家事调解部分由专业调解员主持，有些则由法官调解，或由法院专人进行指导。

非诉讼家事调解侧重于对当事人之间感情和心理的治疗与整合，属于典型的治疗性调解。调解员的最佳人选是婚姻家庭问题专家、法律专家、心理医生、富有生活经验的民间人士（包括家庭妇女），以及长期从事家事相关工作的实务界人士。在调解中一般不过多强调法律规定和权利义务，而是以进行心理矫治为主，告诉当事人应该放弃仇恨和报复心理，携手处理好离婚中的各种问题，特别是子女的监护抚养问题。也可以提出解决方案供当事人参考。诉讼中调解则注重通过强职权主义（调查与干预）体现国家对婚姻家庭的重视、干预和对弱者的保护，强调对家庭暴力等不法行为的惩罚，同时尊重当事人的处分权、积极促成和解。

我国民事诉讼模式形成之初，家事纠纷所占比例最大，以传统的调解为主，职权主义方式对此亦非常适宜。然而，20 世纪 80 年代以后，其他类型的民商事纠纷案件比例大幅度提高，审判方式向正规化、对抗性和当事人主义转化，但在举证责任、证明责任、诉讼程序和当事人权利义务等方面均未对民事与家事程序加以区分，调解前置也没有实现专门化，因此已越来越不适应家事纠纷处理的需要。近年来，法律界已经就家事审判改革初步达成了共识，一些地方法院也进行了家事审判程序改革的试点，尝试将家庭暴力、撤销监护人资格、甚至青少年违法犯罪等案件与民事程序加以融通，积累了一些经验，建立独立的家事审判程序、优化家事纠纷

---

① 以下有关资料参见张学军：《离婚诉讼中的调解研究》，载《法学研究》，1997 (3)。

解决机制的目标已经现实可期。

（二）劳动争议处理制度（参见本章第二节）

（三）消费者纠纷解决机制（参见本章第三节）

（四）交通事故处理机制（参见本章第四节）

（五）医疗纠纷处理机制（参见本章第五节）

（六）环境纠纷解决机制

1. 环境纠纷的概念、特点

环境纠纷指与环境保护问题有关的纠纷，主要是各种环境污染导致的侵权纠纷（公害纠纷），也包括在建设规划中环境评估所导致的居民与建设单位及相关各方就潜在的环境破坏风险发生的争议（包括所谓邻避冲突）。其特点如下。

（1）纠纷往往涉及某个地域的居民的集体利益，其中交错着政府、企业与地域居民利益的冲突，眼前利益与未来长远利益的冲突，当代人利益与下一代人权利的冲突，发展与环境保护的矛盾，等等，因此利益协调难度大，并极易导致群体性事件。

（2）环境污染及其因果关系的确定具有复杂性，作为环境受害者的一方当事人处于弱势，存在主张、举证和寻求救济的困难，为了使受害者得到及时、有效的救济，国家权力的主动或适度干预和介入显得越来越必要。

（3）环境纠纷可能涉及多种法律关系，包括民事、行政和刑事法律关系，具体案件的归责、损害结果的计算和赔偿往往比较困难，责任主体有时难以确定，这使其处理需要借助专家、技术手段和特别程序。

2. 环境纠纷解决机制

针对上述特点，建立和完善专门的环境纠纷处理机制已经成为当代世界各国共同努力的目标，其共同要求如下。

（1）多元化。根据环境立法，在制定有关实体规则、管理规则、责任及制裁的同时，建立专门化的纠纷处理机制。包括当事人之间的协商，民间社会机构（包括环保组织）参与的斡旋调解，政府主管部门的行政执法、调查、听证和调处，司法诉讼程序等。

（2）强调加强政府责任和行政执法的力度，建立行政性环境调查、调处、听证和公共协商机制。环境纠纷的预防、调查和处理主要是政府主管部门的责任，政府有义务制定相关的政策、法规，出面组建专门的纠纷解决机制，聘请有关专家进行调查和分析论证，在突发事件出现时进行应急处理，对环境受害者给予先行救济，对污染制造者进行有效制裁。同时，在处理机制中需要引进社会力量的参与，提高处理的公正、公开和社会性。例如，日本在第二次世界大战后出现数次较大规模的公害事件之后，制定了一系列相关法律、法规，并在20世纪80年代建立了公害调整委员会（公调委），负责对公害纠纷进行调查和处理（调解和裁定）。委员会成员为总理大臣任命的高级官员，非专职委员多为法学家、律师和行政官员。

（3）注重预防。为了避免环境污染造成不可逆转的损害，当代环境纠纷解决机制尤其注重建立预防性措施。例如，对于与环境有关的重大项目不仅应事先进行环境评估，而且应该在论证阶段进行公开听证，也可通过立法、行政和司法程序（如公益诉讼）对环境问题进行事先审查。

3. 我国环境纠纷解决机制

根据《民事诉讼法》和自 2015 年起实施的修订后的《环境保护法》以及实践创新，我国已经初步形成了一个环境纠纷的处理机制，包括以下内容。

（1）举报与行政处理。《环境保护法》规定，公民、法人和其他组织发现任何单位和个人有污染环境和破坏生态行为的，有权向环境保护主管部门或者其他负有环境保护监督管理职责的部门举报。公民、法人和其他组织发现地方各级人民政府、县级以上人民政府环境保护主管部门和其他负有环境保护监督管理职责的部门不依法履行职责的，有权向其上级机关或者监察机关举报。接受举报的机关应当对举报人的相关信息予以保密，保护举报人的合法权益（第 57 条）。对于举报的环境违法行为，环保部门必须及时依法处理。

（2）行政协调和赔偿基金。尽管相关法律并未建立正式的行政性环境纠纷处理机制，但实践中环保部门已经开始介入环境争议的处理，并采用了赔偿基金的救济方式，产生了较好的效果。例如，2011 年 6 月美国康菲石油公司蓬莱 19－3 油田发生漏油事件，造成河北省、辽宁省和山东省部分区县养殖生物和渤海天然渔业资源的损害。为了加快“康菲事件”的救济与处理，海洋主管部门主动介入，积极协调推进溢油事故海洋生态损害索赔工作。2012 年 1 月 25 日农业部公告，经“行政调解”，农业部与康菲公司、中海油公司三方达成一致，由康菲公司出资 10 亿元人民币，主要用于解决受害渔民的赔偿、补偿问题，并为改善渤海湾环境的项目提供支持。2012 年 4 月 27 日，康菲公司和中海油公司联合宣布，已与中国国家海洋局达成协议，两家公司将支付总计 16.83 亿元人民币的赔偿金。其中，康菲公司出资 10.9 亿元，赔偿溢油事故对海洋生态造成的损失；中海油和康菲公司再分别出资 4.8 亿元和 1.13 亿元人民币，承担保护渤海环境的社会责任。据相关统计，康菲公司和中海油公司先后两次宣布的赔偿和环境恢复资金共计 30.33 亿元，其中康菲公司支付 23.03 亿元，中海油公司支付 7.3 亿元。该事件的处理为我国行政性环境纠纷解决和大规模侵权救济提供了一个新的示范案例，积累了经验。

（3）环境公益诉讼。《民事诉讼法》第 55 条规定：对污染环境、侵害众多消费者合法权益等损害社会公共利益的行为，法律规定的机关和有关组织可以向人民法院提起诉讼。人民检察院可以依法提起环境公益诉讼，但在起诉前应对不作为的行政机关进行告知和督促，如果该行政机关依法履职，及时纠正，则无须进行诉讼。《环境保护法》规定，对污染环境、破坏生态，损害社会公共利益的行为，符合下列条件的社会组织可以向人民法院提起诉讼：1）依法在设区的市级以上人民政府民政部门登记；2）专门从事环境保护公益活动连续 5 年以上且无违法记录。符合前述规定的社会组织向人民法院提起诉讼，人民法院应当依法受理。提起诉讼的社会组织不得通过诉讼牟取经济利益（第 58 条）。一些国家环保团体诉讼主要是针对建设项目环评、规划等可能造成环境破坏的事件提起司法审查、进行事先干预，而我国的环境公益诉讼在预防性方面的作用较小，重点是针对环境修复等公益诉求。

（4）环境侵权诉讼。受到环境污染的公民和法人，如果不同意接受行政协调或基金赔偿，可以提起民事诉讼。如前述“康菲事件”中，有 21 名河北水产养殖户不同意接受基金赔偿，在天津海事法院提起诉讼，2015 年 10 月天津海事法院作出一审判决，判令被告康菲公司对栾某海等 21 名河北养殖户承担赔偿责任，赔偿金额 1 683 464.40 元（赔偿标准与基金赔偿的基本相同）。

（七）校园纠纷处理机制

校园纠纷，是指在校园及相关范围内发生的各类纠纷。主要包括学生与学校管理方之间，以及师生、学生、学生社团之间的纠纷；涉及侵权（如学生的人身伤害）与合同（如学费）的纠纷，以及教育方式、学校管理、学校设施质量安全以及人事关系等方面的纠纷，并与受教育权、学校自治等重大问题相关。

校园纠纷的解决依各国体制和学校性质而不同。例如：中小学义务教育阶段的纠纷与未成年人权益保护相关，学校的责任需要法律严格加以规定，同时需要通过学生医疗保险或社会保险分担风险。大学通常实行自治，学校有权制定管理规章规定师生的权利、义务，并可以根据规章对违规的学生进行处分和制裁。公立学校的管理、收费、招生、教学内容等必须依据法律、地方法规和社区标准进行，由专门的行政主管机构负责其管理人员和教师的招聘，在发生校园纠纷时管理当局亦可介入，既可作为中立第三方进行调解，也可以作为主管机构进行责任追究，有时也需要作为责任主体承担相关责任。私立学校一方面应服从国家和地方的法律、法规，另一方面应按照市场规律进行管理，其收费、承担责任的主体与方式也有所不同。

一般而言，校园纠纷解决机制主要是指大学自治背景下的“大学仲裁”或“校园司法”。例如，在美国，很多大学都有类似机构，所有教职员工和学生都可以报名担任仲裁员，经过遴选程序得到任命后，即可在校园纠纷处理程序中被当事人选任为仲裁员。校园仲裁根据其权限和当事人授权可以裁决各类争议，并可以组织听证会等。我国尚未全面实现大学自治，但目前教育主管机构已在大专院校普遍推行高校校内学生申诉制度，作为一种校内自治机制以解决涉及学籍管理等方面的特定纠纷，并与行政程序（申诉）形成衔接。

在我国，校园纠纷主要指发生在中小学、幼儿园的纠纷，包括人身伤害、校园欺凌、学生或师生之间的冲突、以及收费、管理、食品安全和卫生等各方面，近年来，各地为了及时有效解决此类纠纷，建立了校园纠纷人民调解委员会，并制定了相应的调解规则。

（八）房屋租赁与物业纠纷处理机制

房屋租赁，是指房屋所有权人与租户之间有关租赁问题的纠纷。物业纠纷，主要是指与物权（房屋）的所有、使用及服务相关的纠纷。这两类纠纷并不属于同类法律纠纷，但都涉及居民的居住权、所有权、相邻权和日常生活，关系到居民的生活安定和物权保障，以及弱势群体的居住权，并可能对社会秩序造成一定影响，因此在纠纷的主体、形态、社会影响及处理方面又具有一定共性。这类纠纷在社会转型期或城市化过程中尤其突出、多发，对其处理需要慎重对待，否则会使纠纷升级、扩大或久拖不决，影响到居民的正常生活，并容易演化为严重的社会问题。因此，很多国家或地区都曾针对这类纠纷设立专门性机制，一方面，重视社区自治的作用，另一方面，政府需要建立规则、加强公共管理、及时介入纠纷处理。这种纠纷的特点决定了应以非诉讼方式为解纷的最佳选择，很多国家明确将其纳入强制调解范围。可以建立由行政主管部门、律师、业主、承租人、开发商、物业管理企业及行业协会等方面的代表参与的中立性解纷机构，通过自治、行政管理和专家等方面的力量来解决此类纠纷；也可以在法院设立诉前前置性调解程序。

随着我国物业纠纷数量的快速增长，已经形成了专门处理的需求，但由于法律没有明确的规定，大量物业管理企业收缴物业费的案件不得不通过诉讼解决，效益和社会效果很差。近年来，许多地方在尝试建立专门的物业纠纷调解机构和程序，人民法院也在推进将物业纠纷纳入先行调解或前置调解程序。[①]

（九）建筑纠纷解决机制

1. 建筑纠纷是指建筑施工过程中发生的纠纷。其特点如下。

（1）以建筑工程承包合同为基础，涉及勘察测量、工程设计、物料供给、施工、验收和维护修理等各个环节，以及劳务、质量、进度、建立、计量、付款等多种关系和问题，其中很多问题难以在合同签订时完全预见，因此，整个施工过程中随时都可能发生纠纷。

（2）建筑工程承包合同期往往比较长，其间包括政治、经济、法律和自然在内的条件和环境因素会随时发生变化，并存在一些不可抗力因素，伴随着较大的风险和变数，由此双方可能随时需要对约定的权利、义务进行适当调整。

（3）建筑工程承包合同一般是在业主和承包商之间签订的，但往往涉及参与项目的其他各方，如贷款方、设计单位、监理工程师、供货厂商、分包商及交通运输部门、工地现场的地方政府等，各种因素和关系均可能导致纠纷的发生。

（4）纠纷一旦发生，必然会影响到工程的进度、完成或验收，导致损失的增大，甚至会影响到众多相关利益方的重大利益（如工人工资等），因此需要尽快、妥善解决。

2. 建筑纠纷解决机制的主要方式。其一般包括以下内容。

（1）索赔协商（claim），即权利人向对方提出索赔请求，双方通过协商谈判或第三方斡旋达成和解协议，通过修订原合同、继续履行、补偿或赔偿损失等多种方式解决纠纷。

（2）专门性调解、鉴定、评估或仲裁。包括由行政主管部门负责组建的专门机构，如日本的建筑工程纠纷审查会，分设在中央和各都道府县，通过斡旋、调解和仲裁解决此类纠纷；审查会由 15 名以内的委员组成，分别是法律专家和建筑等技术专家，如学者、资深法官、律师、建筑学家、研究员、设计师等。也包括由行业协会主持的专门机构，如美国土木工程学会（ASEC）1975 年创建的纠纷审议委员会（DRB），由建筑专家和法律专家组成解纷组织，举行行政会，提出具体建议等。

（3）普通仲裁及国际仲裁。目前，各国贸易仲裁机构一般都受理大型国际建筑承包合同纠纷，并开始积极推进调解、中立评估等方式。

目前，世界各国通行的做法是在建筑承包合同中事先约定纠纷解决方式，在协商不成时首选建筑行业专门的调解仲裁作为必经程序。

---

① 参见范愉等：《物业纠纷调解实务》，北京，清华大学出版社，2012。

三、在线纠纷解决机制（ODR）①

（一）概念与方法

ODR（Online Dispute Resolution），即在线纠纷解决机制，是从 ADR 演化而来的，最初主要应用于全球电子商务环境中，用以解决大量在线纠纷（也可用来解决离线纠纷）；发展至今，ODR 不仅在技术上日新月异，而且已经全面融入各种民间性、行政性及司法性解纷程序，成为常规性方式。一个新的世界潮流和“数字正义”理念已经形成，并开始对当代纠纷解决理论与实践产生深远影响。②

ODR 最常用的方法包括以下几种。

1. 在线协商（online conciliation/ negotiation）。当纠纷发生时，双方当事人可以通过提供这种服务的网站，传递信息，交换各自的观点和请求。网站实质上起的是一个提供服务，让双方进行沟通、交流和协商的作用。这种方法简便、迅速，很多争议通过彼此沟通便很快得到解决。用这种方法处理争议，往往可以通过计算机程序和互联网全自动地进行。

2. 在线调解（online mediation）。当一项争议发生时，争议双方以在线的方式提交争议，然后由中立调解员调解。调解员须具有相关的专业知识或技能，按照规定的程序以及公平的原则，帮助争议双方当事人自行分析争议焦点，明确双方的利益，找出可能的解决途径，达成解决方案。在整个争议解决过程中，调解员并不评价争议双方的对错，也不提出调解协议。在线调解是 ODR 中使用最多、最重要的一种方式。

3. 在线仲裁（online arbitration）。在线仲裁是 ODR 中比较正式的一种纠纷解决方式，主要用于处理通过交涉、调解不能解决的争议，实际使用较少。在线仲裁一般需要争议双方愿意将争议交予仲裁的协议。仲裁员需要听取双方的陈述，审查相关的事实和证据，然后作出裁决。其裁决一般只对争议双方有拘束力，而无强制执行力，因此，不同于传统的商事仲裁，目前还不能被《纽约公约》容纳。我国电子商务平台 ODR 服务中的大众评议（评审团）是一种类似仲裁或陪审团的机制，其裁决意见虽然不具有终局性，但由于程序设计合理、具有一定公信力，仍起到了可观的效果。

三种常用在线解纷方法融合为一个完整的机制，成为电子商务服务的标准配置和解纷的主要渠道。我国很多大型购物网站作为第三方服务平台，建立了协商、调解和评议机制，有非常严密的规则、程序和机构，一旦发生纠纷（以消费争议为主），消费者可以通过网络直接与商家交涉；也可以向网站管理者投诉，请求查处和调解；还可以采用公众评议团裁决处理。

（二）基本模式

1. 不公开报价和请求的处理模式（Blind Demand/Offer Claim Settlement）。通常是通过一种计算机程序自动化处理的模式。

---

① 参见范愉主编：《多元化纠纷解决机制》，第十五章，厦门，厦门大学出版社，2005；徐继强：《在线纠纷解决机制（ODR）研究》，见北大法律信息网，http：//www.chinalawinfo.com，2011－08－03。

② 参见［美］伊森．凯什、［以色列］奥娜．拉比诺维奇·艾尼著，赵蕾等译：《数字正义：当纠纷解决遇见互联网科技》，北京，法律出版社，2019。

2. 在线 ADR 模式（Online Mediation，Arbitration，or Other Dispute Handling Services）。运用现代的网络技术，如电子邮件（E-mail）、聊天室（chat）、网络会议（web conferencing）、视频会议（video conferencing）以及传统的电话、传真等手段，把离线状态下 ADR 的服务运用到网络环境下，以营造一个虚拟的调解或仲裁的场所来解决争议。

3. 计算机支持交涉模式（Decision / Negotiation Support Systems）。把各方的争议分解成可量化的要素，然后通过一种专门设计的计算机程序，辅助争议各方都能达成最大满意的综合解决方案。这种模式据说可以解决多数主体的、存在多个争议点的复杂纠纷。目前采取这种模式的是 Smartsettle 网站，其特点是要采用最先进的技术，同步的在线回应、多主体多争议复杂纠纷的处理，利用先进的算法程序对争议各方的主张进行分析和优化，达成全部争议方都能接受的解决方案，提供完全自动化的简单争议解决程序等。

（三）特点与前景

在线纠纷解决机制与传统的纠纷解决机制包括离线 ADR 相比，具有以下特点。

1. 采用最新的科技，特别是网络科技。互联网和信息技术的快速发展为在线解纷方式提供了越来越多的空间和可能性，同时也不断解决其中一些技术难题，包括效力、证据保全和履行等问题。近年来，互联网科技的更新迭代和信息技术的迅猛发展，以及 5G 时代到来和区块链技术的应用，使 ODR 的应用更加广泛，技术更加完善，效力更加确定，方式更加多元便捷，成本更加低廉，成为一种常规性技术手段，融入各个解纷程序。

2. 运行机制的多元化。最初，在网络空间提供各种解纷服务的几乎都是私人性的非营利机构。ODR 正是试图通过业界的自律和私人的机制，为冲破跨越国家司法权在全球电子商务环境下解决纠纷存在的重重障碍，提供另一条有利于纠纷快速、便宜、公正地解决的可选择途径。随着 ODR 技术的成熟和社会观念的转变，世界各国开始探索、鼓励 ODR 的使用。当前，ODR 已经从早期的电商解纷平台，拓展为从国际到国内，从市场、行业到各种民间社会乃至行政、司法解纷程序均广泛应用的常规方式，由此也使其运行机制越来越多元化，既包括官方的公益性、非营利性解纷平台，也出现了许多中介性、技术性、市场化、营利性的服务机制；同时也可以作为辅助手段，与线下的各类程序相互结合，分别隶属于民间社会、行政和司法机制中。

3. 应用范围不断扩大，初步形成各国相关立法、制度和全球化运行模式。当前 ODR 已经逐步进入到各种纠纷解决领域，包括国内的家事、民事、商事、消费、劳动、交通事故、医疗等各种专门解纷机制，同时在国际性争议解决中亦显示出特殊优势。适应这种态势，各国和国际组织相继制定相关法律法规，构建相关制度程序，推进 ODR 的制度化和规范化。欧盟于 2013 年 5 月通过了《欧盟消费者 ODR 条例》，旨在通过 ODR 平台并借助 ADR 机构来调解跨境或者成员国境内的在线销售、在线服务合同引发的争议。联合国国际贸易法委员会也于 2016 年 7 月正式通过了《网上争议解决技术指引》，这是第一份关于 ODR 的正式国际文本，代表着联合国承认并支持使用 ODR 作为争议解决的新方法。随着 ODR 显示出广阔的发展前景，围绕隐私保护和信息数据安全等风险防范方面的努力及国际合作也在不断加强。

（四）我国 ODR 的发展

近年来，我国 ODR 显示出快速发展的态势，这一方面受到我国多元化纠纷解决机制的发展战略的推动，另一方面也得益于“互联网＋”和社会治理体系现代化的时代潮流。我国电商平台很早就建立了集投诉协商、调解和评议（裁决）于一体的纠纷解决平台。互联网行业协会也建立了在线调解机制，很多调解组织都相继开通了ODR服务。2017年，全国首个地方性在线矛盾纠纷多元化解平台浙江ODR平台正式运行，随后云南省、北京市、安徽省、河南省、广东省、山东省等地或以全省覆盖的方式，或以地市先行试点的方式，建设并上线了具有当地特色的ODR平台。与此同时，各种中介性ODR平台相继出现，如众信中心ODR平台，为消费者和可信交易生态圈企业的交易纠纷提供法律咨询和非诉讼纠纷解决方案。随着国家“一带一路”倡议的推进，ODR在涉外商事调解方面也取得了较大的发展。如北京2016年成立的“一带一路融商国际商事调解中心”、中国国际贸易促进委员会调解中心等也都建立了涉外商事纠纷调解ODR。

2017年8月杭州互联网法院挂牌成立，这是全国第一家集中审理涉网案件的试点法院。其宗旨是将涉及网络的案件从现有审判体系中剥离出来，充分依托互联网技术，完成起诉、立案、举证、开庭、裁判、执行全流程在线化，实现便民诉讼，节约司法资源。融合机制创新与网络解纷，构建前置性指导化解、ODR、第三方调解、诉讼等多层次、多元化的涉网纠纷解决体系，专业、高效、便捷处理涉网纠纷。利用大数据分析技术对涉网案件数据进行多模块比对分析，梳理规律和特点，形成结构化、标准化的互联网司法裁判规则，为营造更安全、更干净、更具人性化的网络空间司法护航。2018年9月9日，北京互联网法院挂牌成立。ODR的应用甚至开始模糊或淡化诉讼与非诉讼之间的界限，法院的在线调解和互联网法院，虽然只是国家审判机构和司法程序在技术和方法上的革新，但当在线方式逐步替代了传统的对抗性庭审并向诉讼前端推进时，实际上与非诉讼程序已十分接近。

近年来，国内ODR平台建设逐渐呈现出融合发展趋势，主要体现在协同化及类型化两方面。[①]

协同化趋势主要体现为ODR平台与法院的对接，以及各平台间的互联互通。电商平台ODR模式主要是为满足平台运营需求而构建，仅处理平台相关的纠纷案件。以网络零售巨头淘宝网为例，它建立的网购纠纷在线调处机制，旨在将网购纠纷在网内和企业内部进行化解。近年来ODR平台的构建不仅仅以建立独立平台为目标，亦在追求实现与法院和其他平台的对接。以浙江ODR平台为例，它已实现了与人民法院网上立案系统、移动微法院系统和司法厅人民调解平台的对接。另外，余杭区网络交易纠纷调解中心也已与阿里巴巴集团就涉及淘宝、天猫、飞猪等网络交易平台的网络交易纠纷处理实现了互联互通，建立了数据信息交互共享、疑难案件协作配合等对接机制。

类型化趋势主要体现为针对不同纠纷类型建设专门ODR平台。2010年3月15日，“电子商务消费纠纷调解平台”（原“中国电子商务投诉与维权公共服务平台”）正式上线。近年来类型化ODR平台的数量快速增长，新增的ODR平台如“反家暴服务平台”，“金融纠纷一站式化解平台”，交通事故“网上数据一体化处理”中心，医患纠纷线上处理客户端（App）等。各专业、行业性调解组织的在线调解也不断开通，成为常规化设置。

总之，我国ODR的发展与国际潮流趋同，同时亦具有自身特色，在今后的发展中前景无

---

① 参见北明软件课题组：《全球ODR发展态势述评》，载《SIFAADR多元化纠纷解决机制公众号》，第439期。

限，需要不断适应时代和社会需求进行规范和调整。

第二节　劳动争议处理制度

一、劳动争议及其解决机制

（一）劳动争议的概念及特点

1. 概念。劳动争议是指因劳动雇佣关系而引起的纠纷，主要是雇用者与被雇用者（劳资双方）之间因劳动报酬、劳动条件、雇用与解雇、工伤赔偿、就业歧视和竞业禁止，以及其他有关问题而引起的纠纷。包括个别劳动者与雇主及单位之间、劳动者与管理者之间、劳动者集体（工会）与雇主之间的纠纷，也包括个别劳动者之间及劳动者与工会之间的纠纷。

2. 劳动争议可以分为：（1）个别争议，指因为适用劳动法规和劳动合同所规定的条件而发生的争议，涉及法律和权利问题，多属个人权益纠纷，是劳动争议的主要部分。（2）集体争议，因为制定或变更劳动条件而产生的争议，涉及多数劳动者。既可以采用集体协商方式订立集体劳动合同，对未来的利益和争议进行先期处理；也可以采用集体谈判、代表人诉讼等方式争取权利改善、获得更大利益或解决特定纠纷，及时化解罢工等特殊问题或突发事件。

3. 当代劳动争议的特点是：（1）劳动者的权益涉及人权保护，关系着整个社会的福利和文明程度的提高。在个别争议中，劳动者处于弱势地位，需要国家予以特殊保护。（2）劳动争议频繁多发，往往涉及众多劳动者权益，原因复杂、影响面大，需要及时和灵活地加以处理，不适于通过复杂和冗长的诉讼程序解决。（3）劳资双方关系比较特殊，既存在对抗的一面，又存在一种相互依存的长久关系和共同利益。（4）劳动争议不仅发生在企业的劳资双方之间，而且关系着社会公共利益，如果不能及时、妥善地得到解决，往往会引发社会动乱。大规模的劳资冲突（罢工）会浪费大量的社会财富，极大地破坏生产力，甚至会导致社会秩序瘫痪。（5）工会的力量不断加强，在劳资冲突中发挥越来越重要的作用，也使劳资双方的抗衡变得势均力敌，集体协商在劳动争议及其解决中的作用不断增加。以上特点决定了现代社会必须高度重视劳动争议的处理，建立专门性解纷机制，在加强国家干预的同时促进争议的和谐解决。

（二）劳动争议解决机制

1. 劳动争议解决机制的形成及特点

自由资本主义初期，西方国家对劳动关系的法律调控完全属于私法领域，由劳资双方按照契约原理和市场规律自行调整；纠纷发生时则多由警察治安法官负责或者借助普通司法程序处理。从19世纪开始，西方社会开始重视劳动者的保护和劳动争议的解决，劳动法和社会保障法得到了迅速的发展，专门化劳动争议解决制度也应运而生。其主要特点如下。

（1）多元化。以各种非诉讼程序为主要手段或必经程序，强调协商调解优先，同时以法院的司法审查权为后盾。当代主要市场国家的劳动争议绝大多数通过专门程序和非诉化处理，除少数涉及就业歧视、职场性骚扰等疑难新型案件外，采用司法诉讼程序的已经很少。

（2）强调政府主管机关即劳动部门的责任，以保证国家对劳动关系的调整，及时形成政策，通过行政手段积极保护劳动者权益。在纠纷发生时，为了敦促劳资双方尽快解决，避免给社会造成危害，政府可以通过行政手段进行直接干预；在特殊或紧急情况下，政府可以通过要求企业预留保证金、风险基金或由政府先行补偿、发放救济款物等方式，参与或主导劳动安全事故和劳动争议的处理。

（3）在纠纷解决中重视劳资双方的参与和利益协调。在保护劳动者基本权利的前提下，重视维护良好的劳动雇佣关系和正常的生产经营秩序，并允许企业根据实际经营状况与劳动者就有关问题进行协商，保障双方的利益得到兼顾。

（4）纠纷解决方式以调解和仲裁为主。尽可能简便、低廉、及时、迅速、有效地处理争议，促进劳资双方的和解与合作，稳定社会秩序和市场经济秩序。

2. 劳动争议解决机制的基本类型

20 世纪以来，建立专门性劳动争议解决机制已经成为现代国家普遍通行的做法。然而，各国劳动争议处理机制在性质、形式和解决方式等方面存在着相当大的差异。“同样是市场化劳动关系的处理机制，在不同的国家有着不同的社会制约条件，各有各的特点，又呈现明显的差异。……美国是一种自愿的、分散的、民间为主的解决争议机制，日本具有折中、协调和相互理解来解决争议的普遍倾向，联邦德国则明显通过工人参与来解决劳资关系问题，英国把劳资之间的事情视为‘私事’，瑞典则有共决的模式，在加拿大法律起着主要作用，在澳大利亚是劳资法庭帮助管理并处理劳资争议，在意大利政治上各种势力的分立对处理劳资争议多有影响，等等。以至于，在同一个国家，不同类型的单位有很大不同，私营企业与国营企业不同，事业部门与企业部门不同，企业与行业不同，行业与地区不同，等等。上述差异，概而言之，表现为劳动关系处理机制的法制化程度不同，国家干预程度不同，非正式规则渗透程度不同，等等。”① 概括起来，大体有以下几种类型。

（1）准司法类。根据劳动法及有关法律、法规建立专门的劳动争议处理机构，如劳动法院。在这类法庭中解决争议通常以调解为主。法国在 20 世纪 50 年代以后根据劳动法建立了劳动法院系统，专属管辖劳动合同引发的纠纷。劳动法院的法官由专职的辅助法官（greffier=registrar）以及工会和雇主代表构成。审判官根据法律规定定期选举产生，享有身份保障。劳动法院的程序是进行调解（conciliation）。调解法官分为两种倾向：一种是所谓“中立主义者”，主张仅为当事人提供意见交换的机会；另一种则是所谓“干涉主义者”，主张可以为当事人提供解决方案。② 除法国外，德国、意大利、瑞典、芬兰、新西兰、智利和英国等国家也建立了劳动法庭或法院。当代多数劳动或劳资法庭（法院）不属于普通法院系统，其中既有属于行政法院系统的（如英国的和法国的），也有属于非诉讼专门机构的（如澳大利亚的调解仲裁委员会），都属于广义 ADR 的范畴。美国一些州设立的劳动争议法庭，绝大多数都以和解结案。

（2）行政或准行政类机制。由主管行政机关出面组建专门的劳动争议处理机构。如英国在 1896 年制定了《调解法》，由贸易部组建了行政性的调解机构，把劳资双方当事人召集到一

① ［日］T. 哈纳米、［比］R. 布兰佩因主编，佘云霞等译：《市场经济国家解决劳资冲突的对策》，中文版序（冯同庆），北京，中国方正出版社，1997。

② 参见［日］石川明编著：《比較裁判外紛争解決制度》，224～227 页，东京，庆应义塾大学出版会，1997。

起，为其创造谈判交涉的机会，以求达成和解；后该机构成为劳动部的前身。1974 年在劳动部的主持下，成立了独立的中立调解机构即“咨询、调解和仲裁局”（Advisory Conciliation and Arbitration Service，ACAS），负责解决个人和团体的劳动争议，并向当事人提供咨询建议；其成员均为专职调解人，具有公务员的地位，通常由劳动部选任，采用调解（conciliation 或 mediation）和仲裁（arbitration）方式解决纠纷，当事人参加与达成和解均基于自愿，和解率平均高达 80%～90%。①

政府主管行政部门通常采用与劳资双方即工会和企业雇主的代表共同组成专门的劳动争议处理机构（三方机制）的方式，如澳大利亚根据《澳大利亚调解和仲裁法》建立了调解和仲裁委员会（ACAC），作为联邦政府常设性的劳资法庭或纠纷解决机构，任命一名有法律背景的专家任主席，委员则由劳资双方选任的人士担任。此外，当代很多国家专门针对就业歧视等特殊劳动争议成立了公平就业委员会之类的机构，作为前置性程序，或应当事人的申诉、申请对相关争议进行调查、调解和处理。

（3）民间性机制。包括有政府背景的准行政性机构和非政府公益机构。如欧洲国家 19 世纪后期建立的雇主与工人委员会或劳资委员会，旨在促进通过双方交涉取得妥协与和解，合理解决纠纷。20 世纪以来，随着政府的介入，这些组织与行政性劳动争议机关日趋接近，但民间性机构在劳动争议解决中仍在发挥重要作用。例如，“美国最高法院已观察到……劳动仲裁就是工业罢工的替换物。……目前，成千上万的争议通过自愿仲裁程序而解决了”；仲裁有利于促进劳资双方的合作，此外“仲裁的其他优点包括节省时间、费用，而且麻烦少。仲裁允许由劳资双方自动调节，因为它是一种民间的而非政府的程序”②。

二、我国劳动争议处理制度的沿革

（一）近现代劳动争议处理制度

近现代以来，随着我国市场经济的发展，劳动争议处理制度应运而生。南京国民政府曾于 1928 年 6 月公布《劳资争议处理法》，并于 1930 年和 1932 年进行了两次修正，设立了以调解和仲裁为基本方式的劳动争议处理制度。

1931 年，中华苏维埃第一次全国代表大会通过的《中华苏维埃共和国劳动法》中，规定了劳动争议的处理机关是由劳资双方代表组成的评判委员会以及仲裁委员会和人民法院的劳动法庭，处理方式分为调解、仲裁和劳动法庭判决。1933 年该《中华苏维埃共和国劳动法》经过修正重新颁布，规定由各级劳动部进行调解和仲裁。抗日战争和解放战争期间，各个根据地都建立了相应的劳动争议处理制度。

1948 年 8 月，中华全国总工会重建。在 1949 年 7 月召开的全国工作会议上通过了三个关于处理劳资关系的文件，其中《劳动争议处理程序的暂行规定》及《关于劳资关系暂行处理办法》中有关劳动争议的规定，成为中华人民共和国成立初期处理劳动争议的依据，所采用的基

---

① 参见［日］石川明编著：《比較裁判外紛争解決制度》，219～223 页，东京，庆应义塾大学出版会，1997。

② ［日］T. 哈纳米、［比］R. 布兰佩因主编，佘云霞等译：《市场经济国家解决劳资冲突的对策》，198 页，北京，中国方正出版社，1997。

本程序是双方协商、调解、仲裁及法院审理。1950 年 11 月，经中央人民政府政务院批准，劳动部颁发了《劳动争议处理程序的规定》，再次确认了协商、调解、仲裁及法院审理四种解决劳动争议的程序，建立了较完备的劳动争议处理制度。

1956 年以后，生产资料所有制的社会主义改造完成，当时认为劳资争议已经不复存在，因此，各级劳动行政机关所设立的劳动争议处理机构相继被撤销，人民法院不再受理劳动争议案件，《劳动争议处理程序的暂行规定》随之失效。直至 20 世纪 70 年代末，我国实际上不存在劳动争议处理制度，各种劳动争议如果不能在企事业单位内部自行解决，当事人只能通过向行政主管部门申诉或上访等方式解决。

（二）当代劳动争议处理制度的重建

改革开放以后，随着非公有制企业的出现，劳动争议重新成为重要的社会问题。1980 年 7 月，国务院发布的《中外合资经营企业劳动管理规定》第 14 条规定，“合营企业发生的劳动争议，首先由争议双方协商解决；通过协商不能解决的，可以由争议的一方或双方向所在省、自治区、直辖市人民政府劳动管理部门请求仲裁；如有一方不服仲裁裁决，可以向人民法院提起诉讼”。此后，国有企业的劳动争议解决也被提上日程。1986 年 7 月，国务院发布《国营企业实行劳动合同制暂行规定》，规定了协商、仲裁和法院审理三种程序。1987 年 7 月，国务院发布《国营企业劳动争议处理暂行规定》，规定县、市、市辖区设立劳动争议仲裁委员会，实行强制仲裁及一裁两审制度。1993 年 7 月，国务院颁布《企业劳动争议处理条例》，取代了上述暂行规定，扩大了仲裁的范围，确立了我国境内的各种企业的劳动争议处理制度。1994 年 7 月公布的《劳动法》，则以基本法律的形式正式确认了这一制度。

《劳动法》实施之后，劳动部先后发布了若干行政规章，如《劳动仲裁员聘任管理办法》（1995 年 3 月）、《关于进一步完善劳动争议处理工作的通知》（1995 年 5 月）、《关于劳动争议仲裁工作几个问题的通知》（1995 年 9 月），全国总工会也于 1995 年 8 月发布了《工会参与劳动争议处理试行办法》，进一步完善了劳动争议处理制度。

（三）《劳动合同法》与《劳动争议调解仲裁法》的制定

进入 21 世纪之后，我国市场经济进一步发展，社会保障制度逐步完善，与此同时，劳动争议持续增长，原有劳动争议处理机制已难以适应社会需求。2005 年之后，国家再次开始对劳动法进行整体性的修改完善，2007 年 6 月 29 日，第十届全国人民代表大会常务委员会第二十八次会议通过了《劳动合同法》，自 2008 年 1 月 1 日起施行。该法于 2012 年修正。2007 年 12 月 29 日，第十届全国人民代表大会常务委员会第三十一次会议通过《劳动争议调解仲裁法》（以下简称《劳动争议法》），自 2008 年 5 月 1 日起实施。

三、劳动争议处理制度

（一）基本构成

1. 范围。《劳动争议法》第 2 条规定了我国劳动争议处理的具体范围：中华人民共和国境内的用人单位与劳动者发生的下列劳动争议，适用本法：（1）因确认劳动关系发生的争议；

(2) 因订立、履行、变更、解除和终止劳动合同发生的争议；(3) 因除名、辞退和辞职、离职发生的争议；(4) 因工作时间、休息休假、社会保险、福利、培训以及劳动保护发生的争议；(5) 因劳动报酬、工伤医疗费、经济补偿或者赔偿金等发生的争议；(6) 法律、法规规定的其他劳动争议。这一范围适用于各种企事业单位，包括事业单位实行聘用制的工作人员与本单位发生劳动争议的情况，但不包括国家公务员等属于人事管理系列的人员与单位之间发生的人事争议以及法律、行政法规或者国务院另有规定的情况。

2. 劳动争议处理机制的构成。原有劳动争议处理机制过于繁复，围绕着如何对其进行改进，社会各界和劳动问题专家却始终存在截然不同的意见：有人主张采用世界各国通行的做法和趋势，将劳动争议处理机制建设为一种独立机制，如社会化的劳动法院或终局性劳动仲裁，减少对正式司法制度和诉讼程序的依赖；也有人提出将仲裁和司法设定为并存的选择性程序，取消仲裁前置，甚至完全取消仲裁，将劳动争议全部付诸司法诉讼程序。《劳动争议法》确立的现行劳动争议处理机制的基本框架仍由“一调一裁两审”构成。

3. 流程。现行劳动争议处理所采用基本方式是协商、调解、仲裁和诉讼，其中协商和调解并非必经阶段或前置程序（见图 6－1）。

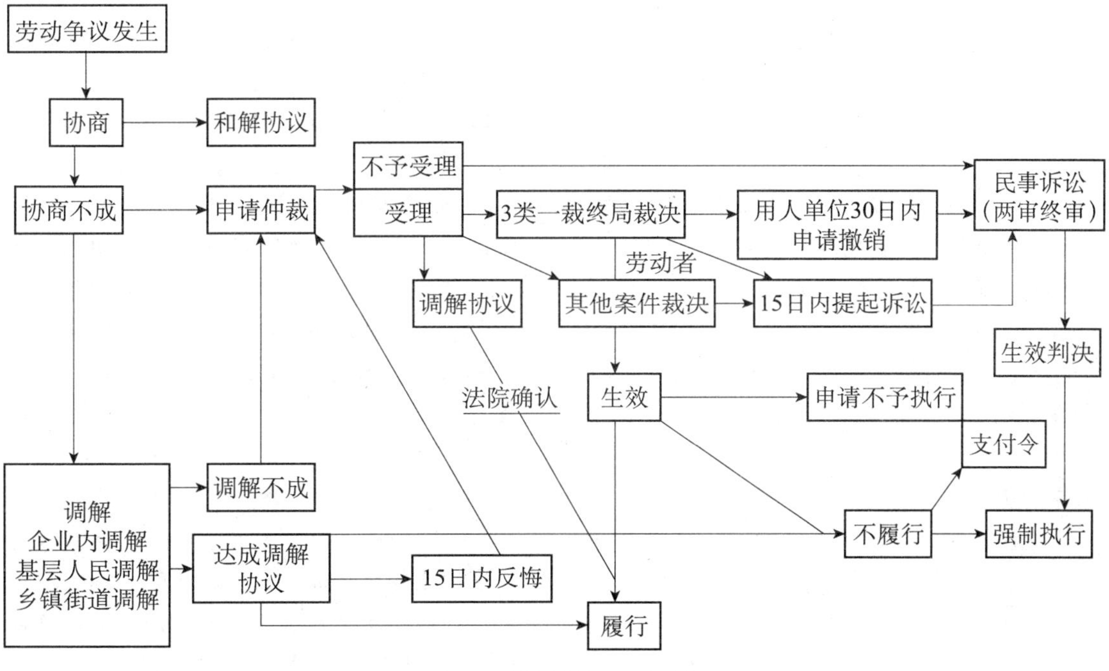

图 6－1　劳动争议处理机制

（二）处理劳动争议的基本原则

根据《劳动法》，我国处理劳动争议的基本原则是“合法、公正、及时”。《劳动争议法》第 3 条规定：解决劳动争议，应当根据事实，遵循合法、公正、及时、着重调解的原则，依法保护当事人的合法权益。据此，我国处理劳动争议的基本原则如下。

1. 合法。包括处理活动（程序）和处理结果的合法性。

2. 公正。这是指在劳动争议处理中，无论是协商、调解、仲裁还是司法程序，均应按照中立和公正的程序原则和规则进行。劳动争议处理机制的公正性取决于相关机构、组织和人员的构成、素质及行为规范，也取决于解纷程序和制度设计的合理性。

3. 及时。劳动争议涉及劳动者的基本权益、劳动关系的稳定和谐以及市场经济的健康发展，因此，需要重视及时、快速、便捷地解决纠纷。《劳动争议法》在原有的程序基础上，加强了调解、仲裁的时效、处理期限、生效期间和履行期限以及提起诉讼、申请撤销等方面的强制性规定，以便缩短劳动争议处理的时间，提高效率和效益。

4. 着重调解。劳动争议注重协商和调解，尊重当事人的意思自治，发挥工会、社会机制和行政主管机关在调解中的作用；在仲裁与司法程序中也遵循着重调解的原则。

（三）协商与集体协商

协商是劳动争议解决的首选方式，既可用以解决劳动者个人与用人单位之间的争议，也可用以解决劳动者群体与用人单位乃至特定行业之间的集体争议。《劳动争议法》第 4 条规定：发生劳动争议，劳动者可以与用人单位协商，也可以请工会或者第三方共同与用人单位协商，达成和解协议。协商的方式主要包括如下几种。

1. 个别协商。劳动争议发生后，劳动者可以直接与用人单位协商解决，在劳动者谈判协商能力较弱，其合法权益受到侵害的情况下，可以请工会或者第三方共同参与协商，工会则有责任给予帮助。工会既可作为劳动者一方的代理人或辅助人参与协商，也可以作为中立第三方进行斡旋。协商达成的和解协议，具有合同效力。

2. 集体争议与集体协商。集体争议是指特定单位劳动者集体（通常以工会为代表）与用人单位之间发生的争议或利益协商，可以通过集体协商方式解决。目前，我国的集体协商主要用于签订集体劳动合同的谈判中。《劳动合同法》第 18 条规定：劳动合同对劳动报酬和劳动条件等标准约定不明确，引发争议的，用人单位与劳动者可以重新协商；协商不成的，适用集体合同规定；没有集体合同或者集体合同未规定劳动报酬的，实行同工同酬；没有集体合同或者集体合同未规定劳动条件等标准的，适用国家有关规定。

（四）调解

1. 调解制度与现状。虽然劳动争议处理强调着重调解，但《劳动争议法》既未将调解设定为法定必经程序，也没有设立统一的调解机构；对调解组织的性质、构成、功能等均未作出明确规定。劳动合同法和争议法实施后，劳动争议激增，使劳动仲裁和法院难以承受。在这种背景下，2009 年 10 月，人力资源和社会保障部、司法部、中华全国总工会、中国企业联合会/中国企业家协会共同发布《关于加强劳动人事争议调解工作的意见》（人社部发［2009］124 号），提出要逐步建立和完善企事业单位调解、乡镇街道调解、行业调解、人民调解、行政调解等多渠道的争议调解体系。对未经调解组织调解，当事人直接申请仲裁的劳动争议案件，仲裁委员会可向当事人发出调解建议书，引导其在乡镇、街道、企业以及人民调解委员会等调解组织进行调解，就近就地解决争议。仲裁委员会认为可以委托调解组织调解的劳动人事争议案件，经当事人同意，可以委托调解组织进行调解。对当事人双方提出的确认调解协议的申请，仲裁委员会应及时受理，对合法的调解协议，可以出具仲裁调解书。

在该文件的指导下，乡镇人民调解、工会调解、企业内部调解、商会调解、地方政府建立的劳动争议调解组织、维稳和信访部门调解、劳动监察机构调解、基层司法所调解、地方劳动人事社会保障主管部门行政调解、律师协会及法律援助机构、农民工维权机构和农民工组织等都开始参与劳动争议调解。通过这种合力，拦截了急速增多的劳动争议、及时处理了大量群体性和拖欠农民工工资的事件，使劳动仲裁和诉讼能够正常运行，维护了社会稳定。由此也形成了参与处理劳动争议的调解组织多元化和非专业的局面，随着劳动争议解决机制逐步进入正轨，这种非专业化的运动式大调解的问题也日益显现。

2. 调解程序。目前，由于调解并未被设定为法定前置程序，只能由当事人选择和申请而启动。根据《劳动争议法》的有关规定，调解的一般程序是：(1) 当事人申请，可以书面，也可以口头申请。口头申请的，调解组织应当当场记录申请人基本情况、申请调解的争议事项、理由和时间。(2) 对方当事人如同意调解，则可以启动调解程序。(3) 调解劳动争议，应当充分听取双方当事人对事实和理由的陈述，耐心疏导，帮助其达成协议。(4) 经调解达成协议的，应当制作调解协议书，经双方当事人和调解员签署，加盖调解组织印章生效。调解随之终结。(5) 自申请之日起 15 日内未达成调解协议的，当事人可以依法申请仲裁。

3. 调解协议的效力。《劳动法》规定，劳动争议经调解达成协议的，当事人应当履行（第80条）。但调解协议不具有强制性，不能阻却当事人直接进入仲裁，也不能限制其在达成调解之后随意反悔。为保证调解协议的履行，《劳动争议法》规定：(1) 允许双方当事人约定调解生效和履行的具体期限。达成调解协议后，一方当事人在协议约定期限内不履行调解协议的，另一方当事人可以依法申请仲裁。超过这一期限未提起仲裁的，视为放弃仲裁、应履行调解协议（第 15 条）。(2) 设立申请支付令程序。因支付拖欠劳动报酬、工伤医疗费、经济补偿或者赔偿金事项达成调解协议，用人单位在协议约定期限内不履行的，劳动者可以持调解协议书依法向人民法院申请支付令。人民法院应当依法发出支付令（第 16 条）。(3) 当事人可以申请法院对调解协议进行确认，由此获得生效判决的效力，可强制执行。(4) 当事人可以申请劳动仲裁机构对调解协议进行确认，制作仲裁调解书，经当事人签收后产生法律效力，可强制执行。但已向法院申请确认的不予受理。

（五）劳动仲裁

1. 劳动仲裁机构及其性质与特点

(1) 劳动争议仲裁委员会。根据《劳动争议法》劳动争议仲裁委员会按照统筹规划、合理布局和适应实际需要的原则设立。省、自治区人民政府可以决定在市、县设立；直辖市人民政府可以决定在区、县设立。直辖市、设区的市也可以设立一个或者若干个劳动争议仲裁委员会。劳动争议仲裁委员会不按行政区划层层设立（第 17 条）。劳动争议仲裁委员会受劳动行政部门指导。

劳动争议仲裁委员会由劳动行政部门代表、工会代表和企业方面代表组成，负责管辖本区域内发生的劳动争议。其具体职责是：1) 聘任、解聘专职或者兼职仲裁员；2) 受理劳动争议案件；3) 讨论重大或者疑难的劳动争议案件；4) 对仲裁活动进行监督。劳动争议仲裁委员会下设办事机构，负责办理劳动争议仲裁委员会的日常工作（第 19 条）。

(2) 仲裁员。劳动争议仲裁委员会聘任仲裁员对劳动争议案件进行仲裁。劳动争议仲裁委员会应当设仲裁员名册。仲裁员应当公道正派并符合下列条件之一：1）曾任审判员的；2）从事法律研究、教学工作并具有中级以上职称的；3）具有法律知识、从事人力资源管理或者工会等专业工作满5年的；4）律师执业满3年的（第20条）。

我国现行劳动仲裁员包括专职和兼职两种，二者在仲裁时享有同等权利。专职仲裁员是指从劳动行政部门专职从事劳动争议处理工作的人员中聘任的仲裁员。兼职仲裁员是指从劳动行政部门非专职从事劳动争议处理工作的人员、政府其他有关部门的人员、工会工作者、专家学者和律师中聘任的仲裁员。

（3）仲裁机构的性质与特点。劳动仲裁机构由各级政府负责建立，作为独立的劳动争议处理机构而存在，其性质兼具行政性与准司法性，属于专门性纠纷解决机制，其经费由财政予以保障。劳动仲裁机构是公益性机构，向劳动争议当事人提供完全免费的服务，劳动争议仲裁不收费。这种设置体现了国家对劳动争议解决和劳动仲裁的重视，旨在通过这种设置鼓励当事人将劳动争议提交仲裁，降低劳动争议处理的成本。劳动仲裁的程序设计模仿诉讼，追求正式性、对抗性、公开性和规范性，强调当事人的举证责任，通过质证、辩论，注重裁决在实体和程序上的合法性以及与司法程序的衔接。

2. 劳动仲裁的管辖

《劳动争议法》规定，劳动仲裁实行属地管辖，由劳动合同履行地或者用人单位所在地的劳动争议仲裁委员会管辖。双方当事人分别向劳动合同履行地和用人单位所在地的劳动争议仲裁委员会申请仲裁的，由劳动合同履行地的劳动争议仲裁委员会管辖（第21条）。

3. 劳动仲裁当事人

《劳动争议法》规定，发生劳动争议的劳动者和用人单位为劳动争议仲裁案件的双方当事人。劳务派遣单位或者用工单位与劳动者发生劳动争议的，劳务派遣单位和用工单位为共同当事人（第22条）。

与劳动争议案件的处理结果有利害关系的第三人，可以申请参加仲裁活动或者由劳动争议仲裁委员会通知其参加仲裁活动（第23条）。

当事人可以委托代理人参加仲裁活动。委托他人参加仲裁活动，应当向劳动争议仲裁委员会提交有委托人签名或者盖章的委托书，委托书应当载明委托事项和权限（第24条）。

丧失或者部分丧失民事行为能力的劳动者，由其法定代理人代为参加仲裁活动；无法定代理人的，由劳动争议仲裁委员会为其指定代理人。劳动者死亡的，由其近亲属或者代理人参加仲裁活动（第25条）。

4. 劳动争议仲裁时效

劳动争议申请仲裁的时效期间为1年，时效期间从当事人知道或者应当知道其权利被侵害之日起计算。仲裁时效因当事人一方向对方当事人主张权利，或者向有关部门请求权利救济，或者对方当事人同意履行义务而中断。从中断时起，仲裁时效期间重新计算。因不可抗力或者有其他正当理由，当事人不能在仲裁时效期间申请仲裁的，仲裁时效中止。从中止时效的原因消除之日起，仲裁时效期间继续计算。劳动关系存续期间因拖欠劳动报酬发生争议的，劳动者申请仲裁不受仲裁时效期间的限制；但是，劳动关系终止的，应当自劳动关系终止之日起1年内提出。

5. 仲裁程序

（1）申请和受理。申请人申请仲裁应当提交书面仲裁申请，并按照被申请人人数提交副本。《劳动争议法》规定，仲裁申请书应当载明下列事项：1）劳动者的姓名、性别、年龄、职业、工作单位和住所，用人单位的名称、住所和法定代表人或者主要负责人的姓名、职务；2）仲裁请求和所根据的事实、理由；3）证据和证据来源、证人姓名和住所。书写仲裁申请确有困难的，可以口头申请，由劳动争议仲裁委员会记入笔录，并告知对方当事人（第28条）。

劳动争议仲裁委员会收到仲裁申请之日起5日内，认为符合受理条件的，应当受理，并通知申请人；认为不符合受理条件的，应当书面通知申请人不予受理，并说明理由。对劳动争议仲裁委员会不予受理或者逾期未作出决定的，申请人可以就该劳动争议事项向人民法院提起诉讼（第29条）。

（2）劳动争议仲裁委员会受理仲裁申请后，应当在5日内将仲裁申请书副本送达被申请人。被申请人收到仲裁申请书副本后，应当在10日内向劳动争议仲裁委员会提交答辩书。劳动争议仲裁委员会收到答辩书后，应当在5日内将答辩书副本送达申请人。被申请人未提交答辩书的，不影响仲裁程序的进行（第30条）。

（3）组成仲裁庭。劳动争议仲裁委员会裁决劳动争议案件实行仲裁庭制。仲裁庭由3名仲裁员组成，设首席仲裁员。简易案件可以由1名仲裁员独任仲裁（第31条）。劳动争议仲裁委员会应当在受理仲裁申请之日起5日内将仲裁庭的组成情况书面通知当事人（第32条）。在仲裁员是本案当事人、代理人的近亲属；与本案有利害关系；与本案当事人、代理人有其他关系，可能影响公正裁决的；私自会见当事人、代理人，或者接受当事人、代理人请客送礼等情况下，应当回避，当事人也有权提出回避申请。劳动争议仲裁委员会对回避申请应当及时作出决定，并以口头或者书面方式通知当事人（第33条）。

（4）开庭。仲裁庭应当在开庭5日前，将开庭日期、地点书面通知双方当事人。当事人有正当理由的，可以在开庭3日前请求延期开庭。是否延期，由劳动争议仲裁委员会决定（第35条）。申请人收到书面通知，无正当理由拒不到庭或者未经仲裁庭同意中途退庭的，可以视为撤回仲裁申请。被申请人收到书面通知，无正当理由拒不到庭或者未经仲裁庭同意中途退庭的，可以缺席裁决（第36条）。

当事人在仲裁过程中有权进行质证和辩论。质证和辩论终结时，首席仲裁员或者独任仲裁员应当征询当事人的最后意见（第38条）。

仲裁庭应当将开庭情况记入笔录。当事人和其他仲裁参加人认为对自己陈述的记录有遗漏或者差错的，有权申请补正。如果不予补正，应当记录该申请。笔录由仲裁员、记录人员、当事人和其他仲裁参加人签名或者盖章（第40条）。

劳动争议仲裁公开进行，但当事人协议不公开进行或者涉及国家秘密、商业秘密和个人隐私的除外（第26条）。

（5）举证责任。当事人提供的证据经查证属实的，仲裁庭应当将其作为认定事实的根据。劳动者无法提供由用人单位掌握管理的与仲裁请求有关的证据，仲裁庭可以要求用人单位在指定期限内提供。用人单位在指定期限内不提供的，应当承担不利后果（第39条）。仲裁庭对专门性问题认为需要鉴定的，可以交由当事人约定的鉴定机构鉴定；当事人没有约定或者无法达成约定的，由仲裁庭指定的鉴定机构鉴定。根据当事人的请求或者仲裁庭的要求，鉴定机构应当派鉴定人参加开庭。当事人经仲裁庭许可，可以向鉴定人提问（第37条）。

（6）和解与调解。当事人申请劳动争议仲裁后，可以自行和解。达成和解协议的，可以撤回仲裁申请（第 41 条）。仲裁庭在作出裁决前，应当先行调解。调解达成协议的，仲裁庭应当制作调解书。调解书应当写明仲裁请求和当事人协议的结果。调解书由仲裁员签名，加盖劳动争议仲裁委员会印章，送达双方当事人。调解书经双方当事人签收后，发生法律效力。调解不成或者调解书送达前，一方当事人反悔的，仲裁庭应当及时作出裁决（第 42 条）。

（7）裁决。仲裁庭裁决劳动争议案件，应当自劳动争议仲裁委员会受理仲裁申请之日起 45 日内结束。案情复杂需要延期的，经劳动争议仲裁委员会主任批准，可以延期并书面通知当事人，但是延长期限不得超过 15 日。逾期未作出仲裁裁决的，当事人可以就该劳动争议事项向人民法院提起诉讼。仲裁庭裁决劳动争议案件时，其中一部分事实已经清楚，可以就该部分先行裁决（第 43 条）。

仲裁庭对追索劳动报酬、工伤医疗费、经济补偿或者赔偿金的案件，根据当事人的申请，符合当事人之间权利义务关系明确，以及不先予执行将严重影响申请人的生活两项条件的，可以裁决先予执行，移送人民法院执行。劳动者申请先予执行的，可以不提供担保（第 44 条）。

裁决应当按照多数仲裁员的意见作出，少数仲裁员的不同意见应当记入笔录。仲裁庭不能形成多数意见时，裁决应当按照首席仲裁员的意见作出（第 45 条）。裁决书应当载明仲裁请求、争议事实、裁决理由、裁决结果和裁决日期。裁决书由仲裁员签名，加盖劳动争议仲裁委员会印章。对裁决持不同意见的仲裁员，可以签名，也可以不签名（第 46 条）。

6. 仲裁的效力及与诉讼程序的衔接

我国以往的劳动仲裁不实行一裁终局，当事人任何一方如对仲裁裁决不服，均可以在法定期限内提起诉讼，仲裁裁决随之自然失效。《劳动争议法》将部分仲裁裁决设定为终局裁决，裁决书自作出之日起发生法律效力，包括：（1）追索劳动报酬、工伤医疗费、经济补偿或者赔偿金，不超过当地月最低工资标准 12 个月金额的争议；（2）因执行国家的劳动标准在工作时间、休息休假、社会保险等方面发生的争议（第 47 条）。

同时，针对这类裁决，分别对劳动者和用人单位作出了不同的程序规定：如果劳动者对有关这两类争议的仲裁裁决不服的，可以自收到仲裁裁决书之日起 15 日内向人民法院提起诉讼（第 48 条）。而对用人单位而言，如果有证据证明仲裁裁决有下列情形之一，可以自收到仲裁裁决书之日起 30 日内向劳动争议仲裁委员会所在地的中级人民法院申请撤销裁决：（1）适用法律、法规确有错误的；（2）劳动争议仲裁委员会无管辖权的；（3）违反法定程序的；（4）裁决所根据的证据是伪造的；（5）对方当事人隐瞒了足以影响公正裁决的证据的；（6）仲裁员在仲裁该案时有索贿受贿、徇私舞弊、枉法裁决行为的。人民法院经组成合议庭审查核实裁决有上述规定情形之一的，应当裁定撤销。仲裁裁决被人民法院裁定撤销的，当事人可以自收到裁定书之日起 15 日内就该劳动争议事项向人民法院提起诉讼（第 49 条）。

除上述情况之外，当事人对仲裁裁决不服的，可以自收到裁决书之日起 15 日内向人民法院提起诉讼；期满不起诉的，裁决书发生法律效力（第 50 条）。包括：（1）属于第 47 条的劳动争议的仲裁裁决，劳动者一方在 15 日内未起诉的；（2）属于第 47 条的劳动争议的仲裁裁决，用人单位一方自收到仲裁裁决书之日起 30 日内未向劳动争议仲裁委员会所在地的中级人民法院申请撤销裁决的；（3）不属于第 47 条的劳动争议的仲裁裁决，双方当事人自收到裁决书之日起未在 15 日内向人民法院提起诉讼的，期满后裁决书均发生法律效力。

这种制度安排旨在有利劳动者一方维权，但对于双方当事人分别设置不平等的程序，也招致了对其公平性的质疑。同时，可能因双方当事人对裁决分别提起不同程序（劳动者一方提起民事诉讼，而用人单位提起撤销之诉）而引起冲突。

当事人对发生法律效力的调解书、裁决书，应当依照规定的期限履行。一方当事人逾期不履行的，另一方当事人可以依照民事诉讼法的有关规定向人民法院申请执行。受理申请的人民法院应当依法执行（第 51 条）。

（六）劳动争议诉讼程序

1. 劳动仲裁、调解与诉讼程序的衔接

根据《劳动法》的规定，劳动争议当事人对仲裁裁决不服的，可以自收到仲裁裁决书之日起 15 日内向人民法院提起诉讼（第 83 条）。法院在受理劳动争议案件时，需要审查是否经过仲裁程序，未经过仲裁的，一般不予受理。《劳动争议法》再次明确了劳动仲裁的法定前置性，同时明确了劳动仲裁与诉讼之间的衔接程序。主要包括以下内容。

（1）劳动争议发生后，当事人除选择调解外，应首先向劳动争议仲裁委员会提出仲裁申请。如果仲裁委员会不予受理，则申请人可以自收到不予受理通知书之日起 15 日内向人民法院提起诉讼。

（2）一般仲裁案件作出裁决后，当事人对仲裁裁决不服的，可以自收到裁决书之日起 15 日内向人民法院提起诉讼；期满不起诉的，裁决书即发生法律效力。

（3）对于一裁终局的两类案件，用人单位确有法定事由和证据的，可在收到裁决书之日起 30 日内向仲裁委员会所在地的中级人民法院申请撤销裁决。

（4）双方当事人可以申请法院对调解协议进行确认。一方当事人拒不履行生效的调解协议中有关劳动报酬等给付义务的，权利人可以向人民法院申请支付令，督促其履行。

（5）当事人逾期不履行已发生法律效力的调解书和裁决书的，对方当事人可以向人民法院申请强制执行。但当事人有证据证明存在以下情况：裁决的事项不属于劳动争议仲裁范围，或者劳动争议仲裁机构无权仲裁的；适用法律确有错误的；仲裁员仲裁该案时，有徇私舞弊、枉法裁决行为的；人民法院认定执行该劳动争议仲裁裁决违背社会公共利益的，经法院审查核实，可以裁定不予执行。人民法院在不予执行的裁定书中，应当告知当事人在收到裁定书之次日起 30 日内，可以就该劳动争议事项向人民法院起诉。

2. 劳动争议案件诉讼程序

我国没有设立专门的劳动人事诉讼程序或法院，人民法院审理劳动争议案件适用民事诉讼程序，实行两审终审制，与劳动争议仲裁程序共同构成一裁两审制度。此外，法院还可以对已经生效的仲裁裁决进行司法审查，裁定撤销或不予执行。诉讼程序主要包括以下环节。

（1）管辖与受理。劳动争议案件由用人单位所在地或者劳动合同履行地的基层人民法院管辖。劳动合同履行地不明确的，由用人单位所在地的基层人民法院管辖。但是，申请撤销已经生效的仲裁裁决的诉讼，由劳动争议仲裁委员会所在地的中级人民法院管辖。根据司法解释，劳动者与用人单位或雇主的争议并不属于劳动争议的，也可以提起民事诉讼。包括：劳动者请求社会保险经办机构发放社会保险金的纠纷；劳动者与用人单位因住房制度改革产生的公有住房转让纠纷；劳动者对劳动能力鉴定委员会的伤残等级鉴定结论或者对职业病诊断鉴定委员会的职业病诊断鉴定结论的异议纠纷；家庭或者个人与家政服务人员之间的纠纷；个体工匠与帮工、学徒之间的纠纷；农村承包经营户与受雇人之间的纠纷。其中部分与《劳动争议法》实际上存在着双重管辖的问题，例如拖欠劳动报酬争议，劳动者可以不经劳动仲裁直接起诉；劳动仲裁不能在否定权限内作出裁决的，也可以提起诉讼。

（2）诉讼程序。人民法院审理劳动仲裁裁决不服的案件一般不适用简易程序，应当组成合议庭进行审理。当事人对一审判决不服，可以上诉至上级法院，实行两审终审。《劳动争议法》将四类案件设定为一裁终局，旨在抑制部分劳动争议案件进入诉讼。

（3）实体法依据和举证责任。劳动争议审判中实际适用的法律依据包括《劳动法》《劳动合同法》及有关劳动与社会保障的法律、法规，如《工伤保险条例》，以及其他相关规范性文件、司法解释和政策等。在举证责任方面，原则上按照民事诉讼程序要求适用“谁主张、谁举证”，但是对用人单位的举证义务作出了特殊要求。最高人民法院《关于审理劳动争议案件适用法律若干问题的解释》规定：因用人单位作出的开除、除名、辞退、解除劳动合同、减少劳动报酬、计算劳动者工作年限等决定而发生的劳动争议，用人单位负举证责任（第 13 条）。《劳动争议法》第 39 条规定：劳动者无法提供由用人单位掌握管理的与仲裁请求有关的证据，仲裁庭可以要求用人单位在指定期限内提供。用人单位在指定期限内不提供的，应当承担不利后果。

（4）注重调解。法院在诉讼中应积极促成和解，可通过委托工会、相关部门专家或专职调解员协助调解、建立诉前调解程序以及法官诉讼中调解等多种方式，力求获得更好的解决效果。目前，很多基层人民法院均已将劳动争议列入先行调解的范围。

（七）问题与对策

1. 作为涉及众多普通劳动者和大众利益的一部重要法律，《劳动争议法》的立法过程过于草率，许多重大问题缺乏民主参与和科学论证。在制度设计中，缺少对于普通劳动者的解纷需求、劳资纠纷及其处理规律以及司法能力的准确把握，劳动争议解决机制的设计存在明显问题。为了调和各种不同意见和价值取向，有些制度设计几经反复，结果却很不理想。例如，劳动仲裁不收费旨在便利劳动者维权，实际上也降低了违法成本并容易诱发轻率仲裁。同样，低廉的成本诱发了大量诉讼（包括虚假和恶意诉讼），对仲裁的权威性和司法审查的意义造成负面影响，违背了以非诉讼机制为主体的宗旨。

2. 仲裁与法院的双重管辖导致大量司法资源被普通劳动争议占用，总体上延续了一裁两审的重复低效设计；劳动仲裁机构和法院不堪重负，如果不是通过大调解运动化解，必然出现难以解决的危机。《劳动争议法》不仅没有考虑将调解作为法定前置程序，而且未设立专门调解组织，调解程序难以启动，调解无法体现三方协商机制的作用，也无法保证调解依据的合法性和统一性。调解与仲裁及诉讼的衔接也相当混乱——既可以将调解协议置换为仲裁裁决，又可以直接进行司法确认——程序不统一、审查标准不统一、效力也不统一。

3. 劳动仲裁程序模仿法庭和诉讼设计，无法满足劳动争议解决的实际需要及特点。劳动争议仲裁委员会和仲裁庭的三方机制并没有真正落实，仲裁员强调法律职业化和专职化，缺少劳动者和用人单位代表的参与，使三方机制所追求的利益协调和协商功能空置，实际成为一种简单的行政仲裁。有些地区甚至将劳动仲裁与商事仲裁合并为统一的仲裁院，忽略了劳动仲裁的特殊性。劳动仲裁在程序上也存在许多缺失，例如，未进行繁简分流；先行调解形式化，强调时限而未给当事人之间协商延长时限保留任何余地；举证责任的规定过于简单化；一些重要的程序规则均未明确作出规定，例如仲裁员的调查权、仲裁员的选择；与民事诉讼程序的衔接也未作专门化设计；等等。同时，劳动争议仲裁仅限定为有劳动合同的劳动争议，远未实现对劳动争议的全面专属管辖，大量劳动争议进入诉讼，包括农民工年终讨薪案件。这不仅给弱势群体维权制造了过多的障碍，也使法院不得不以特殊变通方式进行干预，对程序公正造成影响。

4. 尽管对行政协调及行政调解作出了部分原则规定，保留了其作用的可能性和空间，但总体上对于主管行政机关及行政监察对劳动争议的处理既未给予充分的重视，也未明确政府的监管职能及其与仲裁委员会之间的关系和程序的衔接。

针对这些问题，改革的方向应该是：(1) 由劳动监察和人社部门主导建立专门的劳动争议调解机制替代或整合大调解。企业内部调解则仅限于解决内部纠纷，工会、商会等组织各代表劳资关系一方利益，社区人民调解组织主要调解平等主体之间的民事或民间纠纷，这些调解可以继续参与劳动争议解决，但均不适合作为劳动争议调解主体。专业性劳动争议调解机构应由劳动行政主管部门负责、劳动者与用人单位参与（工会、商会等均可参与），采用三方机制，可以设立在地方一站式纠纷解决中心（独立部门或窗口），也可设立在劳动仲裁机构所在地（附设独立程序）。根据一些地方的成功经验，这种专业化劳动调解能够处理80%以上的劳动争议，由此既可规范调解、提高其专业程度和成功率，也极大减轻了劳动仲裁和诉讼的负担。[①] (2) 在程序上应将专业性劳动争议调解作为劳动仲裁和诉讼前的法定必经程序（强制调解），以降低争议解决成本，提高解决质量和效果，减少仲裁和诉讼。规范劳动争议调解协议的生效方式及其与仲裁、诉讼的衔接。(3) 改革劳动仲裁，以三方机制和协商性减少对抗性和司法化。(4) 加强劳动监察的作用，强化行政执法机构主动参与劳动争议处理及预防的作用。政府加强干预，通过收取企业保证金、先行垫付工资等方式，预防风险，及时解决纠纷，防止激化和拖延。(5) 及早建立社会保险类专门解纷机构和程序，并作为法定前置程序，为此类纠纷的解决提供合理途径，尽可能将其从普通司法管辖中排除，避免诉讼高峰的到来。

四、劳动监察制度

(一) 劳动监察制度的建立

劳动保障监察，是劳动保障行政机关依法对用人单位遵守劳动保障法律、法规的情况进行监督检查，发现和纠正违法行为，并对违法行为依法进行行政处理或行政处罚的行政执法活动。我国于1993年开始建立劳动监察制度，1994年《劳动法》颁布实施后得到进一步发展。2004年国务院颁布了《劳动保障监察条例》（自2004年12月1日起实施，以下简称《条例》），对劳动保障监察的适用范围、职责义务、监察事项、案件管辖、方式程序、法律责任等作了明确规定，规范了劳动保障监察执法行为，以及对侵犯劳动者合法权益行为的处罚。监察范围包

---

① 2009年四川省眉山市人社局根据《眉山市行政调解工作暂行规定》，建立了从乡镇到市级的行政调解体系，从2012年起，当地90%的劳动争议都由人社系统的行政调解处理，劳动争议仲裁和诉讼持续下降，形成了劳动争议处理的专业化格局和良性循环。目前劳动争议较多的深圳市也通过调解化解了近80%的劳动争议。

括用人单位劳动保障规章制度、与劳动者签订劳动合同、遵守劳动标准、参加社会保险和缴纳社会保险费等情况，以及职业介绍机构、职业技能培训机构和职业技能考核鉴定机构遵守国家规定情况。

（二）劳动监察制度在劳动争议解决中的作用

劳动监察制度的主要功能是通过行政执法监督保障劳动法的实施，纠正、追究违法行为，保障劳动者的合法权益，同时可以通过以下方式发挥解决劳动争议的作用。

1. 举报投诉制度。劳动者认为用人单位侵犯其劳动保障合法权益的，有权向劳动保障行政部门投诉。敦促执法机关进行查处，维护劳动者合法权益，同时要求其主持处理由此导致的劳动争议，如拖欠工资。

2. 对用人单位违反劳动法规、侵害劳动者权益的行为进行调查。劳动保障行政部门监察执法有权采取的措施包括：进入用人单位的劳动场所进行检查，就调查、检查事项询问有关人员，要求用人单位提供与调查、检查事项相关的文件资料，采取记录、录音、录像、照相和复制等方式收集有关情况和资料，委托会计师事务所对用人单位工资支付、缴纳社会保险费的情况进行审计等。调查所证明的事实，既可以直接作为处罚和解决纠纷的依据，也可以在司法程序中作为证据。

3. 对违法行为进行查处、责任追究，依法强制违法用人单位停止侵害劳动者权益的行为，从而消除劳动争议发生的根源。《条例》要求劳动保障监察机构高效、快捷地查处违法行为，及时保护广大劳动者合法权益，并明确规定了违反劳动法规的法律责任，劳动保障行政部门有权通过实施行政处罚，制止、惩罚和预防各类违反劳动保障法律、法规，侵害劳动者合法权益的违法行为。

4. 对劳动者给予直接救济。劳动保障行政部门在行使执法权中，可以直接对违反劳动法规的用人单位发出指令，要求其立即纠正违法行为，同时给予劳动者合理的补偿，由此可以使劳动者获得直接的救济。《条例》第 26 条规定：用人单位有下列行为之一的，由劳动保障行政部门分别责令限期支付劳动者的工资报酬、劳动者工资低于当地最低工资标准的差额或者解除劳动合同的经济补偿；逾期不支付的，责令用人单位按照应付金额 50%以上 1 倍以下的标准计算，向劳动者加付赔偿金：（1）克扣或者无故拖欠劳动者工资报酬的；（2）支付劳动者的工资低于当地最低工资标准的；（3）解除劳动合同未依法给予劳动者经济补偿的。同时，与其他行政执法一样，还可以附带性地解决许多相关纠纷。

（三）劳动保障监察处理劳动争议的优势和特点

1. 能动、及时。劳动保障监察机构以日常巡视检查、审查用人单位按照要求报送的书面材料以及接受举报投诉等形式进行监督，在调查处理违法行为的同时，可直接、主动介入用人单位的劳动争议，直接进行调查处理和救济，不仅可以预防和及早发现劳动争议，而且可以及早介入，防止纠纷扩大和激化等严重后果。

2. 直接、有效。劳动保障监察机构集调查权、处理权和处罚权于一身，无须劳动者承担举证责任，有利于劳动者权利保障。尤其是可以通过行政处罚对违法的用人单位形成一定压力和强制，督促其尽快改正，履行义务，并可监督其履行到位。对于诸如拖欠农民工劳动报酬等问题，劳动保障监察是一种远比诉讼更为有效的救济手段。

3. 程序简便、经济、快速。劳动保障监察遵循公正、公开、高效、便民的原则，可同时进行查处违法与争议处理，符合劳动争议处理的需要。

4. 注重协调。在纠纷解决中注重调动工会的作用，致力于调节劳动者和用人单位之间的关系，促成调解或和解，有利于维护和谐的劳动关系和社会秩序的稳定。

（四）问题与改革

1. 一些地方的劳动保障监察机构怠于行使执法权，面对大量投诉和劳动违法现象不作为或执法不力，使劳动保障监察制度预期的功能未得到充分发挥。

2. 由于资源、人力不足，劳动保障监察部门往往无力应对大量的投诉和多发的劳动争议。

3. 社会对于行政权的作用认识偏颇，对行政干预和行政裁量持怀疑态度，劳动保障监察部门在“依法行政”中对参与劳动争议处理的正当性认识不足，态度消极，将大量本可以调处的纠纷推向劳动仲裁或诉讼。

4. 由于行政执法自身的局限性，有时很难彻底解决劳动争议，仍不得不求助于其他途径。例如，用人单位无力支付工人工资或脱逃，或纠纷涉及多方面的因素而不仅仅是用人单位违法所致等情况下，劳动保障监察执法人员往往亦无能为力。

针对这些问题，应将劳动监察制度的改革与劳动争议解决机制的整合与完善结合起来，发挥其在建立和谐劳动关系、预防解决劳动争议、维护劳动者合法权益中的积极作用。

第三节　消费者纠纷解决机制

一、消费者纠纷及其解决机制

（一）消费者纠纷的概念与特点

1. 概念。消费者纠纷，又称消费纠纷，是指商品的生产者、销售者及服务提供者与购买商品或接受服务的消费者之间，围绕购买的商品或提供的服务发生的纠纷。或者说，是指消费者与经营者之间发生的与消费者权益有关的争议。

消费者纠纷本属于一种民事纠纷，但近年来已逐步被视为一种新型商事纠纷或独立类型的纠纷。这种纠纷形式多样、涉及多种法律关系：从产品责任、服务质量、价格、消费者知情权、反垄断到格式合同；从侵权责任到违约责任；从过错责任到严格责任；从事后处理、救济到事先预防、召回；从消费者与个别生产者或销售者之间的争议到消费者群体及其组织与行业协会、商会之间的利益平衡；从个别消费者的权益主张到大规模的群体性纠纷和集团诉讼；等等。

2. 消费者纠纷的特点，主要包括以下内容。

（1）纠纷的一方一般是公民个人，即消费者，另一方则主要是商家和企业。因此，纠纷的当事人之间存在着力量对比不对等的特点。首先，消费者具有纠纷形成的主动权，即必须由消费者主动提起，纠纷才会暴露显现出来。而消费者是否主动投诉，往往取决于多方面的原因，如标的额大小、不满的程度、投诉后解决问题的可能性，最重要的还是解决纠纷所需的成本。代价（包括心理、经济等各方面的要素）越大，能够提到表面的纠纷也就越少。投诉的困难和消费者对解决结果的满意程度都属于这方面的要素。其次，纠纷双方在经济实力上处于不平衡的地位。消费者相对于企业和商家，处于经济上的弱势地位，在提起和解决纠纷时很难与对方在时间和实力上抗衡，在正式的诉讼程序中双方很难达到势均力敌。最后，消费者一方在搜集证据、掌握信息以及对有关法律政策的了解方面能力不足，在胜诉能力方面也处于弱势。

（2）消费者纠纷具有经常性、多发性、复杂性的特点，部分属于新型纠纷。消费者纠纷基本上是围绕着消费者权益的保护及所受到的侵害的救济而展开的。在日常的消费活动中，任何人都可能成为纠纷的当事人，纠纷随时可能发生，其范围涵盖了一般的买卖、服务质量、产品质量和售后服务方面的纠纷等，甚至涉及医疗、保险等领域。从争议标的数额上看，既有为数众多的小额争议，又有涉及高额赔偿的人身侵害案件。从纠纷所涉及的具体权益上看，既有一般的财产利益，又有在消费活动中受到侵害的诸如名誉、尊严等的人身权益，或二者兼而有之。从纠纷性质上看，既有合同纠纷，又有侵权纠纷；有些则涉及全新的问题，这对既有的法律、惯例和常规提起挑战，对其进行处理具有极大的难度。

（3）消费者纠纷属于社会公益问题。一方面，消费者权益是涉及每一个公民的基本的和重要的权益，必须受到有效的保护。处理不利，会使消费者不得不忍受不利后果，或处于投诉无门的境地，这样最终会严重破坏消费者对企业和市场的信心，导致市场经济的恶性循环。另一方面，良好的市场秩序和道德环境是市场经济的基本要求，企业的信誉就是其最重要的无形资产，企业的产品包括服务，只有通过消费者的认可和信任才能真正在竞争中立于不败之地。因此，消费者纠纷的有效解决，也是维护市场秩序，打击不正当竞争的重要保障。此外，由于具体的纠纷关系到企业的名誉，扩大影响或久拖不决等不善处理可能会使其遭受重大伤害和损失，从而也会影响市场的正常运行。同时，一个正常的社会又不可能为解决这类纠纷耗费过多的代价。因此，消费者纠纷解决机制的目标和重要课题，是促进建立预防性的消费者保护政策和运行机制，既要有效保护消费者的基本权益，又要避免过高的成本；既要促进产品和服务质量的提高，又要注意保护合法经济组织的正常生产活动不致被过多的纠纷所干扰。

（二）消费者纠纷解决机制

19世纪末，消费者运动从西方开始兴起，20世纪后半期以来发展为燎原之势，消费者权益保护已逐步成为当代社会的重大政策课题，促使当代世界各国以立法和行政手段加强对消费者权益的保护。随着消费者权利的扩大和生产者与销售者责任的加强，消费者纠纷的意义、性质和处理有了重大的变化，消费者纠纷处理机制也开始成为一种新型的专门化机制。因为，“无论在实体法上如何就保护消费者作出规定，只要欠缺能有效地解决消费者纠纷的机构以至诉讼制度，那么这些规定就不具任何意义”①。消费者纠纷解决机制以简易、低廉、迅速和多元化为基本原则，近年来建立专门化机制已成为大势所趋，例如很多国家和地区的金融消费者保护机制及其解纷程序，根据专门的法规建立，针对银行、证券、保险等金融行业的消费者纠

① ［日］谷口安平著，王亚新译：《程序的正义与诉讼》，289页，北京，中国政法大学出版社，1996。

纷，由专业人员采用促进协商、调解和裁决的方式处理，已经成为解决此类纠纷的主要途径。一般的消费争议处理由以下三个部分构成。

1. 司法机制。“从耗费时间和金钱等方面来看，现行的民事诉讼制度并不适合于解决消费者纠纷。而且由于法院也不单是解决消费者纠纷的机构，法官的知识及经验都有限，要补充专门知识还必须高价聘请鉴定人。再者，法官必须遵守依法进行审判的原则，而消费者纠纷属于正在形成和发展中的法律领域，存在着无适当的实体法规可遵循的问题。”① 当代世界各国法院除重大的消费争议案件、集团诉讼或公益诉讼外，一般常规性的消费者纠纷即使进入法院，也主要依靠督促程序、简易程序、小额法院（法庭）或调解等程序处理，用非诉原理克服其局限性。

2. 行政机制。行政主管机关在依法行使职权时，有权受理消费者投诉，对违法者进行行政处罚，同时可以对有关消费者纠纷进行调解或处理。行政主体不仅可以便利、迅速和低廉地解决纠纷，还可以从中总结经验，根据实际情况调整政策，制定新的行政法规，并对经济活动进行宏观调控。一些国家的行政委员会和申诉专员机制在解决消费者纠纷方面效果很好。

3. 专门性及民间性机制。包括：(1) 根据法律设立的，在行政主管机关指导和支持下的常设性专门机构，如消费者协会调解、申诉专员等。它们可以聘请有关专家作为调解人或仲裁人，具有一定的权威性和准行政色彩，但又不同于行政机关，没有执法权，功能和地位相当于公益性民间团体。(2) 综合性纠纷解决机构中的专门机制，如美国仲裁协会（AAA）下设的“全国纠纷解决中心”（NCDS）的消费者纠纷调解和仲裁，属于市场化机制。(3) 由行业协会、企业或商业团体组建的中立性解纷机构，如美国的商事改善机构（BBB），瑞士由行业团体代表和消费者团体代表组成的仲裁机构等。(4) 在线纠纷解决方式（ODR），如电子购物网站建立的投诉及解纷机制。

（三）消费者纠纷解决方式

各类非诉讼消费者纠纷处理机构所采用的方式，主要包括谈判（协商）、调解和仲裁。鉴于消费者纠纷处理的专门性和特殊性，怎样以更具权威性和约束力的方式增加纠纷解决的效益和执行率，减少此类纠纷进入诉讼程序的比例，是消费者纠纷解决机制的基本目标。除了采用常规的调解、仲裁程序外，近年来的一些消费者纠纷解决机制通常将协商、调解和裁决结合为一体，加强了程序的灵活性和处理的效益。通过推进消费者保险，也有利于转移风险，降低解纷成本，更好地保护消费者权益和市场秩序。同时，先行赔付、赔偿基金等形式也开始广泛应用。

产品责任（PL）纠纷也属于消费者权益纠纷的范畴，但在处理时又有一定的特殊性。此类纠纷的解决，关键在于责任的认定（鉴定）需要高度的专门知识；所依据的往往是行业的质量标准；而且根据产品责任进行损害赔偿时，又必须考虑多方面的因素，如有无过错、举证责任分配、是否加入保险、企业的实际偿付能力，等等；在有关法律规定相对滞后的情况下，需要根据实际情况不断发展和确立新的规范。因此，近年来，各国在处理产品责任纠纷中往往根据行业特点，分别建立各类行业性产品责任专门处理机构，如汽车、建筑物、医药品、化学制

① ［日］谷口安平著，王亚新译：《程序的正义与诉讼》，299 页，北京，中国政法大学出版社，1996。

品、家电制品、机动车、住宅设施、化妆品、特定服务行业等行业性调解。

二、我国消费者纠纷解决机制

1993 年 10 月 31 日，我国通过了《消费者权益保护法》（以下简称《消法》），并自 1994 年起实施。消费者纠纷解决机制也据此建立。2009 年和 2013 年《消法》进行了两次修正。此外，涉及保护消费者权益的还有《民法通则》（自 1987 年 1 月 1 日起施行）、《产品质量法》、《反不正当竞争法》、《广告法》、《食品安全法》和《合同法》等一系列相关法律。

《消法》规定，消费者和经营者发生消费者权益争议的，可以通过下列途径解决：（1）与经营者协商和解；（2）请求消费者协会或者依法成立的其他调解组织调解；（3）向有关行政部门投诉；（4）根据与经营者达成的仲裁协议提请仲裁机构仲裁；（5）向人民法院提起诉讼。这五种途径构成了我国消费者纠纷解决的多元化机制，其中前四种属于非诉讼程序的范畴。

（一）协商和解

协商和解，是指消费者与经营者在纠纷发生后，双方通过协商，就有关问题达成和解，从而使纠纷得到解决的方式。这种方式具有及时、便利、经济、平和以及即时履行等优点，长期以来一直是消费者纠纷解决中最常用的方式。在当代市场经济的条件下，当事人基于意思自治而进行的协商和解，受到法律的保护和提倡。协商和解的基本原则如下。

1. 自愿原则。当事人的意思自治和自律是保证纠纷解决公平、合理的基础。从是否进行协商到和解的具体条件乃至是否达成和解，都由当事人双方自己决定，协商中不得采用任何胁迫和强制手段。和解协议达成之后，由当事人自觉履行；无法达成和解或达成和解协议后反悔的，当事人可以继续寻求其他途径解决纠纷。

2. 处分原则。当事人对于通过协商解决的争议应有处分权，双方当事人在纠纷解决过程中可以根据具体情况对自己的权利、义务进行权衡、交易、选择和放弃，但不得对其无权处分的权利、义务，如需要承担刑事责任的争议和他人的权利、财产等，进行“私了”和处分。

3. 协商和解不得损害国家、社会公共利益和第三方的利益，和解的内容不得违法。否则，所达成的和解协议无效，由此造成损害的需承担相应的法律责任。

（二）调解

1. 调解组织

消费争议发生后，当事人可以请求消费者协会或者依法成立的其他调解组织调解。其中消费者协会是最为重要的调解主体。此外，人民调解、行业性调解和其他社会组织、行政机关（包括警察、司法所、行政主管部门等）都可以在当事人同意的前提下进行调解。

2. 消费者协会调解

《消法》规定，消费者协会和其他消费者组织是依法成立的对商品和服务进行社会监督的保护消费者合法权益的社会组织（第 36 条）。我国除了中国消费者协会外，各地也分别依行政区域和级别建立了不同层级的消费者协会，消费者协会受到各级政府的支持，有些附属于工商管理机构，甚至拥有部分行政执法权。

消费者协会的职能是：(1) 向消费者提供消费信息和咨询服务，提高消费者维护自身合法权益的能力，引导文明、健康、节约资源和保护环境的消费方式；(2) 参与制定有关消费者权益的法律、法规、规章和强制性标准；(3) 参与有关行政部门对商品和服务的监督、检查；(4) 就有关消费者合法权益的问题，向有关行政部门反映、查询，提出建议；(5) 受理消费者的投诉，并对投诉事项进行调查、调解；(6) 投诉事项涉及商品和服务质量问题的，可以委托具备资格的鉴定人鉴定，鉴定人应当告知鉴定结论；(7) 就损害消费者合法权益的行为，支持受损害的消费者提起诉讼；(8) 对损害消费者合法权益的行为，通过大众传播媒介予以揭露、批评。

消费者协会调解的特点如下。

(1) 消费者协会是一种受国家主管行政机关支持和指导的半官方组织，具有较严密的组织形式、较强的经济力量和权威地位，足以代表消费者与经营者抗衡。因此，在消费者一方向消费者协会投诉后，经营者一般能够采取配合态度，很少断然拒绝调解。消费者协会还可以提请鉴定部门鉴定，支持受损害的消费者提起诉讼。

(2) 消费者协会的调解人员多为有关领域的专家，并聘请各领域的专家作为顾问，因此，他们比较了解行业惯例和商品及服务方面的专门知识及国内总体情况，易于查明事实、判断是非，并能够酌情提出合理的解决方案。其调解能够严格适用《消法》和相关法律，具有一定的灵活性，在长期的纠纷解决实践中积累了丰富的经验。

(3) 消费者协会组织遍及全国各地，与消费者比较接近，其调解程序简便、不收费，相对于诉讼程序具有成本低、便利、保密和非对抗性等优点，对于当事人双方都是一种重要的程序利益。其所达成的调解协议可以通过司法确认获得强制执行效力。

(4) 消费者协会在调解纠纷的同时，还具有其他职能，如参与有关行政部门对商品和服务的监督、检查，以及就有关消费者合法权益的问题，向有关行政部门反映、查询，提出建议等，因此，其调解人员在纠纷解决过程中如果遇到无明确法律规定和先例的情况，可以根据保护消费者合法权益的基本原则和具体情况探索解决方案，经过一定的积累逐渐形成政策和规范。这样，既可以避免因无明文规定而使纠纷得不到解决，又能够及时将实际生活中发生的问题反馈到主管部门，使有关问题得到适时调整。法律还授权其通过发布消费警示，对一些行业的格式合同和行业惯例提出异议，参与有关消费事务（如价格、立法等）的听证，督促产品召回等，并直接参与市场规则的制定、消费政策的形成及秩序、制度的建构和消费者教育，在纠纷预防方面显示出不可或缺的作用，也是消费者纠纷解决的中坚力量。

3. 基本原则

消费者协会调解的性质为民间性非诉讼程序，在调解中，消费者协会应充当中立第三方的角色，而不是行使管理权的准行政机关或者支持消费者诉讼的代表。消费者协会以及各种专门性、行业性调解组织和人民调解、行政主体在调解消费争议中需要遵守的共同的基本原则如下。

(1) 当事人自愿。调解者必须尊重当事人的意志自治和处分权，调解的开始、和解的达成以及和解的具体内容上都应完全由当事人自己决定。调解人在调解中可以提出解决方案，但不得越俎代庖，不得代当事人作出决定或以仲裁者身份作出裁决，不得强迫当事人接受调解协议。调解协议达成后，亦应由当事人自动履行，调解组织可以督促当事人履行，但不得强迫。

（2）不得因调解妨碍当事人行使诉权。调解不是解决消费者纠纷的必经程序，当事人不接受调解、调解不成或达成调解协议后一方反悔的，都可以提起诉讼。

（3）当事人可以选择调解组织，而原则上消费者协会和专门调解机构对属于其受理范围的争议不得拒绝调解。

（4）依法公正进行调解。在调解过程中应当公正地依法主持调解，不得利用消费者的信任及弱势地位劝诱其接受不利的条件，也不应迫使生产者或经营者违背意志作出让步。

（三）行政投诉

消费者在与经营者发生纠纷时可以向有关行政部门投诉。行政投诉是指公民或法人认为自己的合法权益受到损害而向行政机关提出要求救济或保护的请求。我国有关食品卫生、药品管理、价格管理、环境保护、医疗卫生、产品质量等保护消费者的法律规范中都有有关行政主管机关处理消费者纠纷的规定。

2019 年 11 月 26 日经国家市场监督管理总局审议通过并公布了《市场监督管理投诉举报处理暂行办法》，自 2020 年 1 月 1 日起施行。由此，替代了原有的工商行政投诉处理程序。根据该办法，投诉，是指消费者为生活消费需要购买、使用商品或者接受服务，与经营者发生消费者权益争议，请求市场监督管理部门解决该争议的行为。举报，是指自然人、法人或者其他组织向市场监督管理部门反映经营者涉嫌违反市场监督管理法律、法规、规章线索的行为。两者都属于消费者权益保护和消费者争议的范畴。该办法对行政投诉处理程序作出了系统的规定，其中涉及消费者纠纷解决的，主要包括以下内容。

1. 基本原则

市场监督管理部门处理投诉举报，应当遵循公正、高效的原则，做到适用依据正确、程序合法（第 5 条）。

鼓励社会公众和新闻媒体对涉嫌违反市场监督管理法律、法规、规章的行为依法进行社会监督和舆论监督。鼓励消费者通过在线消费纠纷解决机制、消费维权服务站、消费维权绿色通道、第三方争议解决机制等方式与经营者协商解决消费者权益争议（第 6 条）。

2. 投诉程序与管辖

向市场监督管理部门同时提出投诉和举报，或者提供的材料同时包含投诉和举报内容的，市场监督管理部门应当按照本办法规定的程序对投诉和举报予以分别处理（第 7 条）。

向市场监督管理部门提出投诉举报的，应当通过市场监督管理部门公布的接收投诉举报的互联网、电话、传真、邮寄地址、窗口等渠道进行（第 8 条）。

投诉由被投诉人实际经营地或者住所地县级市场监督管理部门处理。对电子商务平台经营者以及通过自建网站、其他网络服务销售商品或者提供服务的电子商务经营者的投诉，由其住所地县级市场监督管理部门处理。对平台内经营者的投诉，由其实际经营地或者平台经营者住所地县级市场监督管理部门处理。上级市场监督管理部门认为有必要的，可以处理下级市场监督管理部门收到的投诉。下级市场监督管理部门认为需要由上级市场监督管理部门处理本行政机关收到的投诉的，可以报请上级市场监督管理部门决定（第 12 条）。对同一消费者权益争议的投诉，两个以上市场监督管理部门均有处理权限的，由先收到投诉的市场监督管理部门处理（第 13 条）。

3. 处理方式

（1）受理。具有《市场监督管理投诉举报处理暂行办法》规定的处理权限的市场监督管理部门，应当自收到投诉之日起 7 个工作日内作出受理或者不予受理的决定，并告知投诉人（第 14 条）。

（2）调解。市场监督管理部门经投诉人和被投诉人同意，采用调解的方式处理投诉，但法律、法规另有规定的，依照其规定。鼓励投诉人和被投诉人平等协商，自行和解（第 16 条）。市场监督管理部门可以委托消费者协会或者依法成立的其他调解组织等单位代为调解。受委托单位在委托范围内以委托的市场监督管理部门名义进行调解，不得再委托其他组织或者个人（第 17 条）。调解由市场监督管理部门或者其委托单位工作人员主持，并可以根据需要邀请有关人员协助（第 19 条）。

（3）鉴定。需要进行检定、检验、检测、鉴定的，由投诉人和被投诉人协商一致，共同委托具备相应条件的技术机构承担。除法律、法规另有规定的外，检定、检验、检测、鉴定所需费用由投诉人和被投诉人协商一致承担。检定、检验、检测、鉴定所需时间不计算在调解期限内（第 20 条）。

（4）调解协议。经现场调解达成调解协议的，市场监督管理部门应当制作调解书，但调解协议已经即时履行或者双方同意不制作调解书的除外。调解书由投诉人和被投诉人双方签字或者盖章，并加盖市场监督管理部门印章，交投诉人和被投诉人各执一份，市场监督管理部门留存一份归档。未制作调解书的，市场监督管理部门应当做好调解记录备查（第 22 条）。

（5）行政处罚。市场监督管理部门在调解中发现涉嫌违反市场监督管理法律、法规、规章线索的，应当自发现之日起 15 个工作日内予以核查，并按照市场监督管理行政处罚有关规定予以处理。特殊情况下，核查时限可以延长 15 个工作日。法律、法规、规章另有规定的，依照其规定。对消费者权益争议的调解不免除经营者依法应当承担的其他法律责任（第 23 条）。举报由被举报行为发生地的县级以上市场监督管理部门处理。法律、行政法规另有规定的，依照其规定（第 25 条）。

行政机关在处理消费者纠纷中，就民事争议达成的调解协议不具有强制执行的效力，当事人仍可以向法院提起民事诉讼。

行政机关在处理消费者纠纷过程中对经营者的违法行为依职权进行的处罚，属于行政裁决。行政裁决具有准司法行为的性质，是行政机关解决特定的带有民事性质的争议案件的活动，属于行政裁判行为的一种类型。被处罚者与国家行政机关之间的关系属于行政法律关系，被处罚者如果不服，可依法申请行政复议或向人民法院提起行政诉讼。

行政处理的优势在于：首先，可以及时在现场处理，避免纠纷升级或拖延；其次，主持者是具有管理权限的行政机关，在应消费者申诉进行处理时，经营者一方一般不会拒绝；再次，行政机关在处理中拥有对违法活动的调查权、管理权和行政处罚权，包括要求责任方召回缺陷产品，其处理可以直接成为消费者维权的事实依据，减轻消费者的举证责任；最后，这种纠纷处理过程有助于及时形成相关政策，加强行政机关的管理和执法，并为立法提供依据。行政机关不仅承担着对消费环境、产品质量和市场稳定健康发展的执法和监督职能，其日常执法活动还具有纠纷预防功能。当某些涉及公共消费安全的特殊纠纷或群体性事件发生时，政府往往还需要承担起应急处理和救济的职能，如对受害者先予治疗、补偿，通过行政手段取消、停止销售、产品召回等，这些都属于现代消费者纠纷解决机制的组成部分。

以往，行政投诉机制的规范化、制度化程度不高，很多主管机关并未设立专门处理机构，未配备专职人员，也未建立正式的程序，该机制基本上属于行政机关的一项附带性工作。行政机关往往不作为或相互推诿，有些程序过于复杂，既缺乏便于操作的程序，其民事处理结果又不具终局效力，因而降低了其意义和作用范围（参见本书第五章案例："天价鱼事件"）。《市场监督管理投诉举报处理暂行办法》自 2020 年 1 月起施行，将有利于完善行政投诉机制，使其更好地在解决消费者争议中发挥作用。

（四）仲裁

《消法》虽然规定仲裁是解决消费者纠纷的途径之一，但并未规定专门的消费者纠纷仲裁制度或程序，而调解组织则没有仲裁权。事实上，《仲裁法》所规定的普通商事仲裁机构作为处理传统商事纠纷的程序，并不适合处理消费者纠纷，很难对新型消费争议作出公共利益平衡，如针对所谓"霸王条款"的争议；以至于一些商事仲裁都将消费争议排除在管辖之外。我国只有涉及房地产买卖的等小部分合同包含仲裁条款，在实践中，仲裁利用率不高，也无法起到及时、便利和经济地解决小额消费者纠纷的作用。一些仲裁委曾尝试建立或与消费者协会合作建立公益性和低端的消费者纠纷仲裁，但并未成功普及。裁决方式在消费者纠纷解决中很重要，电商解纷平台中的评议（评审团）机制和证券期货中小投资者服务中心的小额诉调，即属于一种与申诉专员类似的以调解为主、裁决为辅的方式，值得推广。

（五）诉讼程序

当代世界各国都希望尽可能将消费者纠纷化解在法院诉讼之外。即使进入诉讼，也尽可能采用调解、督促程序、小额和简易程序等及时、高效、经济地解决纠纷。针对涉及公共利益、众多消费者权益等特殊争议则可以提起公益诉讼、代表人诉讼等。[①]

三、我国消费者纠纷解决机制的现状及问题

20 世纪 80 年代以来，我国消费者纠纷解决机制从无到有，目前已初步形成了一个多元化的体系，在处理消费者纠纷中发挥了协调互补的作用。其中，消费者协会的作用尤为突出。

《消法》实施以后，我国又相继制定实施了一系列有关消费者权益保护的法律、法规和司法解释，涉及产品责任、缺陷产品召回等方面。然而，今后消费者纠纷仍会持续增加，其类型和涉及领域也会不断扩大，消费者纠纷解决机制面临继续健全和改进的任务，必须通过合理的顶层设计，更好地发挥非诉讼程序在解决消费者纠纷中的主导作用。此外，消费者纠纷解决机制应进一步向专业化方向发展，这样有利于在市场经济的建立和发展过程中平衡各种权利和利益，在解决纠纷的同时积累经验、发现问题和规律，从而逐步形成适应社会需要的新的规范，保持市场乃至社会的和谐、有序发展。

近年来，很多行业，如电力、电信、互联网、银行、证券等行业开始尝试建立行政投诉

---

① 参见范愉：《集团诉讼问题研究》，北京，北京大学出版社，2005。

（信访）与行业协会调解相结合的解纷机制。2015 年国务院办公厅《关于加强金融消费者权益保护工作的指导意见》（国办发［2015］81 号）提出："建立金融消费纠纷多元化解决机制。金融管理部门、金融机构要建立和完善金融消费投诉处理机制，畅通投诉受理和处理渠道，建立金融消费纠纷第三方调解、仲裁机制，形成包括自行和解、外部调解、仲裁和诉讼在内的金融消费纠纷多元化解决机制，及时有效解决金融消费争议"。近年来，证监会、银保监会与最高人民法院共同会签有关建立证券期货和金融领域多元化纠纷解决机制的文件，建立了诉调对接的工作机制，但专门性金融消费争议解决机制的顶层设计和立法尚未实现。

目前，消费者纠纷解决中存在的问题主要是：（1）缺少顶层设计和机制创新，现有机制已不适应日趋专门化和常规化的消费者权益保护的需要。（2）现有解纷机构的能力、专业性、权威性不足，协商和解与调解成功率偏低。（3）对市场规律及行业惯例尊重不足，经营者与消费者对话机制不畅，缺少对格式合同合法性的审查裁决机制。（4）所谓的职业索赔人以打假之名行敲诈之实的情况频繁发生，诉讼大量被其滥用①，小额诉讼程序则成为企业讨债的主要方式，消费者很少利用。（5）行业组织自律程度不高，行业性解纷机制不健全。（6）缺乏社会诚信，消费者理性维权程度不高，媒体炒作往往缺乏客观公允。这些问题需要在今后的实践中不断通过制度创新，得到合理的解决。

第四节　交通事故处理机制

一、现代交通事故纠纷及其处理机制

交通事故主要指机动车交通事故，即机动车辆在公共道路上运行过程中，因有关人员违反道路交通法规，造成他人人身伤亡财产损失的事故。交通事故处理属于一种专门性机制，包括主管机关的交通事故责任认定和处理，涉及刑事、行政程序以及保险理赔及民事赔偿等诸多环节。当代社会，随着机动车的高速发展和普及，交通事故及其损害已经成为最为常见的侵权损害，为此，世界各国均建立了各有特色的专门处理机制，其共同点主要包括以下几项。

1. 制定明确、细致的法律、法规，将责任认定、赔偿原则、方式和处理途径尽可能地法定化、细则化、精密化，尤其是人身伤亡财产损失的范围、赔偿标准、数额计算方法等应高度精确，以避免过多的裁量和不确定性，增加处理结果的确定性和协商可能性。

---

① 北京市朝阳区人民法院 2014 年审理的几百件消费维权案件中，只有一名原告是律师，其他的均为"知假买假"的职业打假人，其中韦某一人在该法院就提起了 92 起诉讼。参见《职业打假人一年打 92 起官司》，载《法制晚报》，2015－03－15。自 2020 年 1 月 1 日起，国家市场监督管理总局发布的《市场监督管理投诉举报处理暂行办法》正式实施，其中明确规定"不是为生活消费需要购买、使用商品或者接受服务，或者不能证明与被投诉人之间存在消费者权益争议"发起的投诉，市场监督管理部门不予受理。制定这一文件的背景是：近年来出现了相当一部分职业打假人，他们利用商品保质期、广告语描述等方面的漏洞，故意大量买入，要求商家支付赔偿。这些职业打假人通常寄生于各大电商平台，以打假之名对商家实行敲诈，利用惩罚性赔偿为自身牟利或借机对商家敲诈勒索，有的行为严重违背诚信原则，无视司法权威，浪费司法资源。据 2016 年上海工商部门调查显示，当年上半年 12315 中心接到的职业索赔诉求案件中，经立案调查，真正构成消费欺诈的仅 20 起，其余 99.83%的被索赔企业，都没有实质性的消费欺诈。

2. 从过错责任向无过错责任转化，加重机动车一方的注意义务和赔偿责任；同时建立救助基金，使交通事故的人身财产受害者可以及时得到基本的救助，以维护社会公平。

3. 通过强制性保险转移机动车风险，并起到奖励守法和惩罚违法的激励作用；同时使保险公司成为交通事故赔偿的重要参与者和中介，有利于双方协商解决相关纠纷。

4. 交通事故的责任认定、行政处罚主要由行政执法机关负责；在此基础上，双方当事人可以借助保险公司或通过中立机构对民事赔偿进行协商、调解或仲裁。根据法律规定和事故责任认定来计算赔偿额和保险金，可加快赔偿和履行的过程，最大限度地减少解纷成本和诉讼。

5. 交通事故处理及赔偿程序的设计必须以有利于减少交通事故，提高交通安全，保障交通参与人的基本权利，公平和高效为基本目标。

二、我国交通事故处理机制的沿革

我国在《民法通则》颁布实施以前，仅以行政手段解决交通事故的损害赔偿问题，法院不予受理。公安机关在处理中采取调解与行政决定相结合的方式，其就损害赔偿所作出的处理决定具有终局效力。20 世纪 80 年代以后，道路交通事故日益增多，1986 年颁布的《民法通则》第 123 条规定“高速运输工具”属于“高度危险作业”，确立了道路交通事故赔偿的无过错责任原则，成为人民法院受理和裁判交通事故损害赔偿案件的法律依据。1991 年 9 月，国务院发布了行政法规《道路交通事故处理办法》，于 1992 年起生效，建立了行政与司法相互衔接的交通事故处理机制，但二者在归责原则和赔偿方面始终存在着矛盾，导致两种处理机制间的冲突。

2004 年 5 月，《道路交通安全法》（以下简称《道交法》）开始实施，《道交法》以及《道路交通安全法实施条例》（以下简称《实施条例》，2017 年修正）分别对交通事故处理的程序和方法作了具体规定，由此取代了原有的《道路交通事故处理办法》，并正式确立了交通事故赔偿中的无过错责任原则。然而，由于这部法律在制定中缺乏公众的充分参与和科学论证，配套法规和制度（如强制保险和救助基金）又迟迟不能建立，以致从实施之初就陷入了激烈的争论。为此，2007 年 12 月 29 日，第十届全国人民代表大会常务委员会第三十一次会议通过了对《道交法》第 76 条的修正，明确了无过错责任的操作规则，即机动车一方在完全无过错的情况下，承担不超过 10％的赔偿责任，使有关无过错责任的争论暂时告一段落。2011 年，《道交法》第二次修正。

三、交通事故处理机关及责任认定

交通事故处理的主管机关为公安机关。其职责是：处理交通事故现场；认定交通事故责任；处罚交通事故责任者；对损害赔偿进行调解。

《道交法》规定：公安机关交通管理部门应当根据交通事故现场勘验、检查、调查情况和有关的检验、鉴定结论，及时制作交通事故认定书，作为处理交通事故的证据。交通事故认定书应当载明交通事故的基本事实、成因和当事人的责任，并送达当事人（第 73 条）。

《实施条例》规定：公安机关交通管理部门应当根据交通事故当事人的行为对发生交通事

故所起的作用以及过错的严重程度，确定当事人的责任（第91条）。公安机关交通管理部门对经过勘验、检查现场的交通事故应当在勘查现场之日起10日内制作交通事故认定书。对需要进行检验、鉴定的，应当在检验、鉴定结果确定之日起5日内制作交通事故认定书（第93条）。

交通事故认定书属于公安机关交通管理部门的专属权限和行政行为，具有法定证明的效力；当事人如果对交通事故认定书不服，可以向上一级公安机关交通管理部门申请行政复议。交通事故认定书是进行民事赔偿的基本依据，如果当事人在民事赔偿诉讼中对其提出异议，法院有权对交通事故认定书进行调查或质证，在有证据和法律依据表明交通事故认定书确有错误的情况下，法院可以不将其采纳为证据，依法根据其他证据作出事实认定和裁判。

四、交通事故民事赔偿处理程序

在作出交通事故责任认定之后，交通事故处理的主要内容就是解决民事赔偿，即根据事故责任的比例和所造成的人身财产损失，由责任人向受害人进行民事赔偿。根据《道交法》，现行的处理方式包括以下几种。

（一）协商

我国交通事故处理最初不允许当事人“私了”解决，但随着交通事故的日益增多，以及交通法规的明确和赔偿范围标准的精确化，在发生轻微交通事故时，协商处理逐渐得到认可。在轻微交通事故中，当事人双方通过协商解决责任和赔偿问题，不仅有利于迅速疏通交通，减少事故导致的损失，减轻公安交通部门的压力；也有利于当事人双方尽快解决纠纷，避免因小过而受到行政处罚，降低双方在解决纠纷中所耗费的时间、精力和费用。在普遍建立机动车交通事故责任强制保险（以下简称交强险）的情况下，协商解决往往可以即时履行或通过保险公司理赔，一般不会出现执行的困难。《道交法》第70条第2、3款规定：在道路上发生交通事故，未造成人身伤亡，当事人对事实及成因无争议的，可以即行撤离现场，恢复交通，自行协商处理损害赔偿事宜；不即行撤离现场的，应当迅速报告执勤的交通警察或者公安机关交通管理部门。在道路上发生交通事故，仅造成轻微财产损失，并且基本事实清楚的，当事人应当先撤离现场再进行协商处理。由此明确鼓励当事人在轻微交通事故中，根据交通规则分清责任，协商解决赔偿等问题。

根据这一处理方式，各地开始因地制宜制定具体实施细则和办法。北京市自2005年9月1日起实施《北京市道路交通事故简易程序处理规定》（2018年修订），此后，又于2007年制定实施了《机动车交通事故快速处理办法（试行）》（以下简称《办法》），要求“在本市行政区域内道路上，机动车之间发生的造成车物损失或者人员轻微伤，且车辆能移动的交通事故，由当事人依照本办法自行协商解决”。该制度将协商作为处理轻微交通事故的基本方式和当事人的义务，明确细致地规定了各种事故发生时当事人应采取的处理方式，并印制了表格化的“机动车交通事故快速处理协议书”，便于当事人掌握和操作，此后，还推出了专门用于快速处理的手机软件。同时规定了公安交警的执法职责，以及交强险和保险公司的作用。当事人填写“机动车交通事故快速处理协议书”后可在保险公司办理定损。2019年北京银保监局和北京交管局又推出了新的交通事故“互碰快赔”机制，自2019年12月18日起实施，进一步简化了通过第三人自行协商进行保险理赔的程序。目前，一些城市承担交强险的保险公司已经适应快速处理的需要，建立起保险公司之间的协调机制，使理赔更加快捷、便利。

（二）调解

《道交法》第74条规定：对交通事故损害赔偿的争议，当事人可以请求公安机关交通管理部门调解，也可以直接向人民法院提起民事诉讼。经公安机关交通管理部门调解，当事人未达成协议或者调解书生效后不履行的，当事人可以向人民法院提起民事诉讼。《实施条例》第94至96条对此作出了细致的规定。调解的基本程序包括以下内容。

1. 启动程序，必须双方当事人一致请求。当事人对交通事故损害赔偿有争议，各方当事人一致请求公安机关交通管理部门调解的，应当在收到交通事故认定书之日起10日内提出书面调解申请。对交通事故损害赔偿的争议，当事人向人民法院提起民事诉讼的，公安机关交通管理部门不再受理调解申请。

2. 调解开始的期日。对交通事故致死的，调解从办理丧葬事宜结束之日起开始；对交通事故致伤的，调解从治疗终结或者定残之日起开始；对交通事故造成财产损失的，调解从确定损失之日起开始。

3. 调解期限。公安机关交通管理部门调解交通事故损害赔偿争议的期限为10日。

4. 调解终结。调解达成协议的，公安机关交通管理部门应当制作调解书送交各方当事人，调解书经各方当事人共同签字后生效；调解未达成协议的，公安机关交通管理部门应当制作调解终结书送交各方当事人。公安机关交通管理部门调解期间，当事人向人民法院提起民事诉讼的，调解终止。

（三）民事诉讼程序

当事人双方在损害赔偿问题上达不成协议，或达成调解协议后反悔、不履行的，可以到法院提起民事诉讼。法院在审理时同样适用《道交法》及《侵权责任法》的归责和赔偿标准，根据案件的具体情况分别使用民事诉讼的简易程序和普通程序。一些基层法院由于交通事故赔偿案件数量增长较快，专门设立了交通事故案件专业审判庭。

（四）交通事故损害赔偿的归责原则

《道交法》第76条规定：机动车发生交通事故造成人身伤亡、财产损失的，由保险公司在机动车第三者责任强制保险责任限额范围内予以赔偿；不足的部分，按照下列规定承担赔偿责任：（1）机动车之间发生交通事故的，由有过错的一方承担赔偿责任；双方都有过错的，按照各自过错的比例分担责任。（2）机动车与非机动车驾驶人、行人之间发生交通事故，非机动车驾驶人、行人没有过错的，由机动车一方承担赔偿责任；有证据证明非机动车驾驶人、行人有过错的，根据过错程度适当减轻机动车一方的赔偿责任；机动车一方没有过错的，承担不超过10%的赔偿责任。交通事故的损失是由非机动车驾驶人、行人故意碰撞机动车造成的，机动车一方不承担赔偿责任。

这一规定被视为我国道路交通事故处理的归责原则，即无过错原则。交强险建立后，《机动车交通事故责任强制保险条款》第 8 条规定了被保险人无责任时，无责任死亡伤残赔偿限额、无责任医疗费用赔偿限额和无责任财产损失赔偿限额。死亡伤残赔偿限额和无责任死亡伤残赔偿限额项下负责赔偿丧葬费、死亡补偿费、受害人亲属办理丧葬事宜支出的交通费用、残疾赔偿金、残疾辅助器具费、护理费、康复费、交通费、被扶养人生活费、住宿费、误工费，被保险人依照法院判决或者调解承担的精神损害抚慰金。医疗费用赔偿限额和无责任医疗费用赔偿限额项下负责赔偿医药费、诊疗费、住院费、住院伙食补助费，必要的、合理的后续治疗费、整容费、营养费。

(五) 交通事故损害赔偿的范围与标准

交通事故民事损害赔偿属于侵权赔偿范畴，鉴于处理此类纠纷的实际需要，世界各国均采用标准化的方式，对赔偿范围、标准、计算方法等作出明确规定，以简化处理程序，保证处理结果的相对统一。《道路交通事故处理办法》曾是当时我国损害赔偿方面最为详细的规定，2003 年最高人民法院《关于审理人身损害赔偿案件适用法律若干问题的解释》，将交通事故赔偿与其他人身损害赔偿合并，成为处理交通事故人身赔偿的基本依据。2009 年 12 月通过的《侵权责任法》以专章对机动车交通事故责任作出了规定，同时第 48 条明确规定：机动车发生交通事故造成损害的，依照道路交通安全法的有关规定承担赔偿责任。

1. 交通事故人身损害赔偿的范围，主要包括：

(1) 因就医治疗支出的各项费用以及因误工减少的收入，包括医疗费、误工费、护理费、交通费、住宿费、住院伙食补助费、必要的营养费；

(2) 受害人因伤致残的，其因增加生活上需要所支出的必要费用以及因丧失劳动能力导致的收入损失，包括残疾赔偿金、残疾辅助器具费、被扶养人生活费，以及因康复护理、继续治疗实际发生的必要的康复费、护理费、后续治疗费；

(3) 受害人死亡的，赔偿义务人除应当根据抢救治疗情况赔偿本条第 1 款规定的相关费用外，还应当赔偿丧葬费、被扶养人生活费、死亡补偿费以及受害人亲属办理丧葬事宜支出的交通费、住宿费和误工损失等其他合理费用。

2. 人身损害赔偿标准。最高人民法院的司法解释对机动车交通事故人身损害赔偿标准作出了详细的规定，包括赔偿标准、计算方式、期限、给付方式，等等，这些标准在《侵权责任法》制定后继续有效，直至其他规范性法律文件或最高人民法院制定新的司法解释加以替代。但其中赔偿标准与法院所在地的经济发展水平、居民平均收入和生活标准直接相关，并承认城镇居民与农村居民之间客观存在的差别，这一点受到社会的强烈质疑。而《侵权责任法》第 17 条规定“因同一侵权行为造成多人死亡的，可以以相同数额确定死亡赔偿金”，为同一事故受害者获得相同标准的赔偿提供了明确的依据。

3. 财产损失赔偿责任及标准。根据司法解释的规定，财产损失应当按照《民法通则》第 131 条的规定，确定实际赔偿金额。受害人对于损害的发生也有过错的，可以减轻侵害人的民事责任，按照双方责任的比例进行分担。《办法》第 9 条至第 10 条对机动车因事故造成的财产损失的理赔作出了规定：一方当事人负全部责任的，双方当事人到全责方保险公司办理理赔。全责方保险公司负责双方车辆的查勘定损，并按有关规定进行赔付。无责方损失在规定数额以下部分由全责方交强险进行赔付；超过部分，通过全责方的商业三者险进行赔付。全责方未投保商业三者险的，由全责方当事人自行承担。双方当事人负同等责任的，可就近到任何一方保险公司办理定损。受理方保险公司必须无条件为双方车辆查勘定损，并向当事人出具双方车辆查勘报告、估损单以及保险公司所需的理赔资料。

五、交通事故责任强制保险与救助基金

（一）机动车交通事故责任强制保险

1. 概念。机动车交通事故责任强制保险，简称交强险，是指当被保险机动车发生道路交通事故对本车人员和被保险人以外的受害人造成人身伤亡和财产损失时，由保险公司在责任限额内予以赔偿的一种具有强制性质的责任保险。2006 年 3 月 21 日国务院第 127 次常务会议通过《机动车交通事故责任强制保险条例》（以下简称《保险条例》，2012 年 3 月第一次修订、2012 年 12 月第二次修订、2016 年第三次修订、2019 年修正）。此后，保监会制定了《机动车交通事故责任强制保险条款》，自 2006 年 7 月 1 日起施行。

交强险的保障对象是被保险机动车致害的交通事故受害人，但不包括被保险机动车本车人员、被保险人，其保障内容包括受害人的人身伤亡和财产损失。

2. 交强险的作用是：（1）赔偿。被保险机动车发生道路交通事故造成本车人员、被保险人以外的受害人人身伤亡、财产损失的，由保险公司依法在机动车交通事故责任强制保险责任限额范围内予以赔偿。道路交通事故的损失是由受害人故意造成的，保险公司不予赔偿。（2）垫付相关费用。有下列情形之一的，保险公司在机动车交通事故责任强制保险责任限额范围内垫付抢救费用，并有权向致害人追偿：驾驶人未取得驾驶资格或者醉酒的；被保险机动车被盗抢期间肇事的；被保险人故意制造道路交通事故的。

3. 建立交强险制度的意义在于：（1）有利于道路交通事故受害人获得及时、有效的经济保障和医疗救治；（2）有利于减轻交通事故肇事方的经济负担；（3）有利于促进道路交通安全，通过“奖优罚劣”的费率经济杠杆，促进驾驶人增强安全意识；（4）有利于充分发挥保险的社会保障功能，维护社会稳定。交强险属于非商业保险，保险公司不得从中营利。机动车交通事故责任强制保险实行统一的保险条款和基础保险费率。银保监会按照机动车交通事故责任强制保险业务总体上不营利不亏损的原则审批保险费率。银保监会在审批保险费率时，可以聘请有关专业机构进行评估，可以举行听证会听取公众意见。保险公司的机动车交通事故责任强制保险业务，应当与其他保险业务分开管理，单独核算。

4. 责任限额。交强险合同中的责任限额是指被保险机动车发生交通事故，保险人对每次保险事故中所有受害人的人身伤亡和财产损失所承担的最高赔偿金额。责任限额分为死亡伤残赔偿限额、医疗费用赔偿限额、财产损失赔偿限额以及被保险人在道路交通事故中无责任的赔偿限额。其中无责任的赔偿限额分为无责任死亡伤残赔偿限额、无责任医疗费用赔偿限额以及无责任财产损失赔偿限额。交强险在全国范围内实行统一的责任限额。

5. 投保与理赔。机动车必须加入交强险，与保险公司订立交强险合同。交强险合同中的被保险人是指投保人及其允许的合法驾驶人。每辆机动车只需投保一份机动车交强险，但在投保交强险后，仍可以投保其他机动车保险。

被保险机动车发生道路交通事故的，由被保险人向保险公司申请赔偿保险金。保险公司应

当自收到赔偿申请之日起 1 日内，书面告知被保险人需要向保险公司提供的与赔偿有关的证明和资料。保险公司应当自收到被保险人提供的证明和资料之日起 5 日内，对是否属于保险责任作出核定，并将结果通知被保险人；对不属于保险责任的，应当书面说明理由；对属于保险责任的，在与被保险人达成赔偿保险金的协议后 10 日内，赔偿保险金。

被保险人与保险公司对赔偿有争议的，可以依法申请仲裁或者向人民法院提起诉讼。

保险公司可以向被保险人赔偿保险金，也可以直接向受害人赔偿保险金。但是，因抢救受伤人员需要保险公司支付或者垫付抢救费用的，保险公司在接到公安机关交通管理部门通知后，经核对，应当及时向医疗机构支付或者垫付抢救费用。

（二）商业保险

机动车商业保险，是指车主在投保交强险的同时，自愿投保商业保险公司的汽车保险。商业保险并非强制性的，目前国家并未制定相关法律。2012 年 3 月，中国保险行业协会制定发布了《机动车辆商业保险示范条款》，为保险公司提供了商业车险条款行业范本。

《机动车商业保险行业基本条款》规定的机动车商业保险分为基本险和附加险两大类，其中基本险为车辆损失险、全车盗抢险、车上人员责任险以及商业第三者责任险四种，而附加险则包括车身划痕险、玻璃单独破碎险、自燃险、不计免赔险等，其中附加险不能独立投保，而必须依附于相应的基本险才能投保。

机动车商业保险的作用是在交强险不能充分补偿机动车因交通事故或其他原因造成的本人和第三者之人身和财产损失的情况下，作为一种风险分担和补偿机制，其在交通事故赔偿和纠纷解决中具有重要意义。在机动车发生轻微事故时，当事人可以在协商处理中及时通知保险公司，可以获得相应的帮助和指导，并直接获得理赔。

在保险期间内，被保险人或其允许的合法驾驶人在使用被保险机动车过程中发生意外事故，致使第三者遭受人身伤亡或财产直接损毁，依法应当对第三者承担的损害赔偿责任，保险人依照保险合同的约定，对超过机动车交通事故责任强制保险各分项赔偿限额的部分负责赔偿。

保险人依据被保险机动车一方在事故中所负的事故责任比例，承担相应的赔偿责任。

被保险人或被保险机动车一方根据有关法律法规规定选择自行协商或由公安机关交通管理部门处理事故未确定事故责任比例的，按照下列规定确定事故责任比例：被保险机动车一方负主要事故责任的，事故责任比例为 70%；被保险机动车一方负同等事故责任的，事故责任比例为 50%；被保险机动车一方负次要事故责任的，事故责任比例为 30%。

（三）交通事故社会救助基金

《保险条例》第 24 至 26 条对道路交通事故社会救助基金作出了具体规定。

1. 救助基金的用途。国家设立道路交通事故社会救助基金（以下简称救助基金）。有下列情形之一时，道路交通事故中受害人人身伤亡的丧葬费用、部分或者全部抢救费用，由救助基金先行垫付，救助基金管理机构有权向道路交通事故责任人追偿：（1）抢救费用超过机动车交通事故责任强制保险责任限额的；（2）肇事机动车未参加机动车交通事故责任强制保险的；（3）机动车肇事后逃逸的。

2. 救助基金的来源。包括：(1) 按照机动车交通事故责任强制保险的保险费的一定比例提取的资金；(2) 对未按照规定投保机动车交通事故责任强制保险的机动车的所有人、管理人的罚款；(3) 救助基金管理机构依法向道路交通事故责任人追偿的资金；(4) 救助基金孳息；(5) 其他资金。

3. 救助基金的管理。救助基金的具体管理办法，由国务院财政部门会同银保监会、国务院公安部门、国务院卫生主管部门、国务院农业主管部门制定试行。

《侵权责任法》再次强调了救助基金的作用，其第53条规定：机动车驾驶人发生交通事故后逃逸，该机动车参加强制保险的，由保险公司在机动车强制保险责任限额范围内予以赔偿；机动车不明或者该机动车未参加强制保险，需要支付被侵权人人身伤亡的抢救、丧葬等费用的，由道路交通事故社会救助基金垫付。道路交通事故社会救助基金垫付后，其管理机构有权向交通事故责任人追偿。

六、问题与改革

《侵权责任法》的制定施行使我国机动车交通事故处理的归责原则、损害赔偿标准、救济方式等更加明确，并解决了长久以来实体规则中的一些难题。但是，实践表明，现行的交通事故纠纷处理机制仍存在一定问题，主要是《道交法》改变了原有交通事故处理机制中将交警调解作为法定前置程序的制度设计，调解不再是必经程序，而成为一种选择程序，要求双方当事人共同申请，如果一方当事人不愿调解，则调解不能启动。往往由于一方当事人（多为肇事方）消极回避而难以启动，而保险公司一度拒不承认调解协议为理赔依据，加之一些公安交警怠懈、推诿甚至拒绝调解，以至于《道交法》实施后，调解比例一度大幅度下降，交通事故诉讼案件数量则相应迅速增长，在民事诉讼案件中占了较大的份额。交通事故处理的环节、时间和成本，以及当事人负担和社会解纷成本大幅提高。

交强险及机动车商业保险在交通事故赔偿中具有非常重要的意义，一方面，保险公司可以直接替代当事人参与协商谈判，因为保险代理人对于保险赔付的限额和协商交易的底线非常了解，比较容易达成协议，并可以直接理赔，具有理性、快速、经济、便捷的优点。另一方面，由于保险公司在特定情况下有垫付义务，不仅使受害人能够得到及时的救助，也减轻了交通事故肇事方的压力；不仅使交通事故的社会风险得以转移或分散，也使交通事故处理从一般的民事侵权损害赔偿向社会化的保险理赔转化。由此，多数交通事故的民事赔偿均可以不进入诉讼。但我国的保险机构一度拒绝认可调解协议作为理赔依据，难以起到预期作用。

面对不断增长的交通事故案件，近年来我国各地有关部门针对这些存在的问题进行了积极的改革探索，采取了一些改进的措施并取得良好的效果。例如，一些地方建立了交通事故处理一站式服务机制，形成交警（责任认定）、社会化专业调解、保险理赔和司法程序联动的模式。保险公司可以根据调解协议进行理赔，调解机构委托人民调解员、退休法官、交警进行专门化调解，法院可对调解协议进行确认，并加强与诉讼和执行程序的衔接。交通事故社会救助基金也在逐步建立健全。由此，交通事故处理和纠纷解决机制虽然难以回归交警部门的强制调解，但有可能形成以非诉讼程序为主体的模式。此外，近年来保险公司在参与调解、便利理赔等方面做了大量改进，开始成为促进交通事故快速处理的积极因素。

第五节　医疗纠纷处理机制

一、医疗纠纷及其处理机制

（一）医疗纠纷的概念、性质及特征

医疗纠纷，主要是指医生或医疗单位在医疗过程中，由事故或其他失职行为导致的与患者之间的纠纷。当代世界各国对医疗纠纷的定义各有不同，在我国，医疗纠纷的概念也并未形成定论。从实际形态和表现形式而言，医疗纠纷主要包含以下几个要素。

1. 医疗纠纷一般是在医患之间发生的纠纷，又称医患纠纷。在医疗纠纷中，当事人通常一方是患者，而另一方（即被指控或投诉的）可能是医师、护士、医务人员、医院的行政管理人员或医疗机构法人。然而，在特定情况下，患者也可能成为被告，例如涉及医疗费用支付的纠纷、对其他患者的损害或对医生治疗的妨害等。

2. 医疗纠纷是围绕医疗过程发生的，通常是医疗过失或医疗服务引起的纠纷，其中是否构成医疗事故是确定医疗纠纷的性质、责任和赔偿方式的关键环节，通常依赖于医疗事故鉴定结论。

3. 医疗纠纷具有一定的复合性，可能同时涉及多种法律关系，出现多种法律责任（例如侵权、违约等民事责任，乃至刑事责任和行政责任）的竞合。医疗纠纷主要是针对医疗过错的民事责任而言的，对因医疗事故或其他失职行为导致的刑事责任和行政责任的追究属于国家职权行为。

4. 医疗纠纷的处理事关医疗秩序、医疗资源和医疗技术，其归责与赔偿都与一般民事侵权损害赔偿有所不同，因此在涉及医疗事故的处理上（包括实体规则和处理程序）需要专门化。纠纷发生的形式既可能是当事人直接向医疗单位提出质疑和索赔要求，也可能是提起诉讼，向卫生行政部门投诉，等等。因此，与这些纠纷形式相对应，纠纷处理机制也必然是多元化的。

（二）我国医疗纠纷分类

自 2018 年 10 月 1 日起施行的《医疗纠纷预防和处理条例》规定：医疗纠纷，是指医患双方因诊疗活动引发的争议。我国通常将医疗纠纷分为以下几类。

1. 医疗事故。2002 年国务院制定的《医疗事故处理条例》第 2 条规定：“医疗事故，是指医疗机构及其医务人员在医疗活动中，违反医疗卫生管理法律、行政法规、部门规章和诊疗护理规范、常规，过失造成患者人身损害的事故。”医疗事故包括医疗责任事故（或以医疗责任事故为主的医疗事故），即医务人员因违反规章制度、诊疗护理常规等失职行为所致的事故；以及医疗技术事故（或以医疗技术事故为主的医疗事故），即医务人员因技术过失所致的事故。根据对患者人身造成的损害程度，医疗事故被分为四级。（1）一级医疗事故：造成患者死亡、重度残疾的。（2）二级医疗事故：造成患者中度残疾、器官组织损伤导致严重功能障碍的。

(3) 三级医疗事故：造成患者轻度残疾、器官组织损伤导致一般功能障碍的。(4) 四级医疗事故：造成患者明显人身损害的其他后果的。

有下列情形之一的，不属于医疗事故：(1) 在紧急情况下为抢救垂危患者生命而采取紧急医学措施造成不良后果的；(2) 在医疗活动中由于患者病情异常或者患者体质特殊而发生医疗意外的；(3) 在现有医学科学技术条件下，发生无法预料或者不能防范的不良后果的；(4) 无过错输血感染造成不良后果的；(5) 因患方原因延误诊疗导致不良后果的；(6) 因不可抗力造成不良后果的。

2. 医疗差错，指未构成医疗事故的医疗差错。其特点是：(1) 医疗差错是在诊疗过程中因医务人员的过失行为而对患者造成不良后果的医疗事件；(2) 医疗差错对患者造成的损害程度不构成医疗事故，一般未达到死亡、伤残或组织器官功能障碍。医疗差错的一般后果可能是病情加重，费用增加等。医疗差错分为严重医疗差错和一般医疗差错。

3. 非医疗过失，或无过失的医疗纠纷。医疗事故和医疗差错被统称为医疗过失。而非医疗过失则是由诊疗过失以外的原因造成的医患纠纷，例如医疗意外、并发症或收费、服务质量争议，以及少数破坏事件等。近年来这类纠纷的数量增长很快。

根据《侵权责任法》第七章的规定，上述三种情况中，凡属于医疗机构及其医务人员过错导致的损害，医疗机构均需承担赔偿责任。

（三）医疗纠纷及其处理的特殊性

医疗纠纷一般是由医疗单位及其人员的医疗行为引发的，对其性质、责任的判断和处理都具有高度特殊性，体现在以下几个方面。

1. 不确定性。患者自身情况与疾病的特殊性和个别性，医疗人员技术、经验和判断的差别，医疗单位的设备、条件、环境等所存在的许多不确定性和偶然性，导致医疗后果及其与医疗行为、医疗差错之间的因果关系和责任高度不确定。

2. 专业性。医疗行为具有极高的专业性，且其操作与医疗人员的自主性、环境的特殊性不可分，因此对于其不利后果及其与医疗行为因果关系的判断只能依靠专业人员的技术判断（专家鉴定）。换言之，医疗职业共同体的专业判断或事实判断一般应优先于其他中立第三方及当事人的判断。这就造成了医疗纠纷处理的难度。

3. 复杂性。即使在存在医疗过错的情况下，对造成损害后果责任的认定也非常复杂，确定患者的疾病参与度、个体特殊因素和医疗过错之间的比例，医疗行为的过失与不可抗力之间的关系，以及医疗单位的赔偿责任等，都存在着较大的难度和裁量空间。

4. 公益性。由于医疗行为具有高度的道德性、专业性、风险性，社会公众对医疗单位的信任度，医疗体制和社会保险水平等，都会直接影响纠纷的发生频度、表现形式、激烈程度和解决的难易。而如果过度加重医疗机构或人员的责任和赔偿，则必然会加重医疗活动的成本和风险，不仅会影响此后医疗单位的对策和医疗行为，妨碍新技术的采用，而且部分成本可能转移到医疗费用中，最终不利于患者利益和社会公共利益。[①] 因此，医疗赔偿制度和纠纷处理需要特别慎重考虑其公益性因素，既需要注意医患双方的平等和社会公正，也要注意避免引发更

---

① 包括医疗单位为了自我保护，过度实行“防卫性医疗”，导致患者医疗费用增加和社会资源浪费。

多的纠纷或大幅度增加公众的医疗成本。

5. 后果的严重性和双方力量的不对等。医疗过失往往会给患者带来生命和身心健康等方面的严重损害，同时会伤害他们的亲属，给他们带来巨大的精神痛苦。在医疗纠纷中，患者一方往往处于弱势地位，不仅难以获得和理解有关医疗技术、过错及责任等方面的信息和证据，而且在经济地位、诉讼能力等方面也处于弱势。由此，他们往往对事实和责任难以作出准确判断，或者轻易丧失或放弃重要的权益，或者出于对医疗单位的不信任而选择不理性的处理方法，甚至暴力相向。因此，医疗纠纷处理的制度安排应尽可能做到公平，例如，通过举证责任的合理分配，改进患者一方的不利地位；通过医疗责任保险分担医疗单位的风险，并通过适度的国家救助或者社会保障对患者或受害人给予切实的帮助等。

（四）医疗纠纷处理机制的特点与发展趋势

历史上，对于医疗行为的规范主要依靠医生和医院的道德自律，医患关系相对比较简单；医患双方在纠纷发生后主要依赖相互信任和协商寻求解决方案；司法机关则根据过错责任原则处理医疗纠纷。当代医疗纠纷处理属于世界性难题，各国均未发现理想的模式，但都在积极探索多元化纠纷解决机制，其共同的趋势和主要对策包括以下内容。

1. 建立医疗责任保险。很多国家已经建立了强制性的医疗责任保险制度，医疗单位通常必须加入保险，以转移风险，应对医疗纠纷数量的增长。

2. 在坚持过错责任原则的前提下适度实行严格责任。一方面，处理医疗纠纷的基本原则仍然是过错责任原则，医疗单位和医生仅承担过错责任；另一方面，由于在医疗纠纷中，患者一方往往处于弱势，缺少信息和知识，举证能力弱，为了保证纠纷处理的公正性，在医疗纠纷诉讼中可有条件地采用举证责任倒置，以增强医方的责任意识、维护患者的基本权益，例如通过立法明确规定医方在病历保管、证据保全和事故鉴定方面的责任等。在建立强制责任险的情况下，则可能从过错责任向严格责任过渡。

3. 建立专门化的医疗纠纷处理机制。鉴于医疗纠纷的专门化和日常化趋势，许多国家都在法院诉讼程序之外，建立了专门解决医疗纠纷的非诉讼程序。德国在1975年以后，在各州分别设立了医疗鉴定委员会或医疗调解所。医疗鉴定委员会或调解所一般由1名法律家（多为退休法官）和2到4名医生构成，其管辖权范围为所在地区的医疗单位。患者和医生双方都可以通过申请将纠纷提交委员会或调解所处理。程序是：首先，确定作为有关专业的医疗专家的委员人选；其次，由该委员参照病历对事实进行调查，听取有关人员的意见，如果必要则由委员会任命鉴定人作出鉴定；最后，在事先确定的期日，全体委员对鉴定及事实进行口头辩论，如果认为属于医生的失误或责任，应给予其再一次发表意见的机会。委员会根据全体成员的意见向当事人制作、发出书面通知。通知中包含对事实的确定、医疗上的判断以及法律上的评价，但其并不是具有法律约束力的裁定。整个程序是免费的，而且处理迅速，因此知名度和利用率较高。[①] 美国克林顿政府曾在20世纪90年代发布法令，鼓励在医疗纠纷领域推广ADR。从世界各国的整体情况看，在医疗纠纷诉讼不断增长的背景下，以协商调解等非诉讼方式解决

---

① 参见［日］石川明编著：《比較裁判外紛争解決制度》，27～31页，东京，庆应义塾大学出版会，1997。

的占绝大多数。①

4. 医疗事故处理中最重要的环节是责任鉴定，医疗活动的专业性和复杂性，决定了在事实和责任认定中对专业判断的依赖；由于医疗鉴定中涉及行业利益和行业保护的问题，所以，对鉴定者的职业道德要求非常高。

二、我国医疗纠纷处理机制的发展

我国历来重视采用多元化方式处理医疗纠纷，其中行政主管机关和司法机关起着主要作用。20 世纪 50 年代至 60 年代，由于缺少实体法律规则，法院在处理医疗纠纷时主要是以各级政府的文件或政策为依据，在处理时请有临床经验的学者和医务人员做人民陪审员，从医学上把关。在补偿上通过充分协商，注意发挥社会福利、社会救济和劳保的作用，对责任者以思想认识教育为主、以实际处理为辅。各级法院对此类案件较重视。1966 年至 1976 年，正常的医疗纠纷处理机制被破坏，法院停止受理医疗纠纷案件。

1976 年以后，随着法制建设的进程，医疗纠纷处理机制重新得到恢复和发展。特别是《刑法》《刑事诉讼法》《民事诉讼法》《民法通则》的制定实施，使医疗纠纷的处理开始有了法律依据和诉讼程序。在此基础上，国务院于 1987 年 6 月发布了《医疗事故处理办法》，成为当时处理医疗事故的基本依据。1988 年 5 月，卫生部制定发布了《关于〈医疗事故处理办法〉若干问题的说明》，对《医疗事故处理办法》的规定作出了解释，涉及医疗事故的概念、分类与等级、处理程序、鉴定等方面的内容。

2002 年，国务院发布《医疗事故处理条例》，取代《医疗事故处理办法》，建立了现行医疗事故处理程序，在此基础上，形成了一种多元化的医疗纠纷处理机制。

2009 年年底，《侵权责任法》对医疗事故与医疗纠纷处理作出了较为系统的规定。

1. 明确将处理医疗侵权纠纷的归责原则确立为过错责任原则：患者在诊疗活动中受到损害，医疗机构及其医务人员有过错的，由医疗机构承担赔偿责任（第 54 条）。医务人员在诊疗活动中未尽到与当时的医疗水平相应的诊疗义务，造成患者损害的，医疗机构应当承担赔偿责任（第 57 条）。

2. 根据医疗纠纷的特点，明确规定了医疗机构的风险告知义务、患者的知情同意以及医疗机构在未尽到义务情况下的责任。《侵权责任法》规定：医务人员在诊疗活动中应当向患者说明病情和医疗措施。需要实施手术、特殊检查、特殊治疗的，医务人员应当及时向患者说明医疗风险、替代医疗方案等情况，并取得其书面同意；不宜向患者说明的，应当向患者的近亲属说明，并取得其书面同意。医务人员未尽到上述义务，造成患者损害的，医疗机构应当承担赔偿责任（第 55 条）。

3. 紧急情况下的处理和免责条件。因抢救生命垂危的患者等紧急情况，不能取得患者或者其近亲属意见的，经医疗机构负责人或者授权的负责人批准，可以立即实施相应的医疗措施

---

① 参见［日］植木哲著，冷罗生等译：《医疗法律学》，第二章，北京，法律出版社，2006；［日］和田仁孝、前田正一：《医疗纠纷处理与实例解说》，台北，合记图书出版公司，2003；陈美雅：《医疗纠纷诉讼外解决机制比较研究》，载《法律与医学杂志》，2006（3）。

(第 56 条)。患者有损害，因下列情形之一的，医疗机构不承担赔偿责任：(1) 患者或者其近亲属不配合医疗机构进行符合诊疗规范的诊疗；(2) 医务人员在抢救生命垂危的患者等紧急情况下已经尽到合理诊疗义务；(3) 限于当时的医疗水平难以诊疗。上述第 (1) 项情形中，医疗机构及其医务人员也有过错的，应当承担相应的赔偿责任 (第 60 条)。

4. 特定情况下的过错推定和医疗机构的举证责任。患者有损害，因下列情形之一的，推定医疗机构有过错：(1) 违反法律、行政法规、规章以及其他有关诊疗规范的规定；(2) 隐匿或者拒绝提供与纠纷有关的病历资料；(3) 伪造、篡改或者销毁病历资料 (第 58 条)。医疗机构及其医务人员应当按照规定填写并妥善保管住院志、医嘱单、检验报告、手术及麻醉记录、病理资料、护理记录、医疗费用等病历资料。患者要求查阅、复制上述规定的病历资料的，医疗机构应当提供 (第 61 条)。这些规定加重了医疗机构的举证责任，有利于维护患者的合法权益，保证医疗纠纷处理的公平、公正。

5. 规定医疗机构对于医药等所造成的侵害应承当连带责任。因药品、消毒药剂、医疗器械的缺陷，或者输入不合格的血液造成患者损害的，患者可以向生产者或者血液提供机构请求赔偿，也可以向医疗机构请求赔偿。患者向医疗机构请求赔偿的，医疗机构赔偿后，有权向负有责任的生产者或者血液提供机构追偿 (第 59 条)。

6. 医疗机构的其他义务和责任。医疗机构及其医务人员应当对患者的隐私保密。泄露患者隐私或者未经患者同意公开其病历资料，造成患者损害的，应当承担侵权责任 (第 62 条)。医疗机构及其医务人员不得违反诊疗规范实施不必要的检查 (第 63 条)。

7. 保护医疗机构及其医务人员的合法权益的原则。《侵权责任法》第 64 条规定：医疗机构及其医务人员的合法权益受法律保护。干扰医疗秩序，妨害医务人员工作、生活的，应当依法承担法律责任。这一规定的用意是禁止患者或其他相关方在医疗纠纷发生后以各种违法方式对医务人员施加压力，影响纠纷解决结果，以致干扰医疗秩序，妨害医务人员工作、生活等行为。可以根据具体情形及后果，依现行治安管理处罚法和刑法的相关规定加以处理和制裁。

8. 医疗事故责任竞合情况下的处理原则。《侵权责任法》第 4 条规定：侵权人因同一行为应当承担行政责任或者刑事责任的，不影响依法承担侵权责任。因同一行为应当承担侵权责任和行政责任、刑事责任，侵权人的财产不足以支付的，先承担侵权责任。根据这一原则，在医疗纠纷中如果出现责任竞合，对不同责任的追究可以同时进行，但对受害人的民事赔偿处于优先地位，这有利于保护患者权益和解决医疗纠纷。

2018 年国务院颁布《医疗纠纷预防和处理条例》(以下简称《条例》)，自同年 10 月 1 日起施行，现行医疗纠纷预防处理机制正式建立。2019 年 12 月全国人大常委会通过《基本医疗卫生与健康促进法》，作为医疗领域的基本法为医疗纠纷解决提供了制度保障。

三、我国医疗纠纷预防处理机制

(一) 医疗纠纷预防处理机制的基本架构

《条例》将医疗纠纷预防处理机制与医疗事故处理的行政程序加以区别，医疗事故的行政处理程序依然独立存在，即：报告，证据保全及尸检，医疗事故鉴定及行政责任追究制度和程序。《条例》确立的新的医疗纠纷预防处理机制包括以下内容。

1. 基本原则

（1）强化国家责任。国家建立医疗质量安全管理体系，深化医药卫生体制改革，规范诊疗活动，改善医疗服务，提高医疗质量，预防、减少医疗纠纷。（2）医疗活动合法。在诊疗活动中，医患双方应当互相尊重，维护自身权益应当遵守有关法律、法规的规定。（3）处理医疗纠纷，应当遵循公平、公正、及时的原则，实事求是，依法处理。

2. 医疗纠纷预防制度

《条例》将纠纷的预防放在首要位置，详细规定了医疗机构及其人员的法律及职业道德规范、日常管理制度、风险防控制度、患者知情同意和医方说明告知制度、病例管理制定、紧急情况的预案和处置等一系列制度措施；并规定：医疗机构应当建立健全投诉接待制度，设置统一的投诉管理部门或者配备专（兼）职人员，在医疗机构显著位置公布医疗纠纷解决途径、程序和联系方式等，方便患者投诉或者咨询（第18条）。

3. 医疗纠纷处理机制

建立地方性的以卫生主管部门和司法行政部门共同负责、多部门协作的综合治理机制。具体包括：（1）县级以上人民政府应当加强对医疗纠纷预防和处理工作的领导、协调，将其纳入社会治安综合治理体系，建立部门分工协作机制，督促部门依法履行职责。（2）卫生主管部门负责指导、监督医疗机构做好医疗纠纷的预防和处理工作，引导医患双方依法解决医疗纠纷。（3）司法行政部门负责指导医疗纠纷人民调解工作。（4）公安机关依法维护医疗机构治安秩序，查处、打击侵害患者和医务人员合法权益以及扰乱医疗秩序等违法犯罪行为。（5）财政、民政、保险监督管理等部门和机构按照各自职责做好医疗纠纷预防和处理的有关工作。

4. 责任与风险分担机制

《条例》规定，国家建立完善医疗风险分担机制，发挥保险机制在医疗纠纷处理中的第三方赔付和医疗风险社会化分担的作用，鼓励医疗机构参加医疗责任保险，鼓励患者参加医疗意外保险（第7条）。

5. 法律责任

《条例》分别规定了各类主体的相关法律责任。（1）医疗机构、人员违反法律法规和相关制度和操作规范，造成损害后果或引起医疗纠纷的行为：包括篡改、伪造、隐匿、毁灭病历资料；将未通过技术评估和伦理审查的医疗新技术应用于临床的；未按规定制定和实施医疗质量安全管理制度以及未按规定告知患者病情、医疗措施、医疗风险、替代医疗方案等行为。（2）医学会、司法鉴定机构出具虚假医疗损害鉴定意见的。（3）尸检机构出具虚假尸检报告的。（4）医疗纠纷人民调解员行为不当的。（5）新闻媒体编造、散布虚假医疗纠纷信息的。（6）卫生主管部门和其他有关部门及其工作人员在医疗纠纷预防和处理工作中，不履行职责或者滥用职权、玩忽职守、徇私舞弊的。（7）医患双方在医疗纠纷处理中，造成人身、财产或者其他损害的。各种违法行为相应的法律责任包括：依法承担民事责任；构成违反治安管理行为的，由公安机关依法给予治安管理处罚；构成犯罪的，依法追究刑事责任。

（二）医疗纠纷处理机制与医疗纠纷调解

1. 管理机制

我国医疗纠纷处理机制是由领导体制、医疗机构监督管理、医疗纠纷调解指导、医疗环境和治安秩序管控、保险理赔等机关机制构成的综合系统，体现了国家责任、地方主导，行业主管与相关部门协同、综合治理的特点。

2. 医疗纠纷处理机制

（1）预防性措施。《条例》从预防着手，建立了一套有效的沟通、风险防范、证据保存制度，为纠纷发生后的处理提供了制度保障。

（2）投诉接待制度。医疗机构应当建立健全投诉接待制度，及时回应患者的诉求，避免纠纷升级扩大，与患者积极协商，并保证后续的解纷程序顺利启动。

（3）由若干环节程序构成的多元化解纷体系。《条例》规定：发生医疗纠纷，医患双方可以通过下列途径解决：1）双方自愿协商；2）申请人民调解；3）申请行政调解；4）向人民法院提起诉讼；5）法律、法规规定的其他途径（第22条）。由此形成了从当事人协商、社会调解、行政调解到诉讼及其他救济的多元化机制，当事人可以根据医疗纠纷的具体情况选择适用不同程序，尽可能及时妥善地通过非诉讼程序解决。

3. 保险机制

根据医疗纠纷的特点建立的医疗风险分担机制，包括医疗机构参加的医疗责任保险和鼓励患者参加的医疗意外保险，通过保险公司参与医疗纠纷的处理降低医疗活动的风险责任，同时有利于医疗纠纷的协商处理，减少诉讼，降低医疗纠纷的处理成本。

4. 医疗纠纷调解组织

我国医疗纠纷解决历来注重调解，以往主要依靠卫生主管部门及其工作人员主持的行政调解。近年来，在卫生主管部门和司法行政部门的推动下，各地纷纷建立了医疗纠纷人民调解委员会。《条例》正式将其确立为调解医疗纠纷的正式和专门性程序。

医疗纠纷人民调解组织与社区人民调解组织在定位、功能以及组织形式和调解员产生方式方面都不同。医疗纠纷调解属于一种专业性调解，由地方司法行政部门负责指导监督。《条例》规定，设立医疗纠纷人民调解委员会，应当遵守《人民调解法》的规定，并符合本地区实际需要。医疗纠纷人民调解委员会应当自设立之日起30个工作日内向所在地县级以上地方人民政府司法行政部门备案（第32条）。

医疗纠纷人民调解委员会应当根据具体情况，聘任一定数量的具有医学、法学等专业知识且热心调解工作的人员担任专（兼）职医疗纠纷人民调解员。医疗纠纷人民调解委员会调解医疗纠纷，不得收取费用。医疗纠纷人民调解工作所需经费按照国务院财政、司法行政部门的有关规定执行。医疗纠纷人民调解委员会调解医疗纠纷时，可以根据需要咨询专家，并可以从专家库中选取专家。

各地在调解委员会的组建方式和形式上有所不同，调解员一般由专家学者、退休法官、医疗工作者、医疗机构管理人员、律师、保险业人员、人大代表或患者代表等构成，在具体案件的调解处理中采用联合调解或集体研判等方式，并依托专家意见和科学的医疗事故鉴定程序进行。这种社会化的调解机制以独立性、中立性、规范性和专业性为特征，相对而言较有公信力。调解达成的协议可以进行司法确认。医疗纠纷调解可以和诉讼相互衔接，医疗纠纷调解组织接受法院的委托可参与诉讼前和诉讼中的调解。

无论是医疗纠纷人民调解委员会、调解员，还是卫生主管部门及其工作人员，在调解中都需要遵循保密原则，对医患双方的个人隐私等事项予以保密。未经医患双方同意，医疗纠纷人民调解委员会、卫生主管部门不得公开进行调解，也不得公开调解协议的内容。

（三）医疗纠纷处理程序

1. 协商

《条例》将协商作为解决医疗纠纷的首选方式。《条例》规定：医患双方选择协商解决医疗纠纷的，应当在专门场所协商，不得影响正常医疗秩序。医患双方人数较多的，应当推举代表进行协商，每方代表人数不超过5人。协商解决医疗纠纷应当坚持自愿、合法、平等的原则，尊重当事人的权利，尊重客观事实。医患双方应当文明、理性表达意见和要求，不得有违法行为（第30条）。

此前，在实践中为了避免协商中出现显失公平和违法的情况，有关部门曾限制当事人就大额赔偿金（人民币1万元以上）进行协商和解。但《条例》对此并未作出明确禁止，仅规定：协商确定赔付金额应当以事实为依据，防止畸高或者畸低。对分歧较大或者索赔数额较高的医疗纠纷，鼓励医患双方通过人民调解的途径解决。

协商对双方当事人而言都具有便利、及时、低廉的优势。根据要求医疗机构都需要设立专人或专门机构，积极应对当事人投诉，在医疗纠纷发生初期即应该立即与患者或对方当事人进行沟通，尽可能将纠纷妥善化解在这一阶段。医疗责任险的设立，使协商相对更为便利，即根据严格责任、在合理数额内将患者的索赔转化为保险赔付，既保证了患者权益、降低了其举证责任，也有利于减少纠纷对医疗秩序、技术风险、医生个人和医疗机构的伤害。但协商只能在理性对话的前提下进行，如果当事人在协商中存在违法行为和目的，如隐瞒医疗事故、欺诈、敲诈等，就可能导致协商无法达成和解或和解协议无效。为了保证协商的合法有效，除双方当事人之外，还可以引入律师或保险公司代表参与。医患双方经协商达成一致的，应当签署书面和解协议书。当事人可以即时履行，保险公司也可以根据协议内容启动理赔程序。

2. 医疗纠纷人民调解

医疗纠纷人民调解属于社会化专门程序，是医患双方外的中立第三方。这一程序不是法定必经程序，需要当事人申请启动。同时《条例》规定，调解机构在特定情形下可以自动介入：医疗纠纷人民调解委员会获悉医疗机构内发生重大医疗纠纷，可以主动开展工作，引导医患双方申请调解。实践中，亦有地方要求医疗纠纷均需经过调解，调解不成方可提起诉讼的。具体程序包括以下内容。

（1）申请。申请医疗纠纷人民调解的，由医患双方共同向医疗纠纷人民调解委员会提出申请；一方申请调解的，医疗纠纷人民调解委员会在征得另一方同意后进行调解。

申请人可以以书面或者口头形式申请调解。书面申请的，申请书应当载明申请人的基本情况、申请调解的争议事项和理由等；口头申请的，医疗纠纷人民调解员应当当场记录申请人的基本情况、申请调解的争议事项和理由等，并经申请人签字确认。

（2）受理与调解。当事人已经向人民法院提起诉讼并且已被受理，或者已经申请卫生主管部门调解并且已被受理的，医疗纠纷人民调解委员会不予受理；已经受理的，终止调解（第31条）。除此之外的医疗纠纷均应受理，并启动调解程序。

（3）鉴定。医疗纠纷的特点是必须严格区分医疗行为是否存在过错或过失，因此，调解需要在医疗鉴定的基础上进行。《条例》规定：医疗纠纷人民调解委员会调解医疗纠纷，需要进行医疗损害鉴定以明确责任的，由医患双方共同委托医学会或者司法鉴定机构进行鉴定，也可以经医患双方同意，由医疗纠纷人民调解委员会委托鉴定。医学会或者司法鉴定机构接受委托从事医疗损害鉴定，应当由鉴定事项所涉专业的临床医学、法医学等专业人员进行鉴定；医学会或者司法鉴定机构没有相关专业人员的，应当从《条例》第35条规定的专家库中抽取相关专业专家进行鉴定。医学会或者司法鉴定机构开展医疗损害鉴定，应当执行规定的标准和程序，尊重科学，恪守职业道德，对出具的医疗损害鉴定意见负责，不得出具虚假鉴定意见。医疗损害鉴定的具体管理办法由国务院卫生、司法行政部门共同制定。鉴定费预先向医患双方收取，最终按照责任比例承担（第34条）。

医疗损害鉴定专家库由设区的市级以上人民政府卫生、司法行政部门共同设立。专家库应当包含医学、法学、法医学等领域的专家。聘请专家进入专家库，不受行政区域的限制（第35条）。

医学会、司法鉴定机构作出的医疗损害鉴定意见应当载明并详细论述下列内容：1）是否存在医疗损害以及损害程度；2）是否存在医疗过错；3）医疗过错与医疗损害是否存在因果关系；4）医疗过错在医疗损害中的责任程度（第36条）。

咨询专家、鉴定人员有下列情形之一的，应当回避，当事人也可以以口头或者书面形式申请其回避：1）是医疗纠纷当事人或者当事人的近亲属；2）与医疗纠纷有利害关系；3）与医疗纠纷当事人有其他关系，可能影响医疗纠纷公正处理（第37条）。医疗纠纷人民调解委员会应当自受理之日起30个工作日内完成调解。需要鉴定的，鉴定时间不计入调解期限。因特殊情况需要延长调解期限的，医疗纠纷人民调解委员会和医患双方可以约定延长调解期限。超过调解期限未达成调解协议的，视为调解不成（第38条）。

（4）制作调解协议。医患双方经人民调解达成一致的，医疗纠纷人民调解委员会应当制作调解协议书。调解协议书经医患双方签字或者盖章，人民调解员签字并加盖医疗纠纷人民调解委员会印章后生效。达成调解协议的，医疗纠纷人民调解委员会应当告知医患双方可以依法向人民法院申请司法确认（第39条）。

3. 行政调解

多数国家在构建医疗纠纷解决机制中，通常以立法规定来建立专门性机制或程序。一般采用独立的社会化形式，由主管行政机关负责组建、指导、监督和管理，实行专属管辖和法定前置，从而实现民间、行政和司法机制的一体化。我国的医疗纠纷处理机制并没有进行整体性建构或整合，在医疗纠纷人民调解之外另行保留了行政调解程序，民间、行政和司法程序同时存在，形成多层级机制，行政调解与人民调解之间无隶属或审级关系，也不是法定诉讼前置程序，调解协议的效力与人民调解的相同。具体程序如下。

（1）申请。医患双方申请医疗纠纷行政调解的，向医疗纠纷发生地县级人民政府卫生主管部门提出申请。

（2）受理与调解。卫生主管部门应当自收到申请之日起5个工作日内作出是否受理的决定。当事人已经向人民法院提起诉讼并且已被受理，或者已经申请医疗纠纷人民调解委员会调解并且已被受理的，卫生主管部门不予受理；已经受理的，终止调解。

卫生主管部门应当自受理之日起30个工作日内完成调解。需要鉴定的，鉴定时间不计入调解期限。超过调解期限未达成调解协议的，视为调解不成。

(3) 卫生主管部门调解医疗纠纷需要进行专家咨询的，可以从《条例》规定的专家库中抽取专家；医患双方认为需要进行医疗损害鉴定以明确责任的，参照《条例》规定进行鉴定。

(4) 制作签署调解协议。医患双方经卫生主管部门调解达成一致的，应当签署调解协议书。在理论上，行政调解协议的效力应高于民间调解协议的，但我国缺乏相应的法律规定，在我国实践中，行政调解协议同样可以进行司法确认，但《条例》对此亦未作出专门规定。

4. 诉讼

由于前述两类调解都不属于法定前置程序，因而，发生医疗纠纷，当事人协商、调解不成的，可以依法向人民法院提起诉讼。当事人也可以直接向人民法院提起诉讼。在当前的司法实践中，人民法院鼓励用非诉讼方式解决医疗纠纷，可以在立案前、审判前甚至诉讼中将医疗纠纷委托至医疗纠纷人民调解组织或由法院附设调解进行调解，调解协议可以进行司法确认，也可以通过诉讼程序转化为法院调解书，获得强制执行力。诉讼中需要进行鉴定的，可以进行司法鉴定。

(四) 赔偿范围及标准

我国最初的医疗纠纷处理采用行政补偿制度，而不是民事侵权损害赔偿制度。随着《侵权责任法》的制定实施，医疗纠纷处理机制已经统一为侵权责任法的赔偿机制。《条例》第 44 条规定：发生医疗纠纷，需要赔偿的，赔付金额依照法律的规定确定。《侵权责任法》对医疗侵权纠纷赔偿原则作出了规定，最高人民法院《关于审理人身损害赔偿案件适用法律若干问题的解释》(自 2004 年 5 月 1 日起施行) 对赔偿范围标准作出了详细的规定。具体标准则根据地域和时间等情况进行适时调整。

(五) 问题与前景

《条例》的制定施行结束了以往医疗纠纷处理中存在的法律和制度冲突，对预防和解决医疗纠纷、维护医疗秩序、建立和谐医患关系无疑具有重要意义。尤其是建立了由政府财政支持的专门化社会调解程序，以公益服务为定位，依照医疗规律和协商精神解决医疗纠纷，标志着我国医疗纠纷解决机制进入了一个新的阶段。然而，《条例》及其建立的机制仍存在一些不完善之处：(1)《条例》设立的两类调解，虽然考虑到了社会调解与行政调解的分工，但从制度设计的角度而言不尽合理，一个由行政主管负责、公共财政支持、公益化的专业调解本身融合了行政负责和社会化运作的优势，一般无须重复设立。少量行政投诉，也可以通过移交社会化调解或个案处理解决。《条例》也并未对行政调解的作用和效力作出明确规定。(2) 调解并未被设定为法定前置程序，无法形成非诉讼程序优先的格局。调解启动困难、覆盖面不足，会导致利用率不高、难以分流诉讼。(3) 专业性机制一般应建立全国统一的组织系统及分支机构，尽可能保持独立，适当脱离地方，而我国医疗纠纷人民调解作为地域性组织，各地医疗资源分布、政府财政支持和患者人数等条件存在巨大差异，在实施中容易导致制度异化，以及调解机构、工作机制、处理方式和鉴定、赔偿标准等方面的不统一。(4) 保险理赔在纠纷解决中的作用及其参与解纷过程的方式、责任等不明确。这些问题仍需在实践中不断解决。

案例分析

茉莉园物业纠纷

事实：

北京市茉莉园（化名）小区属于中高档住宅小区，由34幢六层带电梯板楼组成，总建筑面积21万平方米，住户1378户。该小区的H物业公司是一家优秀企业，服务水准多次受到业主和行业褒奖。2004年10月，茉莉园小区第一届业主委员会通过备案正式成立。业委会对H物业公司每平方米2.72元的物业费测算基准数据产生了疑问，认为其存在不实收费，要求物业公司降低物业费。此后1个月，在街道办事处人员和小区办协调下，双方多次进行协商，但始终未能达成协议。之后，业委会就H物业公司滥收费问题向市物价局举报。

当年12月，业委会主持召开第二次业主大会，就授权业委会与物业公司签订过渡协议、起诉物业不实收费等7项议题征求业主意见。决议通过后，业委会于次年3月向区人民法院提起诉讼，提出13项诉讼请求。由于业委会获得了八百多个业主的授权，法院同意受理，但经审理未支持业委会的请求。一审败诉后，业委会向中级人民法院提出上诉。二审判决支持了业委会的诉讼请求，核定小区物业费由2.72元下调至1.58元。

2006年1月，H物业公司向中级人民法院提交申诉状，以原二审判决适用法律错误、对重要事实认定不清、重要证据认定不当、法院的审理是司法干预行政等为由申请重新审理。同时，提交了市价格认证中心关于茉莉园物业费测算函件，证明其收费标准适当，并提交了5名法律专家出具的《论证意见书》。意见书认为：在物业计费中单价不重要，计费基准价变动并不能影响总价，单项收费计算仅具有计算方式上的意义；物业公司"计算依据与实际情况的某些差异，非由物业管理公司实施欺诈等恶意行为所造成"。4月13日，市物业管理协会发出了致中级人民法院主管领导的意见书，认为：照此判例……会在北京市各住宅小区中造成无法挽回的社会效应和极其恶劣的后果，将会严重妨碍物业管理行业的正常运作和发展……审判专业性强的复杂价格争议应由价格主管部门会同行业主管部门进行价格认证鉴定，供法官审判时参考，而不便由法官直接定价……政府与法院的指导、干预均应十分谨慎。

中级人民法院于2006年5月决定另行组成合议庭进行再审，2007年8月11日开庭审理后，裁决维持该院原二审判决。再审判决作出后，H物业公司表示无法按照法院确定的物业费标准继续承担物业服务，宣布终止合同，于2006年9月1日撤离，导致小区出现停水、停电、停电梯的情况，保安和保洁人员停止服务，小区生活和管理陷入瘫痪。与此同时，部分业主认为业委会的诉讼并未获得业主的合法授权，业委会应对此结果负责，要求罢免业委会，并按照原收费标准恢复H物业公司的服务。一时，整个小区陷入混乱，业主间形成对立的两派（红蓝阵营）。

由于政府主管部门对茉莉园纠纷激化早有准备，所以，在物业公司撤离的当天便及时抵达现场，在现场办公发出会议纪要，作出三点声明：(1) 严肃处理H物业公司擅自撤离的行为；(2) 同意业委会启动第二次业主大会的紧急授权，由业委会出面聘请保安公司、保洁公司和电梯维保公司；(3) 其他物业管理事项由该区"物业中心"接管。

9月11日上午，鉴于业委会已无法控制小区的局面，接管难以进行，小区办根据区政府的要求，要求H物业公司于当天全面恢复小区物业服务工作，确保小区的正常生活秩序，直至业主大会依法授权选聘新物业公司；并指示，应在45日内完成临时业主大会并尽快完成物业招标工作。

9月13日，由453个业主签名提出“联名提案”，要求召开临时业主大会，并讨论三个议题：是否同意以招标的方式选聘物业公司？是否同意以2.04元的价格续聘H物业公司？是否同意罢免业委会？这些议题经政府有关部门认可后最后确定为：(1) 业主大会以招标方式招聘物业公司；(2) 全面接受H物业公司的条件（包括物业服务标准、合同期限、公共配套建筑的物业费单价等），直接选聘其为小区提供正式物业服务，物业费单价：二层以上（含二层）为2.04元/建筑平方米·月，一层为1.43元，并由业主委员会与其签订正式物业服务合同（同期同类物业费平均为2～3元）；(3) 罢免现任业主委员会全体委员。

临时业主大会最终在2006年10月9日召开，共有1 094位业主参加，超过全体即1 378位业主所持投票权的50%，会议决议有效。28日，投票结果揭晓。议题 (1) 以超过与会业主所持投票权1/2的微弱多数通过；议题 (2) 虽多数赞成，但未达到业主权2/3以上通过的法定标准；议题 (3) 以微小差距未达到与会业主所持投票权1/2以上赞成，未通过。

根据以上结果和大会决议，10月30日，业委会发布通告宣布正式启动物业招标及与H物业公司的交接工作。2006年12月9日，新物业公司中标，次日，正式进入小区。

2007年3月22日，北京市建委发出文件，决定对H公司作出处理并通报如下：(1) 停止该公司的物业管理资质，限其自处理决定发布之日起18个月内进行整顿；整顿期间，不得参与本市物业管理项目的投标。(2) 将该公司的上述违规行为及处理决定记入物业管理企业信用信息警示系统。(3) 该公司应当按照物业服务合同的约定和相关规定继续做好在其他物业管理项目的管理服务工作。希望全市物业管理企业从中吸取教训，引以为戒，坚决杜绝此类事件。

更换物业企业以后，茉莉园的物业费降低为1.54元/月，并获得公共收入（停车位管理费返还款）约13万元/年，业主似乎获得了明显的实惠。但小区的纠纷并没有真正完结：一方面，近半数的业主拒绝承认业委会的诉讼行为和更换物业公司的结果，小区内不和谐因素始终存在；另一方面，业委会及一些业主仍在不断提起新的诉讼，先后要求退还已收物业费，对物业用房所有权争议，以H物业公司和建委为被告提起诉讼，但均以败诉告终。

事件发生一年之后，一些曾积极支持茉莉园业委会维权的媒体在报道中如此描述：

在耗费长达数年时间及巨大人力、物力的情况下，如今的茉莉园仍然没有彻底摆脱“茉莉园事件”对他们生活的困扰，在最坏的情况下，许多业主可能仍得踏上漫长的诉讼之路，这也是当初他们无论如何不会想到的。相对表面上可以看到的这些问题，对许多业主来说，心里的裂痕可能更难弥补。业主王先生告诉记者，一直以来茉莉园的业主们就分为好几个阵营。随着H物业公司的突然撤出，各派之间的矛盾被进一步激化。如今已过去一年多了，但许多当事人之间的积怨并未消除。一年多以来，茉莉园小区的房屋在二手市场上仅出售了30套左右，仅占小区总共1 100套房子的2.7%，远低于周边同类商品房5%～15%的二手成交率。尽管产品的稀缺性与地段的优势在一定程度上掩盖了房价的波动，但成交量的低迷无疑会使许多急于出手的投资性卖家备受煎熬。

社区问题专家认为，“对大多数业主来说，他们买房子不是来当维权英雄的。大家首先要过一个安定的日子，然后才是其他”。

业内人士认为，业主权利意识的增强是件好事，是一种进步的表现，包括对促进物业改善服务质量都有着重大的意义。但是，许多问题的解决并不能靠一味地维权，尤其是许多原本可以就地解决的小事，花费大量的代价采取激进的解决方式往往得不偿失。

曾任业委会主任的专家认为，诉讼并不是处理物业纠纷的最好办法，业主虽然胜诉了，但在这场官司中没有赢家。小区的未来，一方面系于物业与业主的成功沟通，另一方面，更重要的是有赖于邻里和解。诉讼是最后的一个手段，很多矛盾是需要谈判和妥协的，要给对手留面子，更需要一种处理人与人之间关系的智慧。

分析：

除了对事件及诉讼的评价存在根本分歧外，对于该事件所涉及的有关物业纠纷解决中的法律和事实问题，也存在不同意见。主要包括以下几个方面。

1. 前期物业与物业费的合理性。一般而言，在前期物业服务不到位、与广大业主存在尖锐矛盾的情况下，更换物业公司无可厚非，然而，H物业公司是一家优质企业，不仅获得过行业和主管机关的褒奖，也得到多数业主的认可，降低物业费和更换物业公司真的合理、必要吗？

对此，业委会的立场是：前期物业的更换或转型是大势所趋。选择按照业主的意愿签订契约、能够和业委会紧密合作的物业企业，是所有小区面临的难题，为此付出的代价从长期的眼光看，是值得的。而物业管理专家及行业协会则认为：首先，物业收费具有很高的专业性，并非同等价格均能提供同等服务，资质较高的物业企业所提供的优质服务，有利于保证物业小区共有设施的长期、高效运转，而低收费尽管表面上减少了业主负担，却未必能给业主带来真正的利益。其次，物业收费的模式有两种，一种为承包（包干）制，另一种为酬金制。北京物业收费多为前者，其特点是物业企业与业主（前期物业与开发商）签订一揽子物业服务合同，约定基本价格和服务项目与标准，而具体开支由物业公司自行决定，自负盈亏，一般收支的变化由其自行调整（如劳动力成本、材料价格上涨等）。如果前期物业合同存在瑕疵，双方对价格计算有争议，应尽可能根据实际情况、依据政府指导价格，通过协商解决，而服务成本也在随行就市、不断变动，因此机械地按照设备数量或面积逐一计算收费金额并无必要，也不尽合理。在实行酬金制的情况下，物业服务企业则应当向业主大会或者全体业主公布物业服务资金年度预、决算，只要收支合理，业主认可即可。总之，根据物业服务的特点，除执行政府指导价的部分外，费用和成本变动是不可避免的，合同的约定既需要合理，也可依情势适当变更，根本的判断是服务是否达标。

由于前期物业对于业主生活质量和社区稳定至关重要，开发商和业主在前期物业管理上尽管有分歧，但具有共同利益，并不必然存在根本性对立。因此，除个别特殊情况外，业委会应该将工作重点放在规范和监督物业公司的服务上，维护业主整体利益和长远利益，而不应将重点放在更换物业公司上，更不应带动业主拒交物业费，激化矛盾。

2. 再审判决的正当性。茉莉园再审判决作出后，被称为具有标志性意义。毫无疑问，该判决本身不存在违法裁判等问题，属于法官根据自由裁量权作出的合法裁决。然而，对于该判决不仅在法律解释上存在分歧，而且对其实际结果和社会效果也存在不同评价。首先，它并未形成一个具有积极意义的“判例”和规则，不能给物业纠纷的解决带来积极作用，反而成为诱发更多纠纷案件的契机，此后茉莉园相继提出的诉讼证明了这一点。如果不是均告败诉，其示范效应更加难以控制。其次，这是一个无法执行的判决，因为法官对物业费定价“挤出水分”的认定虽然宣告了业委会的胜利，却超出了被告的承受范围，以致其不得不冒着遭受行政处罚的危险退出小区。这一结果是业主、物业企业、社会利益和司法权威等多方的挫败，也表明法院判决并不能代替市场与合意。最后，这一判决过多地介入了市场和自治领域，超出了司法的正常功能和中立立场。物业收费不属于国家定价，而是由市场调节的；物业服务合同的双方如果对合同条款发生争议或对定价、服务标准存在争议，理应由双方参照法律、法规、行业规范、政府主管部门的指导意见或政策，以及物业服务合同和业主公约等协商解决，协商不成功则可以解除合同。法院当然可以受理和介入此类案件，但应保持中立，认真听取当事人双方及专家的意见，而不应直接定价。本案当时处在媒体的关注和炒作中，舆论的压力显然使再审法官受到了影响，而法官对物业管理的特性及后果均估计不足。在这个意义上，茉莉园再审案为法院处理物业费纠纷提供了教训，促使法院更加注重发挥非诉讼程序特别是调解在解决物业纠纷中的作用。

3. 政府在社区治理和物业纠纷解决中的作用。在本案的处理中，区政府及其相关职能部门在纠纷激化后的及时介入和善后工作所取得的良好效果得到了各方的一致好评。这是本案的基本共识之一，尽管对于政府介入的方式和程度的看法各有不同。

业委会及其支持者认为，区政府主管部门为小区恢复正常秩序作出了重要的贡献。地方政府部门在社区发生危机状态时，需进行干预，提供恢复生活秩序的保障工作，在进行公共秩序与安全保障的情况下，尊重民事活动当事人作出的选择。

各界人士认为，如果不是政府的介入和干预，再审判决后茉莉园的失控状态将会导致更加严重的后果，业主自治也完全无法运行。正因为政府早有准备、及时介入、干预得当，才使这一纠纷得以化解。这说明，再审之前，有关专家关于由政府主管部门出面解决纠纷的建议具有合理性，现阶段业主自治不可能脱离政府主管机关的规制、保障和监管而独立运行。然而，如果主管机关及早对物业收费制定出更加清晰的标准，拟定前期物业管理合同的格式文本，针对有关当事人的争议解决提供更具有指导性的意见和规范，对有争议的事项提供中立性的专家评估、鉴定和意见，在当事人协商不成时进行有效的干预或进行调解、协调，对业主大会的召开及规范、业委会的成立及职权行使进行适当规制（如征集业主诉讼授权），并经常向公众和业主说明和解释有关物业管理和业主自治方面的法规、技术或经验，这一纠纷或许就不致发展为一场严重的事件，造成如此严重的后果。而如果法律制度对于物业纠纷解决中行政和司法的权限与程序作出更加合理的设计，制定更加明确和可操作的实体规则，纠纷的解决也不致如此困难。这些都应成为此后政府决策和监管的经验教训。

4. 诉讼的局限性。事件平息之后，当事人各方和社会各界达成的另一个共识是，诉讼并非解决物业纠纷的最佳手段，应该建构多元化纠纷解决机制。

业委会成员（其中有一些是律师）及其支持者曾对诉讼抱有极高的期待，但事件之后承认，司法诉讼成本很高，且法律无情，司法裁决的“杀伤力”很大。因此，诉讼不是物业纠纷解决的第一选择。从成本来说，协商应该是当事方的第一选择，政府可以通过促进各种专业技术性的中介组织和各种仲裁、调解机制的构建，来帮助有效解决社会纠纷与冲突。

经历了茉莉园事件之后，媒体从以往一味积极推崇诉讼“维权”和司法解决的观点，转向理性反思；一些著名的社区工作者和早期参与业主运动的公众人物，更是积极提倡理性协商对话与和谐社区治理的理念；一些NGO组织也在积极开展业主自治和业主教育活动。在这一背景下，2007年，北京市司法局、建委和人民法院合作，吸收各有关部门、社会各界人士和法律工作者参与，在全市范围内，以人民调解组织为基础，建立了物业纠纷调解系统。各基层法院在处理物业纠纷案件中，尽可能引导双方当事人首先采用诉前调解解决，起到了较好的效果。2010年10月《北京市物业管理办法》施行，对于本案纠纷涉及的问题制定了相应的规则，2020年5月《北京市物业管理条例》正式实施，对相关规则进一步完善，使此类纠纷的处理有了更加明确的依据。

“8毛门”事件

事实：

2011年9月5日，某牙科诊所医生陈先生向媒体报料：其8月19日刚出生的儿子因腹胀，于21日到深圳市儿童医院就诊。24日，医院出具病情告知书，告知孩子有肠梗阻、小肠结肠炎，疑为先天性巨结肠，建议进行造瘘活检手术，手术费超过10万元。陈先生拒绝手术，25日带儿子到广州市儿童医院就诊，接诊医生开了8毛钱的药（石蜡），“孩子就治好了，能吃能拉”。陈先生称：按照广州医生的说法，孩子太小，症状不重，可以多观察，不急于下结论。但深圳市儿童医院拍摄大量对孩子有害而且无必要的X光片，进行各类不相关的超声波检查，不让孩子进食，完全靠打点滴维持生存，并注射毫无必要的抗生素，最终急于给刚降生6天的婴儿动手术，甚至提都没有提保守治疗的方案。这是为什么？他认为医生个人收入与科室收入相关。医院普遍都有科室奖金，总的来说，科室的收入高，这个奖金也就高，医生收入就高。有的医院，医生甚至可以从手术中提成获益。所以医生会给病人安排毫无必要的检查，甚至动价格昂贵的手术。在他这个例子中，深圳市儿童医院的医生不愿意为病人多思考，更愿意让病人多花钱。在这种主观愿望支配下，作出了轻率而错误的判断，造成了误诊，险些造成医疗事故。陈先生表示，一般人生病，都是完全听从医生的，因此很容易被误导。他学医，因此比普通人多一点医疗知识，多了解一点医院的情况，所以这次儿子在深圳市儿童医院住院4天花了四千多元，虽然躲过了十几万元的手术和手术带来的痛苦与伤害，但大量的X光照射和抗生素注射不知道是否会对出生几天的婴儿产生什么不良影响。因此，陈先生要求医院撤销就诊科室主任的职务，退还3 900元住院费，赔偿10万元。

此事引发网上热议，舆论激烈地指责深圳市儿童医院，给该院带来巨大压力。此后5日内，该院接连出现了三起家长拒绝手术治疗的病例。其中一名10岁的阑尾炎患儿出现局限性腹膜炎，符合急诊手术指征，但家长拒绝手术，要求再观察两三天，还质疑“难道药物不能治好这个病吗?”医院只好继续每隔几个小时进行例行观察，当日下午5时左右，患儿症状明显加重，直到晚上11时30分左右，家长才同意手术。在手术中，医生发现孩子阑尾已膨大至拇指粗，“再过几个小时就可能穿孔了”。9月7日，深圳市儿童医院召开新闻发布会称，对陈先生的孩子所做的所有诊断治疗符合诊疗规范，当时要求患儿做造瘘活检手术有指征。10万元手术费用的说法是家长杜撰，医院从未提过，手术约需两万元。同时，广州市儿童医院接诊医生也表示：八毛钱的石蜡并非治疗，病因并未确诊，但孩子患上先天性巨结肠的可能性很大。这种病光靠灌肠是无法解决问题的，还是建议尽早手术治疗。

9月12日，该患儿因病情反复，再次进入广州市儿童医院治疗。10月20日，患儿在武汉同济医院小儿外科被确诊为先天性巨结肠并进行了巨结肠根治手术，28日康复出院。治疗费用为23 886.43元。患儿出院时，陈先生委托武汉同济医院向社会公布了他的一封感谢及致歉信，信中感谢同济医院治好了孩子的病，同时向深圳市儿童医院道歉："因我对专业知识的无知和一时冲动，使深圳市儿童医院受社会舆论的冲击，因而承受巨大的压力，在此我真诚地向深圳市儿童医院的医生、护士道歉！你们当初对我孩子的诊断是正确的，是我错怪了你们，给你们带来了伤害，我深表歉意！对不起，请原谅！"

听到这一信息，深圳市儿童医院当时的主治医生感到"很欣慰"，并接受了家属的道歉。深圳市儿童医院回复：(1) 我们听到陈氏宝宝成功地实施了手术的消息，感到非常欣慰。希望孩子早日康复，健康快乐成长。(2) 我院呼吁大家给予家长充分的理解和宽容，让孩子在安静的环境下安心养病，早日康复。(3) 如果陈氏宝宝回到深圳，有医疗保健需求或需要后续治疗，我们医院将一如既往地为宝宝提供良好的医疗服务。(4) 感谢所有媒体和社会各界人士对深圳市儿童医院发展的关注，也感谢大家对我院工作的鞭策。我们在今后的工作中，将会进一步加强医患沟通，不断提高我院的医疗技术和服务水平，为广大少年儿童提供良好的服务。

分析：

1. 本事件反映出目前我国医患纠纷的复杂性。尽管业内人士认为，全国医师队伍里，害群之马不超过1%，但是患者和社会公众对医院和医生高度不信任，医患的信任危机不仅会影响医疗秩序，反过来也会伤害患者，可以说会使双方两败俱伤。中央电视台对此事件作出以下评论。

"用8毛钱治好10万元病"，这一事件被媒体传播、引起网民围观时，围观的背后弥漫着的是对医院不信任的社会情绪。在医院逐利、医生收入普遍与科室收入挂钩、医患纠纷不断的现实背景下，用8毛钱治好10万元的病，这一事件恰好能印证医院的"无良"。当"8毛钱治愈10万元病"的消息传播时，它加剧了患者与医生信任链条的断裂，后果是更多患儿家长开始抗拒医生的建议。而当我们发现"8毛钱治愈"只是一厢情愿的"幻想"，陈先生的孩子不得不继续入院复诊时，现实中这不幸的一棒似乎又在一定程度上弥合了患者与医生不信任的链条。当更多家长看到陈先生目前的遭遇后，他们或许不再像最初那般抗拒医生的建议，他们可能会更倾向于听取医生的专业意见。然而，无论如何这都不能算是医生的胜利。撕裂患者与医生间信任链条的是医德的沦丧与医院过分逐利的欲望，若想修复这条信任链条，唯有从修复医德、重塑医院公益性入手，我们并不能指望靠类似陈先生这样的"判断失误"来缓解医患之间的矛盾。从这个角度来看，"8毛钱治愈10万元病"只是我们所希望的"真相"，这一案例也有着一定的标本价值。

从上述媒体的态度可以看出，公众和患者对医疗体制和医德的高度不信任已经积重难返，医患纠纷及其解决的复杂性将会长期存在。

2. 医疗纠纷及其解决的特点。这一事件前后只持续了一个月，因患儿病情明朗、手术康复而真相大白、是非分明，结果也值得庆幸，但实际上，绝大多数此类纠纷都不会这样轻易解决。如果不是病儿病情和事态迅速明朗化，本案被标榜为"公益诉讼"而走向法庭的结果则难以避免。从纠纷解决的角度，应进行深刻的反思。首先，纠纷的起因是陈某对医院不信任、误解和恶意推定，但与其态度偏激、方法极端、缺少宽容与理性也不无关系。当对对方不满时，不是通过正常投诉、提出合理诉求方式，而是直接将其推断发布到网上的公共空间，将个人的纠纷转化为公共事件，反映出医疗纠纷当事人的特点和纠纷解决的难点。其次，深圳是国家“医患纠纷社会管理体系”的试点地，当时已经建立了“医疗责任险”和“医疗纠纷人民调解”相结合的医疗纠纷解决机制，在全市12家医院设置了医调室，由司法局所聘请的专职人员作为中立方来调解医患之间的纠纷，以避免双方的情绪化冲突，并在司法系统下建立“第三方医调纠纷专家鉴定库”，以保证医疗鉴定结果的公正客观性。但是，本案患者一方并未向这些机构提出诉求和调解申请，说明他对这些机制不熟悉或不信任，更希望借助公共舆论获得支持和话语权，以此获得道德上和实力上的优势。这种情况反映出当代纠纷解决的新特点和复杂性。最后，这些新特点决定了解决医患纠纷不能仅仅依靠第三方调解机制和诉讼，还需要加强医院与患者的协商，并应提高医院应对公共舆论的沟通意识和能力。一些医患纠纷显示，当患者提出各种合理或不合理质疑、投诉时，医方往往缺少进行及时、妥善沟通、说明、协商的态度和对策，或者急于逃避、拖延，甚至采用冷漠、无视或拒绝的方式激怒患者，导致纠纷激化。业内人士认为，近年来，医疗机构一直不太重视公共关系处理，医生和患者之间沟通缺乏相关的专业环节；医学界人士在与大众媒体以及公众打交道的过程中，缺乏足够耐心，或是抱有过强的专业优越感。深圳市儿童医院在信息发布和澄清上的反应迟缓，是造成“8毛门”事件真相难以厘清的一个关键点。在“8毛门”事件爆发后不久，深圳市儿童医院就对此事展开调查。然而一周过去，医院方面却未有任何调查结果出炉，这无疑给公众造成“儿童医院坐实指控”的印象。

3. 社会公众和媒体应对医疗纠纷有更加理性的认识。医疗纠纷及其解决有其专门性和特殊性，应该通过专门机制处理，不宜动辄将个别纠纷社会化。“8毛门”事件之所以会由一场微小的医疗纠纷转变为一场令社会公众可能为此付出持久代价的争议事件，与医疗机构、新闻媒体乃至医界人士行为的不当之处都有关系。这些舆论对医患之间的矛盾和纠纷推波助澜，不仅无助于纠纷的合理解决，反而加剧了纠纷和解决的难度。这说明，在医疗纠纷解决中，解纷主体不仅需要具有中立性和公正性，也需要一定专业能力和专门经验，以对纠纷涉及的事实、法律关系有客观的认知能力。一方面，应尽可能减少外界对纠纷解决过程的不当干预，另一方面，应鼓励当事人适当考虑社会环境和公共舆论的因素，尽快协商解决。

深度阅读

1. 左卫民等．变革时代的纠纷解决——法学与社会学的初步考察．北京：北京大学出版社，2007

2. 范跃如．劳动争议诉讼特别程序原理．北京：法律出版社，2008

3. 王灿发主编．环境纠纷处理的理论与实践．北京：中国政法大学出版社，2002

4. 林文学．医疗纠纷解决机制研究．北京：法律出版社，2008

5. 于敏．机动车损害赔偿责任与过失相抵．北京：法律出版社，2004

6. [美] 伊森．凯什、[以色列] 奥娜．拉比诺维奇·艾尼著，赵蕾等译．数字正义：当

纠纷解决遇见互联网科技．北京：法律出版社，2019

问题与思考

1. 什么是专门性纠纷解决机制？为什么需要建立专门性纠纷解决机制？

2. 简述劳动争议及其处理机制。

3. 简述在线纠纷解决机制（ODR）的特点、类型。

4. 简述环境纠纷及其处理机制。

5. 对我国劳动争议解决机制进行调研和评析。

6. 对我国消费者纠纷解决机制进行调研和评析。调研梳理有关职业索赔人和消费者纠纷惩罚性赔偿制度的情况，分析其中的问题并提出建议。

7. 对我国交通事故处理机制进行调研和评析，尝试进行轻微交通事故协商处理场景模拟。

8. 对《医疗纠纷预防和处理条例》的实行情况进行调研和评析。结合案例尝试通过协商调解解决医疗纠纷。

9. 哪些类型的纠纷适合通过调解前置解决？如何设计相关程序？

参考书目

蔡彦敏等．谈判学与谈判实务．北京：清华大学出版社，2011

刁杰成编著．人民信访史略．北京：北京经济学院出版社，1996

范愉．非诉讼纠纷解决机制研究．北京：中国人民大学出版社，2000

范愉．集团诉讼问题研究．北京：北京大学出版社，2005

范愉主编．多元化纠纷解决机制．厦门：厦门大学出版社，2005

范愉主编．司法制度概论．北京：中国人民大学出版社，2004

范愉．纠纷解决的理论与实践．北京：清华大学出版社，2007

范愉等．多元化纠纷解决机制与和谐社会的构建．北京：经济科学出版社，2011

范愉，李浩．纠纷解决——理论、制度与技能．北京：清华大学出版社，2010

范愉，史长青，邱星美．调解制度与调解人行为规范——比较与借鉴．北京：清华大学出版社，2010

范愉，刘臻荣，连艳．物业纠纷调解实务．北京：清华大学出版社，2012

范跃如．劳动争议诉讼程序研究．北京：中国人民大学出版社，2006

龚赛红．医疗损害赔偿立法研究．北京：法律出版社，2001

郭星华，陆益龙等．法律与社会——社会学和法学的视角．北京：中国人民大学出版社，2004

郭树理．体育纠纷的多元化救济机制探讨——比较法与国际法的视野．北京：法律出版社，2004

何兵．现代社会的纠纷解决．北京：法律出版社，2003

胡仕浩，龙飞编．多元化纠纷解决机制改革精要．北京：中国法制出版社，2019

胡泽君主编．人民调解教程．北京：中国政法大学出版社，2004

黄宗智．民事审判与民间调解：清代的表达与实践．北京：中国社会科学出版社，1998

黄宗智．清代的法律、社会与文化：民法的表达与实践．上海：上海书店出版社，2001

黄宗智．法典、习俗与司法实践：清代与民国的比较．上海：上海书店出版社，2003

江伟，杨荣新主编．人民调解学概论．北京：法律出版社，1994

廖永安主编．如何当好调解员：中美调解培训启示录．湘潭：湘潭大学出版社，2013

廖永安等编著．如何当好调解员：美国调解经典案例评析．湘潭：湘潭大学出版社，2013
林文学．医疗纠纷解决机制研究．北京：法律出版社，2008
刘家琛．诉讼及其价值．北京：北京师范大学出版社，1993
刘荣军．程序保障的理论视角．北京：法律出版社，1999
齐树洁主编．英国民事司法改革．北京：北京大学出版社，2004
齐树洁主编．世界各国调解制度．厦门：厦门大学出版社，2018
强世功编．调解、法制与现代性：中国调解制度研究．北京：中国法制出版社，2001
冉井富．当代中国民事诉讼率变迁研究——一个比较法社会学的视角．北京：中国人民大学出版社，2005
舒晓琴主编．中国信访制度研究．北京：中国法制出版社，2019
苏力．法治及其本土资源．北京：中国政法大学出版社，1996
苏力．送法下乡——中国基层司法制度研究．北京：中国政法大学出版社，2000
王灿发主编．环境纠纷处理的理论与实践．北京：中国政法大学出版社，2002
王丽编著．"一带一路"国际商事调解．北京：北京大学出版社，2019
王生长．仲裁与调解相结合的理论与实务．北京：法律出版社，2001
王胜明，郝赤勇主编．中华人民共和国人民调解法释义．北京：法律出版社，2010
谢经荣主编．商会调解的理论与实践．北京：法律出版社，2013
肖建国，黄忠顺．消费纠纷解决——理论与实务．北京：清华大学出版社，2012
熊金才，陈义权．家事纠纷解决——理论与实务．北京：清华大学出版社，2012
徐伟，杨中华主编．商事纠纷调解实务．北京：清华大学出版社，2013
徐昕．论私力救济．北京：中国政法大学出版社，2005
杨永华，方克勤．陕甘宁边区法制史稿·诉讼狱政篇．北京：法律出版社，1987
于敏．机动车损害赔偿责任与过失相抵．北京：法律出版社，2004
喻中．乡土中国的司法图景．北京：中国法制出版社，2007
湛中乐等．行政调解、和解制度研究．北京：法律出版社，2009
张晋藩．中国法律的传统与近代转型．北京：法律出版社，1997
张树义主编．纠纷的行政解决机制研究——以行政裁决为中心．北京：中国政法大学出版社，2006
赵云．调解实务与技能．北京：清华大学出版社，2011
朱景文．比较法社会学的框架和方法．北京：中国人民大学出版社，2001
左卫民等．变革时代的纠纷解决——法学与社会学的初步考察．北京：北京大学出版社，2007
［澳］娜嘉·亚历山大主编，王福华等译．全球调解趋势．北京：中国法制出版社，2011
［美］埃克里森著，苏力译．无需法律的秩序——邻人如何解决纠纷．北京：中国政法大学出版社，2003
［美］布莱克著，唐越，苏力译．法律的运作行为．北京：中国政法大学出版社，1994
［美］布莱克著，郭星华等译．社会学视野中的司法．北京：法律出版社，2002
［美］埃里克·波斯纳著．沈明译．法律与社会规范．北京：中国政法大学出版社，2004
［美］贝勒斯著，张文显译．法律的原则——一个规范的分析．北京：中国大百科全书出

版社，1996

［美］米尔伊安·R. 达玛什卡著，郑戈译．司法和国家权力的多种面孔——比较法视野中的法律程序．北京：中国政法大学出版社，2004

［美］肯尼斯·R. 范伯格著，孙伟等译．补偿的正义——美国如何应对灾难．北京：法律出版社，2013

［美］罗杰·费希尔，威廉·尤里著，张新民译．谈判成功之道．北京：中国对外经济贸易出版社，1989

［美］马丁·P. 戈尔丁著，齐海滨译．法律哲学．北京：三联书店，1987

［美］斯蒂芬·B. 戈尔德堡等著，蔡彦敏等译．纠纷解决——谈判、调解和其他机制．北京：中国政法大学出版社，2004

［美］科塞著，孙立平译．社会冲突的功能．北京：华夏出版社，1989

［美］麦克尼尔著，雷喜宁，潘勤译．新社会契约论．北京：中国政法大学出版社，1994

［美］萨利·安格尔·梅丽著，郭星华等译．诉讼的话语——生活在美国社会底层人的法律意识．北京：北京大学出版社，2007

［美］罗伯特·芒金著，刘坤轮译．谈判致胜．北京：中国人民大学出版社，2011

［美］P. 诺内特，P. 塞尔兹尼克著，张志铭译．转变中的法律与社会．北京：中国政法大学出版社，1994

［美］伊森．凯什，［以色列］奥娜．拉比诺维奇·艾尼著，赵蕾等译．数字正义：当纠纷解决遇见互联网科技．北京：法律出版社，2019

［英］P. S. 阿蒂亚著，范悦等译．法律与现代社会．沈阳：辽宁教育出版社，1998

［英］罗杰·科特威尔著，彭小龙译．法律社会学导论．2 版．北京：中国政法大学出版社，2015

［英］迈克尔·努尼著，杨利华，于丽英译．法律调解之道．北京：法律出版社，2006

［英］阿德里安·A. S. 朱克曼主编，傅郁林等译．危机中的民事司法．北京：中国政法大学出版社，2005

［日］大木雅夫著，范愉译．比较法（修订译本）．北京：法律出版社，2006

［日］大木雅夫著，华夏，战宪斌译．东西方的法观念比较．北京：北京大学出版社，2004

［日］高见泽磨著，何勤华等译．现代中国的纠纷与法．北京：法律出版社，2003

［日］谷口安平著，王亚新译．程序的正义与诉讼．北京：中国政法大学出版社，1996

［日］T. 哈纳米，［比］R. 布兰佩因主编，佘云霞等译．市场经济国家解决劳资冲突的对策．北京：中国方正出版社，1997

［日］棚濑孝雄著，王亚新译．纠纷的解决与审判制度．北京：中国政法大学出版社，1994

［日］小岛武司等著，汪祖兴译．司法制度的历史与未来．北京：法律出版社，2000

［日］小岛武司著，陈刚等译．诉讼制度改革的法理与实证．北京：法律出版社，2001

［日］小岛武司，伊藤真编，丁婕译．诉讼外纠纷解决法．北京：中国政法大学出版社，2005

图书在版编目（CIP）数据

非诉讼程序（ADR）教程/范愉著．--4版．--北京：中国人民大学出版社，2020.6
新编21世纪法学系列教材
ISBN 978-7-300-28201-5

Ⅰ.①非… Ⅱ.①范… Ⅲ.①调解（诉讼法）-高等学校-教材 Ⅳ.①D915.1

中国版本图书馆CIP数据核字（2020）第097299号

新编21世纪法学系列教材
总主编　曾宪义　王利明
非诉讼程序（ADR）教程（第四版）
范　愉　著
Feisusong Chengxu（ADR）Jiaocheng

出版发行	中国人民大学出版社		
社　　址	北京中关村大街31号	**邮政编码**	100080
电　　话	010－62511242（总编室）		010－62511770（质管部）
	010－82501766（邮购部）		010－62514148（门市部）
	010－62515195（发行公司）		010－62515275（盗版举报）
网　　址	http://www.crup.com.cn		
经　　销	新华书店		
印　　刷	北京密兴印刷有限公司	**版　　次**	2002年2月第1版
规　　格	185 mm×260 mm　16开本		2020年6月第4版
印　　张	19.5	**印　　次**	2025年5月第3次印刷
字　　数	472 000	**定　　价**	42.00元

版权所有　侵权必究　　印装差错　负责调换

《　　　　　　　　》※任课教师调查问卷

为了能更好地为您提供优秀的教材及良好的服务，也为了进一步提高我社法学教材出版的质量，希望您能协助我们完成本次小问卷，完成后您可以在我社网站中选择与您教学相关的1本教材作为今后的备选教材，我们会及时为您邮寄送达！如果您不方便邮寄，也可以申请加入我社的**法学教师QQ群：83961183（申请时请注明法学教师）**，然后下载本问卷填写，并发往我们指定的邮箱（cruplaw@163.com）。

邮寄地址：北京市海淀区中关村大街31号中国人民大学出版社806室收

邮　　编：100080

再次感谢您在百忙中抽出时间为我们填写这份调查问卷，您的举手之劳，将使我们获益匪浅！

基本信息及联系方式：※

姓名：＿＿＿＿＿＿ 性别：＿＿＿＿＿＿ 课程：＿＿＿＿＿＿＿＿＿＿＿＿

任教学校：＿＿＿＿＿＿＿＿＿＿＿＿＿＿ 院系（所）：＿＿＿＿＿＿＿＿＿＿＿＿

邮寄地址：＿＿＿＿＿＿＿＿＿＿＿＿＿＿ 邮编：＿＿＿＿＿＿＿＿＿＿＿＿

电话（办公）：＿＿＿＿＿＿ 手机：＿＿＿＿＿＿ 电子邮件：＿＿＿＿＿＿＿＿

调查问卷：※

1. 您认为图书的哪类特性对您使用教材最有影响力？（　　）（可多选，按重要性排序）

   A. 各级规划教材、获奖教材　　B. 知名作者教材

   C. 完善的配套资源　　D. 自编教材

   E. 行政命令

2. 在教材配套资源中，您最需要哪些？（　　）（可多选，按重要性排序）

   A. 电子教案　　B. 教学案例

   C. 教学视频　　D. 配套习题、模拟试卷

3. 您对于本书的评价如何？（　　）

   A. 该书目前仍符合教学要求，表现不错将继续采用。

   B. 该书的配套资源需要改进，才会继续使用。

   C. 该书需要在内容或实例更新再版后才能满足我的教学，才会继续使用。

   D. 该书与同类教材差距很大，不准备继续采用了。

4. 从您的教学出发，谈谈对本书的改进建议：＿＿＿＿＿＿＿＿＿＿＿＿＿＿＿＿

＿＿＿＿＿＿＿＿＿＿＿＿＿＿＿＿＿＿＿＿＿＿＿＿＿＿＿＿＿＿＿＿＿＿＿＿

＿＿＿＿＿＿＿＿＿＿＿＿＿＿＿＿＿＿＿＿＿＿＿＿＿＿＿＿＿＿＿＿＿＿＿＿

选题征集：如果您有好的选题或出版需求，欢迎您联系我们：

联系人：黄　强　联系电话：010-62515955

索取样书：书名：＿＿＿＿＿＿＿＿＿＿＿＿＿＿＿＿＿＿＿＿＿＿＿＿＿＿＿

书号：＿＿＿＿＿＿＿＿＿＿＿＿＿＿＿＿＿＿＿＿＿＿＿＿＿＿＿＿＿＿＿＿

备注：※为必填项。